危機 LEADERSHIP 領導

IN TURBULENT TIMES

在體現品格與價值的時代

王如欣 譯

DORIS KEARNS GOODWIN

桃莉絲・基恩斯・古德溫

一起來 思 018

危機領導：在體現品格與價值的時代

Leadership: In Turbulent Times

作　　者　桃莉絲・基恩斯・古德溫 Doris Kearns Goodwin
譯　　者　王如欣
責任編輯　林子揚
編輯協力　李映慧
外部編輯　郭曉燕、郭哲佑

總 編 輯　陳旭華（steve@bookrep.com.tw）

社　　長　郭重興
發行人兼出版總監　曾大福

出版單位　一起來出版／遠足文化事業股份有限公司
發　　行　遠足文化事業股份有限公司
www.bookrep.com.tw
23141 新北市新店區民權路 108-2 號 9 樓
電話｜ 02-22181417　傳真｜ 02-86671851

印務經理　黃禮賢
封面設計　許晉維
內頁排版　宸遠彩藝
印　　製　中原造像股份有限公司
法律顧問　華洋法律事務所　蘇文生律師

初版一刷　2020 年 5 月
定　　價　790 元

國家圖書館出版品預行編目 (CIP) 資料

危機領導：在體現品格與價值的時代 / 桃莉絲 . 基恩斯 . 古德溫 (Doris Kearns Goodwin) 著；王如欣譯 . -- 初版 . -- 新北市：一起來出版：遠足文化發行, 2020.05
面；　公分 . --（一起來思；18）
譯自 : Leadership in turbulent times
ISBN 978-986-98150-7-9(平裝)

1. 領導統御　2. 品格　3. 個案研究

541.776　　109003644

獻給我的丈夫 Richard Goodwin
與我們的摯友 Michael Rothschild

目錄

第三部　領導之道：人物與時代

後　記　逝世與追憶

前言　韌性領導力

亞伯拉罕・林肯（Abraham Lincoln）、西奧多・羅斯福（Theodore Roosevelt，老羅斯福）、富蘭克林・羅斯福（Franklin Roosevelt，小羅斯福）及林登・詹森（Lyndon Johnson）——關於這四人的生平與時代，占據我人生超過半個世紀。我每天早晨與他們一同醒來，夜晚入睡時，他們依舊徘徊在我腦中。我整個人沉浸在諸多手稿集、私人日記、信件、口述歷史、自傳、新聞資料庫、期刊雜誌之中，尋找深具啟發性的細節，並將它們整合在一起，希望對這四人有更深入的認識，了解他們的家庭、朋友、同僚，以及他們所存在的世界。

寫過以這幾人為主題的四本著作之後，我一直以為自己對他們的了解已經夠深了——直到近五年前，我展開目前這項針對領導力的研究為止。我透過以領導力為中心的獨特視角觀察，彷彿重新認識了他們一次。隨著「領導力」這個神祕主題躍上舞台中央，我發現自己要學的還很多。

除了歷史和傳記以外，我一頭栽進哲學、文學、商業、政治科學及比較研究等作品裡。然後，我的敘事摻入了自己的個人觀念與情感，開始回顧從大學、研究所以後，就從未再坦然提出的那些最根本、最基礎的問題。

領導者是生來如此，還是後天造就？野心從何而來？逆境對領導力的成長有什麼影響？領導者的誕生，究竟是時勢造英雄，還是英雄造時勢？領導者如何將某種使命感和意義灌輸給人民？力量、頭銜與領導力，三者有何區別？若缺乏超脫於個人野心之上的使命，是否還能具備領導力？

那段回憶多麼美好！我還記得當時針對這些問題，與研究所的好友展開激烈辯論，懷抱超乎我們自身知識程度的熱情，徹夜爭執不下。然而，從本質上來看，這些討論其實深具意義——它讓我們陷入其中難以自拔，激發出我們的理想主義，刺激我們設法釐清自己究竟想要擁有什麼樣的人生。如今我明白，在人生的道路上，正是一場場這樣的辯論，引領我走向我的天職，成為歷史學家。

本書第一部描繪了這四個人剛進入公眾生活的經歷。那是他們二十至三十歲的時候，才剛開始著手建立自己的公共認同（public identity）。這四人原初的形象，與後來出現在文化、貨幣與紀念雕像上的樣貌大相徑庭。他們踏上的道路充滿不確定性，他們的故事處處都是困惑、希望、失敗及恐懼。一路走來，我們循著他們沿途所犯的錯誤而行——缺乏經驗、傲慢、謹慎不足、徹底的誤判、自私——又看見他們為了承認、掩蓋、克服這些錯誤，所做出的努力。他們的掙扎，與我們自身的經歷其實相差無幾。

沒有一條單一、確定的道路，能夠引領他們通往政治領導世界的頂峰。老羅斯福及小羅斯福出生於極度優渥的特權家庭；林肯承受著嚴酷的貧窮境遇；詹森則時不時就遭遇艱辛的考驗。他們在性格、外型、體能等方面截然不同，擁有各種對建立領導力有所幫助的天賦——智慧、活力、同理心、語言和書寫的天賦，還有待人接物的技巧。然而，他們也有共通點：強烈的野心，以及對成功無止盡的追求。憑藉不屈不撓的堅毅努力，他們強化、發展自己天生的特質，最終成為領導者。

早在成為總統之前，這四個人就已被視作領導者了。如同把石頭放進打磨拋光的機器裡，他們在與各種不同的人相互碰撞、激盪的過程中，褪去了粗糙青澀的表面，大放異彩。他們發現了自己在政治中的天職。「我時常想，」美國哲學家威廉·詹姆斯（William James）描述了這種奧妙認同的結構：「定義一個人本質最精確的方式，就是尋找某一種心理或道德思維，能夠在浮現的那一剎那，使他觸碰到心底最深層的自我，迸發出強烈的存在感與活力。人在那一刻，心底自然會浮現一道聲音：這才是真正的我！」

由於巨大變故，這四人的私人與公眾生活因而被摧毀。這是第二部的主題。他們進入不同的人生階段，被迫面對並處理那些引起自我感覺幻滅、威脅未來前途的事件。他們所遭遇的逆境，性質各有不同：林肯的公眾聲望與他自身的榮譽感都遭受沉重打擊，嚴重憂鬱讓他在自殺邊緣徘徊；老羅斯福在同一天失去他年輕的妻子和他的母親；小羅斯福突發小兒麻痺症，身體腰部以下永久癱瘓；詹森在美國參議院選舉中嘗到失敗的滋味。表面上看來，將選舉失利與其他三人所經歷的悲劇事件相比，似乎頗為荒謬，但詹森將民眾表達的否定，視為對他最深層自我的批判、駁斥及摒棄。之後很長一段時間裡，這次落選使他的職業生涯轉往錯誤的方向，直到一場嚴重的心臟病發，他在鬼門關前走了一圈，才重新找到人生的意義。

研究過領導者發展進化的學者認為，「韌性」——即使面對挫折，依然堅持抱負與志向的能力——是潛在領導力成長的關鍵特質。與他們經歷過的遭遇相比，更重要的是他們面對困境的反應，如何以各種不同的方式重新振作起來，這些轉捩點最初如何成為他們面前的阻礙，後來又是如何深化並最終徹底形塑他們的領導方法。

第三部將敘事地點拉到白宮。在那裡，受到道德感驅使，他們得以施展抱負、發揮才幹，竭盡全力為拓展他人的機會和生命而奮鬥。他們的領導故事，將揭開這個問題的謎底：「是時勢造英雄，還是英雄造時勢？」

老羅斯福沉思道：「若沒有戰爭，就沒有偉大的將軍；沒有偉大的時機，就沒有偉大的政治家；若林肯生在和平的年代，他的名與姓將永遠不為人所知。」他這段頗具爭議性的見解，代表的是從建國之初就已存在的看法。「偉大的人格特質，不是在平靜的生活，或無風的太平洋港裡形成。」美國革命期間，亞當斯夫人（Abigail Adams）在寫給兒子約翰・亞當斯（John Quincy Adams）的信件中說：「強大的心智，是經過面對與克服諸般困境而成形。愈是存亡危急的關頭，愈能喚起偉大的美德。」

本書中的四位領導者，都面臨了「存亡危急之秋」。他們都在充滿不確定性與混亂的絕境裡就職。林肯在美國史上最嚴峻的國家分裂時刻上任。小羅斯福當上總統時，恰逢人民對國家經濟存亡，乃至於民主本身是否能夠存續，產生了巨大的信任危機。而雖然老羅斯福和詹森都未面臨全國性的危機（沒有南方州大規模脫離聯邦，也沒有毀滅性的經濟大蕭條），但他們卻都是在前任總統遇刺身亡後倉促接任。這是對民主式繼承制度的暴力破壞，在那個時刻，巨變和震盪使得社會秩序開始搖搖欲墜。

雖然，領導者遭遇的時代特性，將深切地影響他們得到的領導機會，但當機會來臨時，領導者必須已經做好迎接的準備。有些領導者的才能、力量以及行事風格，恰適用於他所處的時代，但有些人卻並不適合。詹姆斯・布坎南總統（James Buchanan）的性格，難以應付後來林肯所遭遇的黑奴危機。威廉・麥金利總統（William McKinley）面臨與老羅斯福相同的動盪時代，卻掌握不住隨著工業革命而來的潛在危險。赫伯特・胡佛總統（Herbert Hoover）的定性思維，使他面對經濟大蕭條時束手無策，缺乏小羅斯福那般創意奔放、天馬行空的實驗精神。約翰・甘迺迪總統（John Kennedy）則少了詹森在處理民權議題時展現出的強大法律能耐及專注力。

當思想家拉爾夫・愛默生（Ralph Waldo Emerson）在麻薩諸塞州康科特的第一教區教堂裡，讚頌林肯的時候，他是這樣評述的：「很少有人能夠如此恰如其分地『合於時宜』。」很難找到另一位領袖，能以更好的方式引領我們度過南北戰爭黑暗時期，他既慈悲又無情、既自信又謙虛，充滿耐心，不屈不撓——可以調解派系內訌之爭、維繫我們的意志、將困局背後的意義轉化為語言，充滿無與倫比的力量、明晰與美。然而，類似的描述也能套用在老羅斯福身上。他擁有熱血沸騰的好戰精神，完美肩負起動員全國民眾與媒體的任務，共同應對工業革命時代貪婪的壟斷企業與社會不公。小羅斯福也是一樣。他的信心與深具感染力的樂觀主義，在經濟大蕭條與二次世界大戰期間，成功恢復美國人民的希望，贏得大眾的信任。還有詹森也不例外。他的南方出身與極其傑出的法律才幹，使他成為最適合的人選，克服民權運動的困境，徹底改變國家制度。

這些個案研究將揭露這幾位截然不同的人物，在其所處的時代和總統任期內，面對關鍵事件所展開的行動。透過四個詳細的例子，呈現出他們的領導方式與當初的歷史性時刻有多麼契合，就像鎖與鑰匙那般嚴絲合縫。沒有任何鑰匙是一模一樣的，每一把刻槽都有獨特的凹凸起伏。絕對沒有一種領導方式，可以成為處處通行的「萬用鑰匙」。同樣地，也不存在放諸四海皆準的鎖，能將所有歷史情境套用進去——但儘管如此，當我們沿著歷史的脈絡，探索領導能力間的聯繫時，仍能夠從中察覺到：某些領導特質具有一脈相承的相似性。

若將本書選擇研究的前三位領導者（林肯、老羅斯福、小羅斯福），都列入「美國史上最偉大總統」排行前幾名，多半不會引起太多爭議。儘管做過一些不完美的決策和錯誤判斷，但在公眾的記憶裡，他們依舊占據了難以動搖的地位，深受敬重。

詹森的情況，就比較具有爭議性了。打從我以一名二十四歲的「白宮學者」[1]身分進入白宮、與他共事開始，對於他在歷史上的地位，我就一直難以評判。那次我的白宮學者計畫，差一點在尚未正式展開之前，就胎死腹中。當時，我與同世代的許多年輕人一樣，活躍於反越戰運動。在入選前幾個月，我和另一位研究所同學共同撰寫了一篇文章，投稿到《新共和》（*The New Republic*）雜誌，呼籲第三黨派候選人挺身而出，在一九六八年大選挑戰詹森。在消息公布、我獲選成為白宮學者後多日，《新共和》才刊登了那篇文章。我還以為自己肯定會被踢出計畫，但出乎意料之外，詹森總統說：「噢，就讓她過來待一年吧！如果到時我還是無法爭取到她的認同，大概就沒有人辦得到了。」學者計畫結束以後，我留了下來；等到他的總統任期期滿，我依然跟在他身邊，隨他回到德州的牧場，協助他撰寫回憶錄。

誠然，詹森在戰爭期間的表現，會持續地貶低他在歷史上留下的名聲。然而在流逝的這些歲月裡，他在面對民權運動時發揮出的領導能力，以及提出偉大社會計畫（Great Society）時對於國內發展所展現的眼光，都經得起時間的考驗。

林登・詹森是以小羅斯福門生的身分進入國會的。在白宮橢圓辦公室（Oval Office）裡，詹森坐在桌前，直直地望向他「政治上的父親」的畫像。他下定決心要以自己制定的偉大社會計畫，超越對方的羅斯福新政[2]。小羅斯福年輕時，曾以老羅斯福的政治生涯為藍本，在白日夢裡，一步一步地描摹、形塑出自己平步青雲的政治之路。老羅斯福則打從童年開始，就

＊ 本書隨頁注皆為編注，作者注請見P.526。

1 詹森在一九六四年創立「白宮學者計畫」（The White House Fellows program），開放年輕人申請為期一年的全職研究員，期間支薪見習，並參與各項決策討論。

2 小羅斯福就任美國總統後，所實行的一系列經濟政策稱為「羅斯福新政」（The New Deal），有三項核心：救濟、復興和改革。

把林肯視作偶像。林肯的堅定與耐心、豁達大度的心胸，為老羅斯福照耀出一條前路，使他立志終生跟隨。而對於林肯來說，最當得起「理想中的領袖」稱號者莫過於喬治．華盛頓（George Washington）。當林肯在一八六一年告別故鄉時，便是以華盛頓為心中寄託，從這位美國首任總統身上汲取力量，離開了伊利諾州，前去接下「比華盛頓所肩負的擔子更加沉重」的任務。若華盛頓是美國的國父，那麼無論從他們之間的關連性抑或相似度來看，林肯都可被視為他強大的兒子。這四人構建出一棵家譜樹，其一脈相承的領導力，貫穿了這個國家的整體歷史。

我深深期望，這些出現在分裂、恐慌時代中，關於領導力的故事，最終確實展現出啟發性的意義，能夠撫慰人心。這些人物為我們全體設下了標準與障礙。正如他們彼此相互學習，我們也能從他們身上學到許多，得以用更好的洞察力與思維，來看待我們這個時代缺乏共識的現況。領導絕對無法憑空存在，它是一種雙向的關係。「我只是一件工具，」林肯強調，言詞精確又極為謙虛：「辦到這一切的，其實是全國反奴隸制的人民與軍隊。」進步運動（progressive movement）替老羅斯福的「公平交易」（Square Deal）政策鋪路；民權運動點燃了正義與務實行動主義的火種，進而促成了偉大社會計畫。至於聆聽人民的聲音、與大眾溝通，小羅斯福的表現可說是無人能出其右，他接納所有的故事，仔細傾聽，在自己的時代裡，從不間斷地與民眾保持對話交流。

林肯說：「得民心者，無事不成。失民心者，一事無成。」這樣的領袖，必然與人民緊密相連；這樣的領導特質就像一面鏡子，反映出的是人民的集體意志。

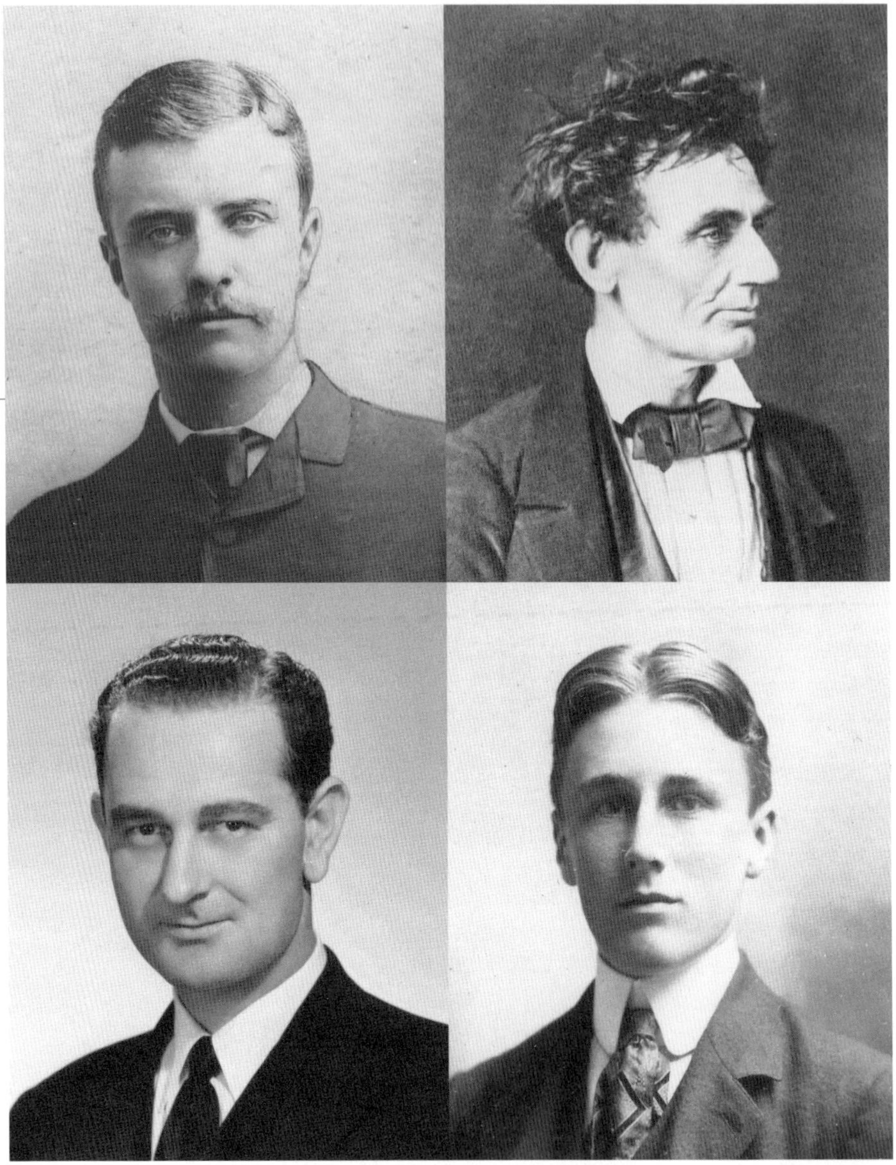

第一部

抱負與領導力認同

AMBITION AND THE RECOGNITION OF LEADERSHIP

1 亞伯拉罕·林肯——從雜貨店到州議會，苦學的自薦之人

「每個人都有自己獨特的抱負。」

一八三二年三月九日，林肯宣布參選，競爭伊利諾州議會的席位，當時他才二十三歲。那個邊陲州府尚未發展出由政黨來提名候選人的機制，有意願參選的人，只需在傳單寫下自己的名字，並宣達對於地方事務的政見即可。

「每個人都有自己獨特的抱負，」林肯說：「我胸中最大的志向，莫過於真正獲得同胞的敬重，讓自己成為值得這份敬意的人。在追尋志向的路上，我究竟能走得多遠，還很難說。我很年輕，你們大多都還不認識我。」

在十九世紀時期，對於心懷大志的年輕人來說，想要出人頭地，政治顯然是絕佳的舞台。林肯的抱負，對於他的天性及支撐他的勇氣，都是極其關鍵的存在，但幾乎從一開始，它就具有雙重意義。他並不是單純只為自身而立志——也是為了他想領導的大眾而努力。他想在那些人之中揚名。對於他人生最大的夢想來說，社群意識（sense of community）是至關重要的。他渴望建功立業，以獲得同胞永久的尊敬

他尋求一個證明自身價值的機會：「我出身貧困，在下等階層長大，沒有任何有錢有勢

的親屬能夠舉薦我。若大眾以理智做出判斷，認為我應留在幕後，我也欣然接受。我已習慣失望，不至於因此太過懊惱。」

這樣的抱負——即他友人口中「強烈的信念」——這種「我生來就是為了突破困難，甚至不可能的侷限」的精神，究竟從何而來？

後來有人請林肯透露一下，他最初到底是為了什麼原因而開始奮鬥？林肯說，他的故事可以濃縮成一句話：「短暫而簡單的貧窮史」。他的父親湯瑪斯，從來沒有機會讀書識字，而根據林肯的說法，「除了磕磕絆絆簽下自己的姓名以外，他與『書寫』這件事從來都扯不上任何關係」。深陷在沒有出路的極端貧困中，湯瑪斯只能清出勉強足以生存的土地，從一個小農場搬遷到另一個小農場，輾轉在肯塔基州、印第安納州和伊利諾州之間。雖然我們對於林肯的母親南西．漢克斯（Nancy Hanks）的生平所知不多，但認識她的人都同意，「無論哪一方面，她都遠遠比丈夫更優秀」。有人形容她「思維敏捷、精明、聰慧」，有著強大的記憶力與敏銳的洞察力。後來林肯自己也說：「我所具備的特質，或者我對自己的期許，全都源自於我的母親。」

林肯九歲時，南西罹患乳毒病（milk sickness）過世——這是一種乳牛食用有毒植物後，透過幾種途徑將毒素轉移給人的疾病。她下葬後，湯瑪斯拋下了年幼的兒子和十二歲的女兒莎拉長達七個月，回到肯塔基州另覓新歡。他們被獨自留在林肯口中的「荒野地區」，那是個噩夢般的地方，「美洲豹的吼聲迴盪，使黑夜充滿恐懼，還有熊出沒獵食豬隻」。林肯的新任繼母莎拉．約翰斯頓（Sarah Bush Johnston）與湯瑪斯一起返回，看見兩個孩子活得和動物一樣——「野蠻、衣衫襤褸、髒兮兮的」。她震驚地發現，他們住的小木屋不但沒鋪地板，連一扇門都沒有。傢俱零落，沒有床，連寢具都少得可憐。靠著她用推車載運帶過來的貨物、行李，勤奮的莎拉一手打造出一個「溫暖而舒適」的家。她鋪設地板、裝上窗戶和門，還為孩子提供了衣物。受這樣悲慘的生活所限，林肯究竟是如何建立起偉大又充滿遠見的志向，不忘初衷，深信自己注定要朝向更高遠、更好的目標發展？

林肯之所以培養出如此遠大的野心，其發展跳板可歸因於他的自我認知——在他還年幼的時候，就已經發現自己與生俱來的傑出智慧、清晰又充滿好奇的思維。林肯七歲時，在肯塔基州郊區的讀聲學校[1]學習讀寫。他當時的同學說，他學得比同儕更快，而且理解更加深刻。雖然林肯只能趁父親不需要他到家裡貧瘠的小農場勞動的空檔，斷斷續續地上學，但他每一門科目的成績卻仍是頂尖。一名同學回憶道：「我們這群沒受過什麼教育的小孩之中，他是唯一有學問的那一個。」而為他寫傳記的大衛．唐納德（David Herbert Donald）觀察到：「那段短暫的學校生涯為他帶來的收穫……是一個聰慧至極、難逢敵手的人，所應該具備的自信。」他的夢想也開始一點一點成形——或許有朝一日，他終能踏入合適的局面，並得以一展所長，發揮天賦。

談到由來已久的爭議：領導特質究竟是與生俱來，抑或是後天發展而成？記憶力——即

1 讀聲學校（ABC school）是十九世紀北美一些偏遠地區的學校，相當於小學，學生會大聲朗誦課程內容。由於當時許多定居者並不識字，這種學校相當受歡迎。

大腦儲存資訊的難易度與容量，通常被認定是天生的特質。打從早期的校園時期，林肯的老友就已經察覺，他擁有他們畢生所見「最強大」、「最博聞強記且令人嘆為觀止」的過人記憶力。有位友人對林肯說，他的心智感覺「像是一座奇觀」、「很容易就建立印象，且永遠不會消褪」；林肯則告訴對方，他真的誤會了。林肯宣稱，自己身上看似天賦的特質，其實是後天養成的結果。「我學得很慢，」他解釋：「但學會了以後，忘得也很慢。我的大腦就像一塊鋼鐵——要在上面留下一條刻痕都很困難，但一旦刻上去，就幾乎不可能抹除。」將林肯視如己出的繼母，就見證了他將事物鐫刻於記憶的艱苦歷程。「每次他讀到有所體悟的文章，而手邊卻沒有紙時，就會先記在板子上留存，直到拿到紙為止。」她如此回憶：「然後他會重新抄寫一遍，貼在剪貼簿裡，好好收藏起來。」

年輕的林肯雖然思緒並不特別敏捷，卻擁有出色的推理與理解能力、永不停歇的好奇心，以及一股狂熱到無法自拔的衝動，渴望了解所見、所聞、所學的一切。林肯曾透露：「我小的時候，只要有人用我無法理解的方式跟我說話，我就會生氣。我這輩子好像沒有為了其他事情生氣過。」他一旦踏上「找靈感」的旅程，就會不眠不休，直到「捕捉」到合適的想法，而即使到了這個階段，他仍然無法休息，忍不住將新的概念到處嘗試、套用與激盪。

林肯早年即展現出一項最基本的原則：不論何種領域，成功都需具備強大的動力與意志，將自己所擁有的一切天分、才能發揮到極致。「那傢伙的志向比我們高遠許多，」他的兒時好友格雷斯比（Nathaniel Grigsby）回憶：「他會在我們玩耍時，捧著書一遍一遍地讀。」

他才剛學會寫字母，就興奮至極，「他只要找得到合適的材料，就會在四處寫滿字母、單詞、句子。他會用煤炭潦草地塗寫，寫在灰塵、沙子，還有雪地上——只要畫得出線的地方，他一個都不放過。」林肯很快就成為「附近寫字最漂亮的人」。

無論何時何地，林肯總不吝將所學知識與同學分享，不久後便成為大家的「嚮導兼領袖」。一名友人回憶當初林肯「費盡千辛萬苦」向她解釋「天體運行」的原理，耐心地告訴她，月亮並不是像她以為的那般「沉下去」了，其實真正移動的是地球，而不是月亮。「只要他一出現，」另一名友人則說：「男生們就會自動聚集在一塊兒，圍著他，準備聽他說話。」他透過故事（格言）、傳奇、人物角色，以帶有體貼、活潑、風趣、智慧的方式，為眾人解釋某些「原本難以理解的知識。他總是用簡單的故事講出自己的反思與概念，接著我們會立刻看見他一番話語的力量與影響。」他很早就明白：具體的例子和故事，是最佳的教學媒介。

他之所以能夠成功深化說故事的才能，部分是靠著觀察父親而建立起來的。雖然他父親湯瑪斯缺乏讀寫能力，卻風趣機智，有模仿天分，且對各種精彩的故事有著奇特的記憶力。夜復一夜，當湯瑪斯與其他農人、木匠、流動小販一同經過坎伯蘭的步道，彼此交換一樁樁逸聞趣事之時，年輕的小林肯坐在角落聽得入迷。整個晚上，聽完大人們聊天以後，林肯會花「頗長的時間來回走動」，想方設法要弄清楚他們談論的內容。他的動機，有很大一部分，是為了隔天能夠講述一個簡化後精彩而歡騰的故事，描繪神祕的成人世界，娛樂他的朋友們。

每當站在樹樁或木材上滔滔不絕，緊緊抓住一幫年輕觀眾的注意力，他都散發出極大熱情，並很快建立起豐富的故事資料庫，鍛鍊出優秀的講故事技巧。一位親屬回憶，林肯十歲時，就已經學會如何模仿他們那個地區不定期出現的巡迴傳教士的「風格與腔調」。他可以幾乎一字不差地重現熱鬧的佈道內容，還加入頭、手的動作，強化情緒表達，這讓他的朋友們樂不可支。後來，隨著年齡增長，林肯發現了一個能為故事增添材料的地方——他步行十五英里到最近的一所法院，如饑似渴地吸收各種刑事審判、合約糾紛、遺囑爭議等內容，再重新講述這些故事，生動描繪出駭人聽聞的細節。

他的故事背後通常有些中心思想——類似他的愛書之一《伊索寓言》中那種道德寓意——但有時，他也會生動活潑地轉述一些單純、有趣的小故事。林肯天生的相貌原本是帶有哀傷的苦相，但只要一開口，他整張臉就會亮起來，轉而露出一種「勝利的微笑」。到了故事尾聲，他的笑聲如此真摯，所有聽眾很快就被他感染，齊聲大笑。

他的幽默天賦，並非只應用在溫和、歡鬧的場合，他也得學習如何壓制自己失之刻薄、嘲弄的幽默感。早期有一個很好的例子：約賽亞・克勞佛（Josiah Crawford）把帕森・威姆斯（Parson Weems）的著作《華盛頓的一生》（*The Life of Washington*）借給林肯。書在一場暴雨中受損了，於是克勞佛要求林肯替他到田裡採玉米整整兩天，當成那本書的賠償。林肯認為這種做法並不公平，但仍舊著手幹活，直到「玉米桿上一根玉米都不剩」為止。後來，他特別寫了一段詩，嘲諷克勞佛大得離譜的醜鼻子，唱誦著「約賽亞的那一對鼻孔很會吹噓」，逗朋友們開心。

林肯既是年輕人圈子裡的娛樂焦點，同時也是最特立獨行的一個。他會直面其他人的反對，而非放棄自己所認定的正確選擇。他有個同學還記得，當時附近的男生很流行一種遊戲：把烏龜抓來，再將火燙的煤炭放在龜背上，看牠們扭動掙扎。林肯不僅告訴這些人「這樣是錯的」，還在學校寫了一篇反對「虐待動物」短文。此外，林肯也從不認為自己必須遵循新闢地的舊俗——這是種殘忍的文化，為了生存也為了娛樂，讓孩童學習如何射殺鳥類及其他動物。八歲那年，他第一次用父親的獵槍射殺了一隻野生火雞，從那以後，林肯再也沒有「對任何更大的獵物扣下扳機」。

這些態度並不僅限於道德立場。這個年輕男孩還有著深刻的同理心，會設身處地為別人著想，能想像他們的處境並感同身受。他的友人回憶說，他與林肯在某個冬夜步行回家，途中發現有東西橫躺在泥潭裡。「是一個男人，喝得爛醉如泥」，而且「就快凍僵了」。林肯把這人扶起來，一路把他背到表親家裡，還生了火讓他暖暖身子。另外一次，林肯與一群朋友走在路上，看見一隻豬被困在沼澤地裡。他們繼續走了大約半英里，這時林肯卻突然停下腳步，堅持回頭去把豬救出來。他回想起那隻受困的豬，就難以忍受心中的疼痛。

林肯的體格與力氣，更強化了他在同儕之間的威信。他從很小的時候，就比附近大部分男孩更健壯，「隨時都能跑得更快、跳得更高，角力、負重都不輸人」。他一個朋友表示，林肯年輕時就能扛起「讓三個正常人都備感吃力」的重量。除了體力過人，他還擁有十分健康的身體。根據親屬的回憶，林肯從來沒有生過病。但林肯的生理優勢卻成為一把雙面刃——正如他父親的期待，林肯在八歲到二十一歲之間，不得不隨著父親到田野工作，揮舞著斧頭，砍樹、挖出樹樁、劈木條，犁田、播種。在他父親的觀念裡，骨骼與肌肉就「足以成就一個男子漢」，而花時間上學不過是「雙倍浪費」。鄉村地區只有自費學校[2]可以就讀，如果要給孩子受教育，家裡不僅要花錢，還會少了一份勞動力。也因此，林肯到了九歲、十歲左右，所受的正規教育就被迫提前結束了。

在只能靠自己的情況下，林肯只得自學。他必須採取主動，負起找書的責任，規畫學習，並當自己的老師。他喜歡著手讓事情發生，而不是等待事情發生。取得閱讀材料這件事，幾乎是個難以跨越的障礙。親戚、鄰居回憶：林肯為了借書走遍鄉間，讀完每一本「他能弄到手的書」。書籍是他最忠實的夥伴。日常勞動中，每一次的中途休息，都是讀一、兩頁《天路歷程》（*Pilgrim's Progress*）或《伊索寓言》的好時機，他會將馬匹暫停在長長一排植物的盡頭處，然後稍事歇息。

有些領導者用書寫輔助學習，有些人用閱讀，還有些人用聆聽，林肯則偏好在他人面前把字句大聲誦讀出來。「當我朗讀時，」他後來解釋：「兩種感官便能抓取意義。首先，我會先閱讀文字內容，接著又聽一遍。這樣一來，我會記得更清楚。」他從很小的時候，就對音樂、詩歌與戲劇的韻律，有著極其豐富的鑑賞力，能夠憑藉記憶吟誦出長篇的詩節與文章。在歸還期限到來之時，這些書早已成為他的知識。隨著深入探索美國文學與歷史，小林肯已經意識到自身的能力。他開始設想，有哪些途徑能夠更上一層樓，跨越限制，活出與他的家庭、周遭鄰居不一樣的人生。

當林肯的父親發現兒子在農場裡讀書，還得寸進尺地用書中某些故事、文章，分散其他工人的注意力，他總會怒氣沖沖打斷演出，把大家都趕回去工作，有時甚至會撕掉林肯的書，或者因為耽誤勞動而抽打他。對湯瑪斯而言，林肯的閱讀習慣等同是怠忽職守，象徵著懶散。他認為兒子要求受教育，不過是自欺欺人。「我有試著阻止他，但那愚蠢的念頭已進入他的腦海，沒法抹除了。」湯瑪斯對朋友說。

有時候，當他與父親之間太過緊張，當他的遠大志向與現實環境之間的鴻溝，似乎大得難以跨越——林肯會陷入悲痛，露出陰鬱而憂傷的那一面，這隨著時間推移而益發明顯。他的初級法律合夥人威廉·亨頓（William Herndon）描述：「他連走路都散發憂鬱。」有許多人的觀察也是如此。「林肯先生的個人特質之中，最鮮明的莫過於……」他的友人亨利·惠特尼（Henry Clay Whitney）回憶道：「他所顯露的神祕感與深沉的憂鬱氣息。」然而，若憂鬱是他的部分天性，那麼同樣地，激勵人心的幽默感也同樣是他的天性，讓他察覺生命中的詼諧與滑稽，照亮他內心的陰鬱，堅定他的決心。林肯的友人相信，他的敘事能力與幽默感「是他人生不可或缺的部分」，能「將悲傷驅趕一空」。

最後，與父親之間曠日持久的矛盾，不但沒有削弱小林肯的志向，反倒使他更加堅定。一年年過去，他百折不撓地違抗父親意願，處理自己的消極情緒，行使自己的意志，一步步讀通每一門科目，對自己的力量、勇氣越來越有信心。根據他表妹蘇菲·漢克斯（Sophie Hanks）的描述——他逐漸相信「他將要成就一番事業」，並漸漸培養出某位領導力領域學者

2 自費學校（subscription school）是十九世紀美國的民辦學校，家長需在孩子有上課時支付學費，很適合工業化之前的農家生活。

口中的「另類未來的展望」。林肯告訴鄰居，自己對「翻土、挖地、剝玉米、砍木頭一點興趣也沒有。我要讀書、學習，做足準備，靜待機會到來。」

機會在二十一歲時降臨——他到了法定成年年齡，終於從父親那裡解放，擺脫有如簽了傭工契約的地方。「只要他的命運仍然與父親有交集，那他的處境就沒有希望好轉。」一位友人記得林肯說過，「他終於放手一搏，到廣闊的世界裡闖蕩。」他扛著少得可憐的家當一路向西，走了超過一百英里，來到新薩勒姆（New Salem），他在那裡找到一份雜貨店店員兼記帳員的工作。新薩勒姆是個熱鬧繁忙的小鎮，才剛在桑加蒙河（Sangamon River）沿岸發展起來，鎮上最引以為傲的是一間麵粉廠，「所生產的穀物粉、麵粉、木材，供應伊利諾州很大一部分的區域」。那裡聚居了數百人，有十五幢木屋、一間小酒館、一名鐵匠、一名教師、一名牧師，還有一間雜貨店。

在新薩勒姆鎮民的眼中，年輕的林肯身材高大，看起來很古怪，並不討喜。「長得一副笨拙又粗魯的模樣」，滄桑的皮膚、大耳朵、高顴骨、絨羽般的黑髮，穿著打扮「簡直可笑至極，他長長的手臂就這麼從大衣袖子裡伸出來」，身上的褲子「還讓襪子露出來，適合比他矮小的人穿」。

登場時如此其貌不揚的林肯，究竟為何能這般快速獲得小鎮居民認可，甚至在短短八個月內，受眾人鼓勵角逐州議會的席位？一位當地居民解釋，答案在於林肯平易近人的隨和態度，他有著「坦率、誠懇、誠實並助人為樂」的善良本質。「每個人都喜歡他。」遇到馬車陷入泥潭，他會提供乘客幫助；自告奮勇幫鎮上的寡婦劈柴；他無時無刻都準備伸出那雙「樂善好施卻毫不張揚」的雙手。在那個小小社區裡，幾乎所有與林肯接觸過的人，都會提到他的善良、慷慨、智慧、幽默、謙虛，以及迷人又獨特的性格特質。這些故事，出自大眾之口，又與新薩勒姆小鎮社區的說法相映，勾勒出一個優秀青年的真實樣貌——絕對與後來那些金光閃閃、近乎造神的軼聞傳奇不同，後者是隨著林肯當上總統、創造歷史，才被杜撰出來的。

在新薩勒姆的雜貨店裡當店員，給了林肯一個完美的基礎，讓他開始構築自己的政治生涯。雜貨店在美國新闢地區的「地位十分特殊」，除了販售日用品、五金、布料織物、帽子等商品，還提供了一個「智識與社交中心」。鎮民會聚集在此，閱讀報紙、聊聊當地的體育比賽，以及進行最主要的活動：談論政治——那個時代，政治是個相當強烈、無人不關注的話題。而對農民來說，他們可能得跋涉超過五十英里，才能抵達鎮上的磨坊，把穀物磨成麵粉。這時候，雜貨店提供了一個共同的聚會場所，讓他們好好放鬆、交換意見、分享彼此的故事。

一位與林肯共事過的店員回憶，社交的天性加上一籮筐的趣事，使林肯在短短數週內，成為「眾人關注的焦點」。鎮上居民認為他是有史以來「最棒的店員之一」。一位鎮民記得：「他工作周到而細心，對顧客與朋友都友善體貼，待人的態度總是相當溫和。」同時，他「迫切渴望學習，而且不矜不伐」，令新薩勒姆的民眾留下深刻的印象。櫃台後方永遠擺著一本文集或詩集，好讓他在店裡工作告一段落時利用時間閱讀。在談論政治的過程中，他顯露出對於當代議題的深刻理解。很顯然，他不是一個普通的小店員。當地居民被他那種沉靜、溫和與深思熟慮的性格吸引。他們希望他出人頭地。他們感受到他奮發向上的努力。他們紛紛把書借給他。鎮上的製桶工人會確保「夠明亮的刨花之火」，讓林肯晚上能來自己家中讀書。

「遇到任何不懂的議題，」一名友人回憶：「他永遠勇於承認自己的無知，即使那樣做會讓他顯得愚蠢。」林肯告訴一位教師，自己從未學過文法，很希望能接觸看看；對方欣然接受，認為若林肯想在公共場合演說就必須學習語法。新薩勒姆鎮上沒有正規的文法教科書可借，但那位教師知道六英里之外有一本。林肯得知當下，立刻就從桌前站起，步行去取書。他帶回一本珍貴的克科姆《英文文法》（Kirkham's *English Grammar*），並開始整理影響副詞、形容詞的應用，以及句型結構的複雜文法規則。他花費許多心力，研究出一套簡潔明快的演說與寫作風格，並使用清晰的短句，能夠「讓所有階層的人理解」。

———

林肯為了宣布參選所印發的傳單，內容長達兩千字。顯然，他極其努力讓大眾理解自己對公共議題的立場，藉此展現出某些特質與性格。他在一個民主黨占優勢的郡裡，以輝格黨（Whig Party）成員的身分參選。他有四項主張：創立國家銀行、保護關稅、境內改善，以及擴展國民教育體系。想推動國家銀行業務或提高關稅，州議員能做的其實有限。不過，呼籲擴大國民教育，制定道路、河道、港口、鐵路等基礎建設計畫，並非只是輝格黨老調重彈——

這同時表達了迫切的需求，代表林肯自己的想望，以及他所屬小社區的期盼。

桑加蒙河是新薩勒姆鎮的命脈。沿著這條河，移居的民眾可將農作物送往市場，並取得必需品。除非克服桑加蒙河適航性的障礙，又除非能疏浚河道、清理漂流木，否則新薩勒姆永遠不可能發展成一個完全成熟的社區。林肯在過去一年中，駕著平底船沿河航行，收集第一手的資訊。面對與自身志向緊密相連的議題，他侃侃而談，充分展露自信與才幹。若河流與道路建設能有所改善，若政府能促進經濟成長和發展，將有數以百計如新薩勒姆這樣的小村莊受惠，從而興盛起來。林肯承諾：「如果順利當選」，只要能為「最貧困、人口最少」的社區提供可靠的通航路線的法條，「都將得到我的支持」。

至於教育，他則宣稱：「我只能說，我認為這是我們身為一個民族所能進行的最重要的一項學科。」他希望所有人都要閱讀美國歷史，「領會我們自由制度的可貴」，並珍視文學與經典。林肯談到教育時，總是懷抱熱誠，那是一位年輕人全心全意的熱誠，為了讓自己受教育，跨越那道「下等出身」與廣闊的未來夢想之間的巨大鴻溝。在他的期許中，他為自己持續追求的那種教育，正是每一個人都應該獲得的東西。

初次涉入政治圈，林肯還保證：若他對任何議題的看法，最後被證實是錯誤的，他「隨時準備放棄那些觀點」。這樣的承諾，讓林肯很早就展露出他終生奉行的領導風格——勇於承認錯誤，並從犯錯中學習。

對林肯來說，他與民眾的約定——他會努力不懈，以換取他們的支持——等同於一個誓言。投票、選舉這件事，呈現出的其實是一種由喜愛之情而產生的連結，最終使一群人團結起來。從一開始，林肯所追尋的命運，就不單純是渴求個人的名望與榮耀。他最初的志向，也是他一直以來的志向，都與大眾密不可分。

林肯對初次選舉的結果並沒有把握，但他說得很清楚——他不會因為失敗而退縮。他在宣布參選時就說過，如果輸了選舉，「我已習慣失望，不至於因此太過懊惱。」不過他也預先提醒：唯有在失敗「大概五、六次」以後，他才會將之視作「恥辱」，並且絕對「永遠不再嘗試」。因此，林肯不但無法確定自己的抱負是否能實現，同時還背負了「不輕易妥協、放棄」的承諾。

競選活動還來不及開始，林肯就自願加入伊利諾州民兵，對抗薩克族和福克斯族印第安人（Sac and Fox Indians）——這就是後來的黑鷹戰爭（Black Hawk War）。林肯事後提起，他非常訝異民兵連會推選他當上尉。受總統候選人提名之後一個月，林肯告訴記者，他後續的「人生成就」，都無法帶來「如此強烈的滿足」。

服役三個月後，他回到新薩勒姆，競選時間距離八月選舉只剩下四週。他騎著馬，在那個面積廣大如羅德島州，人口卻極其稀疏的郡裡四處奔走，到鄉間商店、小村莊廣場發表演說。到了週六，他就和其他候選人一起去規模最大的城鎮。農民會聚集在拍賣、競售的市集（vandoo）——這是他們「展售農產品、購買日用品，與鄰居碰個面、交換新聞、消息」的場合。競選演講大概在早晨過了一半時開始，一路持續到日落。每位候選人都會輪到演說機會。有一位林肯的對手記得，「他總是另闢蹊徑，不重複其他演講者的陳腔濫調」。他坦率、誠實地面對每一個問題，習慣透過「對社會上各種不同階層」男女的日常生活觀察，用故事闡明自己的主張——這使他與眾不同，與其他候選人做出區隔。有時他的用語、肢體動作略顯笨拙，但只要聽過他的演說，很少人會忘記「故事宗旨、故事本身，或者說故事的人」。

開票、計票結束，林肯知道自己落選了。但他的一名友人表示，失敗「並沒有毀滅他的希望或破壞他的志向」。相反地，林肯發現自己的地盤——新薩勒姆鎮上，三百票中他獲得壓倒性的二百七十七票，於是信心大增。選舉過後，林肯為了餬口，並維持全心全意的最佳狀態，他兼職好幾份工作，先是擔任新薩勒姆鎮的郵件管理員，又自學判定宗地邊界所需之幾何學與三角學，而受指派成為桑加蒙郡的土地勘測員副手——這個職位讓他得以在不同村莊間遊歷。根據他一位朋友所述，當時林肯擅於說故事的名聲迅速傳開，每次他前腳才踏入村莊，「來自遠近各處的男人與小男孩就會湊過來，不惜披荊斬棘、逢山開路逢水搭橋，也要來聽林肯那些奇特的故事與笑話」。

一八三四年，二十五歲的林肯再次參選州議員，實踐他當初半是認真、半開玩笑的預告：他至少要試過五、六遍才會放棄。再一次，他騎上馬跑遍選區，演說、握手、介紹自己、參與地區性活動。他在收割時節的田野間，遇到三十個勞動者，主動提議要幫忙，於是他揮舞著巨大的鐮刀，輕而易舉贏得這群人的選票。很多人最初都對他其貌不揚的外表反感。「難道這個政黨沒有更好的人選嗎？」有位醫生在初次看見林肯時這麼說，但聽完演說以後，醫生改變了心意：「天哪，他的智識，比其他候選人的總和更高。」

這次選舉，林肯拓展了自己在郡內的人脈，贏得很輕鬆。當他準備動身前往首都，正式就任議員時，他的朋友們主動湊錢合資，幫他買了一些「合適的衣物」，使他能「維護新尊嚴」。這些人確實看出了身旁的林肯是一位領導者，正如林肯也開始發現，那藏在自己內心的領導特質。

引用林肯好友威廉·亨頓的說法，這位初出茅廬的議員在州議會開議期間，表現「極為低調」。他「安靜得跟背景一樣」，耐心學習議院的運作方式，熟悉複雜的議會程序。他小心觀察輝格黨同僚與民主黨代表之間的爭論，釐清雙方意識形態的分歧。他發現自己身處在一幫格外優秀的立法人才之間（包括未來的兩位總統候選人、六位美國參議員、八位國會眾議員，還有三人後來成為州最高法院的法官），但他並不引以為恥，也不退縮，只是更加專注於吸收、學習，做好準備，等到自己累積了充分知識，就能採取行動。林肯培養出判斷時機的絕佳意識——深知何時該蟄伏、何時又該行動——這項特質後來成為他的領導技能之一，終生不變。

林肯在一次次議會會議中開始閱讀法條，心知法律教育能為自己的政治生涯添磚加瓦。他後來透露，他由於條件限制而必須自學，總是「獨自埋頭苦學」，在完成一整天漫長的土地勘測員與郵政管理員職責之後，再研讀法律案件、先例等直到深夜。他向議員同僚——在春田市（Springfield）經營法律事務所的約翰·斯圖亞特（John Stuart）借閱法律書籍，一次一本。每讀完一本，他就從新薩勒姆步行二十英里到春田，再換一本新的。堅定不移的目標支持著他。「先拿到書，然後好好閱讀、學習，」二十年後有一名法科學生向他尋求建議，他說：

「牢牢記住你想成功的決心，是最重要的、無可比擬的一件事。」

到了第二段會期，林肯的行為與活動產生了明顯變化。他突然變得高調，引人注目，彷彿從睡夢中甦醒。他徹底掌握了撰寫法條所需的法律術語，以及複雜的議會程序，使同僚紛紛將草擬法案、修正案的職責交付給他。在那個公法與文件最初都以手寫形式記錄的年代，林肯從小練出的那一手清晰易讀的好字，可謂助益良多。更重要的是，當他終於從議員席上起立發言，同僚才親身體驗到新薩勒姆鎮民早已熟悉的那個林肯：一個演說天賦出色的年輕人。「他們說，我老是在說故事，」林肯告訴一位友人：「我想，他們說的沒錯。但我在漫長經驗中學到，以概括性的、幽默的敘事方式作為媒介，會比其他途徑更容易影響普羅大眾。」隨著民眾在報紙上讀到他的演說內容，或是藉由口耳相傳聽到他生動的隱喻、類比，林肯以他標誌性的溝通才華為人所知，名聲逐漸傳遍整個州。

州府從萬達利亞（Vandalia）遷至春田，預示了他領導時機的降臨。林肯身為議會中第二年輕的成員，在輝格黨黨團會議中一致通過，受選為他們的少數黨領袖。之所以做出這個選擇，不僅是因為尊敬林肯高超的語言技巧，和他對議會程序的深刻了解，更是因為他日漸嶄露頭角的「絕佳政治判斷天賦」——他能夠直覺判斷出輝格黨同僚，甚至是對立民主黨員的感受與意圖。林肯會靜靜思考同僚的策略和意見，接著站起身來，簡明說道：「從你剛才說的，我認為民主黨接下來會如此這般。」如果要「將他們一軍」，我們在未來這段時間應該採取這幾種策略、手段。他提出的行動方針極其明確，往往「讓他的聽眾不禁質問自己，為什麼自己就沒想到這些？」一位議員同僚觀察後認為，林肯「對人性的透徹理解」，「使他變成同輩們難以企及的強者，甚至勝過我這輩子所見的任何人。」

「我們追隨他的領導，」他的輝格黨同僚回憶：「但他並非遵循任何人的指引，他靠自己開闢出一條路讓我們跟隨，而我們樂於照辦。他能夠捕捉、濃縮每場討論背後的關鍵問題，且對複雜或晦澀的主題做出清晰陳述，完勝於一般的論證。」當然，民主黨員的感受截然不同。林肯面對攻訐（針對他本人與他所屬政黨）時的反應，顯然展露出他的性格，還有他日漸成熟的領導特質。在南北戰爭前期，這正是政治的魅力所在——輝格黨和民主黨之間的討論與辯論，總是能吸引成千上百人的狂熱關注。敵對雙方以激烈、侮辱性的語言相互攻擊，取悅了喧鬧起鬨的觀眾，煽動現場氣氛，有時會升級為鬥毆，甚至還會有人掏槍。林肯臉皮薄、容易被激怒的程度，與大部分政治人物差不多，但他的反擊通常都是幽默而善意的玩笑，使兩黨的成員都不禁笑出來。他深具娛樂性的精彩故事，使得氣氛不再那麼劍拔弩張。

林肯有幾次反擊由於太令人印象深刻，有些民眾事後還能逐字復述。「避雷針」那段插曲就是絕佳例子。一次激勵人心的集會上，林肯發表完演說，觀眾剛開始準備散場——就在這時候，喬治．福克（George Forquer）站了起來。他是個優秀的前輝格黨員，不久前接到一份高報酬的任命，成為土地登記員，隨即跳槽到民主黨。福克當時剛建好一幢豪宅，完工時屋頂還架了一支新奇時髦的避雷針。福克站在台上宣布，是該有人來挫挫小林肯的銳氣了，於是他打算嘲諷林肯。雖然福克的抨擊確實「深深激怒了他」，但林肯保持沉默，直到福克把話說完為止，並用這段時間組織反擊的內容。「這位紳士剛才說，要『幹掉』我這個年輕人。」林肯開口，語帶幽默地承認：「我很想活下去，也渴望擁有地位跟名譽。但我寧可現在就去死，也不願意有朝一日活得像這位紳士——為了一年值三千美金的辦公室，就改變自己的政治理念，然後還因為心虛，不得不裝根避雷針到屋頂上，以免憤怒的上帝給他一記雷擊。」觀眾席傳來的笑聲簡直有如雷鳴。

不過在某些場合，正如亨頓所述，林肯的幽默會失控，輕微嘲弄變質為惡意攻擊，甚至太過野蠻無情。當民主黨的傑西·湯瑪斯（Jesse Thomas）針對性地捉弄、嘲諷他，而且「以此為樂」，林肯則展現出他最擅長的戲劇技巧，以他無人能及的模仿為手段。「他模仿湯瑪斯的手勢和聲音，有時還會學他走路和每個身體動作。」隨著群眾報以熱烈迴響，尖叫歡呼，林肯更「陷入刻薄的嘲弄情緒」中，進一步揶揄湯瑪斯「荒唐的」說話方式。湯瑪斯在觀眾席上哭了出來，「被扒了皮的湯瑪斯」很快就成了「鎮上的笑柄」。林肯意識到自己做得太過火，於是去拜訪湯瑪斯，真心向對方道歉。一直到多年後，當晚的記憶依然迴盪在林肯腦海，「帶著最深的懊悔」。即使不是每一次，但他越來越能駕馭自己想要還以顏色的衝動。他追求的目標更有意義，而不是做出一個漂亮的羞辱所帶來的滿足。

即使在更早期，林肯道德崇高的勇氣與信念，也始終重於他強大的野心。他二十六歲時，在那個南方移民人口眾多的州，發表了關於奴隸制度的公開聲明，不顧他在當地的支持度可能會因此大受打擊。美國東北興起廢奴主義，加上部分北方州拒絕將逃亡的奴隸送回，使得南北方的議會都通過決議，再次重申擁奴制度的憲法權利——伊利諾州眾議院也在其列。議

會以壓倒性的七十七比六票做出決議，聲明：「我們強烈反對建立廢奴社會」，並堅持保護人民「不容侵犯」的「對奴隸的財產權」。林肯是那六張反對票之一。他正式提出反對意見，明確表示「奴隸制是建立在一個不公平、糟糕的政策制度」。林肯後來表示，他始終深信「如果蓄奴沒錯，那就沒有錯的事了」。然而，在缺乏廢奴主義的情況下，他停止了反對行動。林肯認為，在憲法授予國會廢除奴隸制度的權力之前，身在奴隸制度早已確立之地，他能做的極其有限。他擔心社會因此陷入混亂，他相信遵循法律仍是首要之務，直到那條法律以合法的方式被修正。根據作家威廉．斯托達德（William Stoddard）的觀察，雖然林肯用詞謹慎，且「刪除任何強硬、冒犯性的字眼」，但他提出的異議仍然是「大膽的行為，在那個時代只要反對奴隸制度，即使在北方，都代表你將成為一個被排擠的異類與政治上的棄子」。

無論如何，在這段早期政治生涯裡，信守最初的選舉承諾，為改善境內基礎建設盡力爭取政府援助——這對林肯而言，是比奴隸制度更加切身而緊迫的議題。他運用自己在議會的領導地位，動員通過一系列法案，批准數百萬美元的預算，用於眾多建設計畫，包括拓寬河道、興建鐵路、挖掘運河、修築道路等等。從草原與原生林；淤塞的溪流、河道；適合種植、但在春季融雪和秋雨連綿時，無法撐起路面與鐵路的黑鈣土層——林肯設想好了一套大規模的基礎建設體系。憑藉對這片土地的第一手知識，他的計畫能夠提供重要的「接點」，在民眾與其生產物之間建立循環系統，作為建立、維繫成長經濟所必須的流動社會體。林肯告訴友人，他的夢想是希望成為「伊利諾州的德威特．柯林頓（DeWitt Clinton）」——那位備受景仰的紐約州長，成功爭取立法支持修建伊利運河（Erie Canal），大幅促進經濟發展，在他治理下的州留下深遠而長久的影響。同樣，林肯也期望在這些建設完成後，市場會隨之興盛，繁忙的城鎮紛紛崛起，生活水準提升，吸引新的移民，為更多人創造更多機會。出身底層的人能憑藉才幹與專業出人頭地，而「美國夢」的承諾於焉兌現。

一八三七年，美國遭遇長期經濟恐慌，公眾情緒開始高漲，反對如此昂貴又未能完工的內部改善計畫。隨著州債提高到前所未有的驚人鉅額，林肯在潮水般的譴責聲浪下，依舊堅定地擁護基礎建設系統。他打了個比方：捨棄新的運河，就像把小船「停在河中央，結果只有兩種可能：不進、則退」。林肯一再警告，放棄內部改善計畫，只會留下失敗、債務、再度淤積的運河、堵塞的水道，以及道路與橋樑的半成品。他果斷拒絕退讓，遵循父親的座右銘：「越是逆境，越不能妥協放棄。」在某些人眼中，林肯固執抗拒、不願放棄自己先前熱情倡議的政策，是種冥頑不靈的表現，但他那樣堅持守護他的願景，就像是保護內心最深的希望、夢想與志向免受攻擊——而事實也正是如此。

向新薩勒姆的新鄰居們宣布他「獨特的企圖」過了六年，二十九歲的林肯在春田的年輕人講堂（Young Men's Lyceum）演說中，詳細說明了這份企圖的本質與對榮耀的渴望。他首先以警告開場，談到有一種「不祥預兆」正萌生於群眾之間——人們開始傾向選擇暴力、謀殺、私刑，而摒棄了法律規範、法庭與憲法。兩個月前，一個事件震驚了整個北方。在伊利諾州的奧爾頓，有個擁奴黑幫組織殺害了支持廢奴主義的編輯伊萊亞・洛夫喬伊（Elijah Lovejoy）。

在密西西比，一群黑人受懷疑煽動暴亂，於是被集體吊死，而就連被懷疑提供協助的白人也未能倖免。林肯提出警告，這種暴徒的歪風如果繼續蔓延，那麼「愛好安寧的善良民眾」便會與政府離心，因為政府實在太過軟弱而無法提供保護。接下來，整個國家就容易出現統治階層專斷獨行的惡果。

當初，幾位偉大的美國開國元勛所懷抱的志向，可說與建立以憲法為本的政府、使人民得以自治的目標「**密不可分**」。但林肯擔心，在這樣充斥暴徒行為的混亂氛圍下，類似「亞歷山大、凱薩大帝或拿破崙」這樣的人物，很可能會冒險採取「摧毀、消滅」的手段，以博取**名聲**。這樣「過度自我」的人，其野心將與人民最高的利益脫鉤，因此並不適合作為民主政體的領袖——他們是專制的統治者。

為了制衡這種人棘手的野心，林肯呼籲美國同胞重申開國元勛的價值觀，支持憲法及其下的法律。「讓美國每一位母親都沐浴在對於法治的尊崇、敬意之中」，在每一間學校中教授、在每一座聖壇上佈道。要對抗潛在的獨裁領袖，最穩固的方式，是由充分知情、有見識的民眾，「依附於政府與法律」所構築而成的堡壘。這個論點讓林肯想起，他第一次向桑加蒙郡民眾做出聲明時，就指出教育是民主制度的基石。為何教育如此重要？正如他當時所言，因為每一個公民都必須可以讀歷史，以「領略我們自由制度的可貴」。另外，研讀有關獨立戰爭與立憲的內容則更加急迫，因為時光流逝，獨立戰爭中值得紀念的場景也逐漸消逝。確實，林肯宣稱，美國建國的故事應該「被熟讀、被傳誦，正如我們讀聖經一般」。開國元勛們崇高的實驗（他們想向世界證明，普通人也能自治）已經成功。林肯做出結論，如今輪到他這一世代的人，來保存我們「引以為榮的自由制度結構」。

未及而立，林肯已經建立起領導力的概念，以領導者的共識為基礎——即追隨者對於自由、平等與機會的渴望。不過五、六年的時光，從無到有，他是一顆冉冉上升的星，已經成為州議會中受敬重的領導者、爭取內部改善資源的中心人物、推動新州府遷移的背後主力，並成為一位執業律師。單看他的起點，林肯跨越了千山萬水。然而，若看他非比尋常的遠大志向，意圖向大眾證明自己的價值，那麼他的路才剛開始。

2 西奧多・羅斯福——憑藉極端意志，追求卓越的富家子弟

「我像火箭一飛衝天。」

西奧多・羅斯福與林肯相同，都是在二十三歲那年初試啼聲，踏上政治舞台——但兩人的相似之處，也就僅限於此了。在林肯的鄉下背景中，任何想參選的人只須走上前、自我提名即可，一切「自食其力」，代表自己發聲。選民可以在雜貨店、村莊廣場上，與候選人近距離接觸，因此個人印象的重要性高於黨派關係。林肯在兩千字參選聲明中，宣布他競爭州議會席位的強烈願望，揭露他個人心底最深的志向，以及他對地方性議題的立場。相對地，羅斯福的參選聲明僅有三十三個英文字——其中沒有承諾、沒有保證、沒有任何個人特色——不過是對早已確認的提名資格，做個簡單宣布：「有幸被提名為本選區的議會成員候選人，若能在選舉日當天，獲得您的賜票及個人影響力，我將感到榮幸之至。」

林肯與羅斯福開始政治生涯的時期，相隔半個世紀，而進入政治圈的途徑已有巨大變化。林肯是自行站出來參選，而年輕的羅斯福則是由地方領袖——喬・莫瑞（Joe Murray），一名魁梧、紅髮的愛爾蘭移民——指名參選。羅斯福所在的第二十一選區，範圍涵蓋麥迪遜大道（Madison Avenue）沿路優雅的褐砂石連棟建築，也包括曼哈頓西區擁擠、老舊的房屋。以「絲

襪區」（Silk Stocking District）的稱號廣為人知，這是紐約市極少數的共和黨鐵票區。年輕的羅斯福當時還沒有什麼名氣。那位領袖「之所以選我當候選人，是因為他覺得跟我一起競選，他的勝算最大，」羅斯福後來承認：「那時我既沒有聲望，也沒有實力靠自己贏得提名。」

那位領袖選擇羅斯福這一個哥倫比亞大學法學院二年級學生時，早就識得「羅斯福」姓氏的吸引力。西奧多的父親——已過世的老西奧多．羅斯福——是一位廣受敬重的慈善家，致力於改善貧童生活，包括兒童保護協會（Children's Aid Society）、義大利兒童莎特瑞女士夜間學校（Miss Sattery's Night School for Little Italians）、報童寄宿之家（Newsboys' Lodging House）都有他的身影。確實，當西奧多．羅斯福的提名公布時，《紐約論壇報》（*New York Daily Tribune*）就呼籲選民把票投給「紐約史上最受愛戴與尊敬的人物」之子，把握這個機會「向偉大家族致敬」。那位領袖也很清楚，羅斯福能為自己的選情帶來幫助。林肯在參選宣言中表示，「沒有任何有錢有勢的親屬」能夠舉薦他；而年輕的羅斯福恰好相反，正是這些背景關係與財富，讓共和黨的大老注意到他。

回顧過往，羅斯福認為「機緣」——他所屬選區的人口組成以及他的家庭背景——是他得到首次機遇的最主要功臣。但他也明白，當機會降臨，你就得「好好把握」這一線機會。「我讓自己處在機會可能發生的境地，然後就真的發生了。」確實，年輕的羅斯福靠自己主動爭取，成為地方共和黨協會（Republican Association）成員。該組織舉辦集會的地點在五十九街及第五大道交叉路口的莫頓廳（Morton Hall）。莫頓廳這個大房間永遠煙霧瀰漫，在一間酒館樓上，設有老舊長椅、痰盂與撲克牌桌。想要融入他們「絕非易事」，羅斯福後來回憶道：

「當時政黨仍被當作私人團體，每個選區內，黨派組織都會形成一種社交、政治性的俱樂部。和其他俱樂部差不多，必須不斷有人舉薦、並經過推選，才能成為其中一員。」

當他開始打聽共和黨的地方組織時，特權菁英圈子的同伴（一群品味高雅、生活安逸的人）警告他，地方政治是「不入流」的，是「酒館主人、馬車車掌」的地盤，參與者全都「粗魯、野蠻，難以相處」。羅斯福並沒有被他們的輕蔑態度勸退，反而批評了他們的傲慢思維：「我回答，若事實真是如此，那只代表我所認識的這群人並不屬於統治階層，而是其他人——但我打算成為統治階層的一員。如果最後證明，我真的無法適應、融入他們，那麼我認為我大概只有退出一途，可是我非要在真正努力之後，證實自己是否真的太脆弱、無法在混亂的困境中堅守，最終才會放棄。」

因此，問題再次浮現：這名背景富裕、生活備受保護的年輕人，究竟是受到什麼吸引，決意踏入陌生、粗鄙的地方政治世界？他的野心從何而來？

西奧多．羅斯福五十三歲時，坐下來回顧自己從初次參選到進駐白宮這一段路，對於這些問題，提供了他自己合意（但有時可能誤導）的答案。為了方便討論，他系統性地區分兩種類型的成功——無論在藝術、戰爭，或者政治領域皆然。

他主張，第一種成功是屬於「擁有天賦的人，能達到他人難以企及的成就，而普通人即使透過再大量的訓練、再強的毅力或意志力，都辦不到。」他列舉寫出〈希臘古甕頌〉（*Ode on a Grecian Urn*）的詩人、發表《蓋茲堡演說》（Gettysburg Address）的總統、特拉法加戰役的納爾遜將軍（Lord Nelson）三者為例，說明天資非凡的體現。

至於第二種，也是較為常見的成功，他堅稱，並不取決於超凡的天賦，而是透過個人的遠大抱負與不懈努力，將普通的資質培養成出色的才幹。天才能受啟發，但無法藉由教育培養——但這種自立的成功則是平等的，只要是「身體健康、腦袋清楚，心理與生理特質並不出色的一般人」都有機會達成，但也必須將自身潛能發揮到極致。他認為「研究第二種方式較為實際」，因為只要有決心，任何人「只要做出選擇，就能夠找到類似的成功之路」。

在羅斯福領導之路的故事序幕即可看出，他將自己明確歸為第二種成功類型。他的故事，是一個體弱多病的男孩的故事，他性格羞怯，深信「意志即真理」，能夠改造自己的體魄，使精神益發強韌。透過艱苦的努力與自律，他虛弱的身體變得強壯；透過想像與練習，他直面恐懼，變得更加勇敢。「我願相信，看見我這樣天賦不高的人能達到今日成就，美國人民應該會得到鼓舞與希望。」

一名腳踏實地的年輕男孩，一磚一瓦建構起自己的特質，並在這些特質上發展出領導的品格——如此寫照太過簡化，也不夠完整。但令人訝異的是，這有很大一部分是事實。「泰迪」[1]確實是個緊張、多病又脆弱的孩子，他的童年充斥著可怕的支氣管哮喘。通常在半夜襲向他，帶來近似窒息、溺水的感覺。當暱稱「狄」（Thee）的老西奧多・羅斯福聽見兒子開始嗆咳、喘息、掙扎著想吸入空氣時，會衝進臥室，把兒子摟在懷裡，抱著在家中四處走動，直到兒子能順利呼吸、重新進入夢鄉。如果這個老方法沒有效果，他就會吩咐僕人備馬車，把喘不過氣的孩子裹進毯子，駕車迅速穿越煤氣燈照亮的街，相信宜人的晚風能吹入孩子的肺部。「幾乎沒有人認為我能活下去，」西奧多・羅斯福後來回憶道：「是我父親，他給了我呼吸，給了我肺，給了我力量與生命。」

雖然哮喘削弱了小「泰迪」的身體，但也間接讓他原本就極為早熟的心智，發展得更加快速。「他沒有辦法參與那些劇烈的活動，」他的妹妹柯琳（Corinne）寫道，「所以他幾乎總在閱讀、書寫，用他那種不尋常的專注力。」他的智識活力、好奇心或志向遠大的理想人生，絕對都不平凡。在父親引領下，泰迪智識與精神上的發展不斷受激勵，成為一個饑渴的閱讀者，將自己代入他最仰慕的冒險英雄角色——在戰鬥中無所畏懼，體魄超強的戰士；非洲的探險家；住在荒野邊境的獵鹿人等等。多年後，有人問他是否聽過詹姆斯・庫珀（James Fenimore Cooper）作品《皮襪子故事集》（*Leatherstocking Tales*）裡的角色。他笑了：「豈止聽過？我還跟他們一起吃、一起睡，他們所有的強項與弱點我都知道。」

在閱讀廣度，或者能夠取得的書本，都很少有孩童比得上羅斯福。他只需從家族那寬敞圖書室的書架上抽一本出來，或對某本特定書籍表達興趣，那本書就會神奇似地出現。一次家庭旅遊中，泰迪驕傲地自述，他與弟弟艾略特（Elliott）和妹妹柯琳看完了五十五部小說！「狄」會在晚餐後的時光唸書給孩子們聽。他用家庭遊戲與比賽，讓學習生動有趣。他為兒女安排戲劇的業餘演出、敦促他們引用詩句，鼓勵每一個孩子追求自己獨特的興趣。最重要

1　「泰迪」（Teedie）是他兒時的綽號。

的是，他設法用說故事、寓言與格言，來傳授責任、倫理與道德等嚴肅的理念。

羅斯福曾寫道，每一個領域的領導者，「最需要的就是理解人性，理解人類靈魂的需求；而他們終將在那些偉大、富有創造力的作家筆下找到人性與需求，無論是文章或詩篇」。泰迪能輕鬆取得上百本書，這跟為了借一本克科姆《英文文法》得走上六英里的林肯，形成鮮明對比。再設想一下，「狄」是那麼竭盡所能支持、培養羅斯福小時候的閱讀習慣，而湯瑪斯·林肯卻從林肯的手中把書奪走，撕成碎片——這種對比就顯得更加巨大、難以踰越了。然而，無論教養環境差異有多大，書籍都成為林肯與羅斯福兩人「最忠實的夥伴」。在後來的人生旅程中，每一天，這兩人都會撥冗閱讀，把握用餐前、兩批訪客中間的空檔、睡前等零碎時間。

羅斯福堅持認為自己沒有出色的天賦，然而，與這種看法相矛盾的，不僅是他非凡的心智，還包括他驚人的記憶力。每當他論及多年前讀過的書，書頁就彷彿在他面前展開，讓他從腦海中重新讀一遍裡面的內容。相較於林肯形容自己的頭腦是「鋼鐵——要在上面留下任何刻痕都很困難」，但刻上後「要抹掉幾乎是不可能的」；而至於羅斯福，一位友人觀察指出，他的頭腦恰與林肯相反，「吸收時是蠟，記住時則是大理石」。那位友人驚嘆不已：他彷彿能夠「記得讀過的每一個字」，不管任何內容，只需要讀一遍，全都會烙印在他腦海，而且隨時能提取出來——他不僅能記得內容，還能記得初次閱讀時的感受。

不像林肯，年輕的羅斯福並未早早立定志向，以領導者自居。身旁的人對他也沒有這種期許。他體弱多病，無法就讀公立學校，也很難和其他的同齡男孩玩耍。他與手足們（姐姐貝米〔Bamie〕、妹妹柯琳、弟弟艾略特——都有嚴重的生理疾患）都在家裡，跟隨家教學習基礎的閱讀、書寫、算術。他們僅有的玩伴是同一個大家族的成員，皆屬同樣的豪門顯貴。

不過，在這個孩子的小圈子裡，泰迪總是占據中心的地位，組織戲劇演出、指揮遊戲、發揮自己講故事的天賦娛樂大家。柯琳將八歲的哥哥講述的情節當作寶藏，那些故事靈感取自他的想像力與讀過的書。對羅斯福一家而言，「說故事」扮演不可或缺的角色。泰迪的母親瑪莎・布洛區（Martha Bulloch）——小名「米蒂」（Mittie）——是位「保守」的南方人，在喬治亞州一幢富麗堂皇的豪宅長大，常以南北戰爭前充滿浪漫情懷與騎士精神的傳說、故事娛樂兒子。

一位傳記作家注意到，早熟的泰迪不僅展現出「堅毅果決的性格」，且「在自己感興趣的事物上，專心致志的程度近乎於冷酷」。他在十歲時，便對大自然產生極大興趣，想成為約翰・奧杜邦（J. J. Audubon）那樣的鳥類學家。暑期家族度假時，他會沿著林間步道漫遊，把握自由的機會清清肺。在此期間，他開始觀察鳥類，聽牠們鳴唱，辨別不同的身形與羽毛。他捕捉各種昆蟲、爬蟲類，收在書桌抽屜裡。注意到兒子迷上鳥類與哺乳類動物，狄買了一整套自然史給他，還安排了奧杜邦一位助手，為他教授私人動物標本製作課程。泰迪將以往投入閱讀那股強大的專注力，轉移到標本上，剝皮、解剖，一絲不茍地貼上標籤，將數百件標本組合、收藏起來，並自豪地命名為「羅斯福自然史博物館」。他全然沒注意到自己把臥室弄得一團亂——裝著解剖生物的容器一罐罐散落在各個角落，還散發惡臭——逼得艾略特苦苦懇求要搬到另一間房間去自己住。

狄為兒女提供的教育廣泛而獨特，與林肯為自己設計的高強度學習法截然不同，而且差異還不僅止於寒暑假的別墅生活，更延伸到兩段各自長達一年的國外旅行——第一次前往歐洲，第二次則去了中東、聖地及非洲。他們住過飯店與旅舍、搭過帳棚，也待過私人住宅。他們在羅馬停留兩個月，希臘停留三週，黎巴嫩兩週，巴勒斯坦三週，並在埃及待上整個冬天。狄身兼多職，是充滿熱誠的父親、導師、傳教牧師，也是導遊——每到夜間，他就會朗讀造訪地區的作品，包括詩篇、歷史、文學等等。他們在德勒斯登（Dresden）與一個德國家庭同住了兩個月，狄安排雇用了屋主的女兒，讓孩子們沉浸在德國語言、文學、音樂、藝術之中。泰迪深受這些課程吸引，意猶未盡，原本每天的上課時數為六小時，他主動要求延長。對此，艾略特抱怨道：「我當然也得跟上進度，不能落後。所以，這段時間大概是我們這輩子最拼命學習的時候。」

林肯具備異常強健如運動員的體魄天賦，矯捷靈活，但需要**鍛造**自己心智；反觀泰迪，在發展智識方面擁有極度優渥的條件與資源，卻必須**鍛造**自己的身體。到了十歲，他因慢性哮喘，被迫臥床休養的時間越來越長。狄擔心兒子步上母親的後塵，陷入疾病、畏怯、脆弱中難以自拔——自從南北戰爭爆發，她在喬治亞州的家遭到摧毀之後，就變得越來越虛弱。深受心悸、腹痛、使人衰弱的頭痛與憂鬱所苦，她多半待在臥室裡閉門不出。狄非常擔憂泰迪會變得和米蒂一樣失能。他將兒子拉到一邊，叮囑：「西奧多，你很有腦袋，身體卻不好。少了身體的幫助，腦袋就沒辦法發揮它的該有的實力。你必須**鍛造**出你的體魄。這是件沉悶而艱難的苦差事，但我知道你辦得到。」泰迪滿腔熱血，回答父親：「**我會鍛鍊好身體！**」

狄雇用附近健身館的店主，在家中後門廊裡建了一間設備齊全的健身房——在父親的幫助下，泰迪開始做重量訓練、拉單槓，以非常、非常緩慢的速度，一點一滴增進體能，重塑身體。隔年夏天，他清楚意識到自己在生理層面的自我認同仍然脆弱、易受傷害——當時他獨自搭乘驛馬車，前往緬因州北方森林內的穆斯黑德湖（Moosehead Lake）旅行，途中遇到兩個無賴。「他們發現我根本是天生的受害者。」多年後他仍然記得：「所以他們想方設法地找我麻煩，讓我處境痛苦。」他發現自己無力反抗，於是下定決心，「永遠別再陷入那般無助的境地」。他告訴父親想學拳擊，於是狄雇來一位前職業拳擊手，讓兒子接受訓練。

即使在埋首苦讀、開始準備哈佛大學入學考試期間，泰迪也堅持嚴格的鍛鍊計畫。「這個年輕人的字典裡，幾乎沒有『閒下來』這幾個字。」剛從哈佛畢業、受聘協助泰迪準備考試的亞瑟·寇特勒（Arthur Cutler）觀察到：「每一個空檔，他手裡一定都會捧著小說、英國經典文學，或者關於自然史的深奧書籍。」泰迪每天都花很久時間研讀，學習拉丁文、希臘文、文學、歷史、科學、數學等科目，在兩年內完成其他人需要三年才學得完的準備工作。一名同儕回憶，他的專注力強大到「即使房子在頭頂上塌下，也無動於衷，絕不會分心」。只要分派到任務，他很少會拖到最後一刻。拖延在他心中是種罪惡。他發現，事先做足準備，能使人免於焦慮緊張——這種心態，在他未來的歲月裡，為同僚立下了極佳榜樣。泰迪輕而易舉通過了八科考試，獲得哈佛錄取，急切地想要在世界上留下自己的痕跡——雖說這個時候，他還不太確定該怎麼做。

「西奧多．羅斯福的故事，」一位傳記作家指出，「其實就是一個小男孩讀到偉人事蹟以後，下定決心與他們看齊的故事。」這種說法頗為準確，但除了仰慕虛構的人物，年輕的羅斯福從自己的父親身上，看見最強大的典型英雄楷模。「父親是我此生所見最偉大的人，」羅斯福後來說，「他結合力量與勇氣，具備柔軟、溫和、極度無私的特質於一身。」他是個公眾人物，在慈善界的成就非凡，致力於「每一項社會改革運動」。但「我從未見過比我父親更熱愛生活、樂在其中的人」。羅斯福認為狄不僅是「他最好、最親密的朋友」，更是他深愛的導師，他的意見對羅斯福而言，比其他人都更重要。「回顧我人生開頭的十八年，真是極其美好。」他告訴家人：「回想起來，除了我自己惹的禍，沒有一天是不幸福的！」

要進哈佛就讀，西奧多在智識上的準備已經非常充分，但卻欠缺了許多同儕們早已精通的社交技巧。一名同學對他的印象是「勤學、有抱負、性格古怪——絕非討人喜歡的類型」。他房間的架子上擺滿了死蜥蜴和鳥類標本。若說當時不關心學業的態度比較酷，西奧多就顯得咄咄逼人、過於狂熱，他常打斷課程，用各種反駁與疑問轟炸教授。他鄙視那些抽菸喝酒的同儕，在確認對方的家庭與他「門當戶對」之前，他總是保持距離。

年輕的羅斯福，並沒有林肯那種人見人愛的同理心和友善，但他最真實的性格最終仍吸引了他的同學，驚訝於他的旺盛精力與我行我素。雖然他「從沒完全克服哮喘」，數十年來，總是時不時受發作所苦，但他將身體鍛鍊得足夠強壯，得以參與許多不同的體育活動。他會打拳擊、摔角，一天跑三、四英里，又去學划船、網球，而且持續上健身房鍛鍊。儘管他無法在這些活動中表現出色，但他從中獲得了巨大滿足，因為他克服了早先的病弱。除了每學期都拿到榮譽成績，他還成立了惠斯特牌社[2]與金融社，加入步槍射擊社與藝術社，更獲選進入聲望最高的菁英社交社團：坡斯廉俱樂部（Porcellian）。他也沒有放棄對鳥類的興趣，徒步從劍橋步行好幾英里，去觀察、射擊，並將牠們做成標本。生活中塞滿這麼多活動之餘，他還擠出時間，到主日學校教學，並每週上一次舞蹈課。當然，他跳得很笨拙——「就和你想像他跳舞的樣子一樣。」一個同學回憶：「他是用蹦的。」他在哈佛的生活「拓展了各方面的興趣，」柯琳指出，「這為他帶來未曾有過的成就：使他在與同齡層的人際交往上得到信心。」

西奧多必須有他在哈佛建立起的所有信心，才能承受一記他無法想像的悲慟打擊。西奧多大學二年級的那個十二月，四十六歲的父親因大腸癌病倒。在稍早的秋季，拉瑟福德・海斯總統（Rutherford B. Hayes）才剛提名狄擔任紐約港口關稅課徵官，這是聯邦政府在內閣之外最高的職位。狄的任命必須經過參議院同意，這被視為政府文職部門改革的勝利，打擊那些多年來將此當作私人聚寶盆的貪官污吏。一連數週，共和黨主導的改革派，以及為個人利益拉攏、組成小團體的政客，在參議院爭執不下。最後政客小團體占了上風，狄的任命被否決了。「我擔憂你的未來，」狄寫信給兒子，提到：「此時我們已無法容忍如此貪腐的政府。」這

2 惠斯特（whist）是一種牌類遊戲，為橋牌的前身。

句警語，在年輕的羅斯福腦海中迴盪不去，也影響他形塑出警惕備戰的領導風格。

狄在癌症確診後三個月過世，帶給西奧多難以承受的悲傷。「我覺得自己像是被打昏，又像是有人拿走我生命的一部分。」他在日記寫道：「正如他自己常說，『他不是死亡，只是先走一步』，若非我確信，那麼我幾乎要隨他死去。」往後的日子裡，西奧多的日記裡充滿對父親的思念。「我每隔一陣子，就覺得這只是一場恐怖的惡夢。」他寫道：「但有時，我又清楚意識到自己已經失去什麼，隨時都可能發瘋」，因為「他是我的一切——我的父親、我的同伴、我的朋友」。

「羅斯福先生的死，是大眾的損失。」《紐約時報》（*New York Times*）描述，「整座城市都降了半旗。人們無論貧富，都一路送他到墓地。」他目睹父親的影響力，也開始衡量自己的人生。「與這樣的父親相比，我多麼微不足道。」他在日記中寫道：「我多麼希望能有一番成就，才不辱沒了他的名。」

好在西奧多擁有樂觀的天性，他只是需要足夠時間來療傷，重振精神。到了六月底，他在日記中透露，他訝異地發現自己「極其享受快樂而健康的戶外生活」，他在「騎馬，長時間在森林、田野間漫步，尋找合適的標本」當中度過一天。從這些激烈的活動中，他得到了寬慰，同時更了解自己的本質。「我不能再更快樂了——除了有時那些苦澀的時刻，我意識到自己失去了什麼。父親總是那麼快活，讓我覺得自己也不該沉浸在憂傷。況且，不知道是幸運還是不幸，我很開朗，比較接近樂觀主義者。」

「只有我的妻子——假如我有天結婚的話，」西奧多在日記裡寫道：「才有機會取代這個（我父親的）地位。」接下來的秋天，他在哈佛進入三年級，與愛麗絲・李（Alice Hathaway Lee）墜入愛河。她出身自麻薩諸塞州栗樹山一個富裕的婆羅門家族（Brahmin）。「這真的是一見鍾情的狀況。」西奧多告訴朋友：「這也是我的初戀。」他以看書、收藏標本、健身時那種一心一意的專注力，立志與愛麗絲共結連理。他護送她去各種派對、舞會，帶她去溜冰、滑雪橇，騎馬漫遊步道，並遠行穿越森林。他把她介紹給在哈佛的朋友，帶她去紐約見母親和姐妹、弟弟。他也對她的家人展開攻勢——陪她的父母玩惠斯特牌，用鬼故事和冒險傳奇娛樂她的弟弟們。他將贏得她的心視為最重要的事。認識六個月後，他就開口求婚。她拒絕了，如此年輕就要做出如此重大的決定教她有些膽怯。她的回絕令他「幾近瘋狂」，無法專心讀書，夜不成眠。但他不願放棄——過了八個月，「在他不斷懇求下」，她終於同意成為他的妻子。她接受求婚的那個晚上，他如此記錄：「我欣喜若狂，快樂到不敢相信自己的快樂。」兩個月後，他仍樂不可支：「我不相信世上有任何男人，會如我愛她那樣，去愛任何女人。」

權勢能使人喪志，正如缺乏權勢能讓人發奮。但權勢並沒有阻擋西奧多強烈的衝勁：他精通每一項活動——從他如饑似渴的閱讀，到創造羅斯福自然史博物館；從一絲不苟的體能鍛鍊計畫，到讓他求學的每一個階段都表現出色的強大專注力。不過，在父親的羽翼之下，權勢確實讓他能盡情探索，無須顧慮現實問題。是狄讓兒子擁有自己的藏書室、私人健身房、

個人教練、動物標本製作導師、大學入學考試家教，還能到世界各地去，採集標本，收藏在個人博物館內。進入哈佛讀書的第一年，父親就告訴他，若他仍希望成為一名博物學家，儘管放手去追夢。狄解釋，「他說他賺的錢夠多，能讓我選擇這樣的職業生涯，只要我願意竭盡所能，投入全副心力，去從事沒什麼報酬，卻意義重大的工作。但我不能只是消遣，學個半吊子就不思進取。」西奧多最終沒有成為博物學家，根據他自己的說法，是受到課程的影響——在哈佛大學，生物學變成了「只存於實驗室與顯微鏡下的科學」，忽視了對鳥類、動物、樹木、戶外世界的研究。對一名渴望不斷活動、多年來逐步增進力量與耐力的年輕人來說，一份坐著不動、只能在顯微鏡下研究組織的工作，實在沒有吸引力。

隨著西奧多發現自己並不適合投入科學，他日漸成熟的自我意識——越來越了解自身的優勢與弱點——也逐漸展露，成為他領導力後備支援中的重要元素。雖然放棄博物學家這條路，他從未停止對冒險的追求，或對自然世界的熱情。父親過世後的一年半間，他踏上三段探險旅程，深入緬因州荒野區。每一次都拓展了他的眼界，超脫到繁忙擁擠的社交世界之外，並使他得以近距離接觸那些過去只能透過書上看見的人。

第一趟旅行是由他的哈佛家教安排的。「我希望你特別照顧一下這個年輕人，」寇特勒對緬因州導遊比爾・席沃（Bill Sewall）說：「他身體不太強，但野心與堅持卻很大……所以他就算累了，也不會說出口。等你發現時他大概已經倒在地上了——因為他會一直走到倒地為止。」寇特勒的評估直中紅心。在旅途上，西奧多歷經嚴重的哮喘發作，卻從未失去他的好脾氣，或者看起來「不太舒服」，無論乘獨木舟划過幾英里河川、步行三十五英里穿越森林、幫忙搭起帳篷，又或者朝鴨子、潛鳥、鴿子打空了無數發子彈。

那名三十四歲的緬因州導遊，後來成為羅斯福的導師與終生好友，他是第一個在這位年輕人身上，看見領袖潛質的人。「他與我見過的任何人都不同。」席沃說，「不管他走到哪裡，都能馬上與大家融洽相處」，與他們打成一片、交談聊天、娛樂大家，沒有半分紆尊降貴的態度。剛進入大學時，這個男孩得知必須與較低層的社會階級混在一起，還心存疑慮，但他現在卻與一大群除了樹林之外什麼都不懂的伐木工人，一起睡在營地裡。「我猜他們連自己的名字都不會寫，」席沃回憶：「但他們很了解樹林，熟悉整座樹林的一切，也清楚身為拓荒者的辛酸與艱苦。」年輕的羅斯福願意對這些人敞開胸懷，理解他們，從他們身上學習——由此可見，在經歷過巨大傷痛以後，他身上承自權勢背景的菁英主義，開始一片片剝落。他告訴席沃，能「從在偏遠林區生活、且了解透徹的人口中得到第一手記述」，令他非常興奮。席沃相當驚奇：當時他年紀尚輕，「卻能在一群極為樸實的人之中，找到真正的本質。」他仔細聆聽他們的故事，也把讀過的冒險故事說給他們聽，建立起良好的關係。席沃說，他在學習——學習身為一個美國人的意義；學習什麼叫做「除非努力爭取，沒有人高人一等；而除非自己誤事，沒有人低人一等」。西奧多在不同的社交生活中，發掘出深刻的樂趣，促使他重新評估自己的未來前景。

關於是否要繼承父業，他考慮過一陣子。接下狄極其成功的慈善工作，致力於改善貧民的生活。「我曾試著全心踏上我父親走過的路，」他對朋友說，「但我做得很糟糕。」加入過「形形色色的委員會」，也出任過幾個曾屬於父親的董事會職位，他發現這工作與他志趣不投。他受不了坐著連續開幾個小時的會——正如他無法整天在實驗室盯著顯微鏡。他終於得到結論：他必須「以自己的方式」，將父親的道德熱忱發揚光大。他承接自特權階級的貴族義務[3]，感覺已太過偏離他現實生活中的行動，又太過迂迴。此外，他也開始思考，若政治秩序能對根本的社會狀態提出解方，那就不需要慈善工作了。「我想嘗試為紐約市打造出一個更好的政府，」大四那一年，他對友人說：「我還不太確定該怎麼做。」但他決定到哥倫比亞法學院就讀——他並不是想當律師，而是打算把這裡當作第一個跳板，藉此參與部分公眾事務。

但他隨即意識到，法學院的課程不適合他的性格。他發現教授比較重視「分析現有的法律，而非它們應該的模樣」；更強調判決先例，而非公理正義——這些都令他無法苟同。在大學裡，他刻意遠離辯論社團，他認為，訓練年輕人在任何命題、立場上都「口若懸河」，卻罔顧真正的信念或道德，是一件錯誤的事。他擔心，自己若成為律師就不得不這麼做。他希望自己贏得辯論，是因為立場正確，而不只因為他把一堆片面、偏頗的事實巧妙地集結起來。他沒把精力全部投入課堂，反而花越來越長的時間待在莫頓廳，沉浸於勞工階級政治的流血運動中。

「我剛踏入政治時，」羅斯福後來說明：「我還沒有『為他人利益而奮鬥』的意識，只想為自己爭取到人人都有的權益。」林肯最初就懷抱雙重志向——不僅為自己，也為他希望領導的人民；二十三歲的羅斯福則不同，他單純地想行使自己的公民權利，對於展開職業生涯，並沒有考慮太多。為了反駁「當代受過高等教育的上層菁英，尤其是年輕人，對政治議題都漠不關心」的偏見，他希望以身作則。

當新薩勒姆的民眾初次見到那個呆頭呆腦、衣著寒酸、沒受過什麼教育的林肯時，他們這麼問：「這菜鳥是哪來的？」而當地方政客第一次看見年輕的羅斯福時，他們問的則是：「這傢伙是哪一位？」中分的髮型、頰上的短鬚，一眼架著用「金鍊固定在耳朵上」的單片眼鏡，穿著「合身到無法再縮減」的西裝背心與長褲——他看起來就像個花花公子，過度注意外表與舉止。

面對西奧多與年輕的林肯，一旦奇特的第一印象淡去，就會改變對他們的看法，並與他們建立起非常友好的關係。一週接著一週，西奧多堅持前往莫頓廳，接觸勞工階層的愛爾蘭和德國移民、屠夫、木匠、馬伕，一起喝啤酒、抽菸，傾聽他們的故事，參與他們的紙牌遊戲，徹底沉浸在歡快、活躍、陽剛的氛圍裡。

「我很常出現，於是那裡的人逐漸習慣我的存在，我也適應了他們，」他後來說：「我們漸漸有共通語言，也開始淡忘最初在彼此腦海中留下的印象——那種布雷特．哈特（Bret Harre）所言的『因為陌生而有的負面道德評價』。」同時，那些常聚在莫頓廳的人，也發現他們面對的是一個性情溫和、誠實、討喜、聰慧的年輕人，會為自己的信念而奮鬥，也能用

3 貴族義務（noblesse oblige）是一種傳統社會觀念，起源於中世紀封建制度，認為貴族階層有義務為社會承擔責任。

詼諧的心態面對失敗。觀察羅斯福好幾個月以後，地方領袖喬·莫瑞對他有了「慈父般的關注」，最後認定：這個二十三歲的特權階級青年，若競選州議會席位，是有望成功的。

十一月的首度提名與正式選舉之間，僅相隔一週，這使得政黨組織發動投票的關鍵角色變得格外重要。隨著競選活動展開，莫瑞計畫帶著羅斯福「進行個人拉票活動，走遍第六大道上沿路的小酒館」。在那個時代，酒館主人在政治上的重要性舉足輕重——他們會擬一份「立場正確」的選民名單，並確保這些人選舉當日都會去投票。第一站是瓦倫坦楊酒吧（Valentine Young's Bar）。羅斯福才剛被介紹給楊先生，就遇到了麻煩。

這位酒館主人說，如果羅斯福勝選，他期望他會支持降低販酒執照的費用——現在實在太貴了。羅斯福回答，他會公平對待所有利益相關者，一視同仁，而且，他反而認為販酒執照的費用「還不夠高」，因此他會投票支持「提高費用」的法案。莫瑞匆匆把羅斯福帶走了，決定今後還是由自己和同僚來負責第六大道的競選工作，讓羅斯福在朋友、鄰居間拉票就好。

在寥寥幾次公開聲明中，羅斯福表示「我不隸屬於任何人」且將以「不受束縛、也不作許諾」的狀態進入議會。他以完全不帶諷刺的態度宣稱，即使與喬·莫瑞之間有深厚的友誼和恩惠，他仍「不會服從任何領袖，也不服務任何派系」。他承諾保持獨立自主，引起了絲襪區居民的認同；他們憎惡黨機器政治，極少費心參與地方性選舉。以獨立身分參選的策略，提升了羅斯福對選民的吸引力。提名公布後兩天，二十位傑出的紐約人士——包括未來的國務卿伊萊休·魯特（Elihu Root）、哥倫比亞法學教授西奧多·德懷特（Theodore Dwight）

等人——公開大力支持年輕的羅斯福參選。那份聲明宣稱：「我們極其榮幸地宣告，我們非常欣賞他高尚的品格，他的誠實與正直顯而易見。」同一天，未來的駐英大使約瑟・科特（Joseph Choate）召集了一幫狄的老友，貢獻共和黨的競選資金。記者雅各布・里斯（Jacob Riis）記述：「身價百萬的富人向自己的馬車伕拉起票來，並為此興高采烈。」選舉日當天，「褐砂石高級區」的投票率遠超過以往，羅斯福勝選的得票數幾乎是一般共和黨員的兩倍。

「我第一天到議會，就像個小男孩剛進到陌生的學校。」羅斯福回憶：「我和其他議員對視，眼底是對彼此的不信任。」在民主黨占絕對多數的議會中，羅斯福不僅是最年輕的成員，還是一位出身「紐約最富裕區」的共和黨員。在第一次會期中，林肯保持低調在背景裡觀察、思考；羅斯福則橫衝直撞展開行動，時常惹怒同僚，違反議會程序規則。

他用他惱人、狂熱的能量「審問」議會同僚，拼命吸收所有關於議會運作的一切。他會問「這件事在你們郡、區是怎麼處理的？」、「這是什麼？那又是什麼？」他在很短的時間內，「對州內政治的理解，已經比百分之九十的資深議員更深入」。很快地，他把議會成員分為三類：一是被他視為「非常好的人」，由改革派同僚組成的小圈子；二是由「非常惡劣的人」組成的派系，對坦慕尼協會（Tammany Hall）負責——這是紐約的政黨機器，且有收受賄賂的傾向；最後是「不好不壞」的多數群體，可能會投向任一方，取決於輿論的力量。

就職才滿兩個月，他就成為大眾焦點，展現出盛氣凌人的強硬，後來也成為他個人標誌性的特色。報紙新聞指控州法官韋斯布克（Theodore Westbrook）濫用審判程序，幫助華爾街的金融家古爾德（Jay Gould）取得紐約高架鐵道的控制權。在進一步調查之後，羅斯福認定韋斯布克與那個聲名狼藉的強盜大亨之間，確實建立了腐敗的聯盟關係。於是，這位菜鳥議員從座位上站起，狠狠痛斥韋斯布克法官，他的發言登上報刊頭版標題，使「西奧多・羅斯福」成為州內最多人討論的話題。《紐約時報》的社論寫道，在一個「面對華爾街金融大亨時，總是逢迎拍馬」的時代中，「我們不過需要一位公眾人物的一點勇氣，敢於揭發他們的真面目」。

在政治舞台的序幕，羅斯福從他如清教徒般嚴格的道德視角，將政治看作善與惡的競技場。他見過父親對政府高位的夢想，因貪腐而破滅；他也吸取父親的警告——國家已一刻都不能再容忍「如此貪腐的政府」。他是一個踏上聖戰的騎士，立志揭發最高階層的腐敗墮落，在馬背上與紐約的政治團體「黑馬騎兵團」（black horse cavalry）決一死戰。「我的事蹟沒有什麼特別厲害，值得大書特書的地方——但或許有一個例外。」他對一名記者說：「我如果決定要做某件事，我一定會做。」

即使他的政治前途開始明亮，羅斯福仍堅持，政治並不算正式職業。身為公民，每個人多少都會涉入政治活動；但「若有人開始以為，自己的全部生計與一切幸福，都取決於自己的官位，那非常不幸。這種想法會使他在任期內，無法全心為人民服務，而且始終壓力沉重，被迫捨棄初衷，以保障自身地位。」

不過，在議會中度過了第一年，西奧多・羅斯福很顯然已找到了他的天職。政治涵蓋了最令他愉悅、滿足的活動——演說、寫作、與人交往、占據舞台中心。星星之火已被點燃，使他往後餘生一直待在政治世界，投身公眾事務。

「我像火箭一飛衝天。」羅斯福回憶起自己上升的勢頭，如此說道。儘管民主黨在整個州大獲全勝，羅斯福仍成功連任，並以非常年輕的年紀，被共和黨同僚選為他們的少數黨領袖。但正如他好友雅各布·里斯獨到的警語：「若不能像火箭一樣升空，很快就會像枯枝一樣墜落。」在接二連三的勝利後，羅斯福迷失了方向。他「被灌了迷湯」，變得任性、自以為是，開始認為他單憑己力，壟斷了「誠實與正直」的市場。「越來越多人懷疑，」一名觀察家指出：「羅斯福先生在自己身上藏了個佈道壇。」最初將他視為偶像般崇拜的改革派成員，眼睜睜看他變成一個「徹底的討厭鬼」，不斷擾亂議會事務，大吼大叫，用拳頭猛砸桌面，也開始疑神疑鬼。一名成員回憶：「他簡直就像玩具箱裡跳出的小丑一樣。」被民主黨成員攻訐時，他忿恨不平地回擊，說對方整個黨派都「爛透了」。他的朋友求他「在位置上坐好」，警告他正因為「暴躁而輕率」的攻擊行為，而「毀了自己，也毀了其他人」。但他「拒絕聽取任何論述、任何建議」。他犀利尖刻的用詞一次次登上頭條，使他徹底迷失在自負當中。

在接連幾項提案都無法獲得支持之後，他終於意識到自己「被孤立了」，連朋友都背棄他。「我陷入最孤立無援的深谷，有過的每一分影響力都消失殆盡，不再有能力完成自己想做的事。」這段「苦澀的經歷」狠狠打擊他的自尊，打擊他天性中頑固、一意孤行的那一面——這使他難以與他人共事，也學不會妥協。他開始明白，並承認自己「其實並不那麼重要」，而且「與他人合作」是必要，「縱使對方並不那麼完美無缺」。他也學到「如果沒辦法完成所有目標，那就退而求其次，接受自己能辦到的部分」。他轉而去幫助其他人，對方也回以援手。他曾以非黑即白的道德標準來看世界，但這個世界遠比他想像中的更複雜、更微妙。他從過度自我中心的行為中吸取教訓，改變路線，進而從錯誤中受益——這是他成長的關鍵。

當一份禁止在公寓內製造雪茄菸的聯合提案，轉移到他所屬的委員會時，羅斯福進一步展現出他的成長潛力。第一次接觸到這份提案，他預設自己會投下反對票，就像過去反對最低薪資與工作時數限制的法案一樣。他後來承認，他所屬的特權階級與他在大學時所學的放任經濟（laissez-faire economic），都使他心存偏見，並「反對政府所提出任何改善勞工社經條件的方案」。在這份雪茄菸法案上，他原本認為，既然公寓屋主身兼製造商，他們有權利在自己的房產裡做自己想做的事。

羅斯福與勞工工會領袖山繆．龔帕斯（Samuel Gompers）會面，聽他訴說老舊公寓裡的惡劣條件，有成千上萬個家庭住在裡面，拼命工作、切菸草、烘乾、捲成雪茄菸——羅斯福同意進行一次私人視察。所見景象令他震驚不已，進而改變立場，同意支持這項提案。三十年後，他依然記得那間可怕的公寓——五個大人和幾個小孩擠在一間房，他們都是波希米亞移民，幾乎完全不會說英文，被迫每天工作十六個小時，菸草堆滿房間角落，緊鄰床邊，混在食物裡。這場調查使他「深信不疑，認定允許在公寓房屋裡製造雪茄菸，無論從社會、工業，或者衛生層面來看，都是一件邪惡的事」。

這次事件啟發了羅斯福的同理心。對於林肯來說，這似乎是與生俱來的特質；羅斯福則緩慢地拓展自己對他人觀點的認識，靠著走訪那些背景如他之人鮮少涉足、也不理解的場所。雅各布．里斯觀察發現：「生活中那些真實事物，對他的影響越來越深。」十五年後，羅斯福在一篇關於「感同身受」的文章中斷言，同理心與勇氣一樣，都能夠隨時間推移而建立。「一個人如果願意竭盡所能，嘗試與身邊的人患難與共，使彼此利益相關，使自己立在一個與大家願望一致的位置上——一開始他可能會覺得有些不安，覺得自己的目標太過直白。但隨著練習，這些感受會慢慢消褪。他很快就會發現，一開始還得刻意做出的『共情』感其實存在，只不過被隱藏起來。而且有非常大的成長空間。」確實，他主張「之所以有那麼多政治上的仇恨與社會衝突」，有很大部分是因為不同階層或派系「彼此間有太大的隔閡，完全無法同理對方的熱誠、偏見，還有觀點」。

在議會的第三個會期，羅斯福開始軟化自己尖銳、自視甚高的態度。他與先前自己評價為「爛透了」的民主黨人合作，促使兩黨和解，攜手推動公務人員改革，通過許多使紐約市受益的法案。他正視自己的弱點、生理上的負荷、心中的恐懼，以及領導風格中那盛氣凌人、自我中心的部分，小心謹慎地一一克服。

二十五歲，婚姻幸福，正準備迎接第一個孩子的誕生——羅斯福告訴妻子，他終於覺得「人生在他掌控之中」了。

3 富蘭克林・羅斯福——順應環境，一鳴驚人的聆聽者

「不，叫我富蘭克林。」

領導者的發展並沒有固定的時程表。雖然林肯與兩位羅斯福都擁有與生俱來的領導力，但他們最初將自己視為領導者，且也被他人當作領導者的時期，發生在各自不同的成長階段。

艱辛加速了林肯的自立。他很早就流露出許多與領導力相關的特徵——企圖心、動機、決心、語言能力、說故事天賦、社交能力。從他孩提至年輕時代就認識他的人們，無不看見領導者的氣質，正如他也開始感受到自己內在的潛能。

西奧多則更晚才自覺是領導者，儘管其他人已清楚看見他閃爍的獨特天性——超凡的意志、活躍的才智、無法壓抑的活力、廣泛的興趣，以及他與背景、崗位不同的人們產生連結而日益增強的滿足感。

富蘭克林沒有兄弟姐妹，在哈德遜河沿岸的鄉村莊園斯普林伍德（Springwood）成長，是三者中最大器晚成的一位。他隱藏起年輕的林肯與西奧多身上彰顯的強大企圖心，就像他一生中其他隱藏的許多東西。幾乎沒有什麼能證明他有超常的動機與專注力。儘管他是三人中

公認最英俊的一位，但他缺乏林肯那種鶴立雞群的體能和運動技術；他似乎也沒有西奧多那種讓所見之人都快樂、激動到昏頭的巨大能量。富蘭克林在格羅頓學校[1]、哈佛大學和哥倫比亞大學法學院時只是普通的學生，後來他加入了一家古老、保守的華爾街律師事務所，看似依循著特權階層被預期的發展路線。

二十八歲，當林肯和西奧多都已經表現出驚人的領導才幹時，富蘭克林並沒有以他原有的才智、職業熱忱或他的企圖心，讓他律師事務所的合夥人留下深刻印象。不過，幸運之神意外找上他，杜且斯郡（Dutchess County）民主黨黨魁約翰．麥克（John Mack）和愛德華．珀金斯（Edward Perkins）向他提議，在黨的全力協助下爭取州議會中的民主黨席位。富蘭克林很快接受，表明他非常渴望躍入政治圈。他明白別人不知道的自己——在自滿的舉止之下，他熱中冒險，渴望從他被隔絕的世界中得到自由。極有可能，他在別人發現自己的企圖心之前，就已經感覺到內心的渴望。某些內心的衝動告訴他，政治世界可能最適合他的合群性情、天賦，以及尚未發展的才幹。

世人並不清楚，約翰．麥克是否在一九一〇年春末之前曾與富蘭克林會面，當面鼓勵這名卡特．萊德亞德和米爾本律師事務所（Carter, Ledyard & Milburn）的年輕職員。麥克拿了一些文件當成造訪的藉口，需要富蘭克林母親薩拉（Sara）的簽名。會面完成該做的事之後，麥克說明真正的來意——試探羅斯福是否有意競選州議會席次，地區包括波啟浦夕（Poughkeepsie），以及羅斯福成長的村莊海德公園（Hyde Park），他母親仍然居住在那裡。麥克解釋，時任民主黨議員路易斯．錢勒（Lewis Chanler）已決定退休。民主黨好幾代以來一直占有這席次，選票的基礎是波啟浦夕島上的愛爾蘭裔、義大利裔的選票。但是該黨希望也能將勢力擴及至傳統的農村共和黨地區，而麥克認為羅斯福可能是「這項職務的合適人選」。

麥克和珀金斯認為羅斯福是最好的選擇，並不是因為他們認為這名年輕的法律雇員內心具備領導才華。他們感興趣的關鍵，在於羅斯福這個姓氏在共和黨圈內的共鳴。一九一〇年，富蘭克林的五等親堂兄西奧多．羅斯福擔任總統近兩個任期後，仍然是全國舞台上最主要的人物。麥克也了解，薩拉．羅斯福的財富不僅能讓她的兒子自己支付競選費用，還能為民主黨貢獻資金。總而言之，亞伯拉罕．林肯是自己主動競選第一份公職，西奧多．羅斯福透過與莫頓廳的政界人士來往而獲提名，而富蘭克林．羅斯福只是被選中而參選。

比起選擇小羅斯福的原因，更令人覺得有趣的是他對這個機會的反應。他熱情地回答：「這真是再好不過了。儘管告訴我該做什麼、該去哪裡，還有該去找誰。」該做什麼？麥克告訴他在該區花些時間，結識當地的民主黨活動分子。富蘭克林表示會馬上開始。他該盡量把夏季的週末投入海德公園和波啟浦夕——週五下午從他在華爾街的公司離開，並在週一早晨返回。該去找誰？他該從他家鄉的民主黨委員湯姆．倫納德（Tom Leonard）開始。

因此，羅斯福在八月某一天的下午三點找到了倫納德，他當時在羅斯福家族莊園中的一所房屋內擔任油漆工。這座莊園類似於英國的鄉村莊園（manor），「階級界限將最頂端的三人家庭與護士、女管家隔開，而後者又與室內的女僕和廚師隔開，而他們又與馬廄僕役和農

1　格羅頓學校（Groton School）位於麻薩諸塞州格羅頓鎮的高中名校，誕生了許多在政壇上活躍的校友。

工分隔。」孩提時代，富蘭克林每天早晨都騎在小馬上，與父親一起巡查農園、莊園內正在進行的各種建設。他們騎馬經過時，雇員都會「脫帽致敬」。

羅斯福從來沒有被正式介紹給這位油漆工，但他按了門鈴。管家告訴倫納德：「有位富蘭克林先生想見你。」倫納德說「我想想」，但就是想不起來，回道：「我可不認識什麼富蘭克林先生。」不過，他還是走出去見了這位紳士，並驚訝地發現那不是別人，而正是富蘭克林．羅斯福先生。「你好，湯姆。」這位年輕的貴族熱情說道，並微笑著伸出手問候。「您好，羅斯福先生？」困惑的油漆工回答。「不，叫我富蘭克林。我要叫你湯姆。」他直說，並告訴他自己是來徵求從政建議的。羅斯福能以如此親切的精神，毫不造作或自大地向倫納德伸出手尋求建議，這一點贏得了倫納德的支持，正如他很快就贏得了杜且斯郡成千上萬人的支持一樣。他的舉止、他的親切，以及他的誠懇傳達了某種真實的東西。第一次踏入政壇，他（至少象徵性地）彌合了一生中與社會的距離。

年輕的富蘭克林無論走到哪裡，人們都立即被他的熱情和魅力打動。他安排了一位駕駛兩輪馬車的司機，每週五晚上到海德公園的火車站接他。他會在週六與週日經過此處，參加政治會議、與雜貨店裡的人們交談、在鄉村廣場駐足，並站在製造工廠外與人握手。他給人的印象非常好，倫納德回憶說，「因為他不會馬上談到政治」，相反地，他鼓勵人們談論他們的工作、家庭和生活。他從前一直愛說話，但現在他學會聆聽，而且是專注聆聽，他熱情地點頭，帶著一種同情的認同，與一種專注的姿勢與儀態——這將成為他終生的招牌特色。

黨魁們向他保證，他將在訂於十月初的大會上，被提名競爭議會席次。九月十日，富蘭克林於是在一年一度的警察室外餐會上發表了第一次政治演說。「在這個有蛤蚌、德國酸菜，以及貨真價實的啤酒的歡樂時刻，」羅斯福後來回憶道，「我發表了我第一場政治演說，我一直覺得不太好意思。」在約翰・麥克的介紹下，富蘭克林以西奧多・羅斯福最喜歡的一句話開頭。他說，「我很高興」來到這裡，並用短語、手勢和夾鼻眼鏡召喚出他這位名人親戚的身分，「我保證我明年還會來這裡，一起帶上我所有親戚。」儘管在接下來的幾週內，聽過他演說的人都對他輕鬆、健談的風格表示讚賞，但除此之外，關於他的演說並沒有更多記錄。他很容易融入群眾，熱情地與人握手，所到之處都能結交朋友。這讓約翰・麥克和其他資深官員感到驚訝，這個二十八歲的特權階級小子才第一次潛入水中，卻開始莫名像海豹一樣靈活游泳！

人們不禁要問，這怎麼可能呢？

政治學家理查・紐斯塔特（Richard Neustadt）在他對總統領導力的經典研究中指出：「性格，是最大的差異。」一九三三年三月四日，富蘭克林・羅斯福宣誓就職總統四天後，他拜訪了正在慶祝九十二歲生日的前最高法院大法官奧利弗・福爾摩斯（Oliver Wendell Holmes）。羅斯福離開後，福爾摩斯說出一句名言：「二流的才智。但有一流的性格。」幾代歷史學家都同意福爾摩斯所言，認為羅斯福自信、友善，以及樂觀的性格，是他領導上取得成功的基石。

如果性格是關鍵，那麼問題的答案將帶我們回溯到斯普林伍德，這座海德公園的鄉村莊園，富蘭克林・羅斯福的性格就是在這裡養成的。「我身上的一切都可以追溯到哈德遜河。」羅斯福喜歡這樣說。他指的不僅僅是靜謐的河水與寬敞的鄉間別墅，還有圍繞著他孩提時代的愛與情感。這個男孩的個性，在那溫暖的環境中充分發展。從小就認識他的人，總是用相同的詞來形容他——「一個非常好的孩子」、「聰明而快樂」、光芒四射、外貌出眾，而且神態自若。

富蘭克林人生中的前八年，有著非常穩定、平衡的童年生活。儘管年齡有差距，但從各方面看來，詹姆斯與薩拉・羅斯福還是有過一段真摯的愛情婚姻。詹姆斯彬彬有禮、受過良好教育，而且舉止文雅，富蘭克林出生時他五十二歲；薩拉則美麗、堅強又自信，只有他年齡的一半。羅斯福家族多年前就在房地產與糖的貿易上累積財富，能讓詹姆斯先生（人們對他的稱呼）過上鄉紳生活，養成模仿英國紳士的習慣和愛好。富蘭克林那位依舊精力充沛的父親，將他引至陽剛的外部世界，而他的母親則監督他在書籍、興趣和家庭教師的內部世界。薩拉聲稱，富蘭克林「從未」見過父母在他的教養上有過衝突，因為他們無論何時，處理他的問題總是表現出「立場一致」。薩拉認為，只有一個孩子，「青少年的爭吵問題幾乎就不存在了」。獨自一人的富蘭克林，是他父母的生活重心，是他們的共同使命，也是這一座既是地產、又是心境之處的繼承人與中心，而這座心境之處幾乎消除了所有不愉快與爭執。

在回顧自己對富蘭克林成長過程那徹底理想化的描述時，薩拉完全沒有意識到一件事，正如她曾孫約翰・博蒂格（John Boettiger Jr.）後來的描述，「止痛本身就是一種致命行為」。孩子在手足關係之中變得強韌，他們學習玩耍、打架，然後再玩、接受批評，並在挫折中恢復過來、說出自己的祕密，然後變得更親密。「在富蘭克林．羅斯福的一生中，」博蒂格繼續說道：「如果對於深刻而生動地表達感受，感覺疏離或不安，部分原因可能是他早年被保護，不曾接觸醜陋的真相、嫉妒和衝突所致。」

然而，富蘭克林在年輕時，對他是世界中心的印象產生了一種難以忘懷的安全感與特權感。羅斯福終其一生，都鍾愛自己那平靜而規律的孩提時代。每一個季節都有特別的戶外活動。冬季，父子倆乘著雪橇，沿著陡峭的山坡滑下，山坡從莊園的南門廊一直延伸到遠處林木蔥鬱的河岸斷崖，他們輕鬆應付了所有彎道。「我們滑得輕鬆！」富蘭克林逗他的母親。「危險的事情還沒發生，不過，明天要注意！」富蘭克林在父親陪伴下，學會在冰凍的哈德遜河上溜冰與滑冰船（ice-boat）。然後，隨著春天的降臨，富蘭克林每天早晨都與父親一起去巡查莊園內正在進行的各種建設（他兩歲騎驢，六歲升級騎小馬，八歲騎馬）。「昨天下午與爸爸去釣魚，我們釣了十幾條小魚，」富蘭克林六歲時在給他母親的信上熱情寫道。詹姆斯先生除了教如何釣魚，還教兒子如何觀察鳥類、辨認出森林裡的樹木與植物，培養對大自然的終生熱愛。夏天時，他們一家人去了緬因州遠東地區（Down East）的坎波貝洛島（Campobello），富蘭克林在那裡的帕薩馬科迪灣（Passamaquoddy Bay）學會開船，並在芬迪灣（Bay of Fundy）的大潮中航行。在秋天，父子倆一起去打獵。富蘭克林很少有同齡玩伴，因此將溺愛、保護他的父親當作同伴和朋友。

詹姆斯培養富蘭克林對戶外活動的熱愛，薩拉則精心安排了規律的室內活動，定時進餐，也規定了學習與嗜好的時間。有一次，薩拉看見五歲的兒子反常地憂鬱，於是問他為什麼難過。他起先拒絕回答，所以她又問了一遍。「結果，」薩拉回憶道：「他做了一個既表示懇求、又有些不耐煩的奇怪小手勢，然後在面前緊握自己的雙手，喊道『噢，為了自由！』。」她擔心自己的規矩會束縛住兒子的精神，所以提議找一天放下任何規定，讓他按照自己的意願在莊園裡隨意漫遊。她說，他很快就「心甘情願，滿意地回到了他的日常例行活動」。

「我們從未讓這個孩子經受很多非必要的事。」薩拉堅持：「我們從不為了嚴格而嚴格。事實上，富蘭克林似乎從來不需處理這些事，讓我們暗自感到驕傲。」假如這個小男孩的獨立性受到父母雙方保護的影響，假如少了讓西奧多的童年充滿生機的那種自發性探索，富蘭克林．羅斯福的性格和氣質中是否也能有這般不可抹滅的樂觀精神印記——一種相信事情終會圓滿的預期，也是他在這段完美平衡的人生中，發展出的巨大自信的一種證明。

在後來幾年，羅斯福適應環境的變化，改變自身行為、態度以合乎新條件的能力，對他的領導成功至關重要。他在八歲那年被迫適應新環境，當時斯普林伍德的寧靜世界被徹底動搖了。一八九〇年十一月，詹姆斯先生罹患心臟病，使他在生命的最後十年，基本上沒有生活能力，家庭的平衡也被永遠破壞。

父親和兒子共有的戶外活動必然會減少，這使富蘭克林與母親落入了一個共謀——讓父親的生活平靜無波，沒有任何焦慮。從那之後，富蘭克林強化了他天生固有的安慰、緩和、取悅他人的「做個好孩子」的渴望，因為他擔心如果自己表現出悲傷或煩惱，可能會進一步影響父親的心臟。有次，一根鋼製的窗簾桿落在他身上，在他額頭上劃出一道很深的傷口，富蘭克林堅持不讓父親知道。好幾天來，他只是將帽子拉下來遮住前額以掩蓋傷口。為了應對斯普林伍德的變化，祕密、欺騙與手段都是必要之惡——後來證明，這些行為雖令人不安，但在這個節骨眼上卻是良善的，只為了保護所愛之人不受傷害。

由於沒有父親陪伴，附近也沒有其他玩伴，富蘭克林待在家裡的時間越來越久，每天花好幾個小時收藏一些令人印象深刻的物品：郵票、地圖、模型船、鳥窩、硬幣，以及海軍圖片。集郵變成他最主要的興趣。富蘭克林的旅程，始於母親薩拉小時候所聚積的收藏品，之後他的舅舅弗雷德里克．德拉諾（Frederic Delano）看見他如此認真經營愛好，便將自己珍貴的收藏品送給了他。在一篇關於真正的收藏家本質的文章中，德國哲學家華特．班雅明（Walter Benjamin）指出，收藏是讓無序世界變得有序的一種方式。他指出，收藏對兒童有著特殊意義，提供了一個由他們掌管的世界一隅，讓他們體驗「獲得的興奮」，以及統一、控制各項雜物所帶來的自豪。富蘭克林每天在此付出的寧靜時光，包括研究郵票目錄，遴選、調整並放上集郵冊，提供了一個避風港、一個能讓他獨處並擺脫母親對他依賴的空間（因為父親狀況惡化，母親對他的依賴日益漸增）。詹姆斯先生曾是他們的保護者。現在，薩拉則與兒子一起負起了保護他的責任。

羅斯福的童年嗜好，在往後的歲月中將成為滋養他領導力的寶貴工具——提供了一種沉思的心境、一個能讓他在腦中激盪的空間，以及一個能讓他放鬆與補充精力的方式。邱吉爾

（Winston Churchill）在二戰期間曾與小羅斯福一同出訪，他回憶道，某天傍晚他坐在這位總統旁邊，看著羅斯福整理自己的郵票，把每一枚都放到「該放的位置」，忘卻了「國家大事」。羅斯福的祕書格蕾絲・塔利（Grace Tully）則記得，每當她見到她老闆「手裡拿著放大鏡、《史考特斯郵票目錄》（*Scott's Stamp Catalogue*）、剪刀，和貼紙包」時，總會感受到一股「平靜感」，因為她知道，至少他能逃離那些「困擾他的問題」一小段時間。

比起林肯思想中的哲學與詩歌深度，或者西奧多智慧裡閃爍的廣度，富蘭克林的才智似乎就像福爾摩斯的形容，是「二流的」，但這樣的論斷卻是嚴重的誤導。某種不尋常的直覺能力以及人際能力，使他在孩童時期就能讀懂父母的意圖與想望，也對家中的情緒變化做出適當反應——這是他在未來的時光，培養與發展的天賦。儘管他不像一個初出茅廬的學者那樣（掌握大量的閱讀材料、運用分析技巧），但他擁有極其精明、複雜，能解決問題的才智，更加上一種靈活、更常是活潑歡快的表達能力。

富蘭克林終其一生靠聆聽所學到的東西，比孤獨的閱讀多上許多。他能藉由聆聽他人說話來獲取大量資訊。他小時候，母親經常為他讀書。薩拉回憶，自己某天晚上讀書給他聽，而「他正趴著整理、黏貼」他心愛的郵票。她以為他沒在聽，於是把書放下。「我不覺得我再給你讀下去有什麼意義。」她說：「反正你也沒在聽。」但他抬起頭，「笑得古靈精怪」，並一字不差地讀出了最後一段。他眼裡「閃爍著頑皮的光芒」說道：「哎呀，媽媽，如果我不能同時做至少兩件事，我會很羞愧的。」多年後，羅斯福告訴他的內閣部長法蘭西絲・珀金斯（Frances Perkins），他隨著年齡的增長，更愛為別人大聲朗讀，而不是自己讀書。她說：「這個人無可救藥地喜愛交際，」她觀察道：「他在正經事上善於交際，在心情輕鬆時也是。」白宮顧問兼演講撰稿人山姆・羅森曼（Sam Rosenman）指出，比起讀文件或備忘錄，羅斯福通常「更偏愛用口頭獲取訊息。他可以中途打斷、再拋出問題：這讓他很輕鬆就能抓住重點。」

與狄對西奧多與其手足在家裡或旅居國外給予的那種活躍的教育方式相反，富蘭克林的教育是隨便且漫無計畫的。在他小時候，有請過好幾位女家教，但就連這些不連貫的教學，也因為他三次在歐洲長期逗留而被打斷——詹姆斯與薩拉到德國巴特瑙海姆（Bad Nauheim）進行礦泉療養。詹姆斯全神貫注在恢復健康，無法帶兒子前往戰場遺跡探險，或帶他到著名的文學勝地，而狄為了讓歷史與文學更生動，卻選擇帶孩子來這些地方。富蘭克林在當地一所德國學校就讀一小段時間，他敏銳的聽覺讓他輕而易舉地學習德語。詹姆斯先生在富蘭克林十二歲時，致信格羅頓學校校長恩迪考特・皮博迪（Endicott Peabody），問他是否能推薦一位「紳士」家庭教師，也可以「當我孩子的夥伴」。詹姆斯先生最終在聖保羅預科學校（St. Paul's Prep School）找到他要的年輕人，一位拉丁文和數學老師亞瑟・鄧普（Arthur Dumper）。

亞瑟・鄧普後來提到，富蘭克林用一種奇怪的「非正統」方式學習。他偏愛與他的導師對話，談論他正在學習的知識，並且花更多時間在集郵而非讀書。不過，透過對郵票的熱情，富蘭克林吸收了大量知識，將零碎的資訊拼湊在一起，形成一個多項興趣的複雜交集。每一枚郵票都述說著一段故事——從發行地與日期開始，到正面的圖案、以及記錄旅行時間與地點的郵戳——這些故事在富蘭克林的幻想中栩栩如生，就像詹姆斯．庫珀的冒險故事之於西奧多，也如伊索寓言之於林肯。薩拉原本的收藏，是她與家人長期逗留亞洲時蒐集的。有些郵票來自歐洲，也有些來自南美洲。多年之後，當羅斯福被問及「為何如此熟悉世界上某些鮮為人知的地方」時，他解釋「當他對某一枚郵票有興趣時，就會對發行它的國家有興趣。」他會透過百科全書，了解那個國家與其人民、歷史。如果他發現有自己不懂的字，晚上就會帶著韋氏大字典（Webster's unabridged dictionary）上床睡覺，有一次還告訴母親「我快讀完一半了」。

他用自己的方式學習，展現出一種獨特的橫向理解力，輕而易舉跨越領域，是一種能解決問題的典型模式，讓他在生命中掌握任何細節。接下來，他開始迷戀地圖與地圖集，有許多資訊驚人地烙印在他腦海，包括國家地形、河流、山脈、湖泊、山谷、自然資源等——這些資訊在未來將是無價之物，尤其當他被要求對同胞們解釋那兩場戰爭會如何以及在何處籠罩著全世界。

富蘭克林適應環境變化的能力，在他十四歲被送到格羅頓的寄宿學校時，面臨了嚴峻考驗。大多數的男孩從十二歲就開始寄讀，但薩拉無法與他分離，因此將他多留了兩年。富蘭克林後來告訴愛蓮娜（Eleanor），他說「其他男孩有他們自己的朋友圈，他們知道他不知道的事。他感覺自己被冷落了。」他不習慣同學們之間一般的你來我往，他那種文雅魅力與溫和舉止給大人們留下深刻印象，但同學卻只覺得他高傲、浮誇、做作、虛偽。他也沒有讓自

己發光發熱的運動能力，甚至沒參加過學校團體運動。他後來坦言，他「感到絕望，無所適從」。他非常渴望受人歡迎，卻不知如何討好同學。他誤以為在品行上沒有任何汙點的話，大家就會重視他。

可是，這個寂寞的男孩連一次也沒有向他母親說過他的真實感受。相反地，他在好幾封開朗的信件中，硬說自己無論在「心靈與身體上」都調整極佳，而且「與同學們處得很好」，也在班上得到好成績。薩拉如釋重負，感動不已。她擔心他這麼晚才進入學校可能會被當作「入侵者」，但「幾乎是一夜之間」，她驕傲地說，「他變得善於交際、合群，而且率性地享受各種學校活動。」他表現出這樣的形象，是為了安撫他的母親，同時也為了鼓舞自己，模糊了現實、與他所期望的樣貌之間的區隔。

那一種根深蒂固的期望，認為事情無論如何會往良善發展，讓他得以穩步前進，面臨困境時也能適應並堅持下去，而隨著時光推移，他成為辯論社的一員，找到了自己合適的位置。為了履行格羅頓學校對於青年男性的教育使命，全校所有學生都必須當眾進行辯論。每一次辯論富蘭克林都做足了辛苦而漫長的準備，並向父親尋求建議、資訊和指點。他出色的記憶力讓他保持良好狀態，不需小抄就能直接向觀眾講話。西奧多．羅斯福認為辯論訓練年輕人採取與自己感覺、想法相違背的立場，從而鼓勵了虛偽的風氣。不同於避開了辯論社團的西奧多，富蘭克林喜歡從不同的角度看待問題，並用有說服力的推理來表達自己的觀點。他與觀眾們有著情感交流，一同為了勝利狂喜。「總共有三十多張票，我們的對手只有三票！」他洋洋得意地告訴父母：「我覺得這是今年最大的一次痛擊。」他與同學們的相處上更加融洽，到了最後一年，他已經結交到一些好友。他的學業表現雖然並不出色，但他在哈佛的入學考試中取得了高分，這讓他的父母「非常驕傲」。

儘管如此，這些成就並沒有讓他變成同學中的領袖。他直到在格羅頓的第一年結束時，才發現「當一個得體、有禮的年輕人」並沒有太多好處。「我今天被打了第一個負分（因為在課堂上講話），但我很高興，」他告訴父母：「因為以前大家認為我不符校風。」過了三十年，羅斯福在一九三二年當選總統，校長恩迪考特·皮博迪觀察道：「人們寫了很多關於富蘭克林在格羅頓上學時的故事，多過他離開學校時我對他的那種印象。因為他是一個文靜、符合要求的孩子，他的智力超群，表現良好但並不出色。在運動方面，他太文弱所以無法成功。」如此表象十分精確，然而卻沒有考慮到，這個備受寵愛的小男孩進入格羅頓時，從未經歷過同齡男孩相處時的關係碰撞。從前無論走到哪裡，他都是眾人的焦點，因為他就是富蘭克林·羅斯福。他還不是男孩們的領袖，甚至尚未被接納成為團體的一員，而他正在學習表現出一種自信的快樂氛圍，以掩飾他的挫折——這在他成長的這個階段，本身就是一項巨大成就。

對於成就的雄心壯志，是林肯與老羅斯福的強大催化劑，但在小羅斯福進入哈佛大學時，這種雄心壯志並沒有體現在他的行為之中。薩拉後來被問到，是否想過兒子會當上總統時，她回答：「沒有，從來沒有！那是我最不可能在他身上設想的事，或是他應該參加的任

何形式的公眾生活。」她堅持自己與兒子的野心，其實更單純。「這甚至不會被認為是野心，但對我來說，對他也一樣，這是最高的理想——成為一個正直、榮譽，公正而善良的美國人，就像他父親一樣。」

薩拉不會想到，她十八歲的兒子已經有了自己的夢想，憧憬著一種超越鄉紳的生活（規律的季節生活、管理莊園，到坎波貝洛避暑、處理地方事務）。在那漫不經心的外表下，這名在人生前十年都占據舞台中央的年輕人，懷抱一種欲望，想在世界上複製這種經驗，去達成一些值得被關注的事。

富蘭克林在哈佛大學的第一學期，他父親心臟病嚴重發作，原本的生活於是失去平衡。突然間，富蘭克林不得不重新審視自己的位置、欲望與抱負。如今，這名大學生被期望成為一家之主。他與母親已經建立了深厚的依存關係。只有他們兩人，沒有父親／丈夫的重心與緩衝。薩拉無法承受在海德公園獨自生活這種「不可思議」的想法，於是她在波士頓租了一間聯棟房屋，以便離她兒子近一些。「她是一個溺愛孩子的母親，」一名親戚說：「但她不讓她的兒子有獨立的靈魂。」為了在不傷害母親的情況下獨立自主，富蘭克林需要更高超的技巧、機敏與策略，也需要更豐富的智謀、毅力與固執——他將在自己發展中的能力上，增添這些自我保護的特質。

他第一次開始規畫自己的道路，尋找一個能讓自己發光的地方，從父母的約束與期望中逃離。他在《哈佛校報》（*Harvard Crimson*）找到了這個位置，他從最底層開始，是七十名爭奪這個職位的新生之一。「競爭非常激烈，」有位同學回憶：「每一位候選者的腦袋還有時間都被掏空了。」由於這項挑戰需要他全神貫注，所以也給了他充分理由來拒絕母親的不斷邀約，包括用餐或看戲。他比以往努力學習，比他一直保持在C的學業還更加努力。「最親愛的媽媽，」他寫道：「我每天一個人在《哈佛校報》工作大概六個小時，很緊繃。」雖然他未能入選第一批當年二月的五名新生，但他拒絕放棄。

由於運氣、積極、勇氣與特權背景的相互影響，這扇門在兩個月之後打開了。他在波士頓的報紙上讀到，時任副總統的西奧多即將進城，於是聯繫這位有名的親戚，看看是否能碰面。富蘭克林與西奧多在牡蠣灣（Oyster Bay）的家庭出遊中見過幾次面。老羅斯福在格羅頓教堂演講時，所講述他擔任警察局長時的經歷，讓富蘭克林相當陶醉——那些故事「讓整屋的人樂翻了一個小時」。西奧多對富蘭克林有一種特別的喜愛，於是在隔天上午勞倫斯・洛威爾教授（Lawrence Lowell）課堂上的客座演說之後，直接安排與他見面。那場演說只打算給課堂上的學生，並不打算公開。富蘭克林急忙跑到校報辦公室去宣布這個消息。

「好傢伙，」主任編輯告訴他：「你攻上明早的第一面了。」這篇頭版文章引起兩千人吵著要擠進講廳，洛威爾教授勃然大怒，但富蘭克林從來不怕出風頭，他從容以對。幾週後，富蘭克林被選為校報成員。他初戰告捷，而且更加獨立，他在夏季將至時，在給母親的信上開心寫道：「我不想去坎波，你也不想。」但這太可悲了。作為替代，他建議出國旅行。「我們兩個都喜歡遊覽新地方與新事物，而且這會讓我們放下平常的自己。」他們九月回到紐約，得知威廉・麥金利總統遭到暗殺，而親戚西奧多・羅斯福現在繼任為美國總統。

回到哈佛後，富蘭克林在校報的職級漸漸上升——他在大二那年被選為祕書，接著是副主編，然後是主編，最後在大四成為了該報社的總編輯。在《哈佛校報》的升職，對富蘭克林而言是一個領導者意識發展的里程碑，他選擇研究所的課程，以擴展自己在報社的領導地位。雖然他的許多篇社論反映出校風式微、體育活動等典型的大學議題，但他曾在一篇發人省思的文章裡，建議對政治感興趣的學生去波士頓探險，觀察基層選區的政治活動，如此就能「在一天之內」學到更多東西（初選、黨團會議、代表大會、選舉和立法機關），而不是只聽一些關於政府的抽象演講。雖然他「讀過康德，也讀過一些盧梭」，但他承認，這兩位哲學家無法讓他找到一個「決定性的領導者」。他相信，經驗是「最好的老師」。

小羅斯福在往後的歲月裡，會帶著驕傲的懷舊之情回顧自己第一個領導職位，正如林肯認為自己在黑鷹戰爭時第一次被選為上尉，也是他一生中最快樂的事。雖然有少數編輯夥伴認為富蘭克林「自負」且「自大」，自信程度超過他的寫作技巧，但大多數人都認為他「是個機靈能幹的編輯」和「是個優秀夥伴」，有著樂觀的精神，以及富有感染力的幽默感。「他有一些特質，而當你回顧這些特質時，會發現它們很重要。」一位夥伴回憶說：「他有一種人格上的力量……他喜歡人，他也讓人本能地喜歡他。此外，還有一種不怒自威的感覺在他的友善之中。」

在格羅頓，他設法存活了下來。而在哈佛，他已經開始茁壯成長。

富蘭克林．羅斯福基本風格的一個特徵——果斷、且毫不遲疑地做出決策，同時又不讓人看出自己的決策過程——這個特徵出現在他私下向愛蓮娜．羅斯福求愛期間。富蘭克林很早之前就注意到，自己對其他女孩的興趣與他對母親的愛之間，出現了某些競爭關係，他對此抱持謹慎的態度。在信件與對話中，他會盡其所能地將日常活動的細節告訴母親，並巧妙忽略自己內心最深處的情感，那些隱私可能會讓他母親認為，他們之間最重要的關係被侵犯了。在他父親死後，這種隱瞞的必要變得益發強烈。

所有人，包括任何朋友，甚至連他母親都不知道他在哈佛三年級的那個春天愛上了他相貌平凡的遠房堂妹愛蓮娜。他們一起參加過賽馬、居家派對、航海旅行、舞會與家庭聚會，但是薩拉對於他們之間不止友誼這件事沒有一點頭緒，直到隔年的感恩節時，富蘭克林宣布了一個令人震驚的消息：他向愛蓮娜求婚，而她接受了。

「我知道我給妳帶來多大的痛苦，但妳知道，如果我能控制的話，我是不會這麼做的。」他回到哈佛後寫給薩拉：「我知道我的想法，早就知道了，而且也知道我不會再有其他想法。結果：我現在是世界上最幸福的人，也是最幸運的人——對妳來說，親愛的媽媽，妳知道沒有任何事情能改變我們的過去，也不會改變我們對彼此的態度——妳現在不過是有兩個孩子去愛，還有讓他們愛妳。」

當他說他知道自己的想法，早就知道了，而且也知道他不會再有其他想法——富蘭克林講明了他的決定沒有討論的空間。他的母親了解到這一種決定性。他終其一生都是如此，一旦他做出決定，就很少會後悔：最後，尋求自己的解方，直到他順利解決對愛蓮娜的愛，與孝順之間的內心掙扎。在那之後，他拒絕浪費精力去重新審視自己的選擇是否正確。他會娶愛蓮娜，僅此而已。他將永遠愛他的母親。而他的身分與未來道路，在此時是個關鍵問題。

愛蓮娜與富蘭克林見過的任何女孩都不一樣。她非常聰明、不矯揉造作、專心致志在社會工作，對於進入上流社交圈這件事情完全不感興趣。而好比富蘭克林的童年充滿了喜悅，愛蓮娜的童年卻充滿悲傷。母親安娜（Anna）在她八歲時死於白喉；而她父親，即西奧多的弟弟艾略特在她十歲時酗酒而慘死。然而，當她開始與富蘭克林交往時，才剛從英國一所女子寄宿學校畢業（她在那裡度過榮耀的三年）。她在艾倫斯伍德（Allenswood）開始了「新生活」，擺脫了她所在社會階層的習慣與傳統。愛蓮娜沉浸在傳奇的女權主義校長瑪麗・索維斯特女士（Mlle. Marie Souvestre）的母愛中，成為學校的「風雲人物」，成為全體師生中最受到歡迎與尊敬的學生。「她對所有與她同住的人充滿同情，」女校長向愛蓮娜的祖母報告：「而且對她所接觸的一切，都表現出濃厚的興趣。」

愛蓮娜在學校的一篇文章中寫道：「快樂的可靠方式，就是為他人尋找快樂。」回到紐約之後，她在女校長的鼓勵下開始從事社會工作，在下東城的利文敦街睦鄰之家（Rivington Street Settlement）為義大利移民授課。她加入了一群女性社會運動者，她們正在調查工廠和百貨公司的工作條件。她寫道：「我對生活充滿好奇，我渴望參與每一次體驗。」

富蘭克林與愛蓮娜在訂婚的說詞中，分享了他們逐漸開展的夢想，希望在世界上留下印記。愛蓮娜的社會意識以及對社會正義的急切感——照顧他人、為弱者出頭的覺醒——遠遠超越了他。他欣賞她對於即將踏入的上流社交界的厭惡，以及她做些有意義之事的叛逆渴望。她是一個認真的人，他也是，雖然他有時會給人「吹毛求疵」的印象。而且，他也正在經歷一個人生過程。他將來可能的生活，正如愛蓮娜眼中所反映、並鼓勵他的那樣，是一種與形形色色的人「廣泛接觸」的生活。一天下午，當他到睦鄰之家去接她時，她請他幫忙送一名生病的小女孩回家。「天啊，我不知道有人的生活是這樣。」當他們到達女孩家所住的破舊公寓時，他這麼告訴愛蓮娜。他和他堂兄西奧多・羅斯福一樣，親眼目睹有人被迫住在骯髒的雪茄公寓工廠時，都目瞪口呆。

有愛蓮娜在身邊，富蘭克林相信「自己總有一天會有所成就」。他們在紐約共度一個週末後，愛蓮娜寫道：「這兩天對我的意義，無法對你言喻，但我知道這對你的意義也是一樣，如此你就知道，親愛的我愛你，我希望我永遠值得你給我的愛。以前我從來不知道快樂真正的樣子。」

愛蓮娜後來說，她早在富蘭克林參選州參議員之前，就知道他想參政。她相信，他這一股衝動的根源是富蘭克林對她伯父西奧多的崇拜，因為他極為關注西奧多的一舉一動。他們訂婚的消息宣布之後，羅斯福總統寫信給富蘭克林：「我們對這個好消息感到非常高興。我喜歡愛蓮娜，她就像是我的女兒一樣，我喜歡你、信賴你，且對你有信心……你和愛蓮娜既真摯又勇敢，我相信你們會無私地相愛，而黃金時代將會開展在你們面前。」一九〇五年三月四日，富蘭克林與愛蓮娜一起前往華盛頓，慶祝西奧多・羅斯福的就職典禮，他們一起吃了一頓親密的午餐，閱兵時與家人一同坐在觀禮台上，然後參加了就職典禮舞會。十一天後，羅斯福總統站在已故兄弟的位置上，將新娘交給新郎。「好吧，富蘭克林，」總統笑著說：「能把這個姓氏留在家族裡真是太好了。」

正如西奧多・羅斯福的體認——當機會降臨時要「善用」它——富蘭克林也是如此，他在卡特・萊德亞德和米爾本律師事務所擔任初級法律職員的第二年，看似漫無目標，實際上卻是等待著採取行動的良機。在辦公室閒暇時，他與同事們會「開始討論」自己對未來的想望與計畫。輪到富蘭克林時，他透露自己「不會永遠當律師，他打算一有機會就競選公職」。事實上，他已經想像並私下地演練了他極有可能採取的步驟：首先參選州議會席次，接著被任命為海軍副部長、當紐約州州長，然後再幸運地當上美國總統。儘管這位二十五歲的年輕人從未擔任過公職，但在他假想的高升路途中，並沒有人嘲笑他。一名同事回憶道，富蘭克林「看起來適切而真誠，而且，按照他的說法，那完全合理的」。畢竟，富蘭克林想遵循的職業道路，與西奧多入主白宮所開闢的道路是一樣的。

富蘭克林以實事求是的態度規畫了自己的職業生涯，這也說明了他為何會立即接受約翰・麥克的提議，在黨的全力支持下競選海德公園與波啟浦夕選區的議會席次。更能看出這點的，是在選舉五個星期前，富蘭克林得知自己不再是該黨的選擇時的反應。時任議員的路易斯・錢勒改變了主意，告知民主黨大老們，他終究決定要保留自己在議會的老位置。富蘭克林覺得自己「被蛇咬了」，他告訴約翰・麥克和愛德華・珀金斯，他已經走得太遠，停不下來了，他可能必須以自己的名義參選。當地的黨魁告訴他，還有另一個新位置。民主黨大會尚未決定州參議會議員的候選人——很明顯，這個職位的聲望更高。不過他們也承認，想在更廣大、且以農村為主的地區勝選，其實希望不大。共和黨幾乎占據參議院席位達半世紀之久，只有一次例外。現任共和黨議員的約翰·施洛瑟（John Schlosser）在上次選舉中以二比一的優勢擊敗了民主黨對手。麥克認為，勝選的機會是五分之一，但如果羅斯福願意，他還是可以獲得提名。富蘭克林問，他怎麼能確定自己會獲得提名呢？麥克回答：「這是由一個三人委員會決定的。」麥克說，他自己「是其中之一」，而且他「確定第二位，還有第三位也會同意」。

「我接受，」富蘭克林「毫不遲疑」地回答：「而且我會勝選。」他即刻的反應，顯示出他的果斷與他的崇高自信，標誌了他性格上的成熟。獲得提名之後，他的參選聲明比西奧多的三十三字長，但同樣缺乏內容，與林肯豐富而深刻的引導宣言相去甚遠。不過，他說自己「不打算坐以待斃」，明確表示他會對競選全力以赴。

打從一開始，富蘭克林就「有一種獨特的感受，那就是他為了贏得勝利，必須使自己與每一名潛在支持者進行直接的個人接觸」。他在初夏時租用的馬與馬車，本來夠他角逐州議會席次，但現在由三個郡所組成的參議員選區，寬三十英里、長九十英里。而且距離選舉只剩下五週。他仔細思考這個問題，並想出了一個創新的策略。他將是第一位駕駛汽車（而非馬車）在這些地區來回穿梭的候選人。資深的幕僚們警告他。「當時汽車才剛開始被大眾使用。」麥克回憶，農民經過故障頻繁的汽車時，會揶揄：「弄隻馬來騎吧！」另外，麥克解釋道：「馬匹被這種『精巧的裝置』嚇壞了，牠們如果在路上遇到一台汽車就會開始掙脫，把農民的馬車給弄翻，有時還會受傷。」

儘管存在風險，但富蘭克林深受打破先例的想法吸引，而在未來的幾年間，這種想法一次又一次地出現。他找到了一名司機和一輛引人注目的麥克斯韋爾（Maxwell）紅色敞篷車，並邀請了兩位競選不同職位的民主黨人，陪他一起踏上這場熱鬧的、馬戲般的冒險。人們被這個新奇的玩意吸引，它掛滿了旗幟和宣傳標語，以每小時二十英里的驚人速度穿越崎嶇的鄉間道路。同時，富蘭克林把潛在的劣勢轉化為優勢。他命令司機在遇到馬匹、馬車時要立即停車。這種尊重不但給農民留下深刻的印象，還提供了富蘭克林介紹自己與握手的良機。

富蘭克林對鄉間巡迴的每個流程都興奮不已。他設計了自己的海報和徽章，在郡內報紙上刊登廣告，但最重要的是，他陶醉於直接接觸人群。他在路口、火車站、雜貨店、酒館和前廊發表簡短的演說，有時一天多達十次。愛蓮娜回憶道，富蘭克林「說得很慢」，而且「時不時會停頓好一陣子，我很怕他再也講不下去」，但他總是會繼續。民主黨委員湯姆・倫納德則記得，他說完之後，會輕鬆自然地在人群中移動，閃爍著「他的笑容」、介紹自己是法蘭克，並「像朋友」那樣接近每個人。

這是他第一次政治競選，當地有一位政治家回憶說：「但他後來的競選都不像一九一〇年那次參議員選舉，充滿了必勝決心。」他向選民們保證，如果投給他，他將「成為真正的代理人」，而對於選民關注的問題，他會「一年三百六十五天、一天二十四小時，竭盡全力去解決。這是我的承諾。我請求你們給予我兌現的機會。」他保證會定期回到選區，從一頭到另一頭，傾聽選民的心聲。他一遍又一遍強調自己的獨立性，誓言要與兩黨的「黨魁們」對抗。「我知道我不是演說家。」他喜歡這樣說。「羅斯福，你不必當演說家，」觀眾中有人大喊：「你就直接跟我們繼續講下去，我們就愛聽這些。」選舉日的票數統計結果揭曉時，富蘭克林得知他已經擊敗了對手，而且是全州民主黨候選人中最大的票數之差。

我們在分析羅斯福的勝利時，也可以舉出一個偶然的歷史時刻，即共和黨內部激進派和保守派的分裂，正是這一分裂促成了民主黨在全國的勝利；你可以說，總統的姓氏給這位有抱負的州參議員帶來光環（加上家族財富提供的大量資金）；也能說，因為那台紅色麥克斯韋爾在鄉間道路上闖蕩的新奇感。但最後顯而易見的事實是，這名開朗、善於交際、魅力四射的年輕人在工作、旅途、戰術上都比共和黨人更勝一籌，因為他不過傾聽了與他相遇的那些人的希望與需求。由於那長久的抱負和直接的能量，他終究到達了他神往的地方。

富蘭克林一進入州參議院，就開始與牢牢控制著州內民主黨的坦慕尼協會進行戰鬥。正如西奧多・羅斯福在韋斯布克法官身上找到對抗貪腐的工具，富蘭克林也在坦慕尼首長查理・墨菲（Charlie Murphy）個人指派給美國參議會的人身上，找到自己的手段——「藍眼」比利・席漢（Billy Sheehan）是一名政客，透過與路面電車業者勾結而賺進數百美萬元。富蘭克林聽聞議會裡正在組建一支反抗團體來阻撓席漢，於是成為第一位簽署宣言的參議員，此反抗團體誓言抵制核心黨團，藉此阻止墨菲大老的選擇。

除了好運（他的住處離議會很近，是反抗分子的理想聚會場所），再加上羅斯福的個人魅力與姓氏名望，使這位新手參議員成為這個二十人小組的發言人。笑容滿面的羅斯福告訴記者：「我的生活從沒有這樣好玩過。」這種兄弟情誼的團隊精神，在深夜時表露無疑。他的二十位同志的「好交情」是「最令人愉快的特色」。雪茄的煙霧在空氣中繚繞，「我們圍坐在一起交換故事，像是篝火旁的士兵。」他說。

在戰鬥、新聞頭條的鼓舞下，即使墨菲已經撤回了席漢的名字，羅斯福仍然拒絕妥協。羅斯福宣稱，墨菲提出的替代人選同樣不合適。當時代表工會擔任說客的奧爾巴尼市（Albany）社會工作者法蘭西絲．珀金斯記得，年輕的羅斯福在這段時期給她的印象是多麼「惹人厭」又自負。「我現在仍然清晰可見『那位』羅斯福站在銅欄杆後面，與兩、三位參議員爭辯自己是『合理的』——他噘著小嘴、鼻孔大開，他的頭抬得老高，而他冷漠、孤傲的聲音說『不、不，我不想聽』！」多年之後，羅斯福向珀金斯小姐承認，當他第一次踏入政壇時，是「一個非常苛刻的人」。

像年輕的西奧多一樣，富蘭克林養成一種誇耀自己重要性的意識——而且就像他的堂兄一樣，他的挫敗即將到來。三月底，即戰鬥開始將近三個月後，疲憊不堪的反抗隊伍終於開始瓦解。當墨菲提出另一個名字，即詹姆斯．阿洛伊休斯．奧格爾曼（James Aloysius O'Gorman）大法官——一位傾向立場獨立的坦慕尼人時，許多反抗人士決定繼續戰鬥到底。儘管一些批評人士認為「奧格爾曼並不比席漢好多少」，但羅斯福硬是將失敗說成勝利，宣稱墨菲已學會謙虛、並且無恥地說該黨已「向上邁進了一步」。

不過富蘭克林意識到，即使他迅速崛起為政治明星，但他在議會廳內的實際力量也已經減弱，於是他開始緩和自己的做法。他學會了與西奧多．羅斯福類似的方法，與不同派系合作、並討價還價。他與坦慕尼協會的每一位成員接觸，不再斷然認為他們全都貪汙。而相反地，他們之中的許多人與當地的男女民眾們建立了長久的關係，提供援助、工作和慰問，他們日以繼夜不停工作，以滿足選民的迫切需求。事實上，正是鮑爾里（Bowery）街區大老「大提姆」蘇利文（"Big Tim" Sullivan）和坦慕尼協會率先發起了多項富蘭克林後來支持的進步社會立法，包括工人補償、每週工時五十四小時，以及婦女的選舉權。為了把事情做好，富蘭克林迅速學會了妥協的技術。

事後看來，席漢之戰最長久的影響在於，這位年輕的民主黨十字軍對抗坦慕尼協會的廣泛報導，引起了新當選的民主黨總統伍德羅．威爾遜（Woodrow Wilson）的注意。威爾遜就職的兩週內，提供了這位州參議員一個夢寐以求的海軍副部長職位。「我非常非常想，想得要命。」興奮的羅斯福回應：「這比世界上任何事都教我開心。我一生都熱愛船隻，而且我是海軍的學生，而副部長是所有職位中我最想擔任的。」薩拉相信她兒子對海洋的深深執著是源自遺傳。她德拉諾家族的祖父曾擔任美國大型帆船（以速度與外型而聞名）的船長，一路航行到東方。年紀還小時，富蘭克林「對大海的故事總是極其激動」。他在十三歲那年告訴父親，想去安納波利斯（Annapolis）的海軍學院（Naval Academy），但詹姆斯先生用「男人對男人」的方式說服他，因為對他的父母來說，要讓唯一的兒子離開，並承擔海軍生涯的一切，實在太過困難。他在哈佛讀書時，對於海軍的興趣依舊不滅，他逛二手書店，收集了有關海軍歷史的書籍和手稿，總共約有兩千五百份收藏。難怪這個職位是他夢寐以求的。

此外，擔任海軍副部長一職，讓富蘭克林踩上了他二十五歲那年對法律事務所同事談到的雄心壯志，那是他登上總統寶座的一階。觀察家注意到，當宣布這項任命時，他正在緊緊跟循西奧多．羅斯福的腳步。的確，西奧多在給富蘭克林的信上也發現了這種相似之處。「這很有趣，你在另一個我曾經主持的位置。我相信你會很開心的。」

富蘭克林作為海軍副部長，在約瑟夫斯．丹尼爾斯（Josephus Daniels）手下任職七年——後者是一位前新聞出版人，在民主黨積累了豐富的經驗——富蘭克林不得不在他在政治生涯中開始學習當一個下屬，這是第一次也是最後一次。事實證明，對這名年輕人來說，情況確實具有挑戰性。儘管他展現出了領導才能，但他仍然缺乏一種基本素質——謙遜。

比富蘭克林大二十歲的約瑟夫斯．丹尼爾斯，是個海軍禮儀、語言的新手，他試探性地開始了自己的新工作。丹尼爾斯是位溫文有禮的南方人，能與同事交換看法，並和同事相處自在，他謹慎地與關鍵的眾議員、參議員建立牢靠的關係。富蘭克林天生就是個激進分子，他堅信在這個日益動盪的世界裡，應該擴大海軍規模並隨時採取行動。他認為丹尼爾斯是個「老古板」，還告訴愛蓮娜「他遲鈍到不會說話」。在晚宴上，富蘭克林發表了一些對丹尼爾斯的批評。「你該為自己感到羞恥。」內政部長蘭恩（Franklin Lane）警告他：「丹尼爾斯先生是你的上司。你應該對他忠誠，否則就辭職。」富蘭克林聽從了蘭恩的建議。他在公共面前謹慎說話，且終究意識到，丹尼爾斯設法與負責海軍經費的撥款委員會成員所建立的友好關係，背後的巨大價值。

作為海軍部長，丹尼爾斯負責總體海軍政策、軍艦部署與國會關係。丹尼爾斯負責政策事務，而他唯一的副部長富蘭克林則負責管理龐大的海軍部，該部門雇用了六萬五千人，預算占聯邦開支的二〇%。富蘭克林負責採購物資、設備，並監督碼頭、海軍工廠與人事。他除了職權範圍內的日常任務之外，還決定推動那種根深蒂固的官僚體系向前發展，建造更大、裝備更好的軍艦，並重組文職人員的工作，以便在必要時加強海軍的戰鬥力。

羅斯福三十一歲、幾乎沒有管理經驗，究竟是什麼讓他面對這種雙重挑戰？除了處理剛接手的部門，也同時啟動了一個新關的變革過程。我們可以肯定，他知道自己將往哪去、能看見部門不同的未來——這般遠見是最重要的第一步。但他又是如何實現目標？雖然一開始與上司丹尼爾斯有摩擦，但他又是如何建立起一種高效的工作關係與終生友誼，最終使雙方都受益？

要找到答案，我們不能只端看富蘭克林那種有名的「一流性格」，而是要正視他天生才智的速度與其打破規則的獨創性。在一個複雜組織的舞台上，他的才智表現絕非「二流」。在富蘭克林的一生中，人們一直低估了他的天生才智（而且將繼續判斷錯誤）。格羅頓學校、哈佛大學和哥倫比亞法學院所用的學術標準，無法衡量他解決問題的獨特能力、無法衡量他看出事物關聯的理解力，也無法衡量他吸收訊息的快速。他內心的獨特面向，經常被他的溫和外表和從容舉止所掩蓋，這使得他社交圈裡的人認為他無足輕重。

不過，在海軍部見過年輕的富蘭克林的人都清楚地意識到，他們眼前的人有著驚世才智。一位海軍少將形容他是「頭腦靈活之人」，當親眼看見「他如此透徹地吸收了最複雜的問題的細節時」，他說：「真令我大吃一驚。」

為了隨時熟悉當前艦隊的規模和戰力，以及六萬五千名軍事和文職人員的部署，富蘭克林在他的辦公室牆上掛了一幅大型世界地圖。彩色圖釘代表艦隊中每艘船的位置。只要船艦移動，圖釘也會隨之移動。其他圖釘則顯示了不同的海軍工廠、碼頭和補給中心的工作人數，使他能夠看見正在發生的事。從一開始，他就在腦海中架構了海軍的形象，是一種活生生的有機物，而不是充滿「行屍走肉」的垂死官僚機構；他預見了一個龐大的組織，由不同部門、不同職位的人組成，有能力發展成一支「首屈一指」的海軍。

羅斯福瞥見他牆上的地圖，注意到十幾個無用的海軍船塢，這些船塢最初是為維護帆船而設計的，任命權和政治壓力使這些船艦目前虧損嚴重。他沒有關閉這些廢棄的船塢，而是想出了一個新計畫。他將每一座船塢都改建成專門的工廠，以生產當時擴大中的現代海軍所需的船隻與設備。布魯克林的老海軍船塢專門為艦隊提供無線電設備。波士頓的船塢則負責戰艦的繩索、錨和錨鍊。巡洋艦將在費城建造，潛艇和驅逐艦將在諾福克建造。這種新的改組方式使羅斯福被譽為「節約者」。更重要的是，這種整合是海軍在和平時期，為潛在戰爭備戰的必要一步。

從一開始，羅斯福就組建了一支個人幕僚團隊，不僅幫助他管理現有的官僚機構，同時也引進新的思想和方法。他意識到自己需要一位幫他處理日常工作的助手，於是讓查爾斯．麥卡錫（Charles McCarthy）擔任他的私人祕書。麥卡錫服務過先前幾屆的政府，集當前海軍的傳統和禮儀於一身。很快地，羅斯福就贏得了麥卡錫的尊重和愛戴。「只有大人物與真正的執行者，」麥卡錫對羅斯福說：「才能區分這一種職務的每個細節，你把這些地方適當地留給你相信的人，自己則巧妙處理了更大的問題。」由於贏得這位老將的欽佩，富蘭克林在改革的過程中，與傳統官僚幹部的合作更為順暢。

為了實現那些讓海軍進入全新備戰模式的變革性議程，羅斯福找來自己的人馬，四十歲的路易斯．豪爾（Louis Howe），一位傑出的《紐約先驅報》（*New York Herald*）記者，他怪異的外表引來一堆誇張的描述，像是「地精般」的生物，髮量稀疏、「眼睛發光」的「焦毛貓」，他皺巴巴的西裝永遠覆蓋著菸灰。豪爾第一次遇上羅斯福，是在阻止席漢進入美國參議院的時候。這兩個人之間的引力如此強大，使得他們非但成為最親密的朋友，而且也是彼此不可或缺之人。在那之後，豪爾將一生都獻給了羅斯福。接下來的二十五年，他們很少有幾天時間是分開的。親切、樂觀的羅斯福通常不喜歡正面交鋒，但豪爾生性剛強、且憤世嫉俗，樂於與對手正面對抗。豪爾從不羞於表達自己的觀點，他可以「挫挫羅斯福的銳氣，提醒他的疏忽」，並直言不諱地告訴他在何時何地犯了錯。豪爾基本上都待在幕後，當事情進展順利時，他讓羅斯福承攬功勞，而在事情不順利時，他也欣然接受指責。

讓一個遲緩的官僚機構走向更廣泛和更準備萬全的狀態——羅斯福這套方法，未來幾年中將成為他應對種種限制時的特有方式。他堅持認為，當一件事必須要完成，無論是要繞過法規、繁文縟節，或者打破先例，一定總有辦法做到。「他是一個非常會反覆進行試驗的人。」海軍上將艾莫里．蘭德（Emory Land）如此描述這段時期的羅斯福。「他會利用實驗反覆證明，如果不行，他就會承認自己的錯誤，並嘗試其他方法。例如，當法規禁止政府將海軍槍支出售給商船，他制定了一項計畫，以「適當的保證金」將槍支借給他們，而不是賣出，而這一顆種子將在二戰期間發芽，成為具有歷史意義的「租借法案」（Lend-Lease Program）。

除了豐富的想像力與靈活的手腕，他在緊要關頭時，也樂於採用備受懷疑的手段來達成目標。在國會批准這些支出之前，他已經下了政府訂單，採購價值數百萬美元的槍支、物資和設備。他僅僅用他一人之言，就說服製造商開始生產。事實上，他曾經誇張地說過，如果他魯莽的行動被判違法，他願意「坐牢九百九十九年」，因為他確信自己對於準備的堅持，最終將挽救同胞的生命。事實證明他的準備工作極其重要。這與他的堂兄西奧多．羅斯福為了與西班牙的衝突所做的準備（與麥金利總統與他的海軍將領隆恩〔John Davis Long〕的政策相反）如出一轍，富蘭克林在大戰爆發前幾年，就為美國的參戰奠定了基礎。然而，在一九一五年盧西塔尼亞號（Lusitania）沉沒，以及過了兩年美國參戰之後，他不再冒著被指控的風險，反而沉浸在富有遠見的狀態。確實，他為海軍儲備物資如此成功，因此備受景仰的威爾遜總統帶他到陸軍參謀長會議上時，「眼睛一亮」地表示：「我很抱歉，但是你已經壟斷了物資，所以你不得不與陸軍共享。」最後，富蘭克林的遠見不但讓他的上司丹尼爾斯功績卓著，就連整個威爾遜政府也是如此。

作為他後來領導力的一次訓練，羅斯福在海軍部的管理經驗確實是無價的，這不僅培養了他的管理技能，也培養了他在勞工問題上的能力。上任後的幾週內，他拜訪了華盛頓海軍造船廠的民工，這些人多年來一直被海軍高層和政府忽視。他告訴他們：「我們想和你們坐著面對面談談」，並保證他們能隨時來找他「投訴」，又或者只是「聊一聊」也可以。

他對參訪的每一個造船廠與船塢的工人都傳達同樣的訊息，他對心懷不滿的美國勞工聯合會（American Federation of Labor）技師們說，他的大門永遠敞開。在他擔任副部長期間，海軍部門的數千名工人沒有一次罷工。

隨著同盟國的告捷，羅斯福在海軍部的任期結束了。「我親愛的長官，」他寫信給丹尼爾斯，以感謝他在政治教育中的指導。「您如此明智地教導我，並在我準備高飛時，讓我腳踏實地。」

就像十年前，黨魁們選擇他競選州議員時，機運就這樣介入了。同樣在一九二〇年，三十八歲的富蘭克林·羅斯福被提名為民主黨副總統候選人時，機運也發揮了核心作用。

民主黨全國代表大會在舊金山召開的當天，《紐約先驅報》刊登了一份預測副總統候選人的三十九人名單，上面甚至沒有羅斯福的名字。在一九二〇年夏天，輿論已經轉為不利於民主黨。威爾遜總統由於中風，躺在白宮裡完全失去行動能力。在民主黨執政八年後，美國人厭倦了戰爭和漸進式的改革，急於回到共和黨在競選口號中所承諾的更簡單的生活方式：「回歸常態」。不用多說，民主黨的信念沉浸在慘淡的氛圍。由於意識到一九二〇年不太可能屬於民主黨，黨內的大老都拒絕參加這場鬥爭。由於沒有明確的領先者，在俄亥俄州州長詹姆斯·考克斯（James Cox）最終獲得總統提名之前，一共進行了四十四次投票。這樣看來，副總統的提名似乎無關緊要。民主黨的代表們想快點回家。從俄亥俄州選出候選人後，黨魁們尋求著地域上的平衡。富蘭克林・羅斯福來自關鍵的紐約州，有著獨立參選的聲譽，而且還來自著名家族。他年輕而精力充沛，或許能用來召集患病的威爾遜總統的那些死忠擁護者。於是口頭表決通過了他的提名。

儘管所屬政黨幾乎沒有希望得勝，但就他自己的未來前景而言，羅斯福「能爭取一切，而沒有任何損失」。作為副總統候選人，他不會因為失敗而被攻訐。此外，他也能透過日復一日、盡心盡力為自己的政黨競選，建立一個能在未來使用的聲譽帳戶。

富蘭克林為了這次競選付出了一切。他乘火車走了將近四十個州，每天工作十八個小時。「那一次旅程，我們真的很難讓富蘭克林停下來，」路易斯・豪爾回憶說：「他的熱情是如此旺盛，所以我們只能一直追在他身後，阻止他把自己累垮。」他完全不聽，堅持在火車停留的任何地方說話，他對豪爾說，如果有一天當選，這些人就是他的「老闆」，而「他們有權知道自己聘用了什麼人」。一名與富蘭克林同乘火車的記者驚訝表示「他從沒在路上看見過如此在政治上有影響力的人，讓他永生難忘」。他也不會忘記這個人與政黨的「特殊情況」。

在發表近八百場演講的過程中，他磨練出演說的可聽性。一名記者指出，他的演說是如此簡單、直接，讓他成功避免讓「最枯燥的主題顯得沉重」。愛蓮娜不再擔心他的猶豫，也不用擔心他不會再說下去。相反地，她告訴薩拉「現在F如果開始講話，就很難阻止他。十分鐘會變成二十分鐘，三十分鐘會變成四十五分鐘，而現在傍晚的演講幾乎要兩個小時！」他的員工們「全都站到前面揮手提醒，如果他還不知道停下，我就去拉他的燕尾服！」

經驗不足、傲慢、疲倦感，而且喜歡即興創作，這些事無可避免地導致了競選過程中的錯誤。在蒙大拿州，當他談到拉丁美洲時，吹噓自己當海軍副部長時，他「有參與管理幾個小共和國，事實上，我起草了《海地憲法》，如果要我說的話，我認為這部憲法相當不錯」。這不僅嚴重誇大了事實，還為共和黨總統候選人沃倫・哈丁（Warren Harding）提供了反擊的彈藥。不過這件事很快就被淡忘了，只在這一場本就精彩的競選中留下了一絲痕跡。富蘭克林・羅斯福已經是一位全國性的人物了。

羅斯福從一開始就做好了失敗的準備，當民主黨兵敗如山倒，他卻一點也不沮喪。「一場該死的好仗」，他深刻形容這次慘敗。「說來奇怪，」他告訴朋友：「我一點都沒有灰心。在我看來，一切能做的事在競選時都已經完成。」

羅斯福在競選期間展示的所有力量中，最重要的莫過於他有能力組建並維持一支才華橫溢、忠心耿耿的團隊，在未來的歲月裡，這支團隊還會繼續團結下去。他選擇了史蒂芬・厄里（Stephen Early）作為先遣人員——一位年輕的通訊社記者，他將成為他的白宮新聞祕書。至於演講撰稿人，他選擇了另一位新聞人士馬文・麥金泰爾（Marvin McIntyre）做他在白宮的安排會面祕書。為了率領他在紐約的辦公室，他聘請了查爾斯・麥卡錫——一位經驗豐富的官員，曾幫助他處理海軍官僚機構的複雜事務，最後在他擔任總統期間在司法部任職。當然還有路易斯・豪爾這位不可或缺的人物，直到羅斯福去世時都陪在他身旁。長途火車上的氣氛就是那樣，講故事、玩牌、飲酒，這些事都能減輕安排行程、研究當地問題和擬演講稿的壓力。羅斯福一直珍視火車之旅的回憶，「這是兄弟情誼」。羅斯福送給每個人一對蒂芙尼（Tiffany）

的金袖扣，一枚刻有自己名字的縮寫FDR，另一枚則刻上接受者的名字，並將兩枚鍊在一起，這就是眾所周知的「袖扣俱樂部」（Cuff-Links Club）。這是一個多年來成員不斷增加的大家族，包括他的私人祕書米希．勒翰德（Missy LeHand）、愛蓮娜．羅斯福、新政救濟計畫的負責人哈里．霍普金斯（Harry Hopkins），還有他的顧問兼首席演講撰稿人山姆．羅森曼。

富蘭克林．羅斯福有足夠的力量與寬宏的胸襟來領導這個國家——這一點對於其團隊的所有成員來說，都是已經確立的事。他們不僅僅是忠於他。經過幾個月的親密接觸，他們開始尊敬並愛戴他。路易斯．豪爾是少數一直叫他「富蘭克林」的人之一，沒有人比他更早、更有把握地認定富蘭克林．羅斯福是一位有潛力的總統。「在第一次見面時，」豪爾告訴記者：「我就認定他是總統的料，而除非有意外，沒有事情能阻止他成為美國總統。」

4 林登·詹森——擺盪在不安與狂妄間，不知疲倦的權力中心

「穿褲子的蒸汽機。」

一九三〇年七月，一名二十二歲高瘦笨拙的大四學生林登·詹森，代表競選鐵路委員的前任州長帕特·內夫（Pat Neff）進行首次政治演講。而這場演說開啟了一連串事件，最終將詹森帶往位在華盛頓特區的最高權力位置。

他的演講為亨利（Henly）小社區一年一度的野餐活動劃下句點。這次野餐是德州中南部的重大活動，詹森從十歲起就和父親山姆·詹森（Sam Johnson）一同參加這個聚會。州內和地方的所有候選人通常都會出席為時一整天的「發言」。數百位市民流連於此，享受燒烤和戶外慶祝活動，候選人一個輪著一個被召喚，站上臨時搭建的講台發表自己的政見。類似這種綜合幽默、浮誇，集民間機智與當地人的驕傲於一處的方式，或許一個世紀前就存在——讓林肯和他懷有抱負的同志們在小攤子前，對著聚集到鄉村廣場拍賣牲口、閒聊，尤其是談論政治的農民們發表演說。

黃昏時，主持人喊到帕特·內夫的名字。無人回應，於是又叫了一次，看看是否有人想替他發言。儘管如此，仍無人上前。當時的州代表威利·霍普金斯（Willy Hopkins）鮮明地記

得接下來的事。主持人即將宣布內夫缺席時，突然間，「我看見人群中有一個年輕人，揮舞著手臂，大聲喊道：以上帝之名，我將為帕特．內夫演講！」這位一頭黑色捲髮、高大的年輕人，被一把拉上他們當作講台的馬車平台。主持人介紹他是「山姆．詹森的兒子」。山姆在州議會服務了八年，是當地人熟悉且廣受喜愛的人物。據霍普金斯所述，林登這場十分鐘的演說「代表了帕特．內夫，劇烈而鼓舞人心」。

「我是來自德州約翰遜城（Johnson City）的土撥鼠律師。」林登開場。他將自己認同為土撥鼠律師（prairie dog lawyer）——這個聽眾們專屬的方言。「土撥鼠律師」幾乎沒有法律方面的培訓，他們在陪審團面前為客戶辯護，仰賴的是熱情倡議而非法律先例。年紀尚輕的林登，用一種自嘲而果斷的語氣，讓這些野餐者知道，雖然自己並不是一個經驗豐富的政治人物，但他打算投入一項任務，就是代表缺席的帕特．內夫。霍普金斯回憶道，林登的講話風格「滿是年輕的熱情，加上他對於理想的真誠，讓聽眾與他同在」。即使「那種演說風格並不華麗」，但「有一種令人喜愛的特質藏在他聲音之中」。當他完成對內夫的見證時，人群用口哨聲和持續的掌聲回應。確實，他的演講被認為是「亨利社區野餐的亮點」。

林登從很小的時候，就開始認同父親的政治抱負。傍晚，當山姆坐在門廊的棕色搖椅上，與三、四個政治密友講故事、說笑話時，這個男孩就站在門口半明半暗的地方，努力想偷聽議會中人的互通有無。他喜歡這些人有活力、不加修飾的說話方式，也喜歡他們對於當地不

同家族的深刻了解。

「我喜歡和父親一起去議會，」林登回憶道：「我會坐在廊道幾個小時，觀看議事廳的所有活動，然後在大廳裡徘徊，試著搞清楚現在發生的事。」山姆．詹森是州議會裡很受歡迎的人物，他告訴兒子：「如果你走進一間坐滿人的屋子裡，結果無法馬上分辨誰支持你、誰反對你，那你就不適合政治。」一位同事記得「山姆非常親切」，他是「一個非常腳踏實地的人，很有魅力，而且知道如何與人打交道。」他的脾氣是出了名的「火暴」，一名鄰居回憶道：「但那就像陽光一樣，很快就氣消了，然後他就會想做點好事。」他是一個激進的民主黨人，不為私利只為人民說話，支持法案建立八小時工作日、監管公用事業公司並向財團收稅。他支持弱者，利用自己的職位幫助貧窮的農民、退伍軍人和士兵的遺孀。「我們必須照顧這些人，」山姆告訴朋友：「這就是我們的目的。」

林登是他父親的影子和複製品。他們有相同的長胳膊、大鼻子、大耳朵和細狹的眼睛。詹森學會了以同樣的方式面對人們。「他們走路的樣子一樣，行為也一樣剛健，」曾是山姆在州議會的同事、後來成為國會議員的萊特．帕特曼（Wright Patman）回憶：「林登跟人說話時會緊緊抓住對方，就像他爸爸一樣。」而且就像他父親，年輕的林登喜歡交際，與他遇到的每一個人都聊得起來。他詢問鎮上所有女長者的感受和近況，成為她們的最愛。如果他在街上聽到一群人在談論政治，他會神往地站在一旁。十歲時，他放學後在塞西爾．馬多克斯（Cecil Maddox）的理髮店找了一份擦鞋的工作，那裡是討論政治和新聞的地方。

除了陪伴父親到州議會外，林登最喜歡的就是和他一起參加競選。「我們開著福特T型汽車，從一個農場開到另一個農場，在山谷中上上下下，停在每一扇門前。我父親大部分時間都在講話。他會及時向這些鄰居們通報當地的小道消息，告訴他們農收狀況，以及他在州議會提出的法案，而且他總是帶著一大塊自製的麵包和一大罐自製果醬。當我們感到疲倦或飢餓時，我們會在路邊停下來。他將麵包切片，塗上果醬，和我分著吃。那是我見過他最快樂的樣子。一路上，家家戶戶都向我們敞開了大門。如果外面很熱，我們會被邀請享用一堆自製冰淇淋。如果很冷，我們就喝熱茶。天啊，有時候我真希望這能一直持續下去。」

這場田園詩般的競選活動為父子倆帶來愉悅，儘管這只是暫時緩解了詹森一家的緊張——他們一家常常充滿緊張氣氛，正是這種氣氛造成了林登易於激動的性情。他一生都將在安全與不安、自信與狂妄、魅力與尖酸、渴望取悅與需要控制之間擺盪。與富蘭克林．羅斯福真正自信而樂觀的天性，所處的平衡、安全和平靜的童年形成鮮明對比——林登不得不在父母之間交涉，他們各自代表著截然不同、相互衝突的價值觀世界。

詹森回憶道：「我母親告訴我，她結婚的第一年是她一生中最糟糕的一年。」她在「兩層樓的石造房屋中長大，果園裡有定距完美的果樹、梯形的花壇、寬闊的步道」，還有一道白色的籬笆。她完全沒有準備好要進入山姆．詹森那小木屋的混亂與孤立。它坐落在一條泥濘的小溪旁，既沒有電力，又沒室內管路。麗貝卡．貝恩斯（Rebekah Baines）的父親是受過大學教育的律師，而她自己是貝勒大學（Baylor University）的畢業生，當時很少有女性上大學。她為自己的家庭報紙採訪當時任職州議會第一屆任期的「瀟灑而活潑」的山姆．詹森時，她渴望做一位作家。隨之而來的是一場「旋風式的求愛」，進展到婚姻，以及「適應完全相反的價值觀」，最後導致了「一種奇怪的、新的生活方式」。

麗貝卡習慣了文化、書籍，以及關於哲學和文學的知識討論。她發現她愛上的這個男人，除了與他的政治密友一起徹夜不眠、喝啤酒、分享八卦、交換故事之外，再無其他樂趣。她原本希望山姆能競選國家公職，並將她帶到首都，在那裡討論各種想法和理想，但他很快就明確表示自己對離開家鄉毫無興趣。與此同時，她自己日日夜夜都在做家務瑣事，從打井水、餵雞、洗衣服，到跪著擦地，根本沒有足夠時間去閱讀她臥室裡「堆積如山」的書籍，也沒有時間寫作。她很痛苦。「然後我來了，」林登說：「一切突然之間沒事了。我可以做她沒試過的所有事。」

一開始，林登似乎是麗貝卡實現抱負的完美工具。親戚和朋友都說「從沒看過這樣溫和的寶寶」，也沒有人和他一樣好奇和聰明。他不到兩歲就學會了字母，四歲之前就學會了閱讀和拼寫，到三歲時就可以朗誦朗費羅（Longfellow）和丁尼生（Tennyson）的長篇。「我永遠不會忘記當我背誦這些詩時，我母親有多愛我。」詹森說：「我只要背完，她就將我抱在懷裡，使勁地抱著我，有時我都以為自己要被勒死了。」即使她生了另外四個孩子，林登仍然是麗貝卡的最愛。「我記得和她一起玩只有我們倆才能玩的遊戲。就算必須改變規則，她總是會讓我贏。我知道她有多需要我。我喜歡那樣。那讓我覺得自己很重要。讓我覺得自己在世界上無所不能。」

但是，相對於月亮的燦爛，另一面卻是黑暗——一種糾纏林登．詹森一輩子的不安全感。當他未能實現母親對他的期望時（如果他變成懶散的學生，或拒絕繼續學習小提琴和舞蹈課時），母親就會收回對他的愛和情感。詹森沮喪地說：「在我不上這些課之後幾天，她假裝我已經死了那樣，在家裡走來走去，」他補充道：「然後，我還必須看著她對我父親與姐妹們特別溫暖親切。」愛有時很揮霍、有時被剝奪，這是服從和成就的交換條件。在後來的幾年中，詹森在與朋友、同事以及他的員工打交道時，也會表現出類似的模式。他會慷慨、關懷和友愛地對待一個人，但他期望獲得完全的忠誠和出色的成就作為回報。他認為沒有達到這個標準就是背叛。他將會收回感情，這種行為模式如此明顯，以至於得到「急凍人」詹森的稱號。

「講故事」在林登．詹森年輕時的生活中有著核心作用，就像年輕的林肯、老羅斯福和小羅斯福的生活那樣。當詹森一家的緊張局勢加劇時，林登幸運地在他祖父家找到了「完美逃離」。在那裡，他們兩個可能共享一個小時或更長時間，而老山姆．伊利（Sam Ealy Sr.）會細說他的牛仔生活：他趕著一千五百頭牛從德州的牧場出發，沿著奇索姆小徑（Chisholm Trail），一直走到堪薩斯州的阿比林（Abilene）。「我坐在門廊的搖椅旁」詹森回憶道：「一直想著我多麼幸運，我的祖父是一個留著白鬍子的大人物，他的生活是我想像中最令人興奮的生活。」

老山姆擁有一種敘事天賦，能將這些早期的冒險故事塑造成一個巨大的、富有開創性的故事寶庫，構成了林登那英雄主義領導理念的基石。這些故事的核心，主要是一名領頭的牛仔帶領牛群穿越結冰的河流，時時警惕著避免牛群逃竄踩踏的極度恐懼。

林登在他深愛的祖父的牧牛故事中，將勇敢的牛仔理想化，從而形成了他的男子氣概，正如西奧多·羅斯福的英雄主義理想，來自於生活在荒野邊緣的獵人、獵鹿人的危險故事一樣。老西部那種誇張的口述傳統注入了詹森的語言之中。只有亞伯拉罕·林肯，他確實經歷過人身危險和荒野生活的艱辛，而從未浪漫化自己家族的昔日。

林登的同學們都承認他的智力超群。他「極度聰明」——他的一個同學回憶，和他同齡的男孩根本「跟不上他的心思」。甚至大一點的男孩「也看到他說話與思考的速度比他們快」。但是，他在課堂上太不安份，無法集中注意力，也怕寫作業。他母親試著在他吃早餐時，大聲朗讀作業來彌補他的準備不足，但他感覺自己被母親「強迫餵食」而快要「窒息」了。因此，他在中學畢業前被留校，並被迫完成一個暑期課程。儘管他母親極力敦促，但他從來沒有變成愛讀書的人。當她遞給他一本書時，林登會問：「這是真實的嗎？」只有在內容有關歷史或政治時，他才會同意翻開封面。如果說林肯在班上名列前茅時，陶醉在「從未在智力上有過對手的自信」，那麼林登·詹森則永遠被學術上的自卑感所困擾。「我爸爸總是告訴我，如果我能在生命的磨刀石上磨礪一番，我會比在哈佛或耶魯大學更有成就。」他多年後若有所思地說：「我想相信他，但不知為何我一直沒辦法。」

「在世上取得領先地位的方式，就是接近那些領導人物。」林登終於進入聖馬科斯（San Marcos）的西南德州立教師學院（Southwest Texas State Teachers College）時，這樣告訴他的大學室友。「比方說，伊凡斯校長。」塞西爾・伊凡斯（Cecil Evans）擔任大學校長已有十五年之久，深受教職員工與學生的尊敬。詹森意識到校長的時間需求後，得出結論：「認識伊凡斯只有一種方法，那就是直接替他工作。」學校的規定是讓學生在圖書館、食堂、書店、行政辦公室或維護部門兼職工作。林登的第一份工作是清潔工，撿拾文件和垃圾。大多數學生都做了能保住職位的基本工作，但是林登卻投入了極大的熱情，甚至玩起了在最短時間收集最多垃圾的遊戲。他的熱情讓他提升，成為行政大樓內的清潔工。林登被派去拖地，他把注意力集中在校長辦公室外的走廊上，以便在伊凡斯校長經過時與他攀談。伊凡斯與林登一樣，從小就迷戀政治。實際上，伊凡斯仍然希望有朝一日能競選公職。與林登在一起時，就好像沒有其他學生、也沒有大多數教職員一樣，他可以享受關於議會的事情，以及不同政治人物的故事。當林登問他，是否能在他的辦公室裡替他跑腿或送信時，伊凡斯立刻答應了。

一開始根本無關緊要的工作，很快就變成林登手上實際權力的發電機，他藉由鼓勵收信者透過他傳遞他們的訊息，從而擴大了信差原本的有限功能。他在校長休息室占據了一張桌子，他會在此宣布訪客的到來，就好像他是安排會面的祕書，而不只是辦公室的信差。隨著時間，這些教職員工和行政管理人員（林登知道每個人的名字）開始認為，這名黑色捲髮、年輕瘦削的德州人，就是直接聯繫校長的管道。林登對州政上的敏銳觀察留給了伊凡斯越發深刻的印象，他於是帶林登前去奧斯汀（Austin），參加為州立大學和其他教育事務的撥款所舉行的委員聽證會。不久之後，他開始依賴這名年輕信差來撰寫聽證會上的報告，林登極具天賦，分析了各個立法者的傾向與整個議會的情緒、氛圍。再接著，林登開始處理校長的政治書信，為各個州機構起草報告，並在校長家裡車庫上方的一間房間居住。隨著時間推移，他似乎成為了伊凡斯校長從未有過的兒子——不僅提供了感情與陪伴，而且他的組織能力與他的細心，使他能夠承擔這位長者繁重的任務和責任。

毫無疑問，有很多學生對林登公然斂聚權力感到不齒。他們認為他對管理人員、教職人員的諂媚態度是「卑躬屈膝」、「阿諛奉承」、「拍馬屁」。林登的幾個同學都認為他「冷酷無情」，為了「得到（他）想要的，不惜割斷你的喉嚨」。其中一人說，他們「不僅不喜歡詹森，還鄙視他。」

「野心是一個令人不安的夥伴，」林登在一篇大學社論中承認。「他不滿於當前的環境和成就：他從不滿足，但總在向前推進。」這種對於野心的擬人化，缺乏了別人對他印象的理解。他不知道什麼時候該放鬆一下，而且常常對自己強迫性的精力所付出的代價視而不見。

林登實現這種自我強化、自私自利的企圖需求，首次被用來面對一個更大的目標。那就是在大學的一年假期裡，他成為了德州科圖拉市（Cotulla）一間有六位老師的墨西哥裔小學的校長。科圖拉是一個塵土飛揚的貧困小鎮，離墨西哥邊境不遠。大多數家庭住在土棚房裡，

不斷在乾燥無樹的土地上謀生而不斷掙扎。

作為校長，林登占上了他第一個真正的權威位置，並利用他所擁有的每一項領導才能——不知疲倦的精力、說服他人的能力，以及為自己想望之物而奮鬥的意願、直覺、進取心和主動性——來為他的學生擴大機會，改善他們的生活。學生們崇拜他，他的老師同事們也開始敬仰他，給整個小社區留下了深刻印象。傳記作家羅伯特・卡羅（Robert Caro）認為，林登終於成為「他一直想成為的人」。他既沒有透過幫助年長的導師來聚攏權力，也沒有與同儕進行野蠻的競爭。他只是想提升這個被邊緣化、被剝奪資源的德州南部小鎮人民的希望與條件。

同理心激發了林登在科圖拉的努力。「我的學生很窮，他們常常餓著肚子，沒吃早餐就來上課」詹森後來回憶說：「而且，他們甚至還很年輕，就已經知道歧視的痛苦。」由於缺乏課外活動經費，他用他第一個月的一半工資來採購運動器材，然後纏著學校董事會，要他們在學校預算中納入田徑、棒球和排球比賽。除了擔任校長的行政職責，他這個一人樂隊還教導五年級、六年級和七年級的課程，指導辯論，並擔任壘球教練、戲劇教練和合唱團團長。他起初讓孩子們互相練習、比賽。但很快地，他就與其他十幾所地方學校一起安排了野外活動。

幾十年後，人們齊聲證明了林登給學校帶來的巨大影響。「他比我們所有的老師都更尊

重孩子。」桑切斯（Manuel Sanchez）說。「他敦促我們，」另一名學生憶道：「但他是那種你會想為他努力的老師。你會覺得有義務為了他和你自己努力。」大家都同意他很嚴格，如果他們沒有做功課，他會讓他們放學後留下來。但是他「很實在、很友善」，而且多年之後，他們都很感激他曾經對他們的要求。

沒有人比林登．詹森更加努力。他早上第一個到，晚上最後一個離開，一位老師同事說「他不給自己我們稱之為閒暇的時間」。一名鎮上居民說：「他走路很快，很像一個模糊的東西。」他永不衰竭的精力、雄心勃勃的企圖心和強迫性的組織動力，現在都與比他自身更強大的東西聯繫在一起了。他尋求的成功，伴隨著改變學生生活的強烈願望。「我決心點燃他們心中的火花，使他們的靈魂充滿對未來的抱負、興趣和信念。我決心給他們在這個世界上所需要的一切，以幫助他們完成學業。然後其他的事就會迎刃而解。」

詹森在科圖拉教墨西哥裔美國兒童的那一年，是至關重要的經歷，他一次又一次地回溯這一經歷。多年後，他說：「我依稀可見那坐在我班上的孩子們的臉。」這是另一種不同類型的領導力的展現，這種領導力建立在他從未有過的同理心與慷慨之上。

一九三〇年，年輕的林登．詹森在亨利社區野餐會上首次發表政治演講。聚焦在他身上的老成政治目光中，就有一雙眼睛是正準備競選州議員的威利．霍普金斯。那天，霍普金斯一時衝動下，突發奇想地邀請了林登擔任他競選活動的一個領導職務，這個機會將對林登的

未來產生深遠的影響。

「那一天就可以看出，」霍普金斯回憶起年輕的林登時說：「政治在他的血液中流竄，出於遺傳、出於訓練，也出於資質。」他不只「深諳政治學問」，而且「在與公眾會面與招呼上，有著非比尋常的能力」，他組織工作也是如此。林登幾天之內就動員了他的六個大學朋友，進入這緊密交織的黨機器政治中。

「我們在布蘭科郡（Blanco Counry）忙進忙出，」霍普金斯回憶起他與林登的競選之旅時，「我幾乎完全」跟著林登的判斷，「走遍佩德納萊斯河（Pedernales）的每條支流」，因為「他對這個地區非常熟悉，而且在當地居民中名聲良好」。無論他們有多麼累，甚至必須開車到死路盡頭的農場，林登都要跑遍鄉間拉票。「有一次，」霍普金斯笑著回憶說，林登讓他站在一片乾涸的河床上，對著三個人（一個男人、他的妻子和一個親戚）發表十分鐘的演講。這種對細節的重視得到了回報。霍普金斯取得了驚人的勝利。霍普金斯感激地說：「我一直覺得，在我是否能當選的問題上，他才是真正的支點。」消息傳開，說「聖馬科斯有一個神童，對政治的了解比當地的任何人都多」。

林登準備進入政治生涯，但時局卻不如他所願。大蕭條時期沒有機會進入公職。幸運的是，他的叔叔喬治．詹森（George Johnson）在山姆休斯頓高中（Sam Houston High）長期擔任歷史科主任，為他找到了一份演講和辯論老師的工作。林登一到達山姆休斯頓高中，就立即為辯論隊立了一個激動人心的目標。儘管他們與鄰近學校比賽從沒「贏過」，但林登告訴他們，這個隊伍將會成為校史上第一支贏得市比賽、地方比賽的隊伍，而且還包括州冠軍。在辯論賽開始之前，他就直接設定了一個心理目標，以提高隊伍的企圖心。

林登在休斯頓高中，就像在科圖拉一樣，他把自己對成功的渴望轉化為對他人的幫助，並運用他堅決的領導風格為辯論社籌集資金。其中一名社員路德．瓊斯（Luther Jones）回憶說，自己無意聽見「詹森與校長的激烈爭論」，校長告訴林登，辯論隊的錢從來都不是學校預算的一部分。「沒錯，但你從來沒有像我這種老師！」詹森反駁道。瓊斯說：「按照某些人的標準，你會說他非常自負，」他的態度當然「極具侵略性」，但是他「可以讓人去做正常情況下從沒想過要做的事」。

詹森在學生眼中是「人形發電機」、「穿著褲子的蒸汽機」，這是受到他極具感染力的職業道德與無限熱情的驅使。上課第一天，他讓學生站在同學面前發出動物的聲音，以減輕緊張與自我意識。社員金．拉提莫（Gene Latimer）回憶說：「他有各種方法讓你堅持下去。」他要不是讓你因為沒在圖書館花足夠時間研究當前的話題而「感到羞愧」，就是「吹捧你，讓你想多做一些」。他總是「喜歡拿一個人跟另個人比較」，這些技巧「是他的本能反應」，拉提莫認為：「在此之前或之後，沒有人能像他那樣激勵我。如果他叫我們一個個爬到屋頂上跳下去，我們就會排隊照著做。」

林登教他的學生，說故事是辯論的成功關鍵。他不同於從前那些訓練講者「誇大言詞、大聲說話」那些「老派」的公眾演講老師，他提倡一種對話風格，用具體的故事來闡明觀點。「表現得好像你在跟他們說話一樣。」他建議學生：「看著他們其中一個的眼睛，然後繼續移到另一個人的眼睛。」在比賽中，他利用所有靈活手勢與面部表情來暗示與提示——

現在他要皺眉、瞇起眼睛、眉頭緊縮、搖頭、瞠目結舌——製做出一部無聲電影，來引導和推動他走向勝利。

從一開始，詹森就開始在辯論社周圍營造一種氛圍，一種以前只屬於美式足球隊的氛圍。在第一場比賽中，只有七個人參加，但是隨著不敗隊伍的勝利越來越多，人們的興奮感開始增強。當辯論隊拿下市冠軍並開始參加地區的一級比賽時，觀眾席的每個位置都被坐滿。他將辯論變成了一場社區範圍的運動，包括動員大會、啦啦隊長和隊服。確實，詹森父親的粗俗政治與他母親在約翰遜城高中（Johnson City High）教授演說時對外表、舉止的古板看法，在他們兒子的教學方法中也依稀可見。當隊伍奪得區級冠軍時，兩位明星選手金·拉提莫和路德·瓊斯的照片登上了市報紙的重要版位。雖然在最後的州冠軍賽比賽時，拉提莫因一票之差而敗北，但他自豪地說：「我們比美式足球隊更重要。」

詹森提供給威利·霍普金斯的競選服務被人記住且獲得了回報。威利向理查·克萊伯格（Richard Kleberg）推薦林登·詹森——克萊伯格剛勝選，填補了第十四國會選區空缺。霍普金斯告訴他，此人正是他需要的國會祕書——本質上就是幕僚長。與林登見面後，克萊伯格立刻發出工作邀約。幾天後，兩人坐上了普爾曼火車（Pullman），開始了為期兩天華盛頓之旅。「我一整天都感到興奮、緊張和感傷。」詹森回憶道：「我正準備離開家，去迎接未來的冒險。我覺得自己長大了，但是我的心思卻一直停留在過去。我看到自己就像一個小男孩，走

在通往我祖父家的路上。我記得許多晚上，我站在門口聽了我爸爸的政治演講。我還記得爸爸不在時，那些與母親一起在家的夜晚。現在這一切都過去了。」

如果對林登．詹森來說有一個命中注定要去的地方，那就是華盛頓特區——他將掌握這個城市錯綜複雜的一切，就像他駕馭聖馬科斯的大學、科圖拉的小學和休斯頓高中那樣。詹森第一次見到國會大廈的圓頂時，發誓自己有一天會憑己力當上國會議員。「我不會說我從來沒有野心。」他回憶道：「我非常興奮地意識到那些人，其中很多是你會擦身而過的人，可能至少是眾議員，也可能是參議員或內閣成員。那裡散發出權力的氣息。你知道有種氣味。我指的是力量。」

這就是詹森那種急功近利的性格，他一住進大多數國會祕書居住的道奇飯店（Dodge Hotel），就開始探尋美國首都權力的來源與關係。沒有時間浪費了——他調查的規模比以往任何時候都大得多。他將鄉下的友善融入到競爭激烈的城市住所，形成了一種奇特而滑稽的策略：第一天晚上，他在公用浴室裡洗了四次澡，以盡可能結識最多的人；第二天早上，他每十分鐘刷牙一次——好從那裡篩選出最有用的資訊。「這個瘦削的男孩和任何人一樣菜，」一位年長的國會祕書說：「但幾個月後，他比在這裡工作二十年的人更懂得如何在華盛頓操縱事情。」

詹森第一次管理員工，他讓經過他形塑職業道德、且通過考驗的年輕人——來自休斯頓高中的辯論明星拉提莫和瓊斯填補職位。瓊斯回憶說，詹森是「一個很難為他做事的人，因為他堅持完美。」這位局長（他們這麼叫他）「想要每天回覆當天的郵件」。而且每封信「都必須恰如其分」，也就是說，要一遍又一遍打一封相同的信件，直到它符合「他想要的那樣」。一個週六晚上，詹森吃完飯後回來工作，發現拉提莫和瓊斯不在。桌子上留了一張便條紙，說他們去看電影，將在九點回來。他在郵件堆裡翻來翻去，終於找到了他要的東西：一封未回覆的選民信件！他拿起信，跑到當地的電影院，找到了這兩個人並帶到外面，結果卻發現，這封信由於他自己先前的指示，尚在討論中所以先擱置。為了平息事態，詹森邀請他們到當地一家餐館吃飯。第一杯飲料才剛送來，他就跳了起來。「我們已經放鬆夠久了，」他說：「離我們下班還有三個小時。」

當評論家寫到詹森對待員工的冷酷無情時，拉提莫堅持認為，他的老闆「對與他親近的人極為感情用事」。然而，進入他精挑細選的大家庭的代價，從無私奉獻與絕對忠誠，變成了吞噬下屬的所有個人時間和空間。瓊斯說：「如果他發現你在看你媽寄來的信，或者你在大便，他會說，孩子，你能不能再努力一點，自己多做一些？」

在短短幾個月內，克萊伯格的辦公室就成為國會山莊最有效率的團隊之一。對於眾議員克萊伯格來說，「直率善良的百萬富翁」的形象很理想。他更喜歡花時間打高爾夫、撲克或馬球，他很樂意讓林登掌管一切，而反過來，林登也很高興克萊伯格提供的空間。從一開始，詹森就將選民的要求放在首位，因為他明白加強克萊伯格的選民基礎至關重要。透過及時、有建設性地回覆每個月來信的數百名請願者——聲稱自己一戰時受傷的軍人、希望從農業行政部門得到援助的農民、需要政府協助的失業男女——克萊伯格熱情的口碑傳遍整個地區。而在內部，林登也確立了行動者的聲譽。

由於大多數的請願，涉及到一個或多個官僚機構的問題，詹森不得不每天花費數小時來探究官僚機構的迷宮，弄清權責所在，辨識並標定出最終的決策者。然後他便開始轟炸——不斷施加壓力，伴隨著富有感染力的熱情，奉承之中夾帶威脅，直到他決心尋找之物最後出現。他相信「每個問題都有解方，」瓊斯讚歎道。他拒絕接受「不」的回答，當選民得到想要的結果時，詹森欣喜若狂，將每一個成功案例都視為團隊的一次重大勝利。憑藉驚人的膽識和速度，林登．詹森已經是一位只少了名份的國會議員。

二十五歲時，林登．詹森已走上了政治生涯。從亨利社區的野餐會上，他穿越人群去發表他的第一場政治演講以來，短短的三年裡，他已經取得了很大的進步。他就一種不同的領導方式、一種執行能力和一種與眾不同且咄咄逼人的行為模式，描繪出一幅詳盡的藍圖，時間比我們先前研究的三個人物更早——而這種模式將成為他日後管理風格的特色。他已經成為了一個完美的政治動物、一個手持探測棒的人，無情地吸引著每一座權力源泉。他有一種本能，能在任何機構中找出權力的齒輪與槓桿，並獲得明智與忠實的導師，再將次要的職位轉化為重要的影響力，這種能力伴隨他走過每一次升級。

不同於能用詩歌、戲劇放鬆的林肯；或對鳥類、狼的交配習性，以及最新的小說感興趣的老羅斯福；還有小羅斯福，他在航海、集郵、撲克與親切的社交閒聊度過了很多快樂時光；詹森卻永遠都不曾放鬆。路德．瓊斯沒印象他讀過一本小說，還有事實上，他除了念念不忘報紙和最新雜誌以外，什麼都不讀。他很少去看電影或戲劇，因為他不喜歡在黑暗中坐三個小時不說話。在棒球比賽中，他堅持在每一局的空檔、甚至是每一球的空檔談論政治。

在社交場合，他與國會議員、政府官員的妻子共舞，而不是與單身女子。他們在舞場上旋轉，討論最新的新聞和政治八卦。在他的一生中，他將繼續以這樣無可抗拒的速度工作，彷彿勝利和成功在某種程度上，可能修復他幼年時被剝奪的穩定的愛與感情。

詹森在攀登的每一個階段都具有相同的氣質——專心致志、富有感染力的熱情、夾帶威嚇的奉承、不知疲倦的活力，以及勢不可當的個性——尤其是在他成功贏得克勞蒂雅・「瓢蟲夫人」・泰勒（Claudia "Lady Bird" Taylor）這樁婚事上。如果老羅斯福發起了一場為期一年的一致行動，來爭取他妻子的芳心與對方家人的認可，那麼林登則在是一秒也不浪費的狀態下加速了這個過程，在幾週內就實現了自己的目標。

瓢蟲夫人是一位富商的女兒，當時剛從德州大學（University of Texas）畢業，獲得了新聞學學位。在奧斯汀的一次約會之後，詹森決定不讓這個聰明、內斂、敏感和機靈的女人離開，這是為了他的信譽和好運。她後來回憶道，在他們的第一次談話中，他「非常直接地」告訴她一切他自己的事：「他作為國會議員祕書的薪水、他的抱負，甚至包括他家庭成員的抱負，以及他有多少保險。就好像他想用自己的生活與能力呈現一幅完整的畫面。」她覺得他「非常、非常帥氣，一頭烏黑的捲髮」，但在他們第二次約會時，他向她求婚，她覺得他「簡直瘋了」。

「我很有企圖心、驕傲自負、精力充沛，而且瘋狂愛上了妳，」他宣稱。「當我看到我

知道自己**想要**的東西，我就會**立刻努力**去得到它。」兩個月後，他再次拜訪奧斯汀時，他發出了最後通牒：「我們要不是現在結婚，就是永遠不結婚。」當她同意時，他發出了「德州式的歡呼聲」，然後直接開車去聖安東尼奧市（San Antonio），當天他們就在那裡舉行了一個簡單的婚禮。拉提莫三十年後說：「我認為他一注意到瓢蟲夫人的時候，她就無路可退了。」瓊斯說，她是他的「輔助輪」。他天生缺乏耐心，她天生平靜。他唐突無禮、憤世嫉俗，她溫文爾雅。若沒有這種寬容與奉獻，若沒有這份堅定付出且永不退縮的愛，林登．詹森在最複雜又陰險的政治世界中的崛起就變得無法想像。

此外，瓢蟲夫人在華盛頓建立起的家，不僅有助於詹森的穩定，而且對他日益擴大的野心也有幫助。瓢蟲夫人在白天或黑夜的任何時候都對林登的客人熱情款待。他可能在六、七點時才打電話給她，說他要帶六個人回家，等到他們回來時，餐桌已經設好、酒已備好、晚飯也做好了。

在眾多嘉賓中，對林登未來影響最大的莫過於德州邦漢市（Bonham）的民主黨國會議員山姆．雷本（Sam Rayburn），他曾在州議會中與林登的父親一起工作，後來成為眾議院議長，任職十七年。「山姆先生」沒有妻子或自己的家庭，他在眾議院不開會的時候常常很孤單。林登意識到這一點，所以越來越頻繁地邀請他吃晚餐，而且很快就擴展到週末的早餐，這樣兩個人就能一起讀週日的報紙了。這種溫暖而隨意的氣氛產生了真正的情誼，為林登提供了一個明智、值得信賴，也最有用的導師，山姆先生則得到了一個他從未有過，親切而忠實的兒子。很快地，山姆先生所運用的極大政治力量，對於林登政治崛起的實現而言是必不可少。

一九三五年六月的一個週二上午，小羅斯福總統根據行政命令成立了國家青年管理局（National Youth Administration），該局旨在拯救「迷失的年輕一代」，它提供兼職工作給那些貧困家庭、負擔不起學費的學生，同時也為成千上萬十六到二十一歲之間的失業青年提供全職工作。那個週二，林登找了山姆先生，並自薦是德州國家青年管理局負責人的理想人選。山姆·雷本立刻向德州參議員湯姆·康納利（Tom Connally）提出這個不尋常的請求。「他要我請羅斯福總統任命林登·詹森，」康納利回憶道：「山姆很激動。」對雷本來說，這件事對他個人的意義重大，這一點是如此明顯而有說服力，所以康納利立刻同意了。但康納利無法說服羅斯福，二十六歲的林登沒有任何行政管理經驗，又有什麼資格管理一個橫跨整個州的機構呢？實際上，詹森管理過的最大團隊只有三人。此外，在雷本向總統請求之前，就已經宣布了另一位人選。儘管如此，羅斯福還是聽取了雷本的建議。白宮很快就承認「犯了一個錯誤」，而該職位將轉為克萊伯格的國會祕書林登·詹森擔任。

眾人對於詹森年輕且缺乏經驗的憂慮很快就煙消雲散，因為隨著時間，這位美國最年輕的負責人漸漸發揮了他罕見的行政管理技能。「我不是助理型的，」他離開克萊伯格辦公室時，對一位友人說得貼切：「我是執行型的。」第一個障礙，是最終必須招募到近五十人的員工。他首先召集了他從大學以來就開始合作的年輕人開始，包括山姆休斯頓高中，以及克萊伯格辦公室。他們熟悉他的領導能力，他們看過他在較小場面上的工作方式，並準備好接受更大的挑戰。他們大多數像他一樣貧窮。他們也發現，有必要在蕭條時期尋找工作，以便繼續上大學。對他們而言（對詹森也是如此），國家青年管理局的使命——為年輕人提供教育、培訓和工作——是切身相關的。一位員工回憶道：「我們在自己身上找到了這個夢想，並願成為它的一部分，於是開始工作。」

跨整個州的艱鉅工程讓起先詹森不知所措，直到他想出一個理想的計畫，以一項非常重要的啟動項目來「讓球滾起來」。他將讓成千上萬的失學青年在州內的公路建設路邊公園，以便旅客停下來休息、吃東西、上廁所。幾週內，華盛頓批准了文件，該計畫得以實施。國家青年管理局為勞動者提供工資，國家公路局則提供了監督、卡車和材料。州政府的工程師訓練這些年輕人，教他們攪拌混凝土、在公園裡修建車道、砌烤爐的磚、建造野餐桌和長椅，還有種植遮蔭樹與路旁的灌木。當第一個項目啟動並運行時，詹森「欣喜若狂」，因為他知道這將創造出成功的氛圍。當這個路邊公園項目最終成功時，他確保了該項目在整個德州的口碑，也在很短的時間內成為了真正的「國家典範」。

林登在他第一次行動中的表現，為補充預算以及許多其他項目打開了大門。在六個月內，詹森說服三百五十個機構（學校、醫院、圖書館、娛樂設施）的官員為他們的特定項目提供材料和監督。一萬八千名年輕人投入工作，他們修理校車、勘測土地、建造涼亭、游泳池、學校體育館和籃球場。就好像他曾經為科圖拉小學的休息與課後活動自掏腰包，他現在可以用聯邦政府的撥款來擴展到整個德州。愛蓮娜·羅斯福一九三六年來到德州時，要求與這位她聞名已久的年輕負責人會面。

然而，隨著壓力與日俱增，關於這位局長對員工的瘋狂、嚴厲，甚至虐待行為的描述越來越多。「一切都必須現在完成。」一名員工記得：「如果不能立即做，他會非常生氣。」

才剛口述完一封信，他就「迫不及待」想看到成果。「那封信在哪？」他會對祕書大叫，如果他的怒吼沒有產生理想結果，他就會把信紙從打字機中扯下來。「工作很漫長，也很辛苦。」詹森招募的另一位老朋友比爾・迪森（Bill Deason）回憶道。他的團隊每週工作六天，從早上八點到午夜。週日則保留為員工會議，以便回顧已完成的工作，並預想下一週的計畫。政府大樓中的燈和電梯原本該在晚上十點關閉，但詹森說服大樓管理員將它們一直開到午夜，有時是凌晨一點，直到大樓所有者關切為止。這些員工中沒有一個人在「看時間」，事實上，詹森似乎只是「沒聽說過有時鐘」。

他灌輸恐懼，他讓每個人都緊張不安。「他會將我們配對，或是有兩到三人，而你總是落後於其他人。」員工雷・羅伯茲（Ray Roberts）回憶，他會去找一個人，告訴他另個人做得有多好，以及他「應該試著迎頭趕上」；然後第二天，他又會反其道而行。一位員工抱怨道：「我不在乎我多麼努力工作。我一直都是落後。」工作人員從不知道他情緒爆發的原因。一名受過羞辱的團隊成員回憶說：「天啊，他可以把一個人撕成兩半。」原因可能是張凌亂的桌子，他認為這是混亂的跡象，也可能是張乾淨的桌子，表示無所事事。通常，他暴怒之後接著會浮濫的情感放縱、多愁善感、熱情讚美，或是悔過。對於一些團隊成員來說，詹森搖擺不定的行為實在令人難以忍受。一些人身體撐不住，有些人退出，但大多數人留下了。

團隊成員為什麼留下來？領導力的研究表明，那樣的行為會破壞員工的內在動機，長遠來看，讓員工相互競爭很少會成功，而公開羞辱會摧毀員工的精神、自主權和生產力。然而，詹森團隊的總體表現相當出色。全國國家青年管理局總指揮奧布里・威廉斯（Aubrey Williams）

公開宣布，德州的國家青年管理局計畫是全國最重要的。這個團隊如何能這麼快、又這麼長時間地取得這麼多成就？

要回答這些問題，就需要了解詹森無與倫比的職業道德，以及工作人員的感覺——認為自己在學習重要技能、而且參與了一項重大使命。無論他們待了多晚，幾乎所有員工都同意，詹森總是最後一個關門。無論他們多早到，他都已經到了。「現在，各位夥伴，我們可以做到，」詹森激勵他的團隊：「如果你們每一個都全力以赴，投入工作。」在這裡，就像華盛頓一樣，瓢蟲夫人確實是必不可少的盟友。她把自家變成工作場所的延伸，她緩解了林登強迫性腳步的無情苛刻。許多員工與詹森一家住在二樓的一間房。他們在家裡吃早餐、也常吃晚餐。「我們不像寄宿學生，」比爾．迪森回憶說：「我們也經營這個家，我覺得自己像是家裡的一員。」關於國家青年管理局規章制度的會議，使人腦袋麻木，時常在詹森家前廊上舉行，他們「一段一段、一頁一頁」地討論著。「通常會到深夜，」威廉．伯德威爾（William Sherman Birdwell）回憶道：「瓢蟲夫人總是準備咖啡和蛋糕給我們。」

對年輕人來說，詹森（雖然幾乎不比他們大多少）確實是一位鼓舞人心的導師，一名員工觀察到，他不僅激勵他們「更努力」，也要「更有想像力，去思考我們能用的新方法，讓我們能延伸正在處理的事情的邊界，讓事情更有成效。」他們認為他是他們見過「最偉大的組織者」，他們讚歎他「將重要的事放在首位，並至少一次解決一個問題」的能力。然而，他儘管專注於當下，卻似乎能預見接下來會發生什麼，他們相信他真的可以「見人所未見」。他們與自己所遇見最強勢、最不尋常的領導者緊密合作，感覺自己每天都在學習新東西。「我們對此毫不懷疑。」羅伯茲承認。就算詹森當時還未滿三十歲，那時所有人都知道，他將要「去某個地方」，而且如果能跟他一起去，就太好了。

但最重要的是，員工會忍受詹森的霸道行為，是因為他們覺得一起加入了一個令人興奮的新組織，它承諾改變在大蕭條時期失去希望的數千名年輕人的生活，並為他們提供工作、讓他們繼續上學、教會他們實用技能、重新建立對未來的信心。藉由把人生與詹森連結在一起，他的工作人員都知道，自己正乘著一個更大動力、更有視野廣度與意義的故事。

當競選眾議院議員的機會突然出現時，林登．詹森顯然展現了能改變他一生的迅速決定。一九三七年二月二十三日，林登擔任德州國家青年管理局負責人還不到十八個月，當他外出巡視幾個工作項目並指導堪薩斯州國家青年管理局的同僚時，他的目光掃視到一份在公園長椅的報紙標題上：布倫納姆市（Brenham）國會議員詹姆斯．布坎南逝世。「我沒辦法將心思放在我的訪客上，」詹森後來說：「我一直認為這是我的選區，這是我的機會。那一天似乎永無止境。她一直說個不停。而我不得不假裝對我們看到的，以及所做的一切都很感興趣。有些時刻，我以為我因為內心興奮而整個人爆炸。」七週之內，在一次針對八位知名度更高、經驗更豐富的對手的一次特別選舉中，二十九歲的林登．詹森被選為布坎南的繼任者。詹森在這個他原本默默無名的地方，他究竟是如何擊敗年長、經驗豐富的政客，以及那些當地勢力龐大的公民？

首先，林登幾乎是立刻決定參選，這為他清除了取得勝利的最大障礙。當其他八名候選人表明自己參選與否，取決於布坎南的遺孀是否參選，但林登在葬禮結束三天後就公開宣布參選。布坎南代表該地區已經將近二十五年。挑戰他五十七歲的遺孀可能會被認為不恰當，她曾公開暗示她想要這個席位。「她是個老女人，」山姆．詹森精明地勸進兒子：「她太老了，不能戰鬥。如果她知道自己要戰鬥，就不會參選。現在就宣布——一定要在她宣布之前。如果你參選，她就不會。」山姆的預測正中要害。林登宣布參選後，她決定不參選。

林登在做出決定之前，只向一個很小的圈子徵詢意見。其中最重要的一位，是在奧斯汀成為他值得信賴的導師——阿爾文．維爾茲（Alvin Wirtz），一位有影響力的律師和政治家，同時也是德州國家青年管理局諮詢委員會主席。「維爾茲有一個妻子和女兒。」他的祕書瑪麗．拉瑟（Mary Rather）說：「但他也很想要一個兒子。他就像愛兒子一樣地愛他（林登）。」當維爾茲告訴他至少需要一萬美元才能競選之後，瓢蟲夫人致電父親請求這筆錢。「一萬美元，」她父親問：「這不是很多嗎？五千或三千如何？」瓢蟲夫人說：「不，我們聽說必須是一萬。」他回答：「好吧，明天上午會有一萬美元轉入林登的戶頭。」林登還記得：「第二天早上九點我在銀行，錢就進來了。」路德．瓊斯形容「大勢已定」，在林登公開宣布之前，甚至在他還沒向國家青年管理局遞出辭呈之前，他就已經「走上了街頭，向經過我們的第一個人伸出手說，『我是林登．詹森。我正在競選國會議員。』我敢說，他在我們上車之前，就已經跟五十個人握過手了。」

林登在他約翰遜城家中的門廊上，宣讀了他的正式聲明。林登講話後，前一年歷經嚴重心臟病的山姆·詹森上前擁抱兒子。「我父親又再次年輕了，」林登回憶：「他向外望著自己熟識的所有面孔，然後看著我，我看見他眼中的淚水，他告訴人群說，如果他兒子能在國家首都，跟羅斯福、雷本以及其他優秀的民主黨員共事，他將為我驕傲，且對我們的國家抱持極大希望。當他說完坐下時，他們開始鼓掌，持續將近十分鐘。我看了看母親，也看見她也在鼓掌和微笑。對於詹森一家來說，這是一個值得驕傲的時刻。」

詹森的策略讓競爭對手們措手不及。為了從知名度更高的候選人中脫穎而出，他將自己包裝成一個「完全的羅斯福派」，鼓吹自己支持新政受歡迎的部分，也支持總統最近引起強烈反彈的法院改組計畫。「我不必像隻閹牛一樣，被吊起來送到藥浴池，」詹森用他最會的德州丘陵地（Hill Country）方言說：「我站在總統這一邊。他需要時只管呼我一聲，我就會站在那兒替他撐腰，而不是閃進柴房裡。」雖然他的幾位競爭對手最終也支持了法院重組計畫，但詹森已經把自己塑造成羅斯福的夥伴。

從競選一開始，詹森相信只要「能比別人早起、認識更多人、睡得更少」，他就能獲勝。詹森是最年輕的候選人，他的競選完全壓制對手。他會停「在每一家商店、每一間消防局、每一個工作場所，」有個競選工作人員回憶，他會親自去見每一個人，一路走到後門的警衛那裡。正如他父親很久以前給他的建議，也如他一再告訴辯論隊的那樣，他會「握手」並「直視他們的雙眼」。當競爭對手聚焦在大城市和城鎮的人口中心時，詹森冒險到每一個小村莊與路口，尋找遙遠的房屋和農場。如果他發現有一盞煤油燈的亮光在遠處，他會倒車，然後駛向那盞燈。他有一雙長腿，可以爬過帶刺的鐵絲圍欄，與正在犁地的農民交談。他的演講相當精簡。「五分鐘的演講，」他指出：「再加上十五分鐘的相處，比一場十五分鐘的演講更有效，因為就算講得多麼鼓舞人心，那樣也只剩下五分鐘的握手時間。」

一位歷史學家評論道，他似乎「對名字和面孔有深刻記憶，而且對那些名字和面孔背後的人更是記憶力驚人」。然而，這種看似天生的特質，其實是一種刻意培養出來的才能，就像林肯一樣。詹森的司機卡洛·凱奇（Carroll Keach）描述這位候選人每次在競選活動與人相遇之後，都會有一種儀式。他會自言自語、大聲說出思考內容。「他像是在複習他心裡的筆記一樣，」凱奇回憶道：「那些人是誰，他們有什麼樣的小事，還有他們的親戚是誰，」彷彿他正在「自己的心靈深處留下烙印」。更重要的是，雖然通常不是自我反思，但詹森會「與自己討論，討論什麼策略有效或無效，還有他下次該用哪種策略」。如果事情不順利，他會責罵自己，像是「小伙子，那太蠢了！」或「好吧，你只能做得更好，就這樣」。

在特別選舉前兩天，林登的焦慮如此巨大，以至於他在奧斯汀挨家挨戶拉票時汗如雨下。劇痛折磨著他的胃，他感到噁心。那天晚上，他在一次大型集會上發表演講後，就倒下了。連忙送至醫院後，醫生發現他的闌尾幾乎要破裂，必須緊急手術。他的競選活動陷入僵局。詹森陷入進退兩難的境地，沒有地方去、沒有手能握、沒有讓他展現口才魅力的觀眾，他非常痛苦。但他長時間堅持不懈的努力終於有了回報。他躺在病床上，得知自己贏得了選舉，以三千多票之差擊敗了票數最相近的對手。

選舉後不久，林登就與小羅斯福總統會面。墨西哥灣的釣魚巡遊結束之後，總統回到德州加爾維斯頓港（Galveston），在碼頭上迎接了這位年輕的新科議員，並邀請他搭乘行經德州的專屬列車。儘管林登不是喜歡釣魚的人，也不熱中海軍事務，但他還是充分利用了這個機會。「我剛認識了這位最了不起的年輕人，」羅斯福後來告訴他的白宮助手湯瑪斯・柯克蘭（Thomas Corcoran）說：「現在我喜歡這傢伙，你要盡你所能幫助他。」

因此，林登・詹森以羅斯福總統門生的身分進入了眾議院。長期支持他向上攀登那些父親般的導師之中，羅斯福總統是最重要的一位，其他幾位包括：聖馬可斯的塞西爾・伊凡斯校長、威利・霍普金斯、山姆・雷本、阿爾文・維爾茲。有些人認為詹森跟年長者走得很近只是為了自己的升遷，他們的批評不無道理，但詹森尋找這些導師，也代表了他自己的情感需求，而且提供他一個學習機會。「他是一個非常崇拜英雄的人，」一位新政者觀察道：「他有他自己景仰、並依靠的人。」他專心地聽他們的故事，吸收他們的專業知識，重視他們的指導，並完成了他們列出的所有任務。如果他利用他們來升遷，那他對他們的忠誠就是真實的，他對他們的忠誠和表現無與倫比。

當詹森在華盛頓安頓好、準備擔任新職位時，他再次意識到在被日常工作淹沒之前，就先給人留下深刻印象何其重要，正如他當上國家青年管理局負責人初期。他在競選時曾向人民保證，如果當選，他將為德州丘陵地帶來電力。如果他必須遊說總統才能做到，那他就會這樣做。現在，他打算履行承諾。

小羅斯福上任時，美國九成的農場都沒有電力。「電力的缺乏將美國一分為二，」一位歷史學家說：「一邊是城市居民，一邊是鄉村居民。」農婦們享受不到二十世紀的種種生活便利——冰箱、洗衣機、熨斗、吸塵器。農民不得不靠著雙手從井中取水或擠牛奶。數十年來，私人公共建設公司一直拒絕在農村地區裝設電力線，認為人口稀少地區的回報率不可能有利潤。隨著一九三三年田納西河谷管理局（Tennessee Valley Authority）和一九三五年農村電氣化管理局（Rural Electrification Administration）的設立，「羅斯福新政」為數百萬的農戶帶來了電力，但是丘陵地區人民的需求卻被忽略了。儘管在德州已完成了兩個由政府資助的水壩，能夠控制洪水並可能利用於水力發電，但電氣化管理局對於建築線路和房屋管線的準則，要求一英里至少要有三個農場——這些丘陵地區的密度卻不到一半。詹森未能說服電氣化管理局行政首長約翰・卡莫迪（John Carmody）在人口密度上允許破例，於是他透過湯瑪斯・柯克蘭安排與羅斯福總統會面。

當時最富心機的兩位政客在白宮兩度會面，最終成就了林登・詹森的勝利，證明了他出色的推銷技巧。但是這些會議也證明了羅斯福的幽默、判斷力，以及他突破官僚主義嚴格限制的能力。第一次見面很愉快，但詹森陷入困境。羅斯福如果不想直接拒絕別人，總是習慣使用拖延戰術。「你有沒有見過蘇聯女人裸體？」羅斯福岔開話題。詹森回憶說：「然後他開始告訴我，她們的體態與美國女人大有不同，因為她們幹的是重活。」詹森進入羅斯福的話題，「但就在我發現之前，」他感嘆道：「我的十五分鐘就不見了……我還沒有提出自己的建議就進入了西廂大堂（West Lobby）。結果我不得不回去，重新安排那該死的會面。」

但在回去之前，詹森尋求了柯克蘭的建議。羅斯福喜歡展示、報告、圖片、圖畫與地圖。

柯克蘭告訴他：「越大越好。這就是你錯的地方。別跟他爭論，林登，你就弄給他看。」於是詹森準備了兩幅展示品，是兩座新修建水壩的三英尺高的照片，以及一張輸電線路圖，展示出電力流向「城市大地區」卻忽略了農村的窮人——以舊農舍的圖片來呈現。羅斯福意識到自己即將被說服，因此敏銳地把注意力放在水壩的圖片。「我從未見過更好、更令人驚嘆的多拱結構。真是精妙。」這次詹森知道得夠多，所以他不會偏離正題而開始討論工程奇蹟。他打出絕對沉默的策略，直到最後，羅斯福才將目光從圖片上移開。「林登，你到底想要什麼？你為什麼要給我看這些？」

「水，到處都是水，但一滴都不能喝！電，無處不在的電，結果卻不屬於這些河岸上的任何一個農家。」詹森開始解釋，由於農村電氣化管理局準則中對人口密度的要求，該地區的人民無法獲得電力。接著，如同他後來告訴瓢蟲夫人的，他描繪了「一種印象：在原本可以有電力洗衣機和擠奶器的地方，女人們卻彎腰洗衣而提早老化，而男人們則在寒冷的冬天早晨起床為母牛擠奶」。這個故事不僅限於事實和數字，也建立於他的情感記憶，包括他母親從井中汲水、在波浪洗衣板上搓洗衣服、甚至是酷夏也必須在熾熱的柴爐上加熱熨斗、跪著擦洗地板，繁瑣的家務使她筋疲力盡，無力閱讀在床邊堆積如山的書本。

羅斯福被這一位講故事同伴的才華迷住，最後他招架不住，被這個年輕人說服了。他要求他的祕書與農村電氣化管理局約翰・卡莫迪接上線。詹森記得那一幕：「約翰，我這裡有一位年輕的議員林登・詹森。卡莫迪說是的。他認識我，並拒絕過我。電氣化管理局無法負擔每平方英里只有一個半客戶的傳輸線的建設。」羅斯福聽了以後施展他的魅力：「約翰，我知道你必須有指導方針和規則，我不想讓你們不安，但是你只需要跟我一起——就這樣辦吧，你先批准這筆帳，然後記在我的帳上。我願意為這些人賭一把，因為我去過那個鄉村，那些人——他們會趕上密度問題，因為他們生得很快。」詹森十分欣喜：「我從那裡走出來時，帶著一百萬美元的貸款，」他回憶道。他將這次成功的會面當成「一生中最快樂的時刻之一」。

令詹森一生遺憾的是，他父親沒能見證與分享兒子的成就。他進入眾議院的那個夏天，山姆再一次心臟病發作。他在醫院待了兩個月，一直都在氧氣帳裡。林登那年秋天回到家裡時，山姆懇求兒子把他帶回去，「回到山上那座小房子裡，那裡的人知道你生病，也關心你的死活」。詹森起初拒絕了。醫生告訴他，他父親需要氧氣，而斯通沃爾鎮（Stonewall）沒有氧氣棚。「你得幫幫我，兒子。」山姆說。詹森明白。「我帶了他的衣服，幫他穿上，然後我帶他回家。」在他自己的房間裡，有家人和朋友圍繞下，他父親似乎有所好轉，但是兩週後，在他六十歲生日後不久，山姆・詹森去世了。

相同的使命感鼓舞詹森致力於農村電氣化，也激發了一系列新政項目。他上任不久後，國會通過了一項法案，向城市提供聯邦資金用於貧民窟清理與公共住房項目。一九三八年初，首批三筆補助金發放給：紐約、新奧爾良和奧斯汀。像奧斯汀這樣的南方小城，是如何成為這三個成功申請者之一？美國住房管理局（the U.S. Housing Authority）的總顧問里昂・凱瑟

林（Leon Keyserling）解釋：「因為有一位第一任期的國會議員，他非常警覺、非常積極，如此勢不可當。」

羅斯福簽署公共住房法案時，詹森就在現場。他像往常一樣快速行動，安排了一次與奧斯汀市長和市議會成員的會議。「現在，聽著，我希望我們成為美國第一。」他告訴他們：「你必須願意為黑人和墨西哥人挺身而出。」詹森步行穿越該市的貧民窟之後，在電台廣播中描述了他的發現：一百個墨西哥、非洲裔美國人家庭擁擠成一團。在五個街區的區域，每個家庭都被限制在「一個沒有窗戶，陽光照不進來的沉悶房間。他們在這裡睡覺、煮飯並進食，洗澡時再把水拖到兩百碼之外的一個漏水浴缸。他們在這裡撫養孩子，他們營養不良、衣不蔽體。」當貧民窟的房地產經紀人與業主指控，政府與私營企業存在不公平競爭時，詹森回擊：是的，確實如此，「政府正在與弱勢者居住其中的棚舍、破房、豬圈和汙穢的地洞競爭。」申請一出來，凱瑟林回憶說，詹森「就一直在我們的走廊上來回踱步。奧斯汀的第一個項目就是由他的進取心促成的。就是如此」。

林登．詹森第一次坐進眾議院時，身旁環繞著這般呼聲，關於「這個男孩的評論」與其光明的未來，很快就在執政政府的新政者圈子中發展起來，包括白宮的湯瑪斯．柯克蘭、吉姆．羅維（Jim Rowe），以及內政部的亞瑟．歌德史密特（Arthur Goldschmidt）和亞伯．伏塔斯（Abe Fortas）。詹森不僅成為該小組的成員，而且還正如他所渴望的，他成為這群人的核心。吉姆．羅維的妻子伊麗莎白（Elizabeth）記得他講的「奇妙故事」，還有他的說故事方式——在房裡走來走去、模仿口中人物的聲音、舉止。但他的「偉大故事」都是他祖父傳下來的，關於牧牛時代的舊西部，也關於曾坐上德州州長位置的傳奇人物，以及他心愛的德州丘陵地。「有詹森的派對會更熱鬧，」新政律師亞伯·伏塔斯說：「他走進門的那一刻，就火力全開。」

小羅斯福總統對這位年輕國會議員的「特別興趣」變高了。他在林登·詹森身上看見某種東西，讓他覺得「如果他（小羅斯福）沒去過哈佛，那他想變成的就是這種無拘無束的年輕專業人才」。羅斯福甚至預測到：「在下一代中，權力平衡將往南部和西部轉移，而這個男孩很可能是第一位南方總統。」

SENATOR

第二部

逆境與成長

ADVERSITY AND GROWTH

5 亞伯拉罕・林肯——自殺、分裂與道德理想

「我不是死亡，就是更好。」

這四名年輕人到了二十歲後半時，都知道自己是領導者。他們在公眾服務之中找到了使命。他們選擇站在人民面前尋求支持，並讓自己成為眾矢之的。這些年輕人已經很接近我們後來認識的那幾位領導人了。然而，要使這些輪廓化為更完整的肖像，需要能超越公眾與私人生活逆境的能耐。

研究過領袖者發展的學者們，將韌性——即面對挫折時仍保有企圖心的能力——置於領導力增長潛質的核心。華倫・班尼斯（Warren Bennis）和羅伯特・湯瑪斯（Robert Thomas）寫道：「為什麼有些人能從經驗中淬煉出智慧，而有些人卻不行？」這一向是個關鍵問題。有些人迷失了方向，他們的人生從此一蹶不振。另一些人則是在一段時間之後恢復正常行為。還有些人，透過反思與適應的能力，用更大的決心、目標來戰勝苦難。

很快地，這四個人都將經歷那戲劇性的挫折。他們全都將陷入憂鬱，並且考慮離開公眾事務。

一八四〇年的寒冷冬季，三十二歲的林肯陷入了嚴重的憂鬱，他的朋友們都擔心他會自殺。他們沒收了他房間裡的所有刀子、剃刀和剪刀。草原之州[1]進入第三年的經濟衰退，儘管林肯竭心盡力希望讓事情往反方向發展，但州議會別無選擇，只能停止修建已經半完工的鐵道、運河、橋樑與道路。林肯作為該州昂貴夢想的主要建築師與代言人，為接踵而至的困境承擔了大部分的責難。沉重的債務拖垮了伊利諾州，毀壞了它多年的信用評等，也妨礙了新的拓荒者在此定居。地價暴跌，數千人失去了家園，銀行與證券公司也倒閉。「林肯想成為伊利諾州的德威特．柯林頓的美好夢想，」他一個友人寫道：「如早晨的霧靄一般漸漸消逝了。」林肯承認自己「不是金融家」，他為這個危機挑起責任，並為此付出高昂代價。他對自己的信心動搖了，他宣布將在本屆任期結束時從州議會退休。

對於林肯來說，知道自己的名聲受損最為苦惱。他第一次競選公職時，曾向人民承諾，如果他當選，將支持任何提供人民可靠道路、航道的一切法律，如此一來最貧窮、人口最稀少的社區就可以繁榮發展。他認為那約束他的榮譽、名聲與人格的承諾並沒有兌現。他試圖為人民卸下的負擔，反而加重了好幾倍。

林肯在公共事務上的誠信受到打擊時，他的私人名譽也受到重擊，起因是他的一項痛苦決定：解除與瑪麗．托德（Mary Todd）之間婚約。瑪麗．托德受過良好教育、聰明伶俐，父親是一個富裕的輝格黨員，曾任職於肯塔基州眾議院與參議院。這對戀人由於對詩歌、政治的共同愛好而彼此吸引。林肯的偶像，即輝格黨領袖亨利．克萊（Henry Clay）是托德家庭中的常客。瑪麗自認是一個熱情的輝格黨員，她為自己在政治上那種「不淑女」的熱忱感到自豪。

她對林肯前途的信心鞭策出他的抱負，並將他們繫在一起。

然而，當交往過程走向婚姻，林肯開始質疑自己對這位喜怒無常的女士的感情。她可能今天熱情大方，明天卻沮喪易怒。他最好的朋友約書亞・斯畢德（Joshua Speed）回憶：「在一八四〇與四一年之間的那個冬天，林肯因為和瑪麗的婚約而非常不開心——他不喜歡行為與內心情感不一致的狀況——他為此遭受多少痛苦，沒有人比我更清楚了。」

除了在瑪麗的事情上猶豫不決之外，一位親戚認為林肯也擔心「自己是否有能力取悅、並養活一個妻子」。他在州議會的工作以及助選演說，也損害了他才剛起步的法律職務。「我很窮，而且在世界上沒什麼進展，」林肯承認：「我經過一個月的遊手好閒而倒退回來，跟我划一年船賺的差不多。」他如何能期待自己養得起妻子和孩子？家庭生活的責任是否會妨礙他繼續追求教育與政治上的抱負？他沒有成功家庭的範本，也沒有建立自己家庭的基礎。他曾經見過一些家庭生活——大家用餐時圍坐一起，由父親提供生計——卻從沒參與其中。由於焦慮不安，林肯終止了婚約。

在春田市這個小鎮上，林肯的「名譽敗壞」很快就人盡皆知，更加劇了瑪麗的恥辱。林肯感受到瑪麗的痛苦與自己一樣強烈，無法承受自己要為她的不幸負責。他說，這件事「殺死我的靈魂」。他向斯畢德坦言，一切最具破壞性的是，他對自己「下定決心後」堅持到底的能力失去信心，「你知道，那種能力最讓我自豪，那是我人格中唯一的至寶，如今我失去

---

1 草原之州（the Prairie State）是伊利諾州的官方暱稱。

了那樣的至寶」，直到它重新回來之前，「我不相信自己能處理任何重要的事情」。

就在那個冬天，約書亞·斯畢德正準備離開春田市，回到他的家族位於肯塔基州的農園。他父親已經過世，他覺得有責任照顧寡居的母親。這七年來，斯畢德的雜貨店一直是春田市的政治與社交中心。他和林肯一起住在樓上的大房間。兩人一起參加政治活動、舞會與聚會。斯畢德即將離去，而這件事的意義，不只是林肯失去一位朋友，也是在他最需要有人陪伴時，失去了能分享私事的對象。威廉·亨頓相信，林肯對斯畢德的愛「勝過任何一個已死或在世的人」。「沒有你，我會非常孤單。」林肯告訴斯畢德：「世上命定的事是何等不幸。如果沒有朋友，我們就沒有歡樂；而如果有朋友，我們卻注定會失去，而嘗到雙倍痛苦。」

這些他個人生活中的重大事件，加上他全力支持的改善計畫轟然瓦解，使林肯陷入失能的憂鬱之中。林肯以前有過幾次憂鬱症發作。六年前他的初戀情人安·拉特利治（Ann Rutledge）過世後，他拿起槍陰沉沉地走進樹林裡，似乎對生活「漠不關心」。朋友們擔心他如果不快點重拾平衡，恐怕會「失去理智」。但他在緊密的新薩勒姆社區，公開與鄰居們分享悲傷，並很快就回到自己的法律研究與議會崗位上。

而這一次精神崩潰在他三十二歲時發生，是他有生以來最嚴重的一次，造成了更深遠的影響。「我現在是世上最悲慘的人，」林肯對他當時的法律夥伴寫道：「如果我的感受能夠平均分給全人類，這世上就不會有任何一張開心的臉。我不知道自己是否會好起來。我強烈預感我不會。保持現狀是不可能的，我知道我不是死亡，就是更好。」這封信以簡短的一句「我無法再寫了」倉促結束。

日復一日，他臥床不起，無法進食或睡覺，也無力履行他在州議會的職責。「林肯瘋了，」斯畢德說：「情況很糟糕。」伊利諾州的律師同伴奧維爾．布朗寧（Orville Browning）記得，林肯「精神錯亂到不知道自己在做什麼」以及「他嚴重到胡言亂語、不知所云」。他一個朋友說，他看起來「不再是原來那個人」。還有個友人說：「他外表憔悴消瘦，而且似乎沒有力氣說話。他目前的情況非常堪憂。」

春田市的醫生們認為林肯「距離完全發瘋只有寸步之遙」。斯畢德與林肯一起度過了這段悲慘的時期。他們兩人之間的對話，深深烙印在他們往後的人生。斯畢德警告林肯，他必需用某種方式振作精神，否則一定會死，林肯卻回答，他非常樂意死去，但他「還沒有完成能讓任何人記得他活過的事」。他對斯畢德坦承，他內心最大的抱負就是「把自己的名字與某一件關於他同胞利益的事情連結在一起」。

這份同樣強大的渴望在十二年前鼓舞了「一名在平底船上工作、無依無靠、缺乏教育、身無分文的男孩」，讓他向新薩勒姆鎮的居民毛遂自薦並請求支持，讓自己能在州議會代表這些人——這一份巨大想望，如今能將他從一生最糟的崩潰之中拯救出來。

首先，林肯必須修復他已失去之物，並重建他的私人與公眾生活。這項任務一步一腳印，會耗上十年之功。離開州議會之後，林肯與史提芬．羅根（Stephen Logan）建立了新的合夥關係，後者是該郡的首席律師，也是西部「純法律思維的最佳典範」之一。羅根知道，林肯對於法律原則與判例沒有系統性的理解，但他見識過林肯在面對陪審團時的清晰思路、幽默感與說話技巧，他相信這個年輕人「會努力工作」。這份合夥關係對兩人來說都是好事。林肯將羅根視為幫助他讀通法律的導師，而且林肯說「他幾乎像父親一樣」。羅根則教導林肯「如何準備案件」，最重要的是，在這位自學而成的律師不斷懷疑自己無法趕上受大學教育的同事時，羅根給了他信心。「這並不取決於一個人的起點，」羅根說：「這取決於這個人如何到中年還努力不懈。」這兩人一同工作，建造了可靠的事業，林肯終於開始有了像樣的收入。

由於扶養妻子的疑慮開始消退，林肯又重新追求瑪麗。他明白自己的退卻不僅是因為經濟上的不安，也正如他對斯畢德所言，因為那份不切實際的愛情幻想，以及「遠超過塵世間所能實現之事的極樂之夢」。他再次履行他先前違背的諾言，開始重拾榮譽感。他已經向自己證明，他能保有「決心」——他人格中的「至寶」。雖然他與瑪麗的婚姻有時會遇上問題，但林肯仍盡力當一個好丈夫，以及一個和藹、有趣的父親，他與孩子們建立起了一種自己從未與父親有過的關係。「我很高興我的孩子們自由快樂，不受父親專制的約束，」他說：「愛是將孩子綁在父母身邊的枷鎖。」他將過上的生活可能看似平凡，但對他來說卻不是小事，這是他第一次為家庭與經濟打下堅實的基礎，少了這個基礎，就不可能有其他一切事情。

機遇在領導者的命運中有著關鍵作用，這一點在林肯的經歷中有生動的呈現。當伊利諾州的經濟開始復甦，林肯沉滯的政治雄心也開始振作。「如果你聽見任何人說林肯不想進入國會，」他在結婚不久後告訴一個輝格黨友人：「我希望身為我的好友，你會告訴他這是無稽之談。事實上，我很想到國會去。」

林肯第一次參加州議會選舉時，胸懷抱負者會直接站出來自我提名，但此後輝格黨與民主黨都發展了一種提名公職候選人的大會制度。輝格黨在第七國會選區中擁有絕對多數，其中包括桑加蒙郡（Sangamon County），這對林肯來說是好兆頭。如果他獲得提名，便勝券在握。然而，為了緩和與潛在對手的潛在紛爭，第七選區的輝格黨近期採用了輪替原則：每一位被提名人都同意擔任單一任期，到下個任期時便讓位給下一位。因此某位參議員之子約翰·哈登（John Hardin）在一八四二年被提名；州參議院議員愛德華·貝克（Edward Baker）在一八四四年被提名；最後林肯在一八四六年被提名。輪替原則承諾每一位候選人，在輪到自己時都會獲得一致支持，但如此短暫的國會任期很難讓他們留下深刻成就，甚至對最突出之人也是一樣。在單一任期的制度下，一八四〇年代的國會似乎不太可能讓林肯這樣的人進一步發展雄心壯志。他一個朋友認為他「對現世的榮耀，與他那個時代的人一樣雄心勃勃」，而另一名友人則認為他是「世上最具抱負之人」。

林肯抵達華盛頓還不到兩週，他這位菜鳥議員就在眾議院中提出一項引人注目的議題，質疑當時剛結束的美墨戰爭的合法性。他指控詹姆斯·波爾克總統（President James K. Polk）故意挑起墨西哥戰爭，「他把大眾的目光鎖定在輝煌的軍事成就上，以為自己能逃避審查」。他接著把總統對於戰爭的發言與「高燒時幾近瘋狂的自言自語」做對照，說他顯露出一種有罪的思想，「四處閃躲，像隻在熱鍋上受折磨的動物」。這與後來描述林肯的特質（在公眾討論中的謹慎、循序漸進的分析）大不相同。他急於獲得廣泛認可，結果卻激怒了民主黨，也惹惱了輝格黨，並且失去了伊利諾州人民的支持，因為他們對於戰勝的愛國情操十分高昂。

一八四八年的總統大選給了林肯一個機會，讓他能更有效地在同儕中脫穎而出，這主要是基於他獨特的魅力與說故事的天賦。林肯在國會為輝格黨候選人、戰爭英雄札卡里．泰勒將軍（General Zachary Taylor）發言，那一場豐富而風趣的演說贏得輝格黨同僚與記者們的高度讚揚。一名記者說林肯讓他們印象深刻，是「一名能幹、敏銳、純樸、誠實、正直的年輕人」。《巴爾的摩美國人報》（*Baltimore American*）將其極為獨特的表現評為「當今一流」，並評述「林肯的風度如此親切又別具一格，使整個國會不斷爆出歡笑」。他一邊演說，一邊在走道來回走動，不停「說著話、打著手勢」，模樣觸動人心且具娛樂性，以至於他未來的副總統——漢尼巴爾．哈姆林（Hannibal Hamlin）詢問這名年輕人的身分。他的同事讚嘆：「亞伯拉罕．林肯，國會最會說故事之人。」輝格黨領袖們被他的演講吸引住，邀請他在該年秋季到新英格蘭為泰勒演說。

數年後，林肯生動描述他首次拜訪麻薩諸塞州的情景：「我當時選上國會議員，我來自蠻荒的西部，不過是個鄉巴佬。我去了美國最文明的州——麻薩諸塞州，上了幾堂禮儀的課程。」他自我解嘲之餘，不需要任何人教就能與東部的觀眾建立連結，他們發現他逗趣的說故事風格既新奇、有趣又獨特。記者們寫道，他在數十個不同的城市的演說「充滿了良好的見地、合理的推斷，以及難以否定的論點，並且用一種完全不同於西部演說家的完美風格，表達了完美的內容」。

比起林肯在輝格黨中激起的堅定聲望，更重要的，是他在奴隸制度議題上所獲得更大的覺悟、敏銳度，與情感上的理解。從墨西哥得來的大片領土重新挑起了奴隸制度的問題。雖然奴隸制度在其實施的各州受到美國憲法的保護，但這項保護並不適用於新取得的領地。在戰爭結束之前，賓夕法尼亞州國會議員大衛．威爾莫特（David Wilmot）對一項戰爭撥款法案提出了修正案，規定「在上述領土的任何地方，都不得有奴隸制度或非自願奴役之狀況存在」。這份「威爾莫特但書」（Wilmot Proviso）雖一再地在眾議院通過，但是在由南方主導的參議院裡卻屢屢受阻。儘管林肯後來說他投票支持威爾莫特但書「至少四十次」，但他在國會上卻對奴隸制度隻字未提。

他在周遊麻薩諸塞州的過程中，與伊利諾州不同，他所到的每個房間都充斥著關於奴隸制度的激烈討論。這個經驗加速轉變了林肯對此的觀點，而這項議題將會在未來十年撕裂國家。他在波士頓的翠蒙堂（Trempont Temple）中聽了來自紐約的前州長與未來的參議員威廉．西華德（William Henry Seward）激情的演說。西華德認為「明確表達意見與大膽發言的時機已經到來」。林肯和西華德那天晚上共住一間臥室，他們徹夜長談，聚焦在奴隸制度的討論。「我認為你說得對，」林肯一大清早時對西華德說：「我們必須處理奴隸制度，今後我們必須更加重視這個問題。」

泰勒在一八四八年十一月贏得選舉之後，林肯回到國會完成他最後三個月的任期，他決心在奴隸制的問題上發聲。經過數週的工作，他精心設計了一份他認為是公平的、幾乎是完美地權衡的提案。他一開始先承認憲法保護奴隸制度已經實施的州，但又接著說，國會有權在國家首都內掌控國家事務，在華盛頓哥倫比亞特區（District of Columbia）內解決奴隸制度的問題。因此，他一方面呼籲在特區之中逐步解放奴隸，另一方面堅持要求政府賠償奴隸主的全額損失。他更進一步主張，地方政府可以逮捕並且移送從南方逃來想在特區尋求庇護的奴隸，以及特區的人民應該能有機會為他的提案進行表決。儘管他公式化的提案在邏輯上有多麼合理，卻未能弄清楚南北雙方情緒的衝突性。廢奴主義者溫德爾・菲利普斯（Wedell Phillips）斥責林肯是「來自伊利諾州的獵奴犬」，而支持蓄奴的勢力對於任何將開啟全國廢奴的任何形式的宣言，都一律拒絕。在雙方都沒有足夠支持的狀態下，林肯撤回了他精心考量的折衷方案。

歷史學家一般認為，林肯在國會的單一任期是失敗的，林肯本人或許也會同意。他對輝格黨的忠誠是堅定不移的，但他的野心比黨更大、也比地理範圍更廣。

他一回到伊利諾州時，他就預料到他對泰勒的支持會為他贏得一個重要的首長職位。他將最熱切的希望放在地政事務辦公室（Land Office）委員的職位，這是一個強大的次內閣職位，監督所有聯邦土地的西部各州，將讓他有機會重新調整他第一次競選時做的承諾——盡其所能促進經濟發展，讓政府在道路、鐵軌與通航上協助最貧窮的社區。他認為自己未能兌現承諾不僅是政治上的失敗，也是道德上的失敗。該委員會將提供一個難得的補償機會。但最終這個職位給了另一位輝格黨政客，當林肯嚴厲地指責總統那一場廣受歡迎的勝仗時，那位黨員則對戰爭的正確性小心地保持沉默。

亨頓回憶道，當林肯得知自己在他覬覦的職位上被忽視時，他「對自己在世界的地位感到絕望」。林肯表達了一種情感，這種情感在他步入中年的坎坷歷程中一再出現：「多麼辛苦啊——啊，多麼辛苦啊，一個人的死對他住的國家居然沒半點影響，就像他根本沒活過一樣。」幾年之後，當他成為總統時，這一種情緒仍然十分強烈，他回憶道：「對生命中的任何失敗，我幾乎沒有過這麼糟糕的感受。」

林肯在國會短暫而不愉快的任期之後的五年，通常被描繪成一段退出政治生活的時期。他聲稱自己「失去對政治的興趣」。儘管可能有人會質疑他的說法，但無可否認，他「比以前更勤奮地做他的法律工作」。此外，這段等待的時期絕對不是被動的，恰好相反，這是一段個人、智識、道德，與專業上都密集成長的時期，因為在這些年裡，他學會了讓自己有律師、領導者的姿態，有能力去應付即將折磨這個國家的騷亂。

是什麼激發了林肯這段猛烈又多產的自我成長期？答案是，他隨時準備對著鏡子，清醒地審視自己。他打量了一陣子，發現自己有所欠缺。打從一開始，年輕的林肯就渴望把自己的名字銘刻在世人的記憶中。為了實現他所認為的命中注定，他需要另一種不同的堅毅與紀律，面對弱點與不完美的意願、對於失敗的反思，以及省思自己想成為的那種領導者。

他在這段內省時期所表現出的勤奮與好學，對年輕的學生來說是很了不起的，而對一個四十歲人來說，則是非常驚人。林肯強烈的自我成長，始於他對選擇職業的重新審視與重新奉獻。他回到伊利諾州，又重執了他的律師工作，他說得很平淡直白：「我不是有成就的律師。」林肯已經從事法律工作十二年，賺的錢也足夠養家了。但從政之後，他覺得自己的法律才能變差了，而且在他缺席時，該領域變得更複雜、成熟，需要更好的理解能力，以及對於成文法[2]之下的「廣泛的原則知識」。林肯一回到他的法律事務所，威廉・亨頓就注意到他的搭檔的態度有了明顯變化。林肯承認「缺少紀律——欠缺心智訓練與方法」——於是他開始專心一致，根據亨頓的經驗，「沒有人比他更能專注力了。他一旦把心思集中在任何事物上，就再沒有什麼事可以干擾他。」

在林肯那個時代，每逢春季與秋季，法官、律師、見證人與法警會一起組成「巡迴法庭」（the circuit）旅行八週。巡遊路程長達一百五十英里，就像一個劇團從一個郡移動到另一個郡，在數十個分散的村莊、小鎮上開庭審理案件。方圓數英里的村民都會來圍觀這場法庭戲碼，從謀殺、襲擊、搶劫，到遺囑糾紛、債務，與專利疑問的數百件案子。巡迴法庭到達時，郡裡的座席上熙熙攘攘，充滿了興奮與期待，像是一場市集即將到來。這一班巡迴人員會在人滿為患的當地小酒館裡過夜，總是不得不共享房間與床鋪。

林肯喜歡這種歡樂的氛圍，但更重要的是，他正是在巡迴法庭中創造出自我強化所需的時間與空間——這門課程遠遠超出了法律的實際範圍。他研讀哲學、天文學、科學、政治經濟、歷史、文學、詩歌與戲劇。他吃力地釐清數學原理與論證。很早以前，當他不懂某人所說的話時，他就會在腦子裡反覆琢磨這些話語，皺著眉頭直到他想通。所以如今面對數學，他堅持到「幾乎竭盡全力」，直到他可以自豪地說自己「幾乎精通了歐幾里德六卷（Six Books of Euclid）」。

亨頓回憶道，在其他人上床後不久，林肯「會閱讀與學習幾個小時，在床頭椅子上擺蠟燭」，常常一待就到半夜兩點。當他的室友們鼾聲作響的時候，「他如何能保持平靜、並專注在抽象的數學題目上，這一直是個謎，」亨頓對此相當驚訝：「沒有人會知道答案。」林肯不只比同事們晚睡，而且「還有早起的習慣」。巡迴法庭的一名馬伕記得，「林肯會坐在火爐，一邊翻新煤炭、沉思靜想、自言自語」。如果有個陌生人走入房間，聽見林肯「喃喃自語」可能會以為「他是不是發瘋了」。但是這些馬車伕了解林肯，所以他們只「聽著和發笑」。在局外人的眼中，灰暗、沮喪的畫面比較像是林肯思考事情的獨特方式——一種精神上的角力。然後當早餐鈴響起，林肯就匆匆穿上衣服，與他的夥伴們共用早餐，為那天要審理的案子做好準備。林肯在為客戶辯論以及在陪審團面前發言是如此成功，以至於他的法律事業很快地在伊利諾州中部發展成同行間的最大規模。

林肯成功的關鍵，在於他將最複雜的案件或問題拆解成「最簡單元素」的神奇能力。他從來沒有因為「他那種訓練有素的記憶力」，結果綁手綁腳、照本宣科而輸掉一場官司。他的目標是與陪審員親密交談，像是朋友一般。他的法律同事亨利．惠特尼說，雖然林肯的論點「邏輯性強且意義深刻」卻「容易讓人聽懂」。「他的語言由樸素的盎格魯—薩克遜詞彙（Anglo-Saxon）構成，幾乎從不修飾。」一位伊利諾州的法官抓住了林肯上訴的精髓：「他擁有巧妙又不凡的本事，能讓陪審團相信是他們自己——而不是他——正在審理案件。」

當法庭結束，白天互相對抗的律師們到了晚上會像朋友一樣聚在酒館裡，在法官大衛．

2　成文法（Statutory law）指由立法機關根據憲法，按程序制訂的有效法律條文。

戴維斯（David Davis）主持的長桌上共進晚餐。餐後大家會聚在熊熊的火堆前喝酒、抽菸、聊天。林肯既不抽菸也不飲酒，而是用他永遠說不完的故事贏得尊敬與關注，不論聽眾是十人、五十人還是數百人。亨頓說：「他的模仿能力以及他演說方式，不說是舉世非凡的話，至少很多面向也是獨一無二的。他的面容跟五官都參與了演出。當他快要講到笑點或故事的精髓時，他臉上所有的嚴肅都會消失不見。他那雙灰色的小眼睛閃爍光芒」，而且當他說到重點時，「沒有人比他笑得更發自內心」。他有無數的傳奇故事，但是這些故事的共同之處在於，在笑聲結束很久之後仍然會引發思考與討論。怪不得林肯會吸引那麼多農村的人，各自期待從這位說故事大師身上得到款待和樂趣。

林肯即使有著漸盛的名聲、不懈的努力，以及為自己所規範的學習規則，但他對待任何人都沒有一絲做作，不論對方的位階高低，他總是帶著同樣的溫厚、親切的善意與同理心——當初那個二十三歲的年輕小夥子初次現身在桑加蒙河時，就是因為有著這種情感，新薩勒姆鎮居民才對他如此關切。「在巡迴法庭中，沒有律師比林肯先生更謙虛了。」一位同行律師回憶：「他從不認為自己比別人優越——即使是對法庭中最不起眼的人。」在酒館中，座位的安排反映出法庭的位階。戴維斯法官通常會坐在主位，旁邊圍繞著其他律師。有一次，林肯坐在一群委託人之間，酒館主人告訴他：「你坐錯位子了，林肯先生，上來這裡坐吧。」林肯問他：「喬，那裡的食物比較好吃嗎？沒有的話，我就留在這。」

當林肯成為專業領域的領袖時，他認為有責任指導下一代。「他對於年輕律師非常和善。」他的同事們形容。亨利．惠特尼第一次到酒館時，就深深被林肯對他的「親切與誠懇」

打動了。如果法庭上有新人同行，「林肯會是第一個——有時是唯一一個——和他握手並恭喜他過關的人」。

林肯建議新來的人，溝通藝術即「律師走向公眾的途徑」。不過林肯也提醒他們，律師不能只依賴誇大的言辭或是口才。好的口才，也必須結合好的思想。而思想是千辛萬苦下的產物，是「律法的苦工」。如果沒有努力，沒有這種苦勞，即便有最好的辯才也缺少了莊嚴與力量。即使「即興演說也需要練習與培養」。的確，「律師的首要準則是勤奮，正如其他職業一樣。今日事，今日畢。」他強調，成功的祕訣就是「工作、工作，再工作」。

林肯的頭腦就是他的「工作室」，一位同行律師記得，「他不需要辦公室，不用筆、墨水和紙。他可以透過反思來完成他主要的工作」。林肯在這一段等待時期，不單單是擴展了他在法律知識與執業上的範疇，也不單純是為了用**廣泛的**學習來滿足他天生的需求與求知欲。因為，儘管他迴避政治，並公開表示自己無意返回政治戰場，但他對知識的追求並非出於偶然。這些事旨在理解「領導」的重要性與目的。

他在這段自省時期，發表了兩篇悼詞，第一篇給札卡里．泰勒，第二篇給亨利．克萊，這兩篇悼詞照亮了那間「工作室」，顯露出林肯在領導力上不斷發展的思想。第一篇悼詞指出，雖然札卡里．泰勒的軍事領導力並不以「傑出的戰略」著稱，但他「藉由清明而堅定的判斷力，加上他頑固地認為根本不可能失敗。他最罕見的軍事特性是負面的結合——沒有興奮，沒有恐懼。他不會慌亂，也不會害怕」。

一八五二年的悼詞對克萊的評價則更加私人，因為這位肯塔基州的政治家，是林肯生命中重要的人物與導師。很早以前，年輕的林肯便認同於這一位自立、自學的律師與政治家，他三十歲出頭便獲選議長，曾在參議院任職多屆，並三次被輝格黨提名為總統候選人。亨利・克萊曾在萊辛頓市與瑪麗一家多次共餐，這在林肯眼中為托德家族增添了光采。

林肯在他冗長的演講中，指出克萊身上的三種領導特質，這些特質解釋了他加諸於美國人民的「持久魔力」。首先，克萊的口才無與倫比，這並非因為「優美的文句修辭」，而是因為「極大的誠意」與「徹底的信念」。然而，缺乏見地的口才是毫無意義的，一旦少了維持這兩者的意志，領導就會失敗。在林肯心中，使克萊成為「應對危機的人」，正是這些領導特質與整個國家的存亡之秋融合之時。林肯指出，「在使國家動盪不安的所有重大問題上」，尤其是關於奴隸制度的問題，克萊數十年來一直都能夠平息仇恨，讓對立的黨派達成妥協。他一次又一次抵制南北雙方的「極端觀點」。「他所做的一切，都是為了整個國家。」

雖然奴隸制度的問題從建國之初就是造成南北分裂的根源之一，但每一次領土擴張都會使悶燒的餘燼重新燃起。當從路易斯安那購地案[3]取得廣大領土的密蘇里州「叩門」要求成為蓄奴州時，一場憤怒的鬥爭隨即在南北之間展開。在克萊的領導下，一八二〇年的《密蘇里妥協案》（Missouri Compromise）結束了白熱化的緊張局勢。它批准密蘇里州的要求、承認緬因州是一個自由州，並且劃定了一條虛構的界線：界線以北的美國領土都將是自由州，而界線以南則是蓄奴州。接下來三十年裡，《密蘇里妥協案》維持了這種和平，直到國會被要求決定從墨西哥戰爭獲得的領土的未來命運。喬治亞州的羅伯特・托姆斯（Robert Toombs）為南方發言，他警告：「如果你們試著用你們的立法，把我們從加州和新墨西哥趕出去——這些領土是由全民汗水與財產購買而來的土地——**我贊成分裂**。」

林肯說，這個國家再一次求助於亨利・克萊，而這位七十三歲的參議員再一次達成妥協，保證聯邦完整無損。這份一八五〇年的妥協案承認加州為自由州，並且讓猶他州與新墨西哥州在不限制奴隸制度的狀況下加入聯邦。這項妥協案廢除華盛頓哥倫比亞特區的奴隸貿易，但是要求國會強化舊有的《逃亡奴隸法》（Fugitive Salve Law），授權聯邦警察能徵召公民在自由州內追緝逃亡的奴隸。由於克萊在這兩個重大妥協案的關鍵作用，林肯與整個感念他的國家一樣，將他視為「偉大的調解者」。

雖然一八五〇年妥協案似乎結束了這場危機，但是逃亡奴隸法中更為嚴厲的新條款卻激起了北方反奴隸制度活動人士的憤怒。當奴隸主試圖抓回定居在波士頓、紐約的逃亡奴隸時發生了暴力的暴亂。雖然林肯對於強化逃亡奴隸法的條款也感到沮喪，但他的不快隨即被已經達成的解決方案所取代。「對聯邦的忠誠，」他主張：「會使人們理所當然地在某些方面退讓，而沒有其他任何事能讓人做到這樣。」自認是一名廢奴主義者的威廉・亨頓，對林肯在「情況最緊急時，所表現的明顯保守主義」感到失望。奴隸制度開始成為巡迴法

3 路易斯安那購地案（Louisiana Purchase）是美國於一八〇三年以每英畝三美分向法國購買超過五億兩千萬英畝（約兩百一十四萬平方公里）土地的交易案。

庭的主要議題，律師們會為他們讀到的不同資訊——北方報反奴隸制而南方報挺奴隸制——爭論不休。中立派由於雙方極端而猛烈的仇恨而筋疲力盡。「時候到了，」一位同行律師告訴林肯：「我們要不是當個廢奴主義者，就是當個民主黨人。」一八五〇年妥協案只維持了四年。

國會在長時間激辯下通過了備受爭議的《堪薩斯—內布拉斯加法案》（Kansas-Nebraska Act）的消息傳進林肯的耳朵時，他正在巡迴法庭上。這項法案是伊利諾州的史提芬．道格拉斯（Stephen Douglas）所設計，他是民主黨受歡迎的領導者（當時在參議院執行他第二個任期，很有可能角逐總統），這項法案允許在一八二〇年《密蘇里妥協案》中界線以北的堪薩斯州、內布拉斯加州的新領土居民，能自行決定他們要以蓄奴州或是自由州的身分加入聯邦。

「人民主權」（法案核心過於簡化的迴避用語）將使奴隸制度從南方牢籠中解放，並允許它大肆擴張。這項法案使三十年之久的《密蘇里妥協案》被一筆勾銷。奴隸制度不會走上滅亡，不向林肯所希望、相信的那樣。林肯立刻領會了這項新法案的意義、後果與重要性。奴隸的處境如今「根深蒂固，而且沒有希望獲得改善」。在發言之前，林肯退到國家圖書館，在那裡調查奴隸制度問題與憲法制定時期的辯論，他有邏輯地、有系統地進行了搜集與研究，直到如亨頓所言，他「裡裡外外、徹頭徹尾」理解了他的研究主題。林肯從童年開始，如果要「獵捕一個想法」時，他會睡不著覺，直到他「抓住」為止。他如今也在獵捕想法，沒抓住獵物他是不會休息的——抓住一種將奴隸制度問題錘鍊進「我們國家的故事」與「當前僵局」的方式。

林肯這段時期寫下的零散筆記，顯露出他試圖將奴隸制度的爭論，歸結到它本身的基本構成元素。「如果A能證明自己有權利能奴役B，不論他的證據多有力，」林肯以此做開頭：「那麼為何B不能抓著同樣的論點，證明自己也同樣有權利奴役A？你說因為A是白人，B是黑人。那麼，是因為膚色。淺膚色的人就有權力奴役深膚色的人嗎？當心。因為照此邏輯，你會成為你所遇到第一個膚色比你更淺之人的奴隸。你其實不是指膚色嗎？你是指白人在智力上勝過黑人？再次當心。照這個邏輯，你會成為你所遇到第一個智力勝於你的人的奴隸。」對林肯來說，這些片段不僅僅是邏輯上的練習。延伸來看，A與B就是對立觀點的擬人代表。每一個邏輯練習都是一場爭奪與說服的小型戲劇，是成熟的爭論與辯論的核心，而這些只在林肯的腦中進行。

不久之後，林肯散亂的思緒便會戲劇性地展開，成為與他老對手史提芬·道格拉斯之間的一場全面辯論。林肯與道格拉斯大約二十年前，就在約書亞·斯畢德的雜貨店一場夜間談論會上的火堆前相識。「我們那時都很年輕，」林肯後來寫道：「即使在當時，我們就充滿抱負。我，也許和他一樣。對我來說，抱負的競爭是一種失敗——徹底失敗。對他來說，這是一次輝煌的成功。他的名字傳遍全國。」

一八五四年秋天，道格拉斯回到伊利諾州為《堪薩斯—內布拉斯加法案》辯護，該法案激起北方各地的大型抗議聚會。即使在他自己的伊利諾州，道格拉斯也被他遭遇到的敵意感到震驚，他選擇進行一系列公開論壇[4]，在那裡他或許能捍衛這個不容侵犯的自治原則。在春田市的州博覽會上與林肯發生了初步衝突之後，兩人在皮奧里亞市（Peoria）進行了一場備受矚目的辯論。道格拉斯進入這座伊利諾州的第二大城時，「坐在他凱旋式遊行隊伍中一輛由四匹白馬拉著的馬車，前頭領著一支樂隊」，而林肯則在午夜之後，無聲無息地到達了。到了午後，一大群人聚集，有人坐在椅子上，有人站立、或者散坐在草地，人群蔓延到廣場，數百個農夫遠道而來聆聽這兩個人的對談。矮壯結實的道格拉斯被稱為「小巨人」，他在法院的露台上發表了長達三個小時的演講，像一個精力充沛的拳擊手一樣，點燃了群眾的激情。

輪到林肯的時候，已經是傍晚五點多了。「我希望你們聽完，」他說：「他花了多少時間，我就花多少時間。這樣我們會超過晚上八點。」大大超過晚餐的時間。他於是提議大家休息一下、先享用晚餐，並在七點的涼爽晚風中重新集合。他還告訴大家，他同意讓道格拉斯在他三小時的回應之後，能有額外一個小時回擊。他承認，這種姿態「並非全然無私」，因為這確保了支持道格拉斯的民主黨員會回來待到最後，「為了被他訓斥的樂趣」。接著，他轉向群眾問道：「你們怎麼說？」一名參與者回憶：「立刻響起了歡呼，有些人把帽子丟到空中，還有其他贊同的動作。」

即使是在這一段簡短愉快、為了晚餐而延遲的協商中，林肯也建立起一種如朋友般約定延後見面的親密基調。觀眾很快就回來了，而且人數大增，都為了一場由火把照亮、將維持到午夜前一個小時的夜晚辯論會而來，這展現出一八五〇年代公民對於政治活動的高度與趣。在美國農村，公共娛樂設施少之又少，所以村民與農民將演說活動與政治辯論當成一種有看頭的觀賞性運動。

在那個時代，演說才能對於政治成就十分重要，觀眾們全神貫注在冗長、準備充分的演說。事實上，皮奧里亞市的觀眾被要求集中精神七個小時，只有晚餐時稍稍休息。在這些辯論之後，雙方較勁的內容會定期刊登在報紙上，之後印成小冊送達遙遠的村莊與農莊，並在那裡引起了更大範圍、更長時間的討論。如此環境對於林肯而言相當理想——一位天生的講者，擁有人所不及的口說、書寫的溝通技巧。他可以用易懂、幽默、通俗的故事，同時教育、娛樂並且感動觀眾，而這些故事將被他們記得、並四處傳誦。

林肯運用說故事的技術，在演講一開始就解釋了為何大家必須現在聚在一塊——因為《內布拉斯加法案》導致了奴隸制度即將擴張。接著他帶領聽眾回到他們共同的起點（即建國之初）來闡明他的論證，他說當憲法通過時，「那個時代清楚明確的精神，在奴隸制度上，與**原則**、寬容相互衝突，這一切只是**出於必要**」，因為奴隸制度是以令人遺憾的方式被編織成美國的社會、經濟生活起源。林肯強調一個事實，也就是「奴隸制度」這個詞在憲法中是刻意被省略的，他主張制憲者隱藏它，「就像一個受苦的人他隱藏了他的粉瘤或腫瘤，他不敢立刻切除，以免失血而死，但儘管如此，一定還是會承諾在特定時間切除。」

林肯表示，近幾十年來隨著《密蘇里妥協案》中那條堅定存在的界線，奴隸制度似乎漸

4 美國憲法中，論壇（forum）是對言論、集會自由開放的財產。

漸式微。割除腫瘤的時間終於到來——回歸到《美國獨立宣言》中所闡述的理想之中。「但是如今」，隨著災難性的法律毀了妥協的界線，奴隸制度「儼然變成一種『神聖的權利』」，突然間被放在「擴張與永存」的道路上，（這條法律）還輕拍它的背對它說：「去吧，上帝會為你加速。」

為了說明這個棘手的問題，林肯從農業、牧場、圍籬和家畜的世界中，開發了一系列的比喻，表達了把這個國家南北分開、禁止奴隸制擴散到北緯36度30分以北的虛構界線。林肯說，想像一下，兩個相鄰的農場之間有一道柵欄。突然間，其中一個農夫，他因為草場已經沒有草了，於是他把柵欄拆了，好讓他飢餓的牛過去鄰居那裡吃草。鄰居抗議道：「你這個無賴，你幹什麼？」農夫回答：「我拆了你的籬笆，沒有做別的。我真正的意圖，絕對不是把我的牛趕進你的牧場，也不想把牠們排除在外，而是讓牠們完全自由地形成自己對飼料的概念，然後用自己的意念引導自己的移動。」沒有任何一個聽眾不明白，這比喻了道格拉斯的騙人說法——他聲稱消除界線的舉動並沒有要將奴隸制度帶入北方的意圖。

林肯比喻性的語言，是設計成用來讓人們自己看見《內布拉斯加法案》的重大威脅，正如他試圖讓每一個陪審員相信「是他們自己——而不是他——正在審理案件」。讓他的聽眾理解新法案將造成的僵局之後，他於是又能提出一條前進的道路。《內布拉斯加法案》必須廢除，而《密蘇里妥協案》必須恢復。林肯說《獨立宣言》中闡述的「自治原則」是「正確的——絕對、永遠的正確」，但如果像道格拉斯說的，將其應用在擴大奴隸制度，就是曲解了它的真實意義。允許奴隸制度進入制憲時並未有此制度的新領土中，會引發一場「讓步與妥協精神」的公開戰爭，這種精神是美國歷史的特徵。「讓我們將它（奴隸制度）回到先人給予它的地位。」林肯懇求。

這並非廢奴主義者的信條，自始至終，其信條都是封鎖。林肯在反對《內布拉斯加法案》的論點上，明確表示：「我對於南方人民沒有偏見。設身處地，我們也會跟他們一樣。如果奴隸制度不存在於他們之中，他們也不會設法引進。而如果它確實存在於我們之中，我們也不該立刻放棄。」但即使林肯由於同理心，而理解到處理既有的奴隸制度的難處（以及謙遜，他承認自己在這個困境上並沒有簡單的解決方案），他認為廢除密蘇里界線這個暴力行為，若不回頭，可能會導致聯邦的毀滅。他告訴他們，我們所面臨的選擇是所有人的選擇。如果我們允許《內布拉斯加法案》生效，如果我們允許奴隸制度擴散，那麼美國的希望以及它對於整個世界的意義將會消失。但是如果我們攜手，「我們不只拯救了美國聯邦——我們本該去救、去讓它存留，讓它永遠都值得拯救」。

「全場聽眾鴉雀無聲，」《春田市報》（*Springfield Journal*）寫道：「而當他結束時，聽眾持續不斷的歡呼聲來預祝真理的光榮勝利。」同時代的人認為林肯的演講是反對奴隸制度擴張的立場中，最易理解、最有說服力，也是最深刻的論述。他以深刻的洞察力穿透整個主題，引領聽眾跟隨他的思維。說服並且改變人們想法的，是他故事中的真誠、清晰、信念與熱情。「原本啟發他的，如今也啟發了他的聽眾，」一名年輕記者寫道：「他的演說直指人心，因為它發自於內心。我聽過一些著名的演說家，他們得到如雷貫耳的掌聲卻沒有改變任何人的想法。林肯先生的口才層次更高，這位演講者本身的信念引發了其他人的信念。」

甚至聽過林肯演講多年的人也大吃一驚。他們彼此問道：「他什麼時候對奴隸制度的歷史掌握得如此徹底？」經歷長時間的努力、具創造性的省思、研究，以及苦思，這就是答案所在，而這些都是他經歷國會的沮喪時期，以及持續政黨活動卻未能獲得他自認該得到的高階職位之後才發生的。從自我懷疑的考驗之中，產生了一種加速的奮鬥，以及一種固執於智識、形面上的、個人生活的成長。他再也不會認為他自己的黨派才擁有獨斷的正義，他再也不用諷刺來報復性地羞辱他人。

「沒有任何事物比大膽、富有想像力的表達更能給人留下深刻印象了，」談到蘇格拉底與畢達哥拉斯的金句時，愛默生在日記中寫道：「對於一項重要的真理所做的完整陳述，並使用充滿想像力的形式，將會吸引注意力，也會被尊重和記住。」這樣的演說「將會使一個人名聲大噪」。林肯運用語言的方式、他述說的故事內容，以及他信念的深度，都標誌著他作為一個人與領導者的名聲轉折點。

「偉大的說書人將永遠深植於人心，」散文家班雅明寫道：「他理所當然會回溯他的一生，」揀選出「他自己的經驗」以及「其他人的經驗」來鋪敘內容，提供忠告、建議與指引。這樣的說故事者是「導師與智者」，他如此評論。「融入人生素材的忠告，便是智慧。」這是亞伯拉罕·林肯在他漫長的等待時期中發展出來的領導者的呼喊。

早年認識他的人都評論著他的改變，這些改變讓他從一個地方從政者與鄉下律師蛻變成今日以亞伯拉罕·林肯為名的大人物。人們注意到，在這一段內省的嚴峻考驗時期，發生了一件影響廣大且深遠的事情，我們可以從他的外表、舉止、言談以及思想的刻劃中略知二。

在反對奴隸制度的鬥爭中，他找到了一個偉大的目標，這個目標將他重新推入公眾生活，而且大過他個人的遠大抱負，並將他牢牢地束縛住，直到他死去。

諷刺的是，林肯登上總統大位的兩大步，是他在一八五五年和一八五八年競選伊利諾州參議員的兩次失利。

一八五五年，林肯出於道德原則而明確地放棄個人野心，他精心策畫自己的失敗，以確保一位反奴隸制度的人能勝過另一位支持《內布拉斯加法案》的候選人。一月時，由一百位成員組成的州議會召開會議，選出新的參議院議員[5]，在四十七位反《內布拉斯加法案》的輝格黨員中，林肯顯然是「首選」。道格拉斯派的民主黨候選人有四十一票；而少數的五位民主黨員在《內布拉斯加法案》通過之後便脫離了道格拉斯，組成一支平衡勢力的小團體，由芝加哥的諾曼．朱德（Norman Judd）領軍，支持民主黨眾議員萊曼．特倫布爾（Lyman Trumbull）競選參議員。僵局一直持續到深夜，直到林肯指示他的輝格黨支持者將票投給特倫布爾，因為他擔心道格拉斯派的民主黨獲勝。林肯的支持者們很痛心，認為「四十七人受到五人的控制」有欠公平，但他們遵照林肯指示，特倫布爾於是當選參議員。「痛苦終於結束

5 當時的參議員是由州立法機關進行選舉。

了，」苦惱的林肯寫信告訴友人，道格拉斯派民主黨的敗北「卻給了我快樂，還勝過我自己（的失敗）給予我的痛苦」。

當林肯在一八五八年競選參議員時，他代表的是新共和黨，其成員來自《內布拉斯加法案》的反對者──反奴隸制度的輝格黨員、脫黨的民主黨員、自由土地黨員（Free Soilers）、廢奴主義者。林肯在草原之州上，身為整合這個脆弱聯盟的領袖，是伊利諾州共和黨人對抗現任的民主黨員史提芬・道格拉斯的最佳人選。數百位黨內積極分子回憶起三年前，林肯第一次競選參議員時展現的寬容大度──當時他利用自己的敗選，來確保一位反奴隸制度的民主黨員的勝選──每個人都願意付出心力為林肯取得勝利。

林肯的公開競選宣言清楚地顯示了他的整體藍圖，即透過溫和的教育與勸說來引領他的跟隨者。「如果我們能先知道我們**在哪裡**、又要往**何處去**，我們就能做出更好的判斷，知道要**做什麼**、又**如何做**。」有了這個簡單的聲明，他開啟一場與聽眾共同的說故事旅程，他們如此一來便能一起解決問題，並著手制定解決方案。他以「其家不睦，必難興旺」做開端，呼應《馬可福音》與《馬太福音》，用一個容易理解的形象，將聯邦比喻成一個結構受到危及的分裂之家，因為那些主張廢除《密蘇里妥協案》的奴隸制度擁護者正在不斷施壓。儘管家庭崩解是種不祥的比喻，但林肯演說的口氣是積極的，他規勸共和黨人重拾阻止奴隸制度擴張的法律，重新奪回對國家基石的控制權。如果奴隸制度再一次走上盡頭，那麼各個階層的人都能再一次和平地生活在他們先祖所建造、那處受人尊敬的屋子裡。

所有人都準備迎接「林肯─道格拉斯辯論」這場歷史盛會，七次面對面辯論吸引了成千上萬的民眾參加，而刊載於全國主要報紙上的辯論內容則會有千萬人閱覽。如果說這位一八六〇年民主黨的主要總統候選人——道格拉斯引來了公眾與全國記者，那麼最終給大眾留下深刻印象的，就是在伊利諾州之外沒沒無聞的林肯。「在你們那州回應道格拉斯的那位是誰啊？」一名東部的政治人物向伊利諾州的記者詢問：「你可知那是我們國家有史以來在公眾問題上最偉大的一次演說？他對於主題有淵博的知識，他的邏輯無可爭辯，風格獨一無二。」那年十一月投票時，共和黨全國性的勝利，林肯功不可沒。儘管如此，由於通過了一項不公平、過時的席次重新分配方案，民主黨保留了對州立法機關的控制，並迅速將史提芬．道格拉斯重新選為參議員。

林肯的個人抱負再一次受到打擊，但是他平靜地接受了。幾天之後，當「被打敗的情緒」仍然「記憶猶新」時，他給他的支持者寫了數十封的安慰信。這很典型，是他安慰了他們，而不是他被安慰。他寫給友人安森．亨利（Anson Henry）醫生：「我很高興我參加了這場競選，它讓我聽見這個時代重大而久遠的問題，這是我從別的地方得不到的。」林肯聽聞一位友人很沮喪時，他保證：「你很快就會好起來。另一個『打擊』就要來了，到時候我們又會玩得很開心的。」他所表現的冷靜沉著並不只是為了鼓舞他的追隨者。他是非常認真的。他相信這只是暫時性的失落。反奴隸制度的抗戰不只會持續。它**必須**持續到戰勝那一刻。

在參議員選舉尾聲時，《晚郵報》（*Evening Post*）如此評論：「在面對國家時，沒有任何同時代的人比林肯在這次競選中成長得更快。」關於林肯領導才能的消息正在迅速傳開。然而，當一位友人建議他可以成為一位可畏的總統候選人時，林肯並不同意，他認為威廉・西華德、薩蒙・蔡斯（Salmon Chase）等人「更有名氣」。正是他們幾個「讓這一項運動能發展到今天」。西華德被選為參議員之前是紐約最年輕的州長，他的激昂演說為他在北方自由派人士中贏得了一群熱烈的支持者，使他成為全國最富盛名的反奴隸制度的政治人物。蔡斯時任俄亥俄州第一位共和黨州長，他在反《內布拉斯加法案》的鬥爭時是參議院領袖，也是共和黨的創立者之一。愛德華・貝茨法官（Edward Bates）是備受尊崇的維吉尼亞本地人，他移民到密蘇里州，並加入了反奴隸制度的活動，他在整個北方、中西部、南部各州的保守派都有支持者基礎。

儘管認清自己機會渺茫，林肯還是悄悄地爭取提名。由於強烈的政治本能與抱負，他一開始就明白，想要在這三位著名對手中脫穎而出，唯一的途徑就是堅持不懈的決心與謙遜的態度。透過有所保留、不推進他的候選人資格，他僅僅代表共和黨的利益與事業發言，就贏得了成千上萬共和黨人的好感。從堪薩斯州、密蘇里州、俄亥俄州，到紐約州、康乃狄克州與羅德島，他在北方的城鎮發表了數十次振奮人心的演講，懇求共和黨人放下分歧，團結一致支持他們這個新政黨。他意識到在家鄉之外，他在任何一個州都不是第一選項，所以他試圖成為許多州的第二選擇。他拒絕貶低對手，目標是讓這些支持者當「被迫放棄初戀的首選時，會想來找我們」。

隨著他的全國名聲逐漸建立，他也比較看好自己的機會了。即使他用詼諧與懷疑的眼光來看待他可能會成功獲得提名這件事，但他已經自視為一個合法的競爭者了。早在他宣布參選之前，他就一直在考慮競選總統的可能性。林肯多年後形容，「沒有人知道，當參選總統的念頭如蟲子啃咬他時，在他真正嘗試之前，傷口會變得多深」。當成功的可能性越來越高，林肯加倍努力，比所有對手加總起來還要努力。西華德有自信會獲得提名，在代表大會召開之前，他到歐洲旅行了八個月，而林肯每天都在努力工作，研究並深化他的演說，讓它們與時俱進。他構思每一場演說時，會在國家圖書館尋覓一角，或在任何他演說之處的內室或小房間內，自己獨處。他在那裡能獨自專注在他的研究、思考與感受之中。有時，他會雇用最親近的朋友來進行測試，但隨著他在國內的遊歷越多，他便更加倚賴他自己的感覺，來決定該說什麼、做什麼才能贏得提名。

如此殘酷的紀律，在紐約的柯柏聯盟學院（Cooper Union）得到了最大的報酬——林肯在那裡接受了一次演講邀約，而在此之前，薩蒙．蔡斯曾婉拒了這一邀請。在這個西華德所屬的州，林肯知道讓聽眾留下強烈印象的重要性，於是他花費好幾週，廣泛研究三十九位憲法簽署人各自對奴隸制度的立場，使他得以說明以下事實。這些簽署人書寫與宣言內容顯示，多數人將奴隸制度評為「不應擴張，但應包容與保護的一種罪惡。只因其實際存在於我們之中，使得包容與保護成為一種必要」。因此林肯宣稱，新的共和黨才是真正的保守派，是最貼近制憲者精神的政黨。他去到南方以調停者的身分進行演說，呼籲以冷靜與思慮來面對嚴重撕裂國家的星火（一連串事件，包括：麻薩諸塞州參議員查爾斯．薩姆納〔Charles Sumner〕遭受一位南方國會議員的殘忍攻擊；最高法院的「德雷德．史考特案」〔*Dred Scott*〕判決宣稱「黑人」

不是公民；約翰・布朗（John Brown）襲擊哈珀斯費里尼鎮）。在他證據充分、邏輯清晰的主張，以及他溫和的語調底下，湧起一股撼動人心的熱情，甚至連最激進的聽眾也受感動。

自一八五四年林肯重新進入公眾生活以來，他的每一場演講都貫穿了兩道宗旨：不讓奴隸制度擴散到其他地方、不干涉已經存在的奴隸制。在代表大會召開的前幾個月，西華德試圖柔化他取悅廢奴主義者的激烈用詞，貝茨則試圖用「賦予所有公民平等的憲法權利」來贏得自由派的支持，而林肯卻始終立場堅定。他固守這兩大宗旨，使他正好立於這兩條路線的交會處，也代表了共和黨具有兩端要素的完美均勢。他的「避免極端」並非政治算計，而是如同《芝加哥每日論壇報》（*Chicago Daily Press and Tribune*）所指出的，是「天性平和、心智結構永不失衡的自然結果」。

隨著代表大會日漸逼近，支持林肯的聲勢也越來越強，但是林肯並不認為一切是理所當然。他明白勝選需要伊利諾州代表團的一致支持，他努力彌合州內的分歧，公開向黨內不同派系的代表尋求幫助。「如果沒有被提名為候選人，我不會太受傷，但如果我得不到伊利諾州代表的票，我會很難過。」他對一位伊利諾州北部的政治人物寫道：「你在這件事上，在你的葡萄園那邊，難道能不幫我嗎？」在全國代表大會召開的十天前，伊利諾州共和黨員集會通過了一項決議，指示代表們「作為一個整體」投票支持亞伯拉罕・林肯。相較之下，蔡斯沒有做任何努力確保俄亥俄州代表的團結，他鑒於自己為黨與州所做的一切，誤以為每一位代表都會自行投票給他。

在芝加哥沒有其他團隊的努力能超越林肯團隊。雖然這個親密圈子裡的一些人也有自己的政治野心，亨利．惠特尼觀察道：「但他們大多數人的行動都是出於**愛**，主要是因為他們愛這個人、愛他崇高的道德情操，以及純潔的政治道德。」的確，林肯團隊中的兩位關鍵人物是前民主黨員諾曼．朱德與萊曼．特倫布爾，他們一八五五年拒絕跨越黨派界線，導致林肯在第一次參議院選舉中失利。但林肯的寬宏大量（與對手西華德和蔡斯在爭權的過程中，樹敵無數的情況形成鮮明對比）使兩人成為了他忠實的朋友。

當投票開始時，西華德被認為領先，其次是蔡斯與貝茨。但出乎許多人意料，到第三輪投票時亞伯拉罕．林肯已獲得提名。後來幾年，人們都在談論林肯成功的因素。有些人認為表決結果代表的是「西華德的失敗，而不是林肯的提名」，另一些人則認為是運氣——全國代表大會是在芝加哥召開，而伊利諾州是關鍵的地主州。雖然機遇有其影響力，但最終，林肯勝選主要原因是他的領導技巧——他對於地方態勢的敏銳理解、對他自己的判斷與直覺漸增的自信、無與倫比的職業道德感、雄辯的本事、平靜的性情，以及崇高的抱負。他從不讓自己的抱負消磨掉自己的善意，也從不改變自己反對奴隸制度的忠誠。雖然黨代表們可能還不知道如何評價林肯的領導才能，但很快事實就會證明，他們選擇了最佳候選人，並將領導他們的新政黨取得勝利。

林肯從一開始就看出，他的第一要務是團結起他擊敗的候選人，以形成單一的共和黨。他為此寫了一封私人信件給蔡斯，謙恭地請求蔡斯在競選時給予「特別協助」；他派出一位

親近的友人到聖路易斯市請求貝茨法官以他的名義寫一封公開信；而最重要的是，他讓西華德願意在競選活動中擔任他的主要代理人。他奉行一種自制的策略性做法，在整個競選過程中都待在春田市。他知道他所說的、所寫的任何內容都可能被斷章取義，從而挑起黨派之爭，所以當他被問及某個問題時，他都只是簡單地提到黨的綱領，與他發表過的許多演講內容。他堅持認為，這些精心構思的文件能充分代表他對當今核心問題的看法。

一八六〇年秋天，奴隸制度的議題已經粉碎了民主黨，正如輝格黨先前也因此粉碎。約翰·布朗對哈珀斯費里尼鎮的襲擊使南方的態度更加堅定，南方陣營不再支持道格拉斯的人民主權，而是要求國會無論人民的投票結果為何，都要給予明確的保護，確保奴隸進入新領土。因此，當道格拉斯成為民主黨提名人時，南方民主黨員離開會場選出他們自己的候選人：肯塔基州的約翰·布雷肯里奇（John Breckenridge）。在這次分裂之前，林肯告訴友人，共和黨的「勝算較大」；如今，分裂的民主黨的機會似乎「很渺茫」。儘管如此，他知道凡事不能只靠運氣。

猶豫許久，林肯甚至同意寫一本簡短的自傳，為他貧乏的履歷再加上一些肌理、脂肪，幫助他建立競選形象。雖然他不願傷感地回憶自己在邊疆的艱辛童年，但他回顧自己建造小木屋、劈開圍繞這十畝地的木材的記憶。很快地，這些據稱由年輕林肯劈開的木材出現在公眾集會上。這象徵物很火紅：木頭被壓印在競選徽章、在報紙的卡通漫畫上被劈開，也被當成競選標語與廣告的主題。雖然林肯從未聲稱自己曾經真正劈開某些讓他受到熱議的特定木頭[6]，但是他承認自己確實是「受雇的工人、劈砍圍籬，也在平底船上工作過，就像任何人的小孩都會做的事！」他一生的故事，以及他為了自我教育而付出的苦勞，使林肯成為「平民出身的人」，讓美國夢變得再真實不過。

大選之日，林肯的不安是可以理解的。他生下來就注定要奮鬥，逆境全都是意料之事。當他年輕時的夢想——成為伊利諾州的德威特・柯林頓——因為他的內在改善計畫終止而破滅時，他陷入了憂鬱。他在令人失望的國會任期之後，經歷了一段懷疑與自我評估的時期。然而，他後來在參議院的兩次失敗都沒有引發他個人的懷疑或沮喪。相反地，他認為這兩次失敗是反奴隸制度運動的正面進展。他的合夥人威廉・亨頓說，那時他已經「完全融入了人民眼前的議題」，並且「已經成為其中一部分」。他內心對於失敗的預感，被他反奴隸制度的信念力量給壓制住了。當終於開花結果，五十二歲的林肯興高采烈地得知自己勝選了。

這次的勝利與他二十三歲時的抱負頂點不同——當時他努力通過同儕們對他的尊敬來增加他的自我價值。現在，他身上散發出一種無聲的責任感，這是他在自己的榜樣、人稱「處理危機之人」亨利・克萊身上所找到的。他口頭與書面的文字都更為簡單，變得更精練、節制、謹慎、聚焦、堅定，修辭風格不比他前半生在鄉鎮講廳發表的詩歌那樣，但在激情上一點也不遜色。他已經尋找到了自己成熟的聲音。

6 在一八六〇年的總統大選中，約翰・漢克斯（John Hanks）將據稱是林肯親自劈開的木頭賣給支持者。

6 西奧多．羅斯福——失去、改革與宿命論

「無論快樂悲傷，我的生命已被掏空。」

西奧多．羅斯福在紐約州奧爾巴尼議事廳裡，收到一則令人歡喜的電報，他現在是第一個孩子的父親了，是個健康的女寶寶，而他不久之後收到第二則電報——他所有的生命力已然消失了。他衝出議事廳搭上往紐約的火車。他的家人已經聚集在那裡，為他妻子愛麗絲加油打氣，也慶祝孩子誕生。之後的六個小時，西奧多將陷入極度憂傷的夢魘，這種憂傷只有在偉大的悲劇裡才能看到。

「這個家受到了詛咒，」西奧多到達時，弟弟艾略特告訴他：「媽媽快死了，愛麗絲也快死了。」到了午夜，這兩個女人都陷入半昏迷狀態。他四十九歲的母親米蒂仍是一個外表年輕、美麗的女人，她原以為自己得了重感冒，結果卻是一種致命的傷寒。凌晨三點，西奧多在他母親去世時守在床邊。不到十二小時後，愛麗絲在他的懷中離世。後來才揭露她的死因是急性腎臟病，而她的身孕掩蓋了症狀。那天晚上，二十六歲的西奧多在他的日記本上劃了一個大大的「X」，旁邊寫著簡單的幾個字：「無論快樂悲傷，我的生命已被掏空。」

奧爾巴尼的州議會一致投票決定休會到下一個週一晚上，這個「立法史上前所未見」

的行動，是對這位受歡迎的眾議員的一種致意。在第五大道長老會教堂（Fifth Avenue Presbyterian Church）舉行的雙重葬禮儀式上，民主黨領袖和數十名議員到場，還有紐約社交圈成員，以及數十名六年前參加過西奧多父親葬禮的人。在追思儀式上，西奧多在他以前的導師亞瑟・卡特勒（Arthur Cutler）面前，看起來「神情恍惚，不知道自己在說什麼、做什麼」。牧師注意到情況「特殊」而幾乎講不出話來，使整個儀式更加悲傷。「同一個家庭中、同一個屋子裡的兩個人在同一天被奪走生命，然後埋葬在一起。」牧師說，在他漫長的傳道生涯裡不記得有過類似情況。

羅斯福回覆他在緬因州的友人比爾・席沃的慰問時，在他少有的自省中，透露了一種後來發展成全面禁慾主義的宿命論。「這是殘酷而邪惡的命運，但我從不認為退縮或屈服於任何打擊有任何好處，也不認為停止工作就能減輕打擊。」葬禮結束兩天之後，羅斯福回到國會，對一個朋友說：「如果沒有工作，我想我會發瘋。」他似乎「變了個人」，他的同事艾薩克・杭特（Issac Hunt）說：「自那時起，他的臉上出現了一股從未有過的悲傷。他不想要任何人和他談論此事，也不想要任何人同情他。那是只存在他靈魂之中的悲傷。」他把照顧剛出世的女兒的一切責任，給了他的姐姐貝米：「我們現在進行夜間會期，而我對此感到高興，的確，我們事情越多，我就越喜歡。」

以往他用一種精力充沛的速度埋頭工作。現在，在減輕痛苦的需求下，他投身在立法的狂熱之中，把一個又一個的改革法案推向議會，不顧議事程序，也不在乎同事們的批評。在他遭受重擊之後，資深政客與年輕改革家原本給了他的好意與同情，但他很快就把這些政治資本揮霍殆盡。在會期結束之前，他決定再也不回到奧爾巴尼做一個任期。他在州議會的生涯結束了。

但他還有一場聖戰要打——這場仗給了羅斯福一種暫時的使命感，但最終卻讓他的憂鬱惡化。在六月的共和黨全國代表大會上，他領導了一個規模雖小，但名聲響亮的獨立團體，支持改革派的佛蒙特州參議員喬治・埃德蒙斯（George Edmunds）競選總統，並反對共和黨領袖們所選擇的詹姆斯・布萊恩（James G. Blaine）。改革者們有充分理由認為布萊恩是內戰後共和黨道德腐敗的象徵。羅斯福由於拒絕支持布萊恩，讓他得到黨魁們「尖刻又惡毒的仇恨」，但這也讓他得到了改革派共和黨人的普遍推崇。查爾斯・休斯（Charles Evans Hughes）記得，羅斯福對於許多年輕人來說「似乎體現了政治上的一切高尚與價值」，他就像「一陣燦爛的微風」，讓「每個人都感覺更明亮、美好」。

羅斯福的改革熱情未能贏得代表們的支持。當投票結果出爐，共和黨大老們贏了。布萊恩徹底打敗埃德蒙斯。「我們是壓倒性的潰敗，」羅斯福對巴米說：「我認為在所有候選人中，布萊恩是最令人反感的，因為他個人與居於公職的誠信都相當可疑。」而他的勝利「證明了本黨多數人的愚蠢」。加入羅斯福對抗陣營的資深共和黨改革者喬治・柯提斯（George William Curtis）感嘆道：「我活過共和黨誕生之際，而我害怕將目睹它的死亡。」布萊恩獲得提名，讓許多共和黨獨立分子棄黨。他們稱自己為「獨立行動者」（mugwumps），誓言不只要票投民主黨，還要為其候選人發聲。

獨立派確信羅斯福會加入他們的陣營。當羅斯福在憤怒之下離開全國代表大會時，他告訴一名記者自己絕不會投給布萊恩，而且會「由衷支持」任何一位正直的民主黨參選人。然而他在之後的幾週內退縮了，他宣布自己「基於傳承與教育」是共和黨人，也是相信黨中央的黨員。他「過去」與黨共同行動，也認為「將來」有義務與黨合作。他不想過河拆橋，決定「遵守共和黨代表大會的結果」。羅斯福的改革夥伴們十分錯愕。許多一路支持這位年輕議員的改革派報社，如今認為他是背叛者。

《波士頓環球報》（*Boston Globe*）警告他：「西奧多要留意他的野心：有很多前途光明的年輕人都因為這個罪惡而墮落了。」羅斯福的舉動最初激怒了共和黨大老們，現在也激怒了獨立派，因為他倒戈支持布萊恩。「我對於能繼續從政沒多少期待。」他告訴一名紐約記者。他向友人——麻薩諸塞州代表亨利・洛基（Henry Cabot Lodge）坦言道：「那些政治事務中的不幸轉折，幾乎讓我無法再參與任何活動，對此我深感遺憾。」他在寫給姐姐貝米的信中絕望地寫道：「我認為如果要重回政壇，還需要好幾年。」

羅斯福感到有必要逃離這一場困擾他私人生活的災難，以及自作自受而站不住腳的政治危機，於是他前往惡地地區[1]，他去年在此買下一處牧場。「今年夏末秋初，我要去達科他（Dakota）的牧場放牧。」他告訴一名騷擾他的記者：「以後怎麼辦，我也不知道。」即使在那時，遭到拋棄的改革者內心也並未平息。《晚郵報》鄙視地評論：「世上沒有任何牧場或藏身之處，可以保護布萊恩那種人的支持者。」羅斯福不悅地反駁：「避免選舉的最佳方法就是趕牲口。」

於是，他開始了在西部邊疆的旅居生活，他後來將這段生活視為「他一生中最重要的教育資產」。二十年後，當他被問及會選擇記住人生中哪些章節（包括他的總統任期），他回答說：「我會選擇我在牧場生活的記憶，它們包括親近大自然的經歷，那個男人與她生活得如此貼近。」在這段西部的插曲中，羅斯福為他人生中饒有成就的寫作事業蒐集素材，完成了《牛仔的打獵之旅》（*Hunting Trips of a Ranchman*）、《牧場生活與打獵之道》（*Ranch Life and the Hunting Trail*），以及《征服西部》（*The Winning of the West*）等作品。但目前為止，他在這幾個月至數年的創傷時期，所做的最多、最持久的事，是他自己的療癒、成長，與自我蛻變。

在選擇經營牧場的四人小組時，羅斯福表現出他在之後幾年選擇夥伴的一貫作風。前一年秋天，他與比爾．梅莉菲爾德（Bill Merryfield）與希爾文．費利斯（Sylvane Ferris）一同打獵，只共處兩週之後就決定信任對方，當場把四萬美金（相當於他父親遺留給他的三分之一財產）給他們，以購買並且照料一千頭牲口。他選擇他緬因州的嚮導比爾．席沃與其姪子威爾．道（Will Dow）管理牧場的日常經營。這兩人都沒有經營牧場的經驗。但這對於羅斯福的決定影響不大。他敏銳地讀懂了這兩個人的性格，並保證他們會從這個新事業「分得一杯羹」，而且保證他自己會吸收所有損失。他也邀請他們一起住在他們將一起設計、建造的牧場房子裡。「他從來不是一個做決定時猶豫不決的人。」席沃多年後說。一旦他在一個人身上察覺

1　惡地（Badlands）是一種地理環境，其中常見峽谷、溝谷、沖蝕溝、奇形岩等地形，通常有壯觀的黑色、藍色與土紅色的顏色分布。

到「一絲榮譽感」，他就會信任那個人。

席沃憶道，當羅斯福第一次到達科他州時，「他很憂鬱——情緒非常低落」。惡地的景色——孤寂的平原、廣闊的空間，與難以忘懷的美——都反映了他內心風景的荒涼。羅斯福向席沃與少數其他人表達過感受，他坦承「他覺得一切對他而言沒有什麼意義——他沒有活下去的目標」。席沃建議他為女兒活下去，但是羅斯福反駁說，他姐姐更適合照顧這個孩子。「沒有我，她也會過得很好。」

就像他在愛麗絲去世之後的幾週，將自己逼到筋疲力竭，如今他也不計後果地放任自己，魯莽地向前衝。他用牛仔工作中最嚴苛與危險的部分來懲罰自己，彷彿透過刺激與恐懼，他或許就能再一次重拾活著的感覺。他每天騎馬十六個小時，在崎嶇不平的地面上極速奔馳，獵捕黑尾鹿、羚羊、加拿大馬鹿與野牛，還參加為期五週的狂亂的趕集，烙印牲口並將牠們驅趕到市場上。羅斯福將自己投入牛仔的日常工作中，他不是在「扮演牛仔，他就是一個牛仔」。牧場每天的工作、牛仔夥伴的陪伴、還有他對寫作孜孜不倦的努力，都讓他不會過度思考，而他終於能在夜晚入睡。「憂鬱，」他寫道：「很少跟得上速度夠快的騎手。」

曾經崇拜羅斯福的東部改革者們，對於他沉浸在西部的生活一無所知。「我們只知道這個似乎前途光明，將闖出一番事業的人消失了，」查爾斯・休斯說：「而顯然是在徹底的失敗中消失了。他完全脫離了政治，顯然不再有任何用武之地。他走了，像是被熄滅的一盞燭火，而它曾被誤以為是照亮世途的明燈。」

然而西奧多・羅斯福並非一盞被熄滅的燈火，也沒有完全放棄政治。他到西部避靜，尋求的並非舒服的安慰，而是一種自然的狀態、一種艱苦的考驗，他在此能面對他那顆麻木的心，與對於親密關係的恐懼，並在某種程度上恢復自信，相信自己能在未來成為一個真正的傑出人物、嚮導，與領導者。

隨著季節的更迭，他的憂鬱逐漸消散。兩年休息期間結束時，羅斯福已經從痛苦的折磨之中走了出來，身體變得更加強壯，精神也恢復了。雖然往後餘生中偶爾會受氣喘之苦，但他在山上涼爽的空氣中已經改善了肺功能，鍛鍊出更健壯的胸膛。他剛抵達惡地時，席沃記得「他弱不禁風」，飽受呼吸困難以及慢性胃痛之苦，「當他返回俗世時，他與我所見過白手起家的人一樣健壯」。他體重增加了十三公斤，「而且變得稜角分明、肌肉結實」。昔日在州議會裡「沒半點回音」的氣音，「現在強而有力，可以趕牛了」。

轉化他的身體只不過是克服心理挑戰的第一步，西奧多仍認為自己的天性是「緊張而膽怯」。到西部之後，他承認「一開始我害怕很多東西，從灰熊、『劣馬』和槍手，但透過假裝不害怕，我逐漸不再害怕」。他知道有一些人天生無所畏懼，但他必須像訓練身體一樣訓練他的「靈魂與精神」。所以，他「不斷強迫自己去做困難或甚至危險的事」，漸漸把勇氣培養成「一種習慣，一種反覆運用努力、意志力的習慣」。他騎術平庸，但他自願去駕馭那些會突然發狂亂踢的「劣馬」。他身為牧場主人，即使在某些情況他必須冒著肋骨斷裂的風險，依舊想樹立起一個領導風範。同樣地，雖然他由於視力不良無法成為一名優秀的槍手，他還是加入職業獵人的行列，冒險獵捕熊、羚羊與野牛。

他堅持「毅力」是讓他成為好牛仔與獵人的關鍵。他透過不斷練習，學會用標靶靜止時的精準度打中移動的目標。多年的動物研究使他可以識別、追蹤與預測獵物的行為模式。他希望自己獲得勇氣的榜樣能有教育意義，能說服其他人——如果將危險視為「可以面對並克服之物」，就能「透過練習無畏的純粹力量而變得無所畏懼」。他如此徹底克服了自己的恐懼，因此未來的歲月裡，無數觀察者都形容他有「不屈不撓」的勇氣，而且看來「根深蒂固」。

羅斯福在這兩年之間，把自己重塑成一個全新的美國人，一個有教養的東部人與頑強的西部人的綜合體。他妹妹柯琳認為，若沒有他在惡地的那段時光，「他永遠沒辦法像現在那樣全是西部精神。在他往後的人生中，無數的國人將他視為西部人——一個與他上流社會背景相距甚遠的浪漫人物。他陶醉於對手無法再稱他是「城裡來的」或「富家子弟」。他的個人崇拜已經有深厚基礎。總之，正如羅斯福後來所言，「如果沒有北達科他州的經歷，我不會當上總統」。

林肯與老羅斯福這兩人在職業生涯早期，所遭遇的重大災難有著相似之處。這兩場災難都是由個人的危機與公眾的否定緊密交織而成，看似粉碎了他們的核心抱負。這兩人都曾發誓遠離政治，或至少口頭上說過要永遠離開。這兩人都經歷嚴重的憂鬱。在他們等待歷史萬花筒轉動之時，這些治癒的變化從他們的內部開始。

然而，這兩人處理抑鬱的方式截然不同，正如他們截然不同的性格。林肯對悲傷與憂鬱敞開心胸，向鄰居、同事和朋友分享自己的感受。羅斯福則是完全關閉。他抑制自己的情感、拋棄他的女兒，甚至拒絕提到女兒的名字愛麗絲（即他已逝妻子的名字）。他簡單叫女兒「麗寶貝」（Baby Lee），並坦言「對我來說不會再有第二個愛麗絲了」。他也無法忍受回憶那一段交往與短暫的婚姻。他毀掉了幾乎所有的相片、信件，與共享回憶的一切物品。他堅持認為，停留在過去「既軟弱又病態」。

隨著精神的復甦，西奧多的思緒又回到了東部，回到了他留在家鄉的朋友們那裡。一八八五年秋天，在一次短暫的紐約之行中，他遇見了從前的青梅竹馬——伊蒂斯．卡洛（Edith Carow）這位極端聰穎、注重隱私的年輕女子。伊蒂斯五歲時，曾與西奧多和他的妹妹柯琳一起就讀老西奧多在第二十街的家中開辦的家庭學校。夏季時，她是羅斯福一家在長島的莊園的常客。她在那裡是西奧多形影不離的夥伴，他們一起愛上了文學、一起探索大自然、在海灣中航行。在青少年時期，他們是舞會上的舞伴，以及社交場合的親密伴侶。但在羅斯福遇見愛麗絲的前一年夏天，這對年輕人發生了一場神祕的「爭吵」。西奧多所說的「非常親密的關係」突然中止了。伊蒂斯後來坦承她「曾經帶著初戀少女的所有熱情」一直愛著羅斯福，而當他和愛麗絲結婚時，她確信自己永遠不會再愛了。一八八五年的偶遇，也喚醒了這個內心矛盾的鰥夫在心中深藏已久的情感，於是在接下來的幾個月，他每次來紐約都會與她見面，分開時也會定期通信。或許西奧多對伊蒂斯的感情，缺乏了他對愛麗絲的那種激情的浪漫感傷，也因此，他與伊蒂斯的婚姻為他狂暴的天性提供了維持生活的穩定與避風港。

一八八六年夏天，在他逃往西部兩年之後，羅斯福已準備好重返政壇。牛仔文學家的生活是他短暫的喘息機會，但這永遠無法滿足他的宏偉抱負。他告訴他的朋友——麻薩諸塞州代表亨利・洛基：「我想要一個我認為能真正一展長才的機會。」他準備要在公眾舞台上再次考驗自己，那是他出生、成長的世界。

在同一天裡失去妻子與母親，這不只是西奧多・羅斯福個人生活中的一個災難紀錄，這個殘酷的命運也重塑了他的領導哲學。它強調了他對個人、政治所付出的努力，其實可變又脆弱。在那個可怕的二月天之後，機會——好運或厄運——將被視為他手裡的王牌。這種簡單的宿命論，有助於解釋他何以在接下來十年內幾乎毫無章法地選擇工作機會。

回家鄉後不久，他參加並輸掉了紐約市長選舉。儘管他有信心，但民主黨在市內壓倒性的多數，使這場選舉成為「完全無望」。共和黨的班傑明・哈利森（Benjamin Harrison）在一八八八年的總統大選贏得勝利，那時羅斯福曾全力支持。他原本期待被任命為助理國務卿，但最終被任命為一個相對次要的聯邦職位，成為公務員委員會（Civil Service Commission）的三名成員之一。羅斯福的朋友都力勸他拒絕，他們擔心這個沒沒無聞的職位不符合羅斯福的名譽與聲望，會「讓他被人遺忘」。然而令他們困惑的是，羅斯福欣然接受了，而且在這個位子上待了整整六年。當回到家鄉的機會到來時，羅斯福便辭職轉任紐約市警察委員會的四名成員之一，這是一份充滿政治風險、吃力不討好的工作。過了三年，在他為共和黨的威廉・麥金利助選之後，羅斯福於一八九六年獲得海軍副部長的工作機會。他的朋友們再一次認為這個職位「低於」他應得的職位。然而，他再一次接受，且待在海軍直到美西戰爭爆發。戰爭爆發時，他又不顧朋友的勸告，辭掉軍職並自願參軍。

曾經驅使著年輕的羅斯福高飛的凌雲壯志，究竟發生什麼事？要如何解釋他不顧最信任的朋友勸告，接受了仕途上那些既不明確、也不可靠的工作？答案在於羅斯福在他嚴酷經歷中的領悟。無論在生活或政治上，他對於平步青雲、一帆風順的期待與信念已經永遠消失。他懷疑一個成功的領導是否能透過一連串響亮的頭銜而獲得。羅斯福了解到，如果一個人太著重在無法掌握的未來，他會變得太過「謹慎、工於算計，在言詞舉止上小心翼翼」。

從那之後，他便拋棄長久的職涯規畫，只專注他面前的工作機會，將每一次都當成最後一次。他常說「在你所處之地，用你所有之物，然後盡你所能」。羅斯福用一種很實際的方式，將政治生活視為一連串嚴峻考驗——或好或壞——將你粉碎，或讓你提升。他把每一個職位都看成是性格、努力、耐力與意志力的檢驗。他不會保留任何東西給虛幻的未來，反而將每一項工作都當成展現他領導技巧的重要試煉。

羅斯福歷經的嚴峻考驗使他更加意識到生命有限，讓他感覺能實現自己抱負的時間不多了。他強烈感受時間流逝，發現生命瞬息萬變，這使他失去耐性，有時甚至讓人受不了。愛麗絲死後，他用飛快速度在議會提交了數十項法案，已成為他一生的模式。一種與人相抗、有時粗暴的領導方式，讓他與既有之程序規則、官僚系統中那種緩慢的步調格格不入。

羅斯福後來被問到，如何能成功領導像公務員委員會、紐約市警察局，以及海軍部這些完全不同的部門時，他堅稱，自己面臨的挑戰並不需要行政上的「天才」或甚至「稍微不同的特性，而只要一般的常識、誠實、經歷、決心，還有學習意願即可」。他這番分析可能有些官腔或虛偽，但其實羅斯福的領導風格就是受到這種一系列簡單的格言、警句所影響：快馬加鞭；鞏固控制權；走到哪裡，問到哪裡；用四處遊走去管理；找到每一個組織的基本問題，然後迎頭痛擊；被攻擊就反擊；堅持你的立場；運用政治資本實現目標；當工作陷入困境或完成時，接著找到一個出路。

不看好公務員委員會那種職位、力勸羅斯福婉拒的朋友們，無法理解他自己在本能上的感受——實行有爭議的《文官改革法》（Civil Service Law），那是一場對貪腐的巨大戰役，相當適合他這位改革派慈善家之子，加上他本身咄咄逼人的性格。在詹姆斯・加菲爾總統（James Garfield）遇刺（行刺者是一名失望的謀官未成者）之後通過的《彭德爾頓文官改革法案》（Pendleton Civil Service Reform Act），旨在以具競爭性審查的功績制（merit system）取代獵官制（spoils system）。羅斯福認為在民主精神當中，獵官制是一種投機的貪腐，而所有人都應該以其表現被評量。「獵官制把所有的公務職位當成賞金，」他說：「由那些沾沾自喜的勝利者在那些卑鄙的政治角力中搶奪，正如把賄賂分給各黨領袖那些最活躍、最勢力的追隨者一樣。」他發誓要讓委員會「充滿生氣」。他打算最大限度地執行新法，不去管那些想用「濫權行為」阻擋「改革進行以及妨礙執法」的任何人，包括黨內的領袖們。羅斯福一開始就知道自己將面臨「艱難的抉擇」，因為獵官制是黨機器政治的核心。

他一到公務員委員會，就宣布以往的做法已不適用。為了快馬加鞭、戲劇化地改變路線，他對勢力強大的紐約海關大樓（New York Custom House）發動一次無預警的突襲檢查。據聞，那裡違反新法的情況很猖獗。他從詢問雇員的過程中，打探到公務員把考題出賣給自己支持的政黨的應徵者，並收取五十到一百美元。在聽證、採口供，並檢視文件之後，羅斯福要求立即解雇三名有罪的員工，並在媒體與公眾面前發出明確指示，稱新法將「無所畏懼、無所偏袒地執行」。他的調查也發現黨領袖們一直從海關雇員那裡敲詐得來「所謂的自願捐獻」，作為他們保住飯碗的代價。

他在走廊上走來走去，直接跟低階公務員互動——辦事員、抄寫員、投遞員等等。他們透露，要滿足黨領袖們要求的百分之二薪資有多麼困難。他在一份措辭嚴厲的調查結果報告中戲劇性地指出，在冬季的打算可能有「是否為自己買件大衣，或者幫老婆買件暖和的連衣裙」之分，從窮人在季節性的實際需求來看待這個問題，使大眾立即明白文官職務改革的真正意義。不到一個月之後，他聽說有幾個城市的郵政局長操縱考試結果，以任命受到偏袒的黨員，於是他開始了郵局調查之旅。

這一個方向上的改變（由於一個三人委員會無止盡的爭吵而受到了阻礙）促使他鞏固權力。他抓住了領導權、直接承擔責任，執行了一場實質上不被承認的政變——這並非他最後一次為了加強權威而採取行動。《費城紀事報》（*Philadelphia Record*）如此評價他公務員委員會的同事們：「他的同事都是文靜的人。」是羅斯福「在報紙上、在國會上、在其他各個地方挑起了戰爭，當然，他在攻擊中也是首當其衝」。他很快就變成委員會的大人物。「我兩個同事都不在，公務員委員會的工作都是我在做，」他得意地告訴姐姐貝米：「我喜歡這樣，這樣比責任分散更令人滿意，能讓我做些更果斷的事。」

不意外地，羅斯福的占權激怒了共和黨的大老們，造成與同事們的摩擦，而且在媒體上引發了一些批評。「他敲鑼打鼓走進辦公室，然後自己玩得很開心。」《華盛頓郵報》（*Washington Post*）觀察道：「他立刻宣布自己是唯一有能力管理政府全部事務的人。」另一份評論建議他「該為喋喋不休、控制不住的下巴上鎖」。但是他還是不停地說。「羅斯福先生是年輕的洛欽瓦爾[2]，」《波士頓晚報》（*Boston Evening*）寫道：「他不怕報紙，他不怕被革職，他永遠為戰鬥做好準備。他把文官改革攤在人民眼前，如你所見，他的積極進取是事業成功的重要因素。」

羅斯福離開這個委員會時，他的領導已經激起了大眾對《新文官法》的支持，公開的違法行為已經不再被容忍。真正的功績體系正在實際上成形。於是乎，正如記者雅各布・里斯的結論：「沒靠山的人與財力背景雄厚的人，應該要有同等機會；沒人為其發聲的農家子弟、工匠之子，也應該與富裕的特權階級的兒子一樣有同等機會。」

羅斯福反覆說過，任何一位成功者都會抓住機遇。一八九四年秋天有一連串的事件曝光，尤其是坦慕尼協會與紐約市警察局之間的無恥關係，危害了民主黨原本在紐約市的政治影響力。改革的反抗情緒四處瀰漫。醜聞發生後，具有改革意識的共和黨商人威廉・斯壯（William Strong）當選為市長。他宣誓就職後不久，就給了羅斯福他底下最具挑戰性的職位：

警察局長，即四人警察委員會的主席。羅斯福毫不猶豫地接受了。羅斯福談到即將面臨的困難時如此寫道：「紐約最重要、最腐敗的單位就在我手上。」興奮之情溢於言表。

羅斯福運用他擔任公務員委員時在「六年之戰」中所構思、使用的許多相同領導技巧，一刻也不浪費地宣告了制度已改變的事實。他快馬加鞭，跑上了茂比利街（Mulberry Street）警察總部的台階上，對他身後的記者們生動說明，今後警方的行動將以加速作為方針。「一切既快速又突然。」一名記者回憶道。羅斯福仍獨自跑向前方，提出了一連串的問題：該質詢哪些高官、該忽視那些事、該懲處誰？警察局的「習俗、規則與方法」是什麼？「我們該先做什麼？」

事實上，羅斯福不需要別人建議他做什麼。警察委員會中有兩位民主黨人和兩位共和黨人。羅斯福同意斯壯的任命，條件是他必須是委員會的主席。他內定的任命是這項工作的首要之務。在羅斯福看來，四人委員的結構代表了「嚴重的災禍」。他認為「大部分職位」的權力應該要集中在「一人之手」。這或許是獨裁者大膽的信條，但羅斯福加上一句但書：「只要這個人能對行使人民權利的行為負全責」。雖然羅斯福被選為主席有助於他集中權力，但這一次和他在公務員委員會的經驗相比，其他委員比較不那麼溫和。「他以為自己代表了整個警察局，」民主黨的安德魯・帕克（Andrew Parker）抱怨道：「他說、說、說個不停。報紙幾乎沒有一天沒出現他說的話。」帶著分歧的政治立場與個人仇恨，帕克未能理解對羅斯福而

2 蘇格蘭作家華特・司各特爵士（Walter Scott）筆下的勇敢騎士。

言，公眾宣傳不只是為了享受公眾的關注。公眾的情緒才是他推動變革的唯一有力工具。

羅斯福清楚知道，他有很多警察局的謀略要學習，而且必須馬上學習。他轉向資深的警方事務記者雅各布·里斯以及林肯·史蒂芬斯（Lincoln Steffens）請教。羅斯福再也找不到更寶貴的兩位導師了。羅斯福拜讀過里斯的第一本著作《另一半人如何生活》（*How the Other Half Lives*），這本書震撼地描述了紐約移民者聚居區的窮人生活。羅斯福深受這本開創性的傑作感動，於是他到里斯的辦公室找他。里斯不在那裡，羅斯福於是留下了一張紙卡，上面草寫著：「我前來幫忙。」就這樣，兩人之間開啟了一生的友誼，並在羅斯福擔任警察局長期間開花結果。里斯憶道：「我們有整整兩年每天待在一起，大部分是晚上，待在那個我度過二十年人生的環境中。而這兩年是人生最快樂的時光。那時的生活才真正值得。」雖然羅斯福與雄心勃勃、自信十足的史蒂芬斯的關係較不深厚，也沒那麼持久，但他也從這位才華橫溢的記者身上獲益良多。史蒂芬斯曾在《晚郵報》報導過州議會對於警察局貪腐的驚人調查，他如今帶領這家報社的警察事務處。有了里斯與史蒂芬斯提供的可靠資訊與建議，這位新任警察局長自認為有能力啟動自己的新事業。

擺在他眼前的第一個重大任務，是分析這個機構的基本問題，並正面迎擊。州議會那份臭名昭彰的調查，揭露了警方「從上到下」無所不在的貪腐，實際上「徹底敗壞」。調查指出，坦慕尼協會要求新招募的警察為自己職位付費，協議當這些人往上晉升時，可以從坦慕尼協會的各種勒索、敲詐計畫得來的黑錢分一杯羹。只要每月付費，賭場和妓院就能被保護、免受襲擊，雜貨店也能占用人行道展示貨品，而聽話的酒館可以繼續在週日營業。警察或政客的官職越高，所能拿的黑錢比例就越高。

羅斯福對這個情況，使用了三管齊下的整治戰略。他必須肅清領導層，改變每一個警察的工作文化，並對警察、政客與成千上萬個小企業老闆間普遍存在的貪汙、賄賂制度進行致命打擊。

羅斯福宣誓就職的三週內，便逼退了權力最大的警督湯姆．拜恩斯（Tom Byrnes）和他的警司——綽號「俱樂部員」的艾歷克．威廉斯（Alec "Clubber" Williams），讓這兩人辭職。在州議會舉行的聽證會上，兩人都宣誓接受質詢，但都無法充分解釋為何他們的銀行賬戶有那數十萬美元。這突如其來的革職事件成為各大城市報紙的頭條，代表了新任警察局長掃蕩貪腐的行動「絕不通融」。在未來，只有功績才能決定新血的加入，以及每一級的升職。羅斯福果斷的行動引起共和黨大老們的焦慮。他們擔心他走得太快太遠，所到之處都會引起騷動。羅斯福只要能得到公眾的全力支持，他就會堅持他自己的立場。

儘管羅斯福對最高領導層中完成變革，但他知道，持久的改革進程將取決於巡警的行為。因此，他開始了第二方向的策略——視察巡警工作狀況。他決定親自了解巡警的工作內容，並且為整個警隊樹立新文化的價值觀。在里斯的建議下，他開始了一連串無預警的「午夜漫步」。他用一件寬大的外套、一頂遮住額頭的軟帽來掩飾自己的身分，漫步在數十個巡邏區域的街區，從午夜到日出，看看負責那些區域的巡警是否認真執行任務。在里斯的協助下，羅斯福去到一些他幾乎不知道的區域，並發現巡警們在酒吧裡偷懶、在開通宵的餐館裡吃飯、在街角逗女人。每次發現有失職情形，羅斯福會在第二天早上傳喚該名巡警進行紀律處分。有一次，他發現一名巡警在第三大道的酒吧裡吃生蠔。羅斯福沒有透露自己的身分，只是問他為什麼不在崗位上。這名警官問他：「關你什麼事，你誰啊？」羅斯福回道：「我是警察局長羅斯福。」這名巡邏警員揶揄道：「你當然是，你還是克里夫蘭總統（Grover Cleveland）和斯壯市長呢，都一樣啦！」酒保說：「閉嘴，比爾，是他沒錯！你沒看到他的牙齒和眼鏡嗎？」

羅斯福史無前例的午夜漫步讓記者和大眾著迷。在他初次突襲之後，資深記者和撰稿者會跟著他——包括林肯．史蒂芬斯、漢姆林．嘉蘭（Hamlin Garland）、史提芬．克蘭（Stephen Crane），和理察．戴維斯（Richard Harding Davis）。很快地，這些夜間突襲就登上了全國頭版。一份報紙的標題寫道「狡猾的巡警被更狡猾的羅斯福逮個正著」；另一份戲劇化的標題，「羅斯福出巡：瞌睡警察的午夜夢魘」。漫畫家畫上癮了。警察們被一個有巨大牙齒、金邊眼鏡與八字鬍的角色嚇得蹲在地上。這些漫畫娛樂了全國讀者，也讓羅斯福在全國得到新的威望。《芝加哥時代先鋒報》（*Chicago Times-Herald*）稱他為「美國最有意思的人」。但正如一位改革家的看法：「不管大眾覺得多麼有趣，羅斯福的目的絕對是嚴肅的。」警察局長可能會突然在黑夜現身，讓每一個巡警對自己的任務更負責。對改革者而言，這些視察任務則象徵了「新時代的開端」。

羅斯福雖然一一懲戒了偷懶的巡警，但他堅持大部分的警員「原本就很優秀」，只是被困在一個糟糕的制度裡，為了獎勵功績（而非過錯）這個制度必須改變。當他看見正在值勤的巡警時，他會鼓勵並致謝。如果他發現某個區域的警員都確實值勤，他會找來負責的警官。

「先生，你該被表揚。」他會熱情洋溢地告訴那位警官：「這個轄區的巡邏狀況非常好。」獎勵優良行為與懲處不良行為同樣重要，他建立了一個系統，頒發獎狀、勳章給展現「勇氣與膽量」的警員，這些模範冒著生命危險緝捕罪犯、對付失控的馬匹、拯救溺水的孩童，以及日常職責中的無數英雄事蹟。表彰儀式、依考績決定升職、專業訓練、新的射擊訓練學校，並組建了一支廣受歡迎的自行車小隊：這些計畫的總和激勵了「持警棍者」的士氣。身為一位有創新精神的長官，羅斯福對警察局進行了一系列的技術改良，包括建立罪犯照片檔案庫、指紋識別技術，並擴大電話通訊範圍。警隊的士氣漸漸開始復原。

羅斯福同時也認識到，建立一支代表紐約多元化的警力的重要性。在他任期結束時，旗下有所有主要的族裔——愛爾蘭裔美國人、德裔美國人、非裔美國人、猶太人、斯堪地那維亞人、義大利人、斯拉夫人，以及許多其他族裔的人。羅斯福為了讓他們「融合一體」，在偏見或歧視發生時迅速採取行動，他說：「如果有人因為種族、出生地攻擊別人，我會不留情面地趕走他。」

羅斯福對警察局長的身分相當自豪：「我的職務，讓我接觸到紐約市各行各業的人，沒有其他工作可以這樣。」他在警察委員會的職務，也讓他是衛生委員會的一員，賦予他權力去視察貧民區的衛生狀況，比十年前的上一次視察更系統化、也更全面——他十年前就曾在山繆・龔帕斯支持下大開眼界。他和里斯一起，檢查了那些走廊昏暗、階梯搖晃、牆壁剝落、缺乏空氣、過度擁擠又不衛生的公寓。里斯後來說：「有人可能聽過那些公寓多年來人滿為患，但絕對沒辦法像午夜的實際視察，透徹地了解這個問題。」午夜之後，貧民區「卸下武裝」，里斯說「沒有了掩飾，事情真正的樣貌就在眼前」，尤其是在酷熱的夏夜。羅斯福交給衛生委員會的報告迫使屋主改善，點亮走道的電燈、修繕不安全的樓梯。在某些案例中，最糟的公寓被夷為平地。

羅斯福這幾個月的所有行動都用盡一切力氣與決心，最終，他為了鏟除貪腐「根源」的任務，而付出了比他第三次猛烈襲擊還更大的個人與政治代價——即面對《週日歇業法》。過去十年，這條法律已被扭曲成政客、警察貪汙的巨大管道。市內超過一萬間酒館的業主和老闆都知道，只要每個月繼續交錢給警察與政客，就能在每週最賺錢的那一天營業。拒絕付費的人會被立刻停業，並因違法而遭逮捕。羅斯福說：「結果執法警官、政客，與酒館老闆不可避免地被捲入這個犯罪網絡。」他希望通過對所有人「公平、公正」地執法，來消除紐約市腐敗的根源，而非「就是針對某些人」的執法。

就個人而言，羅斯福並不認同《週日歇業法》，州議會之所以通過此法是對農村選民的讓步。但對於勞動階級來說，一週工作六天之後，當地酒館是他們休息一天，與朋友一起放鬆、喝啤酒、玩撲克牌、打撞球與聊政治的地方。但法律白紙黑字，羅斯福身為警察局長，覺得自己「除了執法之外別無選擇」。他告訴洛基自己「從未深陷如此野蠻的戰鬥」。

然而，幾個月的戰鬥漸漸有了結果。在戰友雅各布．里斯的幫助下，羅斯福巡視戰場，「我們開車、步行了九個小時，親眼見證法律，我不知道我們成功得如此徹底。營業的酒館不到百分之四，而且都是在極度隱密的狀況下，而且小心翼翼」。儘管他完全預料到酒館主人與其政治盟友將「怒不可遏」，但他沒有準備好面對從勞動階級排山倒海而來的惡意信件。

「你是史上最笨的傻子」、「你已經在政治界完蛋了」、「你讓自己變成蠢貨」。甚至有一箱炸藥在送達他辦公室之前爆炸了。里斯說：「一個不堅決的人可能會退縮，但是他繼續執行他誓言要做的事。」

羅斯福本人拒絕這些批評的「怒吼」，當他接受邀請參加一場抗議「獨裁警察」的新執法政策的遊行時，他讓批評者們相當驚訝。他被護送到達萊辛頓大道（Lexington Avenue）的台子上，站在那裡兩小時，像是在花車上揮手微笑，面對超過三萬名遊行者帶著惡言的布條與看板。他看見一面旗子上寫著「羅斯福胡搞瞎鬧的改革騙局」，於是詢問拿旗的人他是否能留著當作紀念。他對批評的善意回應，吸引了群眾的注意。遊行者大喊：「做得好，泰迪！」、「泰迪有擔當！」而《芝加哥晚報》（*Chicago Evening Journal*）描述當天的活動「受到前來嘲諷之人歡呼」。

雖然羅斯福的自我解嘲為他贏了那一天，但他與酒館的戰爭在政治上仍搖搖欲墜。隨著下一次選舉日的接近，斯壯市長對羅斯福施壓，要他「通融那些酒館」，並威脅如果不配合就開除他。「他氣壞了」，羅斯福告訴洛基，但「我不會改變」。選舉結果證實了共和黨領袖們最害怕的事。民主黨與坦慕尼協會咆哮著再次掌權，奪回了兩年前失去的一切。林肯．史蒂芬斯哀嘆：「改革失敗了。」而責任直接被歸於羅斯福。他試圖通過落實《週日歇業法》來進行系統性改革，但人民卻認為這剝奪了個人自由。羅斯福未能用贏得人民信任與支持的方式，來把這描述成一場反腐敗的必要戰爭。

奧爾巴尼的州議會討論了讓羅斯福下台的各種立法。絞索越收越緊。「我現在是各方指責的主要對象。」羅斯福向貝米坦承自己正承受「幾個小時的嚴重憂鬱」。洛基也擔心這位朋友，他告訴貝米，「他似乎太過緊張、勞累——對一切的美好活力與興趣都減少了」。

羅斯福的領導哪裡出了問題？「我不處理公眾情緒，我處理法律。」羅斯福一再強調。但每一位領導者都必須處理好公眾情緒，正如林肯從負面回應中學到的教訓——他當時未考量到美墨戰爭的普遍評價，而在國會中發表欠缺思慮與經驗的演說。對羅斯福來說，惹惱政界大老與酒館老闆是一回事，變成他努力想理解、結交的勞動階級的箭靶與敵人又是另外一回事。他第一次執行《週日歇業法》時就預料到公眾的麻煩，但他低估了來自勞動階級移民的強烈抗議。這與他在公務員委員會的經驗不同，當時他相信自己的菁英式領導方法，而他後知後覺地意識到，有時候（例如複雜的酒館鬥毆）是非對錯存在於「每一方，因此正確的路真假難辨。」

針對羅斯福個人的炮火十分猛烈，如果他待得更久，他的創新、政策與計畫有可能被淡化甚至瓦解。他需要找一條出路。他說服自己，他的工作已經完成——他已經為後面接手的人打好了基礎。事實上也是如此，這一場艱難的改革已經開始，今後會影響警察部門多年。

威廉・麥金利在一八九六年的總統競選，給了羅斯福一個完美退場。他暫時離開警察局，為這位共和黨候選人四處奔走，並迅速成為競選活動中最受歡迎的演講者之一。不論他在紐約擔任警察局長時多麼不得人心，他打擊貪汙、犯罪的功績仍讓他受到全國矚目。西奧多・羅斯福已經成為對抗貪汙的象徵與領導者，並將在下一個十年贏得全國人民的廣泛支持。他所到之處都吸引了大批群眾，會場「水泄不通，大批人群站上走道」。他把「所有時間、所有精力，以及所有卓越能力」都投入競選工作，再次贏得共和黨大老們的喝采。

羅斯福在麥金利勝選之後回到警察局，滿心期待能得到一個新政府的高位。許多朋友為他遊說，希望他能被任命為海軍部長，但是麥金利很猶豫。「我想要和平，」這位新任總統告訴羅斯福的盟友，但「西奧多——我不太認識他——總是跟所有人起衝突。我怕他太好鬥」。羅斯福的支持者拒絕放棄。最後，麥金利提供羅斯福一個職位——海軍副部長。一如以往，他的朋友們勸他不要接受這個次等職位，但他行為也一如以往，抓住了這個機會。

作為海軍部長約翰·隆恩（John Davis Long）的副手，羅斯福第一次做真正的下屬，直接聽命於上級。這兩人的關係，從一開始就充滿了潛在的雷區。隆恩比羅斯福大二十歲，性格沉穩、謹慎，完全體現了麥金利政府的狀態。歷經過可怕的內戰之後，隆恩與麥金利一樣，致力於維護和平。羅斯福相信，由於西班牙對待古巴自由戰士的方式，美西戰爭將一觸即發，海軍必須進行改革以應對這種可能性。

不過，羅斯福是如何處理他的從屬關係？一開始，羅斯福透過許多有禮、和善、熱心的行為建立了「好感儲蓄」，從中獲得隆恩部長的信任與信心。他知道隆恩過去沒有半點海軍經驗，對於「旱塢」、「砲塔」、「設計規格」或是「魚雷艇的弱點」這些話題感到不自在，於是羅斯福迅速精通這些關於監管海軍的技術細節——檢查、修復、維修，以及無作用的船艦數、新船艦的建構。接著他將這些資訊翻譯成清晰、易讀的報告，每天早上送到隆恩的辦公桌上。與以往相同，羅斯福對科學、歷史領域貪婪的閱讀與寫作對他大有幫助。這一次，他對於統計學的理解與專業（作為一個新手海軍歷史學家，他的處女作是《一八一二年的海戰》〔*The Naval War of 1812*〕）讓他能輕鬆掌握上級隆恩沒興趣的細節。

隆恩對這位勤快的年輕副手很滿意，評論道：「他有很多建議，大部分對我很有價值，而且對於我這種一向謹慎、保守的人來說，他生氣勃勃、衝勁十足的習慣簡直就是一劑良藥。」正如羅斯福在公務員委員會建立了直接的檢查制度，並將活動範圍擴大至紐約街頭一樣，現在他也離開辦公室去調查、檢視，並審視海軍的各個面向。他在一件魚雷意外時親自到場，他花了五天檢閱中西部的海軍後備軍，陪同第一營（First Battalion）進行一次巡航演習，並且登上海軍最高級的愛荷華級戰艦（Iowa）。當他與軍艦的設計團隊會面時，他「締造了詢問的記錄」，讓造船工程師訝異於他的深刻理解，結合了造船的「理論知識」與「螺栓與鉚釘」等細節。正如他讚賞值勤中巡警那樣，他當時看完實地演習，也表揚了第二營（Second Battalion）的成員。

即使他調查了海軍目前的戰備狀況，也成為了隆恩部長眼中一個稱職、親切的晚輩，但他仍然認真制定自己的時程，準備建設一支大規模、隨時備戰的海軍。他感知到政府對戰爭的沉默，於是他為自己的計畫披上了防備的羊皮。在一場海軍戰爭學院（Naval War College）廣為人知的演講中，他引用了美國第一任總統的智慧箴言。「一個世紀前華盛頓寫下『為戰爭做好準備，是維持和平最有效的手段』，」他說：「為戰爭做好準備，在我們所有的歷史中，從未對和平造成威脅。」這場演說受到廣泛的讚譽，使羅斯福成為備戰狀態的主要提倡者。

如此迴響令羅斯福滿意，但他渴望採取行動。羅斯福常說：「我一直對無法付諸行動的言語感到恐懼。」當年夏天，當疲乏的隆恩部長回到麻薩諸塞州休假八週時，他有了行動的時機。那個時代還沒有冷氣，這種休假很正常。包括總統在內的政府官員，經常會在夏天時逃離華盛頓。此外，羅斯福在炎熱的天氣到來之前就大方地向隆恩部長承諾，他將會放棄薩加莫爾山（Sagamore Hill）的家庭度假，以配合上司的行程。

隆恩長時間的休假，讓羅斯福成為海軍的代理部長，他充分利用這段暫時的升官。羅斯福八月時跟一位朋友說：「部長不在，我有掌管海軍的無限樂趣。」他也告訴貝米：「我單獨一人時，可以自由發揮，我真的完成很多事。」的確，在羅斯福「酷夏」代理期間的領導下，港口和海岸防禦工事獲得改善，進行了多次試航，並成功遊說國會擴大艦隊。最重要的是，羅斯福認識到世界各地艦隊的部屬狀況，這讓他相信，若是古巴爆發戰爭，西班牙艦隊的主要駐紮地太平洋地區將會發揮關鍵作用。因此，他千方百計想得到他要的人——任命喬治．杜威上將（Admiral George Dewey）為亞洲分艦隊（Asiatic Squadron）的總司令。雖然他們只見過幾次面，但羅斯福直覺認為杜威是危機時刻的正確領導者。「我知道一旦發生戰爭，杜威會像一隻掙脫拉繩的獵狼犬。我確定如果他有一丁點機會便會立即出擊，而且成效卓著。為了那一丁點機會，我下定決心要盡我所能支持他。」

他同時又向隆恩部長做了一次內容更詳盡、充實、用心的報告，保證一切都在掌握之中。「你一定累了，應該好好休息一陣子，」他在八月初的信中說：「如果事情照這樣發展下去，你多待六週再回來也無妨，」他一週後寫道：「我很高興你不在，因為這是我們遇過最熱的夏天，」他表裡不一的行為已經很難再更進一步了。

羅斯福長久以來和媒體的關係有助於他建立海軍。記者們受邀參訪，大為讚揚海軍的現狀，但也指出仍需改進之處。羅斯福對媒體的應答偶爾會有些過於好戰的陳述，這與政府的計畫相違背，也引起隆恩部長的憤怒。羅斯福在這些情況下會立即向隆恩道歉，欣然接受他的訓斥，精神抖擻地表示服從，並承諾他會「磨練」精神，然後又一如既往。他對雙方不同的觀點保有「欺瞞式的誠實與敞開」，成功維持住隆恩的信任。誰是實際負責人才是最重要的事。

《波士頓先鋒報》（*Boston Herald*）刊出了一篇可能引起麻煩的文章，指責羅斯福試圖讓自己成為掌管運作與擔責之人，此時羅斯福立刻知會了隆恩，並坦言這篇文章讓他很不舒服。羅斯福補充說，他了解他不是忠誠下屬這種想法，不過「這是我來之前你就被警告的事」，然後他「吹捧」自己，他相信儘管有一些「惡毒」言論，但他並沒有做過任何隆恩不認可的事。他繼續表示他會盡可能「堅定」表達自己的意見，但「如果你在政策上做出決定，我會心口合一地執行」。

這兩人彼此喜愛對方，緩和了偶爾出現的緊張關係。隆恩在一次訪談中高度讚賞自己的下屬，之後羅斯福寫信感謝他「寬大的」的發言。「在你這樣的長官手下工作，對我來說是一種全新的體驗。當然，你和我永遠不會有任何摩擦，除非我偶爾無意地管不住嘴巴的時候，因此我認為如果不能盡全力擁護像你這樣的長官，我實在當不起我所在的這個職位。」

一八九八年冬天，關於西班牙出賣古巴叛軍的誇大報導（被好戰的報紙大肆渲染）在各處引起人道主義者的憤怒，加劇了羅斯福對於可能必須介入的緊迫感。如果戰爭到來，「最終必須是我們採取主動，」他懇求隆恩：「如果我們是被捲進去，如果我們不預先準備，突然進入宣戰卻沒有事先採取必要步驟，那我們可能會面臨一、兩次的恥辱，然後一定會被迫讓最重要的前三週、或四週浪費在我們老早就該做的備戰這件事情上，而不是出擊。」

羅斯福的警告證實了他有先見之明。二月十五日，作為對古巴人民的「友好之舉」而駐紮在哈瓦那海灣（Havana Harbor）的緬因號戰艦（the USS Maine）爆炸了，導致兩百六十六名美國人死亡。雖然爆炸的原因從未明朗，但是憤怒與宣戰的呼聲橫掃全國。儘管如此，曾在內戰打過最血腥的安提塔姆戰役（Antietam）的麥金利總統仍在猶豫。「我經歷過一場戰爭，我見過堆疊如山的屍體，我不要再見到另一場戰爭。」當總統猶豫不決時，羅斯福採取了一連串未經授權的行動，若他在約翰．隆恩之外的任何長官手下做事，他可能會立刻因為不服命令而被革職。

二月二十五日，隆恩離開辦公室休息一天。「不要在沒有問過總統或我的情況下，做任何影響政府政策的事。我沒有離開市區，我只是要你在我休假一天時幫我照看日常事務。我寫信來，是我擔心有些不必要的事情會在報紙上引起騷動。」雖然他如此警告，羅斯福數月以來的準備工作依然協調一致的立刻執行了。他發出一連串的「強制命令」——分配戰艦、訂購彈藥、購買數噸煤炭、「發送消息給國會，要求立刻立法授權徵召無人數限制的海軍」，以及最後，命令杜威上將「保持充足的煤炭」，如果戰爭到來時採取攻勢，「讓西班牙分艦隊離不開海岸」。

隔天早上，隆恩回到辦公室後發現了這些命令。他在日記中寫道：「羅斯福用他那種魯莽的方式，幾乎造成了比緬因號戰艦更大的爆炸……他原本想要完全忠誠，但他昨天下午似乎受到惡魔的控制。」隆恩的同情多過於憐憫，他解釋說羅斯福是因為家裡的麻煩事而失去理智：他的妻子伊蒂斯患病，後來被醫生診斷出是脊椎底部肌肉的巨大膿腫，需要一段長時間、高風險的手術才能移除。同時，隆恩知道他們十歲的兒子小西奧多「才剛從一場漫長而危險的疾病中復原」。隆恩想要相信，這兩種因素的結合「加劇」了羅斯福「天生的神經質」，導致他採取他原本「一刻也不想」採取的行動。隆恩認為，羅斯福敏感的性格讓這個男人背負了過多的家庭危機，但他的推測卻與二月二十五日那場精心策畫、遊走法律邊緣的事件相反。

儘管如此，隆恩或麥金利都沒有撤下羅斯福的任何一條命令。因此，當國會在九週後向西班牙宣戰時，杜威總司令已經做好了進攻準備。馬尼拉灣海戰（the Battle of Manila Bay）開打兩小時後，即入侵古巴的七週前，西班牙太平洋艦隊遭到重創，給了美軍決定性的優勢。參議院外交關係委員會主席說：「如果不是羅斯福，我們應該無法在馬尼拉發動攻擊。」而美國陸軍軍官雷納德・伍德（Leonard Wood）後來說：「只差在羅斯福的精力與機敏……很少人敢擔起這種責任，但是西奧多・羅斯福知道有些事情必須做，而且拖延可能會致命。他明白並承擔起責任。」對羅斯福來說，「當個下屬」永遠就不會跟「卑躬屈膝」混為一談。

一八九八年四月二十五日，國會向西班牙宣戰後不久，羅斯福就宣布辭去海軍職務，並自願加入陸軍。沒有一個朋友贊成他這個衝動之舉。「我真的覺得他瘋了。」一位朋友說：「總統以個人名義，兩次請求他留在海軍部幫忙，但是西奧多卻想瘋狂戰鬥、大幹一場。真的很可悲，當然這會結束他的政治生活。」連他親近的政壇友人亨利・洛基與他昔日的導師威廉・席沃都一致強調，他「在海軍有更重要的事情要做」。隆恩部長擔心他「在這件蠢事中已經失去理智，丟下他大有貢獻的職位跑去騎馬，甚至在佛羅里達的沙灘上打他脖子上的蚊子」。他接著說，雖然「他的想法是對的，而且出於好意……但這種情況是他自己完全沒意識到的脫序——開小差——與自以為是的事情」。

事實上，羅斯福的決定一點也不輕率。他懷疑自己在海軍部的「用處」在「戰爭時期會幾乎消失」。不只是軍事顧問們會站上舞台中心，而且隆恩部長也會堅定地留在位置上。戰爭會結束他身為代理部長的決斷、忙碌的日子。該是尋找出路的時候了。「我在這裡的工作就是為了準備工具，」他告訴席沃：「它們已準備好，而現在工作要交棒給那些使用它們的人……我想成為使用它們的人之一。」

成為志願軍的機會觸動了西奧多內心的痛處。他認為他父親在內戰中逃避服役的決定玷汙了家族榮譽，即使這個決定是為了避免他在南方的妻子因為緊繃的家庭關係而徹底崩潰。所以當時，一九八九年春天，雖然西奧多自己的家庭也很脆弱——伊蒂斯還沒有從手術中復原，而小西奧多似乎精神崩潰了——羅斯福仍覺得必須前往古巴服役。「你知道我的妻子和孩子對我的意義，」他後來告訴他的陸軍顧問亞奇・巴特（Archie Butt）：「但是我已下定決心，甚至不會讓死神阻撓我。這是為我國家做點事的唯一機會，也是我能在每個家族都有的那個譜系上，刻劃屬於我的凹痕的唯一機會。現在我知道，即使我的妻子性命垂危，我也必須響應這項使命。」

在這四位領導者中，只有西奧多．羅斯福曾經在最激烈的軍事行動中指揮士兵。只有羅斯福面對過真正的敵人，而他自己與部下的生命都在危險的平衡之中。當他在古巴指揮部隊時，他直接對他們負責，這個經驗大幅改變、擴展他身為一位領導者的自信。

最初徵召三支補足美國陸軍的志願軍團時，是「完全由具備騎手、槍手特殊資格的開闢地居民組成」。這正巧是西奧多．羅斯福在惡地磨練出來的技能組合。他曾下定決心成為一個不知疲倦的獵人、一個還算不錯的射擊手，以及一個能待在馬鞍上十幾個小時，能適應極端氣候，忍受無法預期的一切困境的牛仔。但是，當戰爭部長羅素．阿爾傑（Russell A. Alger）給了羅斯福一個最高領導位置時——這三支自願軍團第一團的上校——他拒絕了。

為什麼？當羅斯福有機會實現他畢生夢想——成為一個騎在馬背上、帶領部下衝鋒陷陣的英雄人物時，他為什麼要拒絕並轉介給比他年輕的朋友雷納德．伍德呢？答案揭示了一種關鍵的領導特質——具有一種自我意識，能清楚分析自己的長處，且彌補自己的短處。他拒絕這個機會並推薦了伍德，只因為他知道自己欠缺了為軍團快速提供裝備與補給的經驗，和技術知識，而伍德擁有這些知識，他在陸軍服役過，而且曾獲頒榮譽勳章。「我告訴阿爾傑，如果我到戰場六週，是會有能力處理這支軍團，但我還是不知道如何裝備補給，也不知道如何行動。」然而，如果任命伍德為上校，羅斯福說他將毫無保留地欣然接受中校這個下級職位。「阿爾傑認為，這是我很愚蠢的自我放棄，」羅斯福事後說：「但並非如此，這是我有史以來所做過最聰明的事。」羅斯福做出這個決定的核心，並不是要享受上級的頭銜，而是他將共同指揮團隊獲得最終勝利。

伍德上校與羅斯福中校組成了一個有效率而互補的團隊。當伍德徵用馬匹、馬鞍、營帳、毯子、靴子等物品時，羅斯福成功推廣了這支軍團的形象與公眾對它的認知。這支軍團後來以「莽騎兵」（Rough Riders）的名字為人所知，不到八百個名額，卻在五天之內收到兩萬份申請書。透過這一支呈現出國家縮影的特殊戰力，羅斯福說服當局擴大這支軍團的規模，並將東部人涵蓋在內，這些人與牛仔、印地安人、獵人與礦工都有「共同特徵」，就是「勇敢與冒險的渴望」。他在很多人身上都發現這些特質，從長春藤聯盟的美式足球明星、馬球選手、划船手，到尼克博客俱樂部（Knickerbocker Club）與薩莫塞特俱樂部（Somerset Club）的運動員，以及紐約市巡邏的警員都有。這個國家多元性有如迷人的馬賽克，將會成為一個所有記者的大熔爐之夢，而羅斯福正好是這樣的人物，他提供了足夠的能量，將這些異質元素融為一個具有凝聚力的整體。他找人加入他的軍團的過程中，他把自己生活中的許多事件拼湊在一起：他的運動意志力、健身、哈佛教育、在緬因州與獵人和伐木工們相處、在西部偏遠地區放牧與騎馬，以及和紐約警察一起工作。

他要如何將這些迴然不同的人、地區，與社會環境（西部人與東部人、牛仔與「時髦人士」、受過教育與沒受過教育者）拉在一起？他認為這次任務成功的關鍵是「同胞情誼」，為了激發這種情感，他刻意在聖安東尼奧的訓練場上安排了營帳，讓牛仔、放牧者與金融家之子可以比鄰而眠。他指派尼克博客俱樂部的成員替一家新墨西哥州的公司洗碗盤，帶領東部人與西部人一起去洗衣間完成日常工作，以及挖掘和填補廁所。最後，整個團隊出現了一個共同特徵——在團隊合作的幫助下，彌合金錢、社會地位與教育的差異。

羅斯福從一開始就明白，領導力必須靠努力得來，這不是能靠位階和頭銜就能得來的東西。組成這支軍團的成員，絕大部分都是個人主義的拓荒者，對於權力與制度有著輕蔑態度。他在達科他州趕牛時學到，發號施令與發薪水的人還不足以成為一位真正的老闆，他必需透過與部下分享生活，也透過願意身先士卒、先忍受他們尚未忍受之事，來領導部下。「當我們處境惡劣時，我們所有人，包括軍官或士兵，住的跟吃的都是一樣的。」羅斯福後來寫道，「當我們一樣露天睡在野外時」，抱怨就會停止。

這種速成班，給了羅斯福與部下們一個強大的學習經驗，但他也不是沒有出錯。他必須學會如何與部下相處，同時卻不踰矩，以免削減了該有的尊敬。有次他在聖安東尼奧的悶熱天氣中演習成功之後，他對他的士兵們宣布：「進去想喝多少就喝多少，我請客！」當天傍晚，伍德上校把羅斯福叫到營帳。他描述了當軍官與部下鬆懈時，無可避免的亂紀情形。伍德的告誡被牢記在心，他說：「長官，我認為我是這營地方圓十英里內最該死的蠢驢。」如此磨練讓他意識到，就算贏得了部隊的愛戴，但他並沒有在自己與士兵之間建立適當距離。「工作如果稍微輕鬆一些，我就會拔起營帳，住到比較遠的地方。」羅斯福說，因為「透過對部下示弱或溺愛來讓自己受歡迎，這是最大的錯誤。他們絕不會尊敬一個不嚴守紀律的指揮官。」經驗告訴他，要在情感與尊重之間取得平衡。

從德州的練習場移軍到坦帕港（Port Tampa）再到古巴的一片混亂之中，羅斯福展現了他穩健的應變能力與行政的主導權，能夠平息騷動、維持秩序與保護自己的軍隊。當他的軍團需要運輸重型裝備，但火車卻不牢靠時，他自掏腰包。當他們配給的牛肉罐頭變質時，他要求並得到了可以食用的糧食。當運輸他士兵的船無法到達時，他就祕密而快速地霸占了分派給另一支軍團的船。在短短幾週內，他建立起一種雙向互信的領導風格。他透過承擔責任來指揮部屬。他已經向士兵們表明，他準備為他們做任何能力所及的事。於是，他們也準備回報他一切所求。

西奧多·羅斯福性格上的主要基調，就體現在莽騎兵加入美西戰爭的大小戰場上：「衝鋒陷陣」、「筆直前進」、「突入野地」。一旦開始執行命令就沒有退路。一名西班牙士兵記得：「他們沒有被擊退，他們繼續往前。這不是一般戰鬥的方式，每次槍手射擊還要靠得更近。」然而，即使過程中有數十人傷亡，羅斯福卻一次又一次把他的軍隊推向敵人。

在拉斯瓜西瑪斯（Las Guasimas）的第一場戰鬥簡直混亂不堪。正當莽騎兵穿過高草叢與扭曲的灌木時，位置不明的敵軍對他們發動了猛烈的砲火。羅斯福受困於艱鉅的戰事，搞不清楚周圍發生什麼情況，他似乎過於焦慮，不安、困惑又激動地「跳上跳下」。「我不知道下一步要怎麼做。」他後來坦言。不過，他們發現帶刺鐵絲網的圍欄有一個缺口，暗示了西班牙人的足跡，這時羅斯福的不安就消失了。他帶領士兵穿越鐵絲網，筆直朝著子彈射來的地方前進。根據一名目擊的記者愛德華·馬歇爾（Edward Marchall）所言，他突然變成「我所見過最厲害的軍人。那道帶刺鐵絲網的缺口彷彿成了他生命的分隔線。」馬歇爾形容，羅斯福將猶豫拋在腦後，在灌木叢的另一邊發現了「冷靜、沉著的判斷力，以及卓越的英雄主義，或許讓他成為古巴事件中全美國最受敬仰、愛戴的人。」在羅斯福的帶領下，人數較多的莽騎兵向山坡上衝鋒，擊退了西班牙士兵。

羅斯福稱之為他生命中「偉大的一天」——以勝利之姿衝上凱特爾山（Kettle Hill）與聖胡安山（San Juan Hill）而結束的那一天——那一天的開始，他在莽騎兵的面前展示了最平靜的早晨氛圍，他安穩地刮著鬍子，並在脖子繫上一條藍色圓點的印花手帕。莽騎兵亞瑟·克羅斯比（Arthur Crosby）發現了一個讓他大感振奮的景象，「我看見我們的指揮官在一場大戰前夕的黎明完成他的日常瑣事，彷彿是在享受露營旅行一樣」。當羅斯福接收到命令，要他們在陸軍進攻聖胡安山時向凱特爾山前進，他立刻躍上馬背召集士兵，大喊：「我們必須向前。莽騎兵前進。上吧！」羅斯福按上校的習慣走在縱隊後方，部隊在一陣槍林彈雨中遲疑地前進。為了激勵他的部隊加速，唯一騎在馬背上的羅斯福突然衝到最前方，以自己的位置來凝聚部下。「看過羅斯福奔馳向前的人，沒有人覺得他可以活下來。」戴維斯描述。他高高坐在馬背上，藍色圓點的手帕「直直飄在他腦後」，他是「來福槍射程內最明顯的目標」。

爬上山坡時，羅斯福的部隊被另一支友軍擋住了，他們尚未收到進攻的命令。「如果你們不願意前進，請讓我的人過去。」羅斯福對他們的指揮官說。「他們在死亡面前走啊走上去，」一名記者驚嘆：「每一步都有人倒下。莽騎兵表現得像是老兵。很震撼人心也很慘烈。」羅斯福直挺挺地騎在馬上，一路「大聲指示部隊跟著他」，直到最後他們迫使西班牙人撤退然後到達山頂，「牛仔式的歡呼響徹雲霄」。聖地牙哥城很快就攻陷，而西班牙投降了。

全國各地的報章雜誌上，羅斯福被誇張地描繪成一個「單槍匹馬粉碎敵軍」的人。雖然羅斯福在多篇軍事報導與記者採訪中，熱情地讚揚了他的軍團，並謹慎地說出他認為值得讚賞的人名，但真正成為美國英勇象徵的，仍然是那位馬背上的偶像人物、這張禁得起漫畫表現的臉。

「你是下一任紐約州長！」記者們在羅斯福的軍團抵達長島的蒙陶克角（Montauk Point）時對他大喊。但羅斯福很清楚情況不是這麼簡單。雖然他可能會是大多數人的選擇，但是黨機器政治控制了提名，而大權在握的老黨魁湯瑪斯．普拉特（Thomas Platt）不想讓羅斯福這種改革者坐上州長寶座。在這件事情上，機運對羅斯福微笑招手。共和黨的聲望再一次因為共和黨政府在奧爾巴尼的貪汙醜聞而受創。普拉特相信這位聖胡安山的英雄，將是唯一能解救共和黨的人，他不情願地支持了羅斯福的提名。一八九八年九月十五日，莽騎兵解散。兩天後，西奧多．羅斯福參加了州長選舉。

競選紐約州最高職位的這名沙場老將，已經不是當初自願去古巴打仗的那個人。人們對他的領導才幹有了更堅定不移的信心。「在我的軍團中，」他告訴他兒子：「十分之九的人騎術比我好，而三分之二的人槍法比我準，而且平均都比我更吃苦耐勞。不過，我只用了很短時間，他們就明白了，而我也明白一件事——沒有人可以像我一樣指揮他們。」經歷過那一段領軍作戰，除了贏得部屬的信任也贏得忠誠，羅斯福開始相信，領導力本身正是他才幹的最高體現。

也許多少受到媒體上英雄形象的影響，這一位歸來的上校展現出一種新的魅力，使他能夠在情感上與聽眾建立連結。雖然那個時代的候選人很少自己競選，而是倚賴黨政機器來激起選民熱情，羅斯福卻「在全國各地上上下下來回穿梭，在鄉鎮城市中巡迴演講，白天一下專車就開始演說，晚上則是大型聚會」。他有光環，一名觀察家說，他「會發電、有磁性」。觀眾發現了一種「讓士兵願意冒著槍林彈雨，跟隨他爬上聖胡安山的某種『無法定義』之物」。返鄉不到三個月，西奧多・羅斯福當選為紐約州長。

他給友人塞西爾・賴斯（Cecil Spring Rice）的信上，回顧了那個難以置信的古巴夏日、宣傳活動與選舉：「今年夏天我的運氣很好。首先是參戰，然後活著出來。之後是當選。我一生都努力工作，從來不特別幸運，但這個夏天我很幸運，而且我充分享受著這個好運。我很清楚，這種幸運不會持續太久，而且不應該繼續。我更滿意當上紐約州長。」他補充道，他在整個職業生涯中必須有著心理上的克制，而且總是以這句話作結，「如果永遠脫離公職我也不在乎」。

羅斯福新獲得的沉著、耐心與成熟，立刻展露在他對紐約傳統政治暗流、激流的嫻熟處理上。為了復興他身為改革者的聲譽，他必須證明自己的獨立性。他為了完成一切事情，他

必須和普拉特大老與他的黨政機器合作。上任後沒幾天，他就宣布他每週都會從奧爾巴尼前往紐約，與普拉特大老共進早餐或午餐。改革者們抱怨他貶低了「這個職位的尊嚴」，因為他「卑躬屈膝」地與守舊又勢利的普拉特商談，對此，羅斯福反駁道，他不認同「強調自己有權第一個走進房間，或有權坐上紅椅子而非綠椅子」才能得到尊嚴的說法。

羅斯福承認，他年輕時太容易為了小事起爭執。他讀了越多林肯的事蹟，就越看重林肯願意為了更重要的事而不計較小事。林肯常說：「決心創造出自己最大價值的人，不會將時間浪費在個人的爭論上。」這位新州長不會因為與普拉特和解而付出任何代價，而且很可能讓未來的努力更順暢。此外，羅斯福也感覺到這位老先生的自尊。所以就算是他看起來屈服於普拉特，他卻仍然樂意前往普拉特的地盤會面。

在奧爾巴尼，羅斯福以軍事化的精確快速來規畫他工作日的每一分鐘，他分配給每一位請願者五到十分鐘。訪客一走進房間，州長就會從辦公桌後跳起來迎接。「很高興見到你，」他開始說，熱情地握著訪客的手。羅斯福在會客時間「一直站著」，不停來回踱步、催促切入問題的「重點」。他聚精會神地聽著，快速消化並吸收，以決定他是否同意請求、或該「慎重考慮」，或者必須遺憾地拒絕。一旦做出決定，訪客就會被親切地送出辦公室，在下一位訪客到來前幾乎沒有空檔。

在他的州長任期內，羅斯福很喜歡引用一句古老的非洲諺語：「溫言在口，巨棒在手。」羅斯福告誡說，如果一個領導者「不停咆哮」、「缺乏禮貌」或是喜歡爭執，那他絕不會走得太遠。而如果「溫柔的背後」少了「力量」與「權力」支持，那也沒辦法只靠輕聲細語成功。一位好的領導者永遠要清楚知道，如果談判失敗，他會願意用轉身離開當作最後手段。

他擔任州長期間有兩大困境——關於特許經營稅的爭議，以及續任一位與保險業有可疑關係的保險委員的爭議——而這些困境，充分展現出羅斯福如何成功操控他與黨政治機器之間充滿異議的關係。

羅斯福發現，紐約州議會在過去數十年間，已經授予了價值數千萬甚至數億美元的獨家經營權，讓企業經營路面電車、電話網絡和電報線路。這些利潤豐厚的特許經銷權經常在沒有課稅的狀況下被發放出去。補償的形式即競選捐款，推動了普拉特的機器運轉——這些錢隨後被分發給州議會的候選人，這些人有著「紳士的默契」，將會帶來重要的選票，尤其是與那些企業利益相關的。

這位新任州長徹底研究了特許經營的問題之後，斷然得出結論。從人民那裡獲得巨大利益的公司，應該「承擔它們該有的公眾責任」，這是一件「合情合理」的事。他向州議會送出特別訊息，表明他支持一項特許經營權稅收的法案。該法案在議會休會前意外地通過，引發企業界的「抗議風暴」。股市一夜之間暴跌。憤怒的企業代表們突然找上羅斯福，威脅要將業務轉移到較通融的州。普拉特在一封措辭尖銳的信上誓言對抗到底，除非羅斯福有勇氣不簽法案，以修正他人生中的這個「大錯」。

羅斯福拒絕被威逼，但他明白與共和黨決裂的致命性，他於是同意與企業代表舉行公聽會，徵求改善法案的建議。只要法案的核心保持完整，他認為其他一切都是外殼，有必要的話他願意脫去。在這些會議的勸說下，他認為法律的某些部分確實過於草率，於是同意在議會召開特別議程以修正法案。不過，如果結果是在任何要點上弱化課稅的原則，那他會準備好恢復並簽署原本的法案。最終的立法，既保護了課稅的核心原則也做出了最低限度的讓步，讓普拉特在他商界的選民中保住了面子。

羅斯福偏愛「溫言在口，巨棒在手」，這讓他在另一場更令人不安的爭議上，與共和黨組織取得了令人滿意的共識。他曾聽聞普拉特的「左右手」——保險業督察盧．佩恩（Lou Payn）與他受命監督的公司「太過親密」。羅斯福決定自行調查。初步的證據足以讓他相信，佩恩一旦結束三年任期就不該再續任。普拉特對羅斯福的決定下了「最後通牒」：根據法律，現任者在沒有找到繼任者的狀況下得以繼續留任。由於黨機器掌控著參議院，普拉特有實質權力否決任何州長提出的替代人選。這位黨魁對羅斯福表態，只要有必要，他會使用這項權力。

「不論他說了什麼，我都堅持不發脾氣。」羅斯福回憶道。「我已經下定決心，」他向普拉特解釋說：「那位有麻煩的紳士不適合留任。」為了解決問題，他給了普拉特「四位優秀的黨機器人選」，並請這位大老從中選一。普拉特拒絕讓步。改革者們罵聲不斷，因為羅斯福竟與普拉特協商。他們要他公開宣戰。這場僵局持續了數週，直到深入調查發現，佩恩從一家他監督的保險公司旗下的信託公司那裡得到了四十萬美金的借款。為了避免醜聞，普拉特安靜地妥協了，同意提名羅斯福名單上的其中一位。

羅斯福告訴一名友人，就算在公開場合「大吼大罵」，他也沒辦法在參議院裡多拿「十張票」，同樣道理，如果沒有揮動「巨棒」，這個組織也不會支持他。羅斯福維持了與普拉特的關係，方法「不過是說出真相，每次做了讓他不高興的事，都讓他比別人先知道」。普拉特推崇羅斯福個人的坦率：「我更喜歡有人當面告訴我到底要不要做，而不是先承諾要做，結果卻不做。」

儘管州長和普拉特表面上休戰，但那些企業還是對普拉特的政治組織「發出通知」，表示如果羅斯福被再次提名，他們將拒絕捐獻競選基金給共和黨。由於公然拒絕這位受歡迎的州長連任有其風險，黨組織想出了一個完美的解決方法。他們將把羅斯福拱上「國內最崇高、最無害的職位——副總統」。把他推上副總統的大位將一舉兩得：他令人煩惱的存在將會從紐約政治中消失；同時，由於羅斯福在全國競選活動的魅力與幹勁，共和黨與麥金利的選情也能得到幫助。

普拉特大老的計畫得到了共和黨所有黨魁的支持，除了一個人——共和黨主席馬克·漢納（Mark Hanna），他警告：「你們難道不知道，這個瘋子和白宮只有一個能活嗎？」不過，就連漢納最後也看出，羅斯福就是比任何候選人更能吸票。起初，羅斯福強烈抗拒這所謂的升官。他不想當一個被看作是政治抱負之墓的「魁儡領袖」。過去六十年來，從沒有一位副總統當選過總統。但他也了解，如果他拒絕提名，人們會說「羅斯福野心很大，他覺得副總統還打發不了他」。當黨代表大會鼓掌通過他的提名時，他感覺別無選擇，只能帶著感激與風度接受。」雅各布·里斯寫道：「他的敵人勝利了，終於讓他去他們要他去的地方。」

十五年來，羅斯福第一次把全部精力耗在手頭的工作上，做一份讓他的活躍性格無用的工作。由於無事可做，沮喪與憂鬱在這「無用又空虛的職位上」與日俱增，他失去了聚光燈，就如植物渴望陽光。總統沒有給他任何責任，也沒有尋求羅斯福的建議。羅斯福無聊到考慮回去讀法學院。他若有所思地告訴他的親密朋友——時任菲律賓總督的威廉．塔虎脫（William Howard Taft）：「我沒有做任何工作，而且覺得我的存在沒有意義。我越來越覺得，生命中最美好的事就是有一件值得去做的事情並將它做好。」

朋友們建議他耐心等待。他們仍然相信白宮是他未來的歸屬。但羅斯福認為，等到麥金利連任結束時，他的總統之門可能就永遠關上了。人生教過他，邏輯與按部就班的規畫很少能控制事態的發展。在登上總統位置的機會出現之前（他幾乎不願大聲提到自己的職位），他知道「萬花筒會徹底改變，前方可能會出現一堆新的人與問題。而且鐘擺盪過去也可能盪回來，民主黨的勝利指日可待」。

萬花筒和鐘擺——羅斯福的形容暗示了他人生哲學中對考驗的堅定信念：一切能做的只有讓自己準備好，等待可能發生的事。

機運將他放在彈弓上，而現在能切斷繩索的唯有歷史的變幻莫測。一九〇一年九月六日，一顆刺客的子彈讓麥金利的性命緩慢地結束了，四十二歲的西奧多．羅斯福「正中總統寶座」，成為美國歷史上最年輕就入主白宮的人。

7 富蘭克林．羅斯福——癱瘓、蕭條與試誤主義

「最重要的，是去嘗試某件事。」

一九二一年八月下旬的一個上午，在緬因州東部沿海的坎波貝洛島上，富蘭克林．羅斯福在自家的度假別墅中醒來。他覺得有點不太對勁：他背部疼痛且感到莫名無力。他心想，沒什麼大不了的，只要活動身體就能甩掉這種奇特的麻痺狀態。富蘭克林打從年輕時就非常喜歡各式各樣的運動，在他早期的信件中，可以看出他熱愛滑雪、溜冰，也和他父親一起釣魚，他甚至成為狂熱的高爾夫球手、網球員、水手，以及騎師。雖然他並不強壯健美，但他的動作敏捷而優雅，一個家族的朋友曾說自己永遠忘不了富蘭克林年輕時「像一隻驚人的雄鹿」跳過小溪。一九二〇年的黨代表大會上，一位觀察員相當訝異富蘭克林為了提出動議而跨越過四、五張椅子，她回憶道：「那是最頂尖的運動技術。」

所以，富蘭克林沒有繼續躺在床上向困倦投降，而是開始了一天激烈的體能活動。首先，他和愛蓮娜還有兩個孩子們一起乘船遠航。他們在回家途中，看見其中一座島上的樹叢起火了，於是將船駛近岸邊跳下船，花了一個小時撲滅悶燒的火勢，而他們的眼睛「因為煙霧一片迷茫」。才剛回到「小屋」，羅斯福就說要和男孩們一起挑戰，慢跑一英里半到他們最喜

歡的游泳地點——島上另一側的清水池塘。但游完泳後，他的體力仍然沒有恢復，而且感到不舒服，於是他和孩子們賽跑回家，然後一頭跳進了冰冷的芬迪灣。突然間，他變得昏昏沉沉，甚至無力脫下泳衣，只能癱倒在露台上試圖整理郵件。之後他忽然說自己患了重感冒，想直接上床休息。「我從未有過那樣的感覺。」羅斯福回憶道。

四十八個小時內，麻木感擴散到羅斯福的四肢、拇指、腳趾、背部、膀胱與肛門括約肌，疼痛在他雙腿忽上忽下。第一批醫生的誤診加劇了他的病情，恐懼、困惑，與接連不斷的痛苦隨之而來。終於，一位專家確診了他的病況——脊髓灰質炎（小兒麻痺症），原因是一種攻擊控制肌肉活動神經的病毒。接下來幾天，愛蓮娜與受邀來坎波貝洛島的助理路易斯．豪爾協助他從床上起身，把他移到便盆上。愛蓮娜幫他灌腸，並學習如何使用導尿管。醫生指示，除了每日泡溫水的時間以外，羅斯福必須好好臥床休息。

羅斯福在床上躺了好幾週，無法自己完成最基本的身體機能。他的身體與他身為「男人」與「人」的認同，都遭受了根本性的打擊。在度過這段急性發作期之前，根本無法預測他未來的病程。一些肌肉可能會恢復功能，但另一些卻可能只會部分恢復力氣，或者完全癱瘓。九月中旬，他從坎波貝洛島轉到紐約長老教會醫院，在那裡待了六週。雖然膀胱與括約肌恢復了，但是他的肩膀仍然十分虛弱，背部無法支撐坐姿，而雙腿則是完全沒有反應。醫師們普遍認為，他已經不能自行站立或行走了，愛蓮娜和路易斯．豪爾也不相信他能再使喚雙腿。出院時，他的病歷表上寫著「並未好轉」。

俄國作家屠格涅夫（Turgenev）在《死亡》（*Death*）這篇故事中，引用了詩人柯爾佐夫（Koltsov）

問的問題：

若獵鷹雙翼受縛綁該如何？

若所有之路遭阻擋該如何？

這位有如獵鷹般優雅的男人，被迫思考著他無法自立、充滿阻礙的未來：挺不起身，彷彿就失去政治領導力中應該具備的幹勁與力氣。

富蘭克林．羅斯福的苦難，清楚呈現出一場毀滅性的嚴酷考驗，如何一反所有的預期與推演，從而帶來重大的成長，並強化了雄心和領導力。他二十五歲時所夢想的人生軌跡，他一直以來所渴望爬上的高位——從州議會到海軍副部長、紐約州長，最後是當上總統——很可能都難以實現。長達數月、數年的煎熬之路在他眼前展開，其中伴隨著恐懼、焦慮以及隱隱約約的抑鬱。但最後，羅斯福在心靈、精神、情緒，與身體復原上的持續努力，帶領他回到公眾生活，雖然歷經險阻，成果卻十分可觀。

羅斯福有著藏不住的樂觀性格，在任何情況下都期待著最佳結果，這是支持他度過這段痛苦經歷的根本力量。從一開始，他就設下了目標：一個完全康復的未來。雖然他不得不修正達成目標的時間表，但他從未失去他最終將會成功的信念。

羅斯福的醫生喬治．德萊普（George Draper）擔心，如果他充分了解自己病情的嚴重性，這位極度樂觀的病人將會無法面對。住院期間，羅斯福總是面帶微笑，樂天開朗，向他的訪客傳遞一種愉快的氛圍。在與友人的信件與談話中，他預測自己出院時可以拄著拐杖站起、行走，而到隔年春天將不再跛行，到時候，重返高爾夫球場只是時間問題而已。「在處理病情上，他的心理因素是最重要的，」德萊普告訴醫生同事們：「他有極大的勇氣、抱負，然而同時也有著異常敏銳的情感機制，我們必須盡最大的努力，在不會徹底擊垮他的前提下，讓他了解自己真正面臨的未來。」

錯估羅斯福性格的豐沛與深厚之人，德萊普醫生並非第一個。在他父親心臟病發作之後，營造看來「開朗又快樂」的情境，已經是羅斯福一家的行為模式。斯普林伍德的生活變化——為了保護老詹姆斯免受擔心與焦慮——實際上需要保密和欺瞞的手段。富蘭克林從格羅頓學校寄來的信件充滿活力，訴說他與同學之間的相處多麼融洽，事實上他卻很孤單、很不安，難以融入校園生活。

如今，面對這個重創的病痛，羅斯福以一種更有力、也更難以覺察的方式來實踐舊有的行為模式。他所表現出的積極形象，與他所面臨的嚴峻考驗極不協調，這不僅是為了保護他人，也是為了振奮自己的精神。當然會有一些特別艱難的日子，但隨著時間推移，這種堅定不移的假裝樂觀，終究也產生了真正的樂觀。他不停發散出的陽光若是帶點做作與誇大（例如在黑暗中刻意吹起的口哨），那就是他散發出的溫暖、希望與自信，而這些最終會被證明具有感染力。

他在決心、毅力，與新獲得的耐心激勵下，開始一段重新取回「叛逆」身體的曲折旅程。富蘭克林聽說上半身最有可能復原，於是忍受了嚴酷的訓練，挽救與重建他的胸膛、肩膀、頸項、手臂與背部。富蘭克林歷經的身體重建過程比西奧多更艱辛，他盡一切可能鞏固他身體核心未受損害的部分。連續幾個小時，他把自己架在一個「像是高空鞦韆」的裝置，用拉環將自己往上拉提，緩慢地在疼痛中強化肌肉，直到他的上半身變得像拳擊或摔跤選手。有了強壯的手臂，他終於能操控輪椅，並調整自己的坐姿。但至於腰部以下的一切，一位醫生形容依舊「毫無用處」，因此沒有幫助他就無法上下輪椅。日復一日，他會要求將他抱離輪椅，放到圖書館的地板上讓他在屋內爬行，進一步鍛鍊背部與雙臂。接著他開始挑戰爬樓梯，用雙手抓住兩側扶手，一步一步地讓身體移到最上層，汗水從他臉上流淌而下。他堅持要家人站在一旁見證，為他每一步的勝利喝采。

愛蓮娜說，隨著每一次小小的「勝利」，富蘭克林都覺得自己比以前更強壯，「他重新找回生活的樂趣」，她寫道，「他找回了開懷的笑聲、找回為了小事而高興的能力」。他有一天終於能活動其中一隻麻痺的腳趾，於是他舉行了盛大的慶祝活動，營造一種具感染力的快樂幸福氣氛。後來，當被問及擔任總統期間如何處理接踵而來的問題時，他半開玩笑地說：「如果你花了兩年時間在床上試圖扭動你的腳姆指，那一切看起來都會很容易！」每一次行動力的增進，都帶來新進展的可能。裝上了許多笨重的鋼鐵支架以保持雙腿姿勢，他開始艱難地學拄著拐杖走路。自始至終，他從不放棄讓自己獨立行走的終極目標。

不斷尋求治療的努力中，羅斯福採用了「試誤法」，這是他領導風格中一個無法抹滅的特徵。他在海軍部時，經常嘗試新想法是否可行；他在推行新政期間，會不斷實驗一個又一個的計畫，如果現行計畫不可行，他會立即改變路線。而現在，他熱情擁抱著幾十種新的發明：電動腰帶、大型三輪車、特殊設計的鞋子、兒童雙人鞦韆等等。隨著時間，他自己也發明了一些裝置來解決阻礙他行動的許多「力學問題」。他設計了一種沒有扶手的小型輪椅來鍛鍊他的股四頭肌；他在棍子上綁上夾子，以便拿取圖書室的藏書；他在自己的汽車上裝了手動的油門與煞車。

與此同時，他一直與眾多「病友伙伴」（他給他們的稱呼）通信，交流克服日常困境的想法。這些信件中所分享的脆弱面向，代表著種謙卑精神的首次綻放，一種對他人苦難的關心，而在他後來待在喬治亞州溫泉鎮（Warm Springs）的時光當中，這種同理心逐漸發展成熟。

富蘭克林在七年的療養期中，組建了一支非正統、極為忠誠且親密的團隊（包括愛蓮娜、路易斯・豪爾，以及米希・勒翰德），這個團隊力量超越了個體的總和，成為羅斯福身體的延伸。他們一起有效減少了癱瘓對他造成的隔絕影響。我們已經知道林肯與老羅斯福在經歷嚴峻考驗之後，是如何振作與重塑自己。小羅斯福的脊髓灰白質炎也是嚴峻考驗，但特別的是，他必須依賴別人才能恢復生理與心理的強度。正如愛蓮娜的描述，這支極為能幹的團隊奉獻出自己的生命來「為他服務」。在此同時，富蘭克林顯然也讓他們實踐自己，因為在他漫長的恢復與轉變過程中，這支核心團隊的三人也都歷經了蛻變——他們的人生再次調整與成長，並發現自己從未開發過的興趣與才能。

愛蓮娜與路易斯・豪爾打從一開始就知道，如果富蘭克林的政治抱負被扼殺，那他的精神就會被摧毀。他們相信：「如果他對政治不抱希望，他就會在精神上死去，在理智上死去，在人格上死去。」他們肩並肩，動員了一場艱苦的運動，以支持羅斯福的政治夢想。愛蓮娜起先焦慮不安，後來則懷抱熱忱地接下了維護丈夫政壇名聲的重擔。她在公開活動中充當他的代理人，參加各種民主黨委員會，還自願為後來勝選的紐約州長參選人艾爾・史密斯（Al Smith）助選，並在午宴與晚會中發言。她的兒子詹姆斯（James）回憶，由於愛蓮娜幾乎沒有公開演說的經驗，她在一位聽眾面前練習演說超過一百次——這位聽眾就是她的心靈導師與教練路易斯・豪爾。豪爾教她克制緊張的傻笑、降低音調，說出真正想說的話，最後坐回位置上。當她開始在一大群觀眾面前演說時，豪爾會坐在最後一排，使用一系列的手語（類似詹森在他辯論課上對學生使用的手勢）來指示她在哪些時候正吸引觀眾注意力，以及她在哪些地方又表現出緊張的習慣。不久之後，她成為一個公認的演說健將。

進入公眾生活，對愛蓮娜來說是一道解放的力量。三年前，當她發現一位叫做露西・梅瑟（Lucy Mercer）的年輕女子寫給她丈夫的一疊情書時，她的婚姻有了裂痕。由於羅斯福保證不再與露西見面，愛蓮娜同意維持婚姻。她後來告訴朋友們，從那一刻起，她不再以同樣的方式愛他，儘管他們仍維持著牢不可破的關係，以及「深厚而難以動搖的感情與柔情」。

如今羅斯福半身癱瘓，她可以為丈夫的政治主動權服務，也能同時為自己打造一個角色。在她替羅斯福參加的政治活動中，她加入了一個進步女權主義者的圈子，致力於廢除童工，並要求立法保護女性工作者、基本工資與工作時數上限。她更進一步發揮她在寄宿學校當明星學生時鍛鍊出的領導特質：組織人群，激發他們的忠誠，確立他們的目標。照顧丈夫和五個孩子的責任，曾一度壓抑她的雄心壯志，但此刻，她的企圖心再次激勵了她。在羅斯福癱瘓之後，新的機會出現了，愛蓮娜可以在協助羅斯福的同時，實現自己留名於世的夢想。

富蘭克林的癱瘓同樣戲劇化地改變了路易斯．豪爾的世界。豪爾雖已婚，有兩個孩子，但他以羅斯福的祕書、顧問與朋友的身分服務他近十年。豪爾受訪時表示，富蘭克林的病「改變了一切」。自從他老闆得病之後，豪爾再也沒與家人住過，而是選擇與羅斯福一家同住，只偶爾在週末時探望他的妻子與孩子。他在坎波貝洛小屋、紐約的別墅、州長官邸都有自己的房間，最後在白宮也是。「他一生只有一種忠誠，那是信仰，」白宮撰稿人山姆．羅森曼說：「即富蘭克林．羅斯福。」他代表羅斯福與政治人物們應酬；與民主黨的州長、市長與國會議員進行私人會議；出席地方、全國的政黨例會；而且每週兩次，整理出關於政治、商業與世界大事的趣聞與八卦——這是為羅斯福這一人讀者量身打造的報紙。羅斯福的兒子詹姆斯說：「父親忙於和生命奮鬥，無暇顧及他的政治生涯。」他的傳記作者寫道，「豪爾對於這兩件大事的解決之道（羅斯福的身體健康與重返政治）就是把其中一個從羅斯福的肩上卸下」。豪爾對於羅斯福的命運的信念，是一種信仰，當羅斯福罹患小兒麻痺症後不久，愛蓮娜問豪爾，她的丈夫是否能夠自由航行於紛亂的政治世界？豪爾向她保證，他堅信富蘭克林有一天會當上美國總統，沒有什麼能改變他的信念。

於此同時，羅斯福繼續追求他完全康復的夢想。儘管他不情願地穿戴上九公斤的笨重支架並練習使用拐杖，但他從未放棄尋找能讓他恢復行走的治療方法。他認為，這是實現自己政治抱負的必要條件。他繼續進行艱難的實驗，想找出哪一種治療方式最有效。他發現，當他在戶外享受夏日陽光時，「雙腿的肌肉反應比較快速」，而如果是陰天，「下午五點就會僵住」。他在游泳中發現了最有希望的療法，能讓他在沒有重力的情況下鍛鍊雙腿。

羅斯福對陽光與水的治癒力量，擁有近乎神祕的信仰。他從小就著迷於祖父當年乘著快速帆船出海的故事，為了與父親學習航海而興奮不已，而且將模型船與海軍圖片視為自己最珍貴的一項財產。他堅持不懈地找尋治療方法，毫無意外地，他後來在團隊的第三位成員——二十五歲的米希·勒翰德的陪同下，找到了佛羅里達外海的平靜海域，在冬季的幾個月裡，乘座一艘寬敞的遊艇「拉魯科號」（Larooco）巡遊。他故作神祕地打趣道：「是水讓我變成這副模樣（他指的是他跳進冰冷的芬迪灣那次），所以水會再把我救出來！」

出人意料的是，米希·勒翰德在富蘭克林的復原之路上，扮演了像是愛蓮娜或路易斯那樣的要角。愛蓮娜曾陪伴過羅斯福第一次去佛羅里達航行，但她討厭釣魚、招待客人，以及那種百無聊賴的日子。愛蓮娜相信為了大家好（而多半是說服自己），米希應該留在佛羅里達陪羅斯福，而她自己則回到紐約，去結交未來的政治盟友並建立新的友誼網路。這些關係對她自己的社交與智識生活來說，已經變得相當重要。因此，米希成了富蘭克林的另一個「妻子」。接下來的四年中，羅斯福總共在南方待了一百一十六週，其中米希陪伴他一百一十週，愛蓮娜陪伴四週，而他的母親薩拉則是兩週。米希給予「艾弗迪」（Effdee）——她這麼叫他——無條件的奉獻。她像路易斯一樣，進入了羅斯福家族，住進州長官邸與白宮。

羅斯福在拉魯科號上的頭幾個月，由於逃開了醫生規定的嚴格鍛鍊計畫，他於是有時間探索自己獨特的日常生活。握著船舵，他能感受到一股控制欲洶湧而出。他用自己設計的裝置讓船身一側降低，漂浮在溫暖的水域中，沐浴在陽光裡。當他在甲板上釣魚時，米希就坐在他身邊。經常有賓客上船時，米希充當女主人招呼他們，並且以愛蓮娜從未有過的方式，和羅斯福一起「瞎扯淡」。說故事、娛樂與幽默是羅斯福幸福感的關鍵，這點他跟林肯是一樣的。米希能幫助他維持高昂的精神，但是更重要的是，她能讓他分享他內心深處的恐懼。她後來告訴羅斯福的勞工部長法蘭西絲·珀金斯：「他在拉魯科號上有幾天，過了午後才能讓自己脫離憂鬱，以輕鬆愉快的姿態迎接客人。」而那種糟糕的情況，也開始緩慢、穩定地減少。

羅斯福將會在今後的歲月裡複製這個核心圈子的力量，在州長與總統任內，擴張自己的工作團隊。在這個最初的三人同盟裡，沒有一味服從的人，他們用截然不同的方式向羅斯福提出意見。從一開始，路易斯·豪爾就會果斷地與羅斯福爭論。據羅森曼說，豪爾「可能比任何人都更常、也更大聲地對羅斯福說『不』，堅守自己立場的時間也更久」。米希有異議時處理的方式比較風趣，卻也同樣有效。除了她作為打字員、陪伴者與女主人的多方才能之外，她也很能敏銳地讀懂羅斯福的心情與需要，「從未猶豫告訴他令人不悅的真相，或是對他的工作表達一些令人不快的意見」，但米希總是巧妙抓準時機，用羅斯福能夠承受的程度進行。某一次競選活動，羅斯福在屋裡念出了一份將在匹茲堡富比士球場上發表的冗長草稿，米希也在屋裏聽；還沒等他翻到第二頁，米希就站起來說：「念到這裡，看台上應該已經空空如也，觀眾開始離開。」所有人都放聲大笑，於是撰稿人便從頭開始擬稿。

當然，在羅斯福領導力中的進步張力與道德重量等面向，愛蓮娜增添了關鍵性的元素。她在回憶錄裡寫道：「如果他有一個完全不挑剔的妻子，他可能會更幸福。」但她補充，「我永遠都做不到」。她用更不願妥協、更直接、更深入的方式，來加入那些挑戰傳統界線的行動主義者。對於政治時機與公眾情緒，羅斯福有著遠比她精明的全盤理解，但如果他對愛蓮娜想要的東西猶豫不決時，她就會再試一次。如果他不願意見她認為非見不可的人，她會主動邀請那人共進晚餐。她後來寫道：「有時我的作用是鞭策，即使這種鞭策不總是他想要或喜歡的。」她持續的壓力與缺乏幽默感，讓他很難放鬆。「我們現在不打算這樣做，」他經常打斷她：「我不想再聽到那件事了。」然而，羅斯福總是會回到那些她被拒絕的建議上，而且不久之後就會意識到，她的堅持也許有其道理。

這個了不起的團隊，交扣在同一個圓心上，一起跳著複雜的舞步，成功讓羅斯福維持高昂的精神，並使他的政治聲譽保持活躍。一九二四年，在他小兒痲痺症發病三年後，艾爾・史密斯州長向羅斯福提出邀請，希望他擔任史密斯在紐約的黨代表大會的主席。羅斯福一開始十分猶豫，他覺得自己過於脆弱，不願在大眾面前露面。但他被告知他們只是需要他的掛名，而不是他的身體時，他同意成為名義上的競選領袖。兩個月之後，史密斯州長向羅斯福提出了一個更令人不安、更充滿挑戰的提議：六月底時，他是否願意在麥迪遜廣場花園舉辦的民主黨全國代表大會上提名史密斯這個名字？

如果談到在政治勇氣、承擔巨大風險、冒著個人與公眾生涯危機的經典範例，羅斯福接受艾爾．史密斯的邀請絕對是其中之一——他有可能在一萬兩千名黨代表面前遭遇可恥的失敗。

富蘭克林還沒有掌握用支架、拐杖協助走路的技巧，這在幾個月前他參加華爾街私人餐會與商界朋友見面時，就已經廣為人知。那是他癱瘓之後第一次冒險出門。電梯會將他送到樓上，但首先，他必須穿過大廳光滑的大理石地板，才能到達電梯間。他在司機的協助下走到一半，一支拐杖突然從他手中滑出，他癱倒在地，帽子掉到一旁。當他試著讓自己坐起來時，驚訝的群眾圍到他身邊。「沒什麼好擔心的，」為了安撫四周的人，富蘭克林這樣說，並突然爆出一陣大笑：「我們會沒事的。」然後他請兩名年輕人拉他起身，並對司機說：「我們走吧。」有人幫他戴上帽子，他愉快地向人群致意，朝電梯走去。

這次大會上的演說是他這三年來第一次公開露面。在大廳跌倒是一回事，但是冒著蒙羞和危及自己政治抱負的風險，則完全是另外一回事，何況這次的大會將首次於廣播上全國播出。為了盡量減少這種巨大風險，他仔細地訓練並排演。「沒有人知道他有多努力，」愛蓮娜的女權主義朋友瑪麗安．迪克曼（Marion Dickerman）回憶道：「他們在六十五街家中的藏書室裡量出了距離，然後他掙扎、掙扎、再掙扎地行進。」在他十六歲的兒子詹姆斯的支持下，他交替著將重心從左側兒子的手臂上轉移到他右臂下的拐杖。詹姆斯還記得，當父親提起並拖著被鎖在笨重鋼支架內的雙腿，邁向想像中的講台時，憐憫與敬畏只有一線之隔。他的手指有如「鉗子」一般，痛苦地深掐進詹姆斯的手臂。

真正演出的那天晚上，富蘭克林指示一位朋友先搖晃講台以確保講台的承重穩定性。當他介紹候選人的時刻到來時，他將兒子的臂膀換成拐杖，獨自走向講台。「全場一片靜默，所有人都屏息以待。」法蘭西絲・珀金斯回憶道。在一陣漫長的緊張之後，他走到講台上，放下拐杖，雙手像老虎鉗一樣緊緊地抓住講桌邊緣，仰起頭，然後「臉上露出讓全世界都為之傾心的笑容」。甚至在他開始演說之前，現場一萬兩千人就報以熱烈歡呼，對他表現出的勇氣表示敬佩。這與他在州議會時將頭抬得老高的「壞習慣」相去甚遠，那在珀金斯看來似乎是一種高傲的姿勢、是一個英俊又夠格的年輕人無意識的舉止。而現在不同，他僵硬的雙腿與緊繃的肩膀支撐著頭部往上，帶著得來不易的驕傲，也許也帶有一絲戲劇化的自信。這與其說是虛榮心，不如說是克服了對受辱的恐懼，是一種在付出極大的努力、冒極大的風險之後，最終克服困難而萌生的自信。

他飽滿高昂有如聲樂一般的嗓音，要求「來自東部大城市、西部平原和山丘、太平洋沿岸各州以及南方家園與田園」的代表們結束城市與鄉村、潮濕與乾燥地區、天主教與清教徒之間的分裂，為艾爾・史密斯州長「這一位政治戰場上的『快樂戰士』」團結起來。這個稱號是來自詩人華滋華斯（Wordsworth）的一首詩，詩中描述了一個人如何面對生命中的難題、如何「注定必須與痛苦同行／將他的必需品轉變成光榮的收穫」，從那一刻起，這個稱號便永遠跟隨艾爾・史密斯，然而它也力道萬千而簡明地描述了羅斯福自己。珀金斯坐在前排，注意到羅斯福由於「極度疼痛與緊張」於是「顫動與發抖」著，但他的演說「強大、真實、有力」。他屹立不搖，像是一個活生生的象徵，一位真正把自己的痛苦轉化為光榮收穫的人。

愛蓮娜的朋友瑪麗安・迪克曼說，當羅斯福結束時，群眾「大為瘋狂」，歡呼長達一個小時。「他們在擁擠稠密的大廳呼喊、大吼、尖叫」，馬里蘭州黑格斯敦市的《早晨先鋒報》（*Morning Herald*）如此報導。《雪城先鋒報》（*Syracuse Herald*）記者寫道：「我一生中見過許多英雄事蹟，但是我從未見過如此優秀的精神勇氣的展現。」《紐約世界報》（*New York World*）則評論道：艾爾・史密斯州長有沒有獲得提名（他在第一百零三次投票時落敗）不太重要，因為大會「真正的英雄」是富蘭克林・羅斯福。「逆境讓他擺脫了愛爭吵、矛盾的個人野心以及格局狹小的偏見」，確實，堪薩斯市的強硬黨魁湯姆・彭德格斯特（Tom Pendergast）認為如果羅斯福「身體上能夠承受競選，他會受到熱烈支持而獲提名……他是我見過最有魅力的人」。當天傍晚，愛蓮娜在紐約的家中舉辦一場招待會，富蘭克林雖然筋疲力竭，但還是十分興奮。他一直待在房裡，當瑪麗安・迪克曼前去見他時，他伸出雙臂迎向她說：「瑪麗安，**我做到了！**」

雖然過了四年之後，富蘭克林才又真正返回他的政治生涯，但這場演說是一個關鍵的中繼站。這顆風向球證明他已經取得了極大進展，雖然要成為一位大人物與領導者，前方還有必要的成長之路在等著他——即通往喬治亞州溫泉鎮的路。

羅斯福將一個破爛的度假勝地，打造成一個具有開創意義的療養中心「溫泉鎮」的故事，要從他發現了一個能讓他再次走路的地方開始說起。雖然事實上，他在這裡體驗了另一種不

同的復原，培養出更深刻的謙卑，並且在這個為他和病友夥伴們創造的活力社區中，有著豐沛的靈感交流。

他聽說在喬治亞州的一處溫泉地，有位年輕人透過在水溫攝氏三十度的巨大的山泉水泳池中游泳，而使雙腿重新獲得力氣。因此，羅斯福旅行到梅里韋瑟旅館（Meriwether Inn）想親身試驗。對於這一間曾經受歡迎的度假村，羅斯福的第一印象沒有很好，他記得「幾乎所有東西都壞了」。塔樓式的木造旅館已經荒廢，而且別墅的屋頂也在漏水。但T型池中的活水果然名不虛傳，使他能長時間鍛鍊肌肉，而不會感覺疲勞疼痛。「我每天早上花兩個小時待在世界上最棒的水池裡，」他告訴一位朋友：「這個地方的優點，無疑比所有其他的鍛鍊加總起來還要多。」

過了幾個星期，他就有了一個「直覺」，認為「這裡可以為小兒麻痺症與類似疾病提供一種『絕佳療法』」。他構想一個重新裝修後的旅館，擁有明亮溫暖的房間、整齊清潔的別墅，有醫生、護士與物理治療師等醫護人員，也有許多娛樂與休閒活動，讓病患「過正常生活，同時接受當前最佳的科學療法」。除此之外，他在沒有財務牽絆的童年，就已經熟知歐洲溫泉的極佳療效——在他的想像中，這個地方有類似前景，而且這裡的療程單純、質樸又大眾化。多年後，法蘭西絲．珀金斯細想羅斯福的領導能力時，感嘆著說：「有時他可以真正看透一切」，因為他能直覺地理解不同決策之間，或不同工作之間的互相關連，溫泉鎮就是一個例子。

他能夠將最初的構想變成一個可以容納數百名病患與家屬，並結合度假與治療的綜合中心，顯示出他驚人的創業天賦。他不顧妻子、母親與朋友的反對，堅持投資二十萬美金（約占他財產的三分之二）買下旅館、溫泉、別墅以及一千兩百公頃的土地。這是他完全獨立管理的第一個大型計畫。

在事必躬親、堅持不懈的領導方法下，他和建築師一起打造一個完全無障礙的場地，並就旅館以及周邊建築物的改建上提供意見。除了擔任「諮詢建築師」的角色之外，羅斯福還擔任「景觀工程師」，為草坪修剪提供建議，監督植樹與花園的布置。他設計了高爾夫球場、騎馬小徑、舞廳，以及電影院的格局。在施工階段，他帶著極具感染力的熱情，開車到處為員工加油打氣，就像他和父親在斯普林伍德勘查各個建築工程一樣。他招募員工也極為小心。而他深知有醫療體系支持的重要性，所以他說服美國骨科協會（American Orthopedic Associtaion）建立一套「研究規範」，以計量成果並提交報告。當報告的結論是正面的，他便將整個事業轉為非營利的基金會。此舉使他能夠籌集額外的基金進行整體改善，同時為那些無法負擔全額費用的人提供補助，實現他最初的大眾化想法。

他成為大家熟知的「羅斯福醫生」、「首席顧問」、「心靈導師」、「負責野餐的副總統」與「治療先驅」，所有稱號集於一身。他指導病患在治療池中做早操，然後帶領他們到另一個池子裡，讓他們在歡笑聲中進行游泳競賽、捉迷藏以及水球。下午與傍晚，「有橋牌比賽和撲克牌遊戲，進修課程、電影、短途旅行、業餘戲劇演出」，以及歡樂的雞尾酒派對與晚餐。他的目的不僅是讓病患的身體恢復健康，也要讓他們的生活恢復喜悅與歡樂。他堅持：「我們不能讓樂趣脫離療程，我們必須讓病患每天都更有活力。」他對一位記者說，最讓他自豪的是，他的病人之間產生了「一種獨特的合作、競爭精神，看看誰的進步最大」，並補充「這個地方的精神對於他們的進步有特別成效。在這裡，他們見到和自己一樣的人，並克服了自我的羞慚扭捏」。

在對這一項龐大計畫近四年的細微管理期間，羅斯福經歷了珀金斯所謂的「精神蛻變」。一位老牧師曾經告訴珀金斯：「謙卑是最重要也最偉大的美德。如果我們不自己學習，那麼上帝一定會用羞辱來教訓我們。」羅斯福在溫泉鎮學到的謙卑，不僅限於接受自己的侷限。珀金斯相信，透過與病友們分享這些侷限，透過聆聽向他們學習，羅斯福「滌淨」了那些曾經圍繞著他的菁英氣息。在這次經驗裡，他從「全然的熱情、謙遜的精神與更深刻的哲理」中重生。

他產生了一種強大的、新的同理心，讓他能在情感上與各形各色的人們連結起來，因為他們也曾遭受命運無情的打擊。他用樂觀的精神激勵了整個溫泉鎮，為病友們注入了他不屈不撓的勇氣。一位病患說：「這個地方永遠改變了我們對自己的感受，是他讓這件事成為可能。」另一方面，羅斯福也將自己的抱負與他人的生活做連結，從零打造一個可以世世代代為行動不便之人提供治療的典範機構，他藉此體驗到強烈的成就感。

在溫泉鎮，他找到了一種不同於他原本尋求的治療法。他一開始是前來找回行走能力的（他認為這是競選的必要條件），他知道沒有一個像他這樣癱瘓的人能在政治上活躍成功。一位需要被攙扶的領袖，一位坐輪椅或被抬著的領袖，如何能領導眾人向上提升？拐杖與統御美國是對立的嗎？但如今，他已經知道這些問題的答案了。他發展出不同的領導概念。他在溫泉鎮打造的共享社區，回饋給他深厚的愛與尊敬，這表示一位在行走上需要協助的小兒麻痺患者，完全能行使最高級的領導。他已經與康復達到部分和解，而內心也已經做好準備，重新開始暴露在公眾目光之下的生活。

機會在一九二八年來敲了門，艾爾．史密斯贏得了民主黨的總統候選人，他催促羅斯福參選紐約州長，因為這對黨與他自己都有好處。史密斯認為在這個必須奪下的州裡，羅斯福這個名字能夠提高投票率。史密斯向他保證，民主黨希望的只是進行四、五場廣播演說，以便策略性地加強長達一個月的競選活動。一旦完成競選，羅斯福就能將這吃力的工作交還給這位上尉州長，然後返回溫泉鎮休養。

艾爾．史密斯雖然精準盤算了「羅斯福」這個名字在紐約的影響力，但他卻嚴重誤判了羅斯福這個人。只要羅斯福同意邀請，並承擔起競選州長的重擔，他就會永遠投入。他告訴一名友人：「身在政壇，就要遵守遊戲規則。」羅斯福決心向自己與公眾證明，他有充沛的體力與能力讓他持續艱難的工作，而他所擁有的將超越任何一般的競選。他時常每天演說超過十四次，在三十個不同的場合中進行了三十三次大型演講，此外還做了幾十次的非正式談話和會議。

「這次競選需要驚人的體力，」珀金斯說道：「他真的有點害怕。」她看著羅斯福經歷這個「危險又不舒服」的嚴峻考驗，從消防梯被抱進三樓的大廳，自言自語地說：「天啊，他真有膽量。」而且，他還帶著優雅與尊嚴接受了這「屈辱的入場」。他對所有人都「和藹可親」，他「保留精力」，從不為小事抱怨，也從不為瑣事浪費時間，他說：「如果你不能使用雙腿，而他們在你想喝柳橙汁的時候送牛奶給你，你要學會說『沒關係』，然後喝下去。」

羅斯福在州長選舉中險勝，但是史密斯在全國選舉中落敗了，共和黨的浪潮載著赫伯特．胡佛，將他送入白宮。這毀滅性的失敗讓史密斯大為震驚，他退回紐約奧爾巴尼市，決心成為州長背後的勢力，畢竟是他在民主黨全國代表大會上促成羅斯福的州長提名。

然而，羅斯福在就職前便清楚表明，他也不會做一個被人代理的市長，正如他的競選活動並不被人操縱。羅斯福後來回憶，就在聖誕節前不久，「艾爾來見我，告訴我他的助理貝爾．莫斯科威茨女士（Mrs. Belle Moscowitz）正在準備我的就職演說以及對議會的談話內容。老實說，我認為他完全出於善意……但是同時我也很確定，他自己想要繼續當個州長。當我告訴他，我已經準備好我自己的就職演說，而且對議會的報告也幾乎完成時，他第一次覺得非常錯愕」。

當史密斯極力建議羅斯福任用貝爾．莫斯科威茨為他的主任祕書時，羅斯福的獨立性面臨了第二次挑戰。才華橫溢、充滿活力、盛氣凌人的莫斯科威茨，一直是史密斯不可或缺的助手，就像路易斯．豪爾之於羅斯福。羅斯福答應考慮任用她，但最後在幾經含糊其詞、虛與委蛇與故意拖延之後，他回絕了。羅斯福對法蘭西絲．珀金斯解釋：「我意識到我必須成為州長，而且我必須做我自己。」珀金斯將會是他在奧爾巴尼市的內閣成員，並在華盛頓擔任勞工部長。羅斯福回憶，當他首次同意參選時，他不確定是否能夠承受競選的艱辛，但他自豪地說「我做到了」。他也不確定自己「是否完全康復，能承擔紐約州長的職責，但我還是來了」。羅斯福的抗拒激怒了史密斯：「我造就了你，而現在你如此對我！」愛蓮娜回憶，在羅斯福擔任州長之初，就遇上涉及人身攻擊的慘烈爭鬥，「這結束了我先生與史密斯州長的親密友誼」。

對於羅斯福來說，以他自己的方式重組團隊相當重要，因為他很早就明白，基於他受限的行動力，他的團隊將關鍵性地成為他自我的延伸──這些成員擔任他的「耳目」，前往他無法輕易到達的地方，以故事或軼聞的形式收集資訊，並推動議題與問題。州立機構中為盲人、老人、精神病患與聾啞人士而設的狹窄走道使他難以通行，他派出愛蓮娜作為代理人前往收集資訊，然後返回告知他這些機構執行任務的情況。

「一開始，我的報告非常不理想，」愛蓮娜承認：「我告訴他當天菜單上的菜色，然後他會問，『妳有親眼見到病人用餐嗎？』」於是她學會親自品嚐爐子上的菜，注意他們是否為了掩飾臥房太過擁擠，所以把床折疊藏在門後，她也觀察病人與員工之間的相處情況。這些都是她丈夫渴望知道，並教她辨認的細節。在羅斯福的指導下，不久之後，愛蓮娜變成了一流的調查報告員，她做得十分上手，彷彿羅斯福獲得的是第一手消息。

羅斯福尋求在經驗與特殊知識上，能夠強化他自己廣泛好奇心的團隊成員。當時擔任工業專員的法蘭西絲．珀金斯說：「他的學習動力永無止境」。他在州長官邸接待了來自各行各業、源源不絕的訪客，他們和羅斯福共進午餐、晚餐，並經常過夜。如果他不能走進這個世界，他就會將世界帶到自己面前。由於已經離開州政十五年，他請山姆．羅森曼（一位近期在州議會任職三屆的年輕律師）當他的顧問。當羅森曼還在考慮羅斯福提供的機會時，一家奧爾巴尼的報紙頭版已經刊出這項任命的新聞。「我幫你下定決心，」羅斯福興高采烈地告訴他，而羅森曼並不感覺自己被冒犯。這種親切友善的舉動如何能拒絕？他很快地成為羅斯福最親近的顧問之一，親近到富蘭克林與愛蓮娜甚至邀請他住進州長官邸。很久以後，羅森曼問他的上司，為什麼願意把一個自己不甚了解的年輕人拉進這種「親近又信任的關係」之中？羅斯福回答道：「我能很快了解一個人，而且我對人的直覺很準。」他還說「有時候這個直覺好過漫長又謹慎的調查」。

為了建立起羅斯福在規畫未來相關領域所需的知識，羅森曼招募了雷蒙德．莫利（Raymond Moley）、雷克斯福德．特格維爾（Rexford Tugwell）、以及阿道夫．伯爾（Adolf Berle）這三位哥倫比亞大學教授，組成了後來人稱「智囊團」的核心。這個核心反過來又延伸到不同的領域專家——商業、農業、勞工——之後這些人成為州長官邸裡一批批有趣又有用的賓客。很快地，不斷擴大的專家圈圍繞著州長運轉，就像是一個小型的托勒密宇宙（Ptolemaic universe）繞著地球那樣。

「規矩很簡單。」雷蒙德．莫利回憶道。晚餐的氣氛總是輕鬆愉快，羅斯福鼓勵訪客談論他們的工作、家庭和他們自己，他讓每個人都覺得「對他來說，那一天沒有什麼比這個來訪更重要，他已經為此等了一整天」。用完甜點後，他們移動到羅斯福的小書齋，表示「漫談時間結束」。羅斯福在那裡「以令人精疲力竭的力道」向專家們丟出問題，隨著夜漸深，問題變得「更豐富、更有見識——充分展現出他涉獵內容的廣泛」。莫利很驚訝「羅斯福在夜晚能洗劫這麼多位知識分子」，他事後回想，認為羅斯福很明顯「既是學生、詢問者，又是法官。」

經濟大蕭條並非像無月的夜晚一般悄然無聲地降臨。在股市繁榮之時，就已有天色變暗與暮色較長的徵兆。羅斯福從擔任州長之初，就設計了一套運作方式——派人去調查與搜集資訊，同時找來一群精挑細選的專家——這讓他很早就感覺到有些事根本不對勁。從珀金斯那裡，他得知在勞工市場有一個令人疑惑的「不合常理」，「許多人已經失業太久」。某一次對「國家公共就業服務」的檢視發現，許多人手不足的辦公處出現了爆滿的應徵者，他要求全面檢查這個系統——這在一九二九年十月股市崩盤前，是微小但重要的一步。

一如往常，羅斯福因為接收到抱怨與具體需求的故事而採取行動。珀金斯了解到，把令人眼花的統計數字與真相轉化成真實故事時，羅斯福就能「更好地」理解問題。在波啟浦夕市附近的一個小村莊裡，他訪視了一間毛衣工廠，發現老闆與工人都「害怕又迷惘」。經濟危機之前，這家工廠雇用了一百五十人製作高品質針織毛衣，工人們的工資優渥，而老闆的利潤豐厚，社區蓬勃興盛。隨著經濟蕭條加劇，需求下降，老闆被迫將工作量減半、減少工資並且使用品質低劣的毛線來生產便宜的毛衣。他盡可能維持工廠運作，甚至不惜放棄一切個人利潤。他住在這個村子裡，所有員工都是他的朋友。然而需求繼續下跌，很快將要入不敷出。這家最終被迫關閉的小毛衣廠，既是象徵也是寓言，為「下降螺旋」（the descending spiral）這個抽象的經濟學概念賦予了人性的一面。

羅斯福沒有醫治經濟大蕭條的萬能靈藥。他以逐一解決、反覆試驗的方法提供工作機會給更廣大的人群：如兼職工作、減少工作日、減少工作量、創造小型社區工作計畫等等。珀金斯回憶道：「羅斯福很清楚，我們必須找出一**些**答案，且立刻採取一**些**行動。」儘管他動員公益機構來處理與協調地方救濟工作，並且要求地方城鎮最大限度地利用它們的借貸能力，但面對大蕭條的規模爆炸性成長，這些機制難以力挽狂瀾。

一九三一年的冬春兩季，羅斯福都在等待胡佛總統與共和黨政府的聯邦政策，直到夏末，他才決定「自行領導，並為紐約州採取行動」。他召開共和黨州議會的特別議程，通過一項當時被認為激進的想法——一項由州政府資助的全面失業保險計畫。他一開始就知道共和黨多數派會阻撓他的提案。就像胡佛總統一樣，紐約州共和黨領袖們也相信，私人企業、慈善機構、地方政府是唯一可以面對經濟挑戰的機構。他們堅持，來自遙遠的州政府或聯邦政府的救濟，只會損害美國產業，並且使問題惡化。

羅斯福花了好幾天準備對州議會的報告。他教他的撰稿人（羅森曼與莫利）避開議員而與公眾直接溝通的方式——避免沉悶的事實；創造難忘的意象；把每一項議題轉化成人民的生活經驗；使用日常語言，能用簡單詞彙時就不用深難術語。將「我們正努力建構一個更具包容性的社會」的概念簡化成「我們要打造一個沒有人落單的國家」。

「國家是什麼？」羅斯福以此開場。國家是人民為了「共同的保護與福祉」而建立的，它的重要職責之一，是照顧那些在逆境中、若沒有幫助就無法維持生計的人。在正常情況下，這樣的援助應該由私人或地方捐獻來提供，但現在非比尋常。長期的失業已經耗盡了數百萬家庭的積蓄與信貸，而一個州政府有義務盡它的職責，**這並非出於慈善，而是出於責任**。他要求州政府透過對有能力負擔的富有市民徵稅，以「提供公共工作給失業者」，而「如果找不到工作」，那就從「公共基金」中提供「食物、衣服與庇護」等形式的失業保險。共和黨領袖們反對這項法案，他們將之替換成州長所謂「沒用」的措施並且準備休會。羅斯福威脅否決該法案，並且要求議員重新召開第二次特別議程，直到通過一項有效的法案。最後，共和黨領袖們讓步了。

全國第一次，紐約州全面的救濟計畫成為其他州的模範，讓羅斯福州長成為民主黨改革派的主要發言人。一九三二年四月，羅斯福在一次著名的廣播演說中，呼籲美國「從下到上而非從上到下」，重新建立失去的繁榮，「讓處於金字塔底端那些**被遺忘的人們**恢復信心」。山姆・羅森曼親眼看到，那種景象對羅斯福來說「不只是演說的抽象概念」，那些被遺忘的人是「活生生的人」——面對沉重債務的農夫；無法與壟斷市場者競爭的小商人；無法維持生計的主婦。羅斯福親力親為的領導風格，孜孜不倦地尋找資料、用可以共感的人性使統計數字活躍起來，這使他明瞭人民的痛苦與困境，並且讓他對大蕭條的影響有了發自內心深處的理解。

在芝加哥舉行的民主黨全國代表大會上，為平民發聲的羅斯福被提名為總統候選人。儘管第一輪投票中，羅斯福獲得了絕大多數代表的支持，但他離三分之二的門檻票數還差了一百零四張票。他的對手是民主黨保守派勢力的代表。經過兩次額外投票之後，情況僵持不下，但幾經奮鬥之後，羅斯福的勢力終於打破僵局。代表們達成共識，德州的約翰・加納（John Nance Garner）將被提名為副總統候選人。作為回報，德州與加州的代表們轉而支持羅斯福，讓他超越神奇的三分之二門檻。

羅斯福一聽到他在第三輪投票中獲勝的消息，就採取了前所未有的行動，立即親自前往會場接受提名。依照傳統，一位由大會選出的委員將會在空閒的月份（或六週內）前往拜訪候選人，向他發出提名的正式通知。羅斯福決定打破這項他所謂的「荒謬」規則，因為這樣他還必須「假裝無知」好幾週。相反地，他展現了一種新奇、大膽、積極的領導方式。在那個飛機通航還不普遍的時代，他從奧爾巴尼市乘坐三引擎客機飛往芝加哥。傳統補救跟老方法如今對國家沒有幫助。他親自來到這裡，表明自己已經準備好要領導這場對抗無能、膽怯與陳舊思想的戰爭。「我向你們保證，我向自己保證，將會為美國人民帶來新政，」他以此作結：「這不僅是一場政治運動，這是一場戰鬥的開始。」

赫伯特・胡佛與富蘭克林・羅斯福之間的對決，彰顯了截然不同的個性、氣質與領導風格，如何以不同的方式面對這個國家的巨大壓力及不確定性。他們兩人都是伍德羅・威爾遜的傑出門生。羅斯福擔任海軍部副部長時，曾經促請民主黨提名胡佛為一九二〇年的總統

候選人。胡佛是精明的生意人，曾在一戰期間擔任過比利時救濟委員會（Commission for Relief of Belgium）主席並取得了巨大成功，深受兩黨的敬重。共和黨一九二八年推舉他為總統候選人。胡佛在經濟最繁榮的時候發表了接受提名的演說，宣稱美國人「比歷史上任何時候、任何地方的人都更接近終結貧困的勝利」。

胡佛對於個人主義、自由市場，以及美國經濟的基本力量深具信心，以至於被蒙蔽了雙眼，使他太晚意識到政府必須發揮主要作用，幫助人民度過這個國家有始以來最嚴重的經濟蕭條。只要股市稍有起色，胡佛便相信並立刻宣布最糟的時刻已經過去；當經濟持續不景氣時，他遭受了猛烈的攻擊，但他仍不願承認自由經濟已經失敗。他採取一種孤立防衛心態，拒絕接受日益惡化的局勢。

相比之下，羅斯福一生都在適應不斷變化的環境。父親的心臟病與最後的死亡，徹底打亂了他平靜的童年生活。當他得知自己再也不能走路時，他嘗試了一個又一個的方法來改善他的行動力。所以現在，當羅斯福競選總統時，他從自己長期遭遇逆境的經驗中建構出願景：「除非我搞錯——這個國家缺少且需要大膽、持久的實驗。選擇一種方法然後去實踐它，這是很基本的。如果失敗了，誠實地承認然後再試另一種做法。**但最重要的是，必須去嘗試**。」

總統大選當天，人民以壓倒性的多數選擇了富蘭克林・羅斯福。在國家處於危難之際，羅斯福的自信、鼓舞與有力的肩膀——象徵著他的韌性——使平民百姓不只能相信他，也能認同於他。富蘭克林年輕時曾夢想平步青雲，直上總統寶座，卻因為小兒麻痺症以及溫泉鎮而中斷。在他入主白宮以及他那活躍、富實驗精神、同理他人的領導力之間，或許我們能找到一個平衡支點。他已經穿過了黑暗，美國人民也同樣可以。

8 林登·詹森——成敗、心臟病與自我價值

「我生命中最悲慘的一段時光。」

詹森從二十歲出頭開始，就抱持著這樣的行事座右銘：「如果能更早起床，跟更多人見面，然後比所有人晚睡，那勝利就會是自己的。」十年來，他一直不停工作，沒有其他嗜好，也沒有培養放鬆心情的方法。他的目標僅僅是取勝：作為辯論教練，他帶領團隊贏得冠軍；作為眾議員理查·克爾伯格的祕書，他贏得國會山莊最佳祕書的稱號；作為國家青年管理局中最年輕的局長，他所指導的專案成為全國楷模；作為新科眾議員，他替德州丘陵地帶來鄉鎮電力，得到了「神童」的稱號。

一九四一年，詹森角逐參議員，那是他人生中最重要的一場競選，但他輸了。林肯也在第一次選舉時落敗，但那並沒有抹去希望或扼殺抱負，相反地，林肯身為一個「熟悉失望」的人，由於獲得最了解他的人們的一致支持（在他自己的新薩勒姆小村莊的選民），林肯因而受到了鼓舞。小羅斯福則認為，他輸掉副總統的選舉是「一次很棒的出航」，因為那段經歷擴展了他在全國的人脈與名聲。

然而選舉對詹森來說卻有更多意義：他認為輸掉參議員是徹底的打擊，是決定他個人價

值的一次公投。公眾對他進行了評量，而他被認為有所不足。這次失敗本該只是政治生涯上的一次阻礙，但對詹森而言，卻成為了一場改變人生的磨難，這不但讓他改變了志向，並導致長期憂鬱，他後來將之描述為「我生命中最悲慘的一段時光」。

詹森——他是小羅斯福的門生，是一個比任何對手都更專注、更願意投入於工作上的人，為何就是不能獲得他夢寐以求的參議院席位呢？

死亡再一次為他的機會與進展打開大門。四年前，他在公園長椅上瞥見報紙頭版刊出詹姆斯·布坎南眾議員的死訊，因而開始了眾議員的生涯。而這一次，一九四一年四月九日，德州參議員莫利斯·謝波德（Morris Sheppard）因為腦溢血死亡，於是不得不再次舉行特別選舉。詹森的助手華特·詹金斯（Walter Jenkins）還記得，那天早上他打給詹森，告訴他這個消息時，詹森對這件事「馬上有興趣」。

一齣精心設計的戲碼，昭告林登·詹森將參選。四月二十二日，詹森私下會見了羅斯福，讓一堆聚集的記者們（正在等候其後的總統記者會）看見了這一位年輕眾議員出入總統辦公室。沒過多久，詹森在白宮的階梯上正式宣佈競選參議員，當記者們被帶進總統辦公室時，親切的羅斯福在裡面等著。一名記者說：「詹森才剛宣布他是德州參議員的候選人，你對此有任何評論嗎？」總統笑著回答：「他也告訴我了。」這名記者說：「你不介入參議員的初選，但我想問一下，你是否看好詹森先生？」

「如果我說是或否，那不是就介入了嗎？你還有在打老婆嗎，有或沒有？」羅斯福問。這名記者隨著總統大笑，他回道：「她人不在，這就是答案。」至此，所有記者都笑成一團。於是羅斯福接著提出三項要點時，氣氛十分熱烈：「現在是由德州選出他們自己的參議員，這是第一點。第二點，我不能參與德州初選。第三點，如果你們問我詹森的事，我只能說他是我一位親密的老朋友，這千真萬確。現在，不要再試圖將這些事情綁在一起！」

競選活動一開始，詹森便想將他的形象與羅斯福綁在一起，彷彿他的導師不只指導，還培育了這位門生。「如果你真的想繼續幫助羅斯福，」詹森一再強調：「那只有一個方式，就是選我。」四年前，詹森在加爾維斯頓初次見到羅斯福時，有人拍下一張照片，照片上他越過德州州長詹姆斯．奧瑞德（James Allred）與總統握手。這張照片後來移除州長，變成了詹森競選的主要形象照，廣告標語是「富蘭克林與林登」。詹森需要全力使用總統的光環，因為他面對三位難以對付的敵手，他們在州內都比他有名望——受歡迎的州長李．奧丹尼爾（Lee "Pappy" O'Daniel）、連五任的眾議員馬丁．迪斯（Martin Dies），以及司法部長傑若德．曼（Gerald Mann）。

德州幅員廣闊，面積比所有新英格蘭各州加總起來還要大，這對詹森來說是一大挑戰，因為他的長處是在力所能及的程度上，連結並說服他人。在一場遍及全州的選舉中，他可能會盡力握到每一隻手（彷彿碰觸本身，就能傳達信念並拉到票），但特別選舉的時間不足且地域範圍太廣，使得他必須以機械化、快速的方式握手。他在第十選區的第一次眾議員競選中，曾在數百個小群體面前進行五分鐘內的即席演說，以便留下十五分鐘與選民進行個別談話。第十國會選區是他現在必須宣傳的二十個選區之一，而在這一大片選區之中，他事實上沒沒無聞。他在每一個選區，都盡可能在最多觀眾前面演說，只與他們相隔著講台。

在這種正式場合上，詹森暴露出無法自然說話的嚴重弱點。他受到自己對參議員尊嚴的認知影響，被迫提高音調，避開了原本讓他即席演說生動、活潑的粗魯詞彙，發表了長達一小時的演講。在他了無生氣的演說結束前，群眾總是漸漸散去。這一位能用「驚人、強力的氣勢」支配任何所到之處的人，卻在舞台布景的框架之下，表現得侷促不安。

林登的信心再一次受到打擊，因為早期一系列的民調顯示，他在四位候選人中遠遠落後。他對失敗的恐懼，開始影響他的身體。「當我的母親、妻子告訴我，我在四人中墊底時，」他回憶道：「我的喉嚨開始不舒服，得在醫院待個兩天。」這兩天變成了兩週，然後惡化成「神經衰弱」，他的競選團隊試圖隱瞞這個情況。瓢蟲夫人回憶道：「他很沮喪，情況很糟。」曾經有一次，詹森就在他首次參加議員選舉期間崩潰了，隨之而來的是盲腸炎，以及一連串身體疾病——皮疹、結腸炎、胃潰瘍、腸炎——政治壓力在他焦慮的身體上肆虐。

後來有人提出了一種策略，似乎能讓他的集會吸引到更多人，同時最小化他演說上的不足，於是他開始重振精神。詹森在擔任辯論教練期間，通常會在各種活動中營造熱鬧的氣氛，提供賽前動員、歌唱，以及運動比賽才會看見的啦啦隊。如果把傳統的政治動員，變成馬戲團般的娛樂活動呢？就像他年輕時在亨利社區的野餐會一樣，讓它變成一場熱情洋溢的綜藝秀與滑稽喜劇，結果會如何？

這樣的計畫需要挹注大量資金，詹森透過阿爾文．維爾茲牽線，從德州富豪那裡取得資金，包括布朗路特建設公司（Brown and Root Construction Company）的創始人喬治・布朗（George Brown）與赫曼・布朗（Herman Brown）。布朗兄弟籌措了數萬美元的非法公司資金，將這些錢歸類為員工的「合法費用」或「獎金」，讓員工以個人名義捐獻給詹森的競選活動。競選團隊能用這筆錢聘雇一位有魅力的電台主持人與成功的廣告製作人，也能用來製作與行銷戲劇／音樂活動，撰寫劇本、聘請藝人，並將二十四人的爵士樂隊、歌手和舞者送到各地演出。這些在戰爭時期被稱為「愛國慶典」的晚間活動，由身穿白色晚禮服的爵士樂隊表演開場，接著便唱起〈美麗的美國〉（*America The Beautiful*）等愛國歌曲。

觀眾的熱情被激起之後，詹森就出現在舞台上。他站在自己和羅斯福握手的巨大照片前，「脫下外套、捲起袖子，進行他的即席演說。他放下他的架子，開始講正經事」。他誓言要做一個能把事情幹好的參議員，他保證會做羅斯福總統希望他做的事——而事實上羅斯福已經要求他去做了。隨之而來的是這場大肆宣傳的晚會高潮，也是所有人都還沒離席的最大原因：每個人在剛進場時就得到了一張抽獎券，到時會從舞台上一個巨大球體中抽出數字，而數字對應著國防債券與郵票，幸運中獎者會得到價值一到一百美元不等的獎品。

隨著群眾不斷擴大的規模與高漲的熱情，詹森的民調數字也隨之上升，從原本在四人競賽中墊底的五％，攀升到二〇％，以及最終的三〇％。在最後一週，甚至微幅超前原本領先的奧丹尼爾州長。但民調只反映了一部分情況，當時的德州政治腐敗成風，在東南部的某些郡，地方長官們可以在勢均力敵的選戰中「交付」任何需要的選票。由於有資金注入他的競選活動，詹森輕而易舉地贏過其他人，在德州南部確保了受控制的選票。到了選舉日，詹森覺得勝券在握，剛開始的開票結果給了他一個良好的領先優勢，也因此媒體上出現了一張他被競選工作人員高高舉起的照片。

就在那時，興高采烈的詹森鬆懈下來，公布了購買的選區，而傳統做法上會一直隱瞞到所有選票都送入開票處後才會公布。提早發布消息加大了詹森領先的幅度，到晚上結束時，詹森領先了五千張票，雖然農村選區仍然在陸續計票中。《麥卡倫每日報》（*the McAllen Daily Press*）的頭版寫道：「詹森拿下參議員選舉。」《達拉斯新聞》（*the Dallas News*）則說：「唯有奇蹟能讓羅斯福指定的人選出局。」第二天，這個「奇蹟」發生了：一大批投給奧丹尼爾的選票，突然出現在德州東部由地方長官把持的鄉鎮。因為詹森已經公佈了手上的王牌，奧丹尼爾的競選團隊便明確知道他們需要在哪些地方獲勝。當所有選票都「清點」完畢時，奧丹尼爾宣布以一千三百一十一張選票的領先而勝選。

當詹森準備回到自己在眾議院的位子上時，他害怕自己過去幾年在華盛頓所贏得的尊敬與愛戴會減少。從他的角度來看，由於遭遇失敗，他重返國會的心情已經和離開時有所不同，他覺得自己讓努力支持他的羅斯福總統失望，甚至丟臉。「我們給予他所能給的一切，一切，」羅斯福的顧問湯瑪斯·柯克蘭回憶道，但「他沒有贏」。詹森非常焦慮不安，覺得已經失去了白宮對他的好感，於是他克制自己，不打電話給總統。「我覺得，我已經用我不穩定的信用開出了太多支票，」他私下對奧瑞德州長說：「我已經信用破產，我不想再有任何

一次跳票。」最後羅斯福找來詹森，他在白宮的一次私人會見時，試圖用詼諧的方式來鼓舞詹森：「林登，顯然你們德州人還沒學會我們在紐約學到的一件事，那就是當選舉結束時，你必須坐在票箱上。」儘管羅斯福一直支持他，詹森仍然很沮喪。他不再是那位神童，他不再被認為前途無量了。他只是四百三十五位眾議員中的其中一個，他要留在一個所有人，包括他過勞的幕僚在內，都知道他已經失敗的地方。

如果形容詹森在一九四一年的敗選是一場嚴峻考驗，並拿來與其他三人相比，似乎太過誇張——讓林肯衰弱的憂鬱症，使他的朋友拿走他房裡的所有刀子、剪刀和剃刀；老羅斯福在同一天、同一間屋子裡失去了妻子與母親；小羅斯福罹患半身癱瘓、威脅到他所有夢想的小兒痲痺症。除非，我們考量到詹森一直以來的不安全感，以及他如何將公眾與私人生活融合在一起。

從他在孩提時期偷聽父親與友人在門廊上交流的政治故事開始，政治就占據了他的心思。這個男孩跟隨父親到州議會大廈，並在助選行程中備感幸福地陪伴著父親。雖然詹森在參議員選舉失利後，一度考慮退出公眾生活，但由於他沒有其他政治出路，只好在輸掉參議員特別選舉之後，仍然繼續待在眾議院的位子上。他也無法在自己的私人生活中找到慰藉，他的私人生活基本上就是用來推動他的公眾生活的，他的消遣幾乎都與公眾事物有關。連吃飯這件事，基本上都只是到不同的地方吞下營養物。詹森吃也政治、喝也政治，連睡也是政治。

林肯在夢想（把伊利諾州打造成全國經濟典範）破滅之後的幾個月內，他重執了律師業務，這個職業為他的社交天性提供了他所渴望的友愛，同時也給予他閱讀、傾聽、學習與鍛鍊說故事技巧的時間與空間。老羅斯福運用他繼承而來的財富買下土地與牲口，並在惡地打造一個舒適的牧場，他在那裡一天騎馬奔馳十六個小時，參加為期五週的趕集、狩獵，並探索自然的活動，改善他的身體，進而漸漸消除抑鬱。薩拉・羅斯福為小羅斯福買下溫泉鎮並將其發展成為一個治療中心，小羅斯福在那裡以「羅斯福醫生」、首席諮詢師以及精神導師的身分，找到一種結合訓練與娛樂的獨特療癒方法，為小兒麻痺症患者重拾他本人從未失去的樂觀與幽默。

這三個人都從悲劇性的命運轉折之中重新站起，並且增加了自己的領導力。但是，如果逆境最終導致了性格的陰暗、猜疑與憤怒呢？如果悲慟與失落導致同理心萎縮，取而代之的是累積權力與財富的衝動呢？這就是詹森的例子。他的失落，暴露且放大了他性格中消極的一面，進而危及他的領導力。直到一次嚴重的心臟病發作，讓他更新自己的優先事項，重新設定人生路線，並重建了他最初在科圖拉市所展現的決心：用自己累積的力量來改善他人生活。

年輕的詹森在第一次眾議員任期內所獲得來自富蘭克林・羅斯福的助力，讓他看不清眾議員的制度結構與他擁有的領導才能根本不相稱。羅斯福總統對他的興趣、提供的門路與保護精神，使這位年輕的國會議員以看似迅速而具影響力的方法能幹地工作。而在輸掉參議員

選舉後，詹森返回國會，這時總統越來越忙，被不斷擴大的世界大戰搞的心煩意亂。詹森在這個越來越不適合他的機構裡，漫無目的地待著。

一九四〇年代的眾議院鼓勵一種緩慢的權力增長，這全然基於長壽的年資制度。重要的議員都已投入好幾年，甚至數十年的時間來提升自己的領導地位。在這樣的體系內，往往需要延長被動等待的時間，詹森的長處（抓住機會的本能，他比任何人工作得更努力、快速的能耐）於是變得無效。

簡而言之，眾議院不適合著急的年輕人。山姆・雷本在五十八歲當上議長之前，已經在眾議院工作了二十五年。詹森害怕自己活不久，於是加劇了他個性特有的緊張感。詹森家族有心臟病史，他父親的健康狀況在四十五歲左右時開始衰退，在五十多歲時第一次心臟病發作，然後在六十歲生日後幾天去世。幫助林登在山姆休斯頓高中獲得教職的叔父喬治，五十七歲時因為心臟病發而過世。依照這樣的家族病史，林登無法承受數十年的時間，以蝸牛般的速度緩慢向上。

眾議院的規模也不利於詹森的長處。眾議院的成員因兩年一次的選舉而經常更換，這讓詹森難以建立起人際網絡，而這一向是他的領導權力核心。他的身形、他的侵略性以及他果斷的意志力，讓他在面對面的關係中擁有別人無法企及的優勢。「我一直都相信，」他說：「只要我能讓一個人與我走進一個房間，我便能讓他成為我的朋友。」然而，他和聽眾之間的距離越遠，他就變得越平淡、越壓抑、越沒有影響力。詹森揣摩他人願望與動機的能力，有賴於重複而非正式的交流，而這在眾議院裡並非常態，那裡有四百三十五位眾議員，被分隔在不同的辦公大樓裡，而且保護這些議員的工作人員的人數正不斷增多。

此外，由於詹森面對大批群眾的演說會不自在，他也無法透過對不同議題發言，或當場加入議會辯論來建立全國的聲譽。「我們有些人一直在議事廳裡為自由主義的理想奮鬥，」一位來自加州的代表記得：「但他遠離議事廳。而當他在那裡時，他非常、非常沉默。」當然，詹森持續為選區人民服務，然而那些例行職責再也無法滿足他無窮的野心。「我一直覺得他有點不安，」他的議會同僚費雪（O.C. Fisher）回憶道：「他想要征服一個更大的世界。」事實上，詹森自己認為，自一九四一年到一九四八年在眾議院的七年時間，是充滿折磨的煉獄。

毫不意外，詹森的萎靡不振與興趣缺缺，影響了他與幕僚之間的關係。「他時而憂鬱，時而暴怒，把自己的失敗歸咎於另一個人，或者所有的人」，歷史學家藍道．伍茲（Randall Woods）寫道。詹森對人越來越粗暴，「有一天，只因我替詹森先生找電話號碼的速度不夠快，他朝我丟了一本書，」一位女性員工回憶：「後來我就有點怕他。」甚至在參議員選舉之前，詹森兩位服務最久的助手瓊斯與拉提莫就已經離職。瓊斯在眾議會工作不到一年內，就知道他「必須離開」，不然會被詹森「吞噬」。拉提莫撐完一年才離開，他回想：「我真的做到快死了，我沒有喘半口氣。」很快地，詹森找來了能幹的人補上瓊斯與拉提莫，儘管舊團隊的「局長」依然暴虐且反覆無常，但新團隊少了詹森極度專注的精力，缺少了在重要而有益的計畫上共同參與的激情，所以從未實現舊團隊那樣的同志情誼。

雖然詹森的夢想從來不是財富，但他開始投入越來越多的時間、精力在獲得財富上。珍珠港事件後，他在海軍服役了一段時間，接著他在國會裡等待時機，將職責轉給幕僚，把時間花在累積財富，不到十年就積攢了一筆鉅款。來去無常的金錢，一直是詹森家庭裡的重要角色。父親生意上的興衰起落，為林登的童年帶來許多爭吵與不安全感，也影響了詹森家族在鎮上的形象，有時甚至讓他感到丟臉。

詹森價值數百萬美元的帝國，是由他妻子「瓢蟲夫人」建立起來的，她在一九四三年收購了德州奧斯汀郡一間瀕臨破產的老舊電台KTBC。瓢蟲夫人才剛從她的信託基金拿出一萬七千五百美元買下這家小電台，聯邦通信委員會（Federal Communications Commission）便特別關照這家企業，允許它增加輸送功率，將廣播時間延長至一天二十四小時，禁止一切競爭，並且准許聯播網路。這些有利的條件，最後帶來一份利潤豐厚的電視台合約，並讓詹森接著在銀行證券業、房地產，以及畜牧業進一步投資。「就像兩棵並排生長的小橡樹，」一位《華爾街日報》記者描述：「林登．詹森在政界與商界的事業蓬勃發展——它們的樹幹平行生長，但枝條交纏在一起。」

從前那一位科圖拉小學校長，當初只為了幫墨西哥裔學生購買裝備與修繕運動場地，就花掉自己大部分薪水，對比現在這一位政治立場隨著財富而逐漸右傾的議員，很顯然林登．詹森在輸掉參議員選舉後，已經在創傷中失去了方向。他早期政治生涯（國家青年管理局的經歷、為清除貧民窟與提供農村電力的奮鬥）給予他的人生指引與意義，那種為他人改善生活的抱負已不復存在。如今，他只專注在自己身上，失去了伴隨著追求權力的使命感，失去了對領導力至關重要的雙重野心。

詹森的迷失，在他偉大的政治導師小羅斯福去世後更加嚴重。當參議院席次在一九四八年出現空缺時，他決定最後一次嘗試進入參議院。當他準備在日漸保守的德州開始競選活動，他變得更加右傾，甚至拋棄他原先對於「新政」的忠誠。「我認為『新政者』這個詞不恰當。」他告訴一位記者。雖然他仍然相信羅斯福支持的「水力發電發展」以及一些其他計畫，但他說：「我相信自由企業，而且我不相信政府需要做任何人民自己能做的事。政府應該盡可能不要干涉。」

儘管他花了七年等待這個機會，但是四十歲的詹森對參選與否仍舊不安。這次沒有特別選舉的安全網，結果非贏即輸。一旦敗選，他也會失去眾議員的位置，同時他十年的資歷也將消失，更會將他排除在華盛頓的公職之外（他自二十多歲以來未曾有過這種狀況）。「我只是無法忍受失去一切的想法。」他坦言，好似他的身分就取決於他的職務與地位。親友們都敦促他參選，但他仍然猶豫不決。一群朋友厭倦了等待，建議他說服他前任國會助手約翰·康納利（John Connally）參選。就在那天下午，詹森宣布他要競選美國參議員。

再一次，競選所帶來的壓力讓詹森開始浮現各種身體上的問題：發燒、發冷、胃痛、頭痛、抑鬱，甚至腎結石。「你必須明白，政治人物——我是說好的那種，都是怪胎，」詹森告訴競選的工作人員喬·菲普斯（Joe Phipps）：「任何不時要跪下來乞求選民投票給他，以證明他們愛他的人，都有病。這取決於他的執迷程度，他可能病得非常、非常嚴重……試著把我當成一個病重的、親愛的親戚，或者一個需要關心、同情、安慰和愛的朋友，他知道自己有天會好起來。這個病……到下次選舉之前都不會復發。」

詹森的主要對手科克．史蒂文森（Coke Stevenson），是一位連任兩屆、有名望的德州州長。在競選之初，他得到了令人望而怯步的支持度。然而，在一黨獨大的德州，贏得民主黨初選就等於是秋季當選的保證，選戰因此圍繞在候選人的魅力上。沒有人的性格比詹森更獨特，在選戰中，他一天工作二十個小時，握手、做簡短演說、接受電台訪談。「他甚至在浴缸裡工作，」他的祕書桃樂西．尼可斯（Dorothy Nichols）回憶道：「你會住到小鎮的一間小旅館，然後被叫進浴室和詹森議員說話。你進去時，他就在浴缸裡跟你說話，同時兩、三個祕書會進來拿信。從來就沒停過。」

詹森深知，浮誇地抓住選民的注意力非常重要，於是他搭直升機穿梭全州，這件事當時還沒有候選人試過。這架被叫做「詹森城風車」的直升機，只是用來吸引德州偏遠地區選民的工具。這就像是小羅斯福年輕時，在第一次參議員競選中，坐在花俏的紅色麥克斯韋爾裡面，從一座穀倉移動到另一間牧場，如今詹森把樂趣、噱頭和刺激與現代競選技巧結合起來，再加上技術人員、複雜的民調，以及廣播廣告。他會盤旋在城鎮廣場或當地的足球場上，以附在直升機起落架上的擴音器，大聲宣布自己的到來：「我是林登．詹森，你們的下一屆美國參議員，我馬上就會降落，我想和你們每一個人握手。」如果小鎮沒有適當的降落地點，他就會參考一份選民民單，上面的選民來自不同的小鎮與村莊，過去幾年曾寫信給他。「瓊斯先生，你好，」他的聲音從頭頂上轟然響起：「我是你的朋友林登．詹森。很遺憾我們今天無法降落，但我想讓你知道我在乎你，並感謝你不吝來信與評論。我只是想讓你安心，並且希望你能告訴你的朋友們，請在選舉時投票給我。」

選舉日當天，投票結果非常接近，兩位候選人都無法自行宣布當選。兩人都克制住，玩著少算、多算、保留與適時放話的遊戲。然而這一次，詹森陣營採取了更精明的手段。一九四一年，過度自信的詹森急於掌握隔天新聞頭版的勝利消息，提前透露他「買來」的選區票數。「一九四八年，我們學乖了。」詹森助理華特．詹金斯回憶道。而過度自信的史蒂文森陣營提早公布了他們的投票結果。「但我們不催促那些我們已經有強大選票的郡的選民，我們更希望這些地方在最後一刻還有所保留。如此一來，如果有任何形式的『騙術』，史蒂文森陣營也來不及回擊。」

「他們在德州東部偷票，」詹森的支持者奧斯汀市市長湯姆．米勒（Tom Miller）說道：「我們在德州南部偷票，只有耶穌才知道到底誰是真正的贏家。」但計票的並不是耶穌，最後詹森獲得「壓倒性的勝利」，以八十七張票的些微差距，贏得他覬覦已久的參議員席位。

靠著這僅僅八十七張票，詹森進入了一個與眾議院截然不同的機構。它具有完全不同的權力動態，更符合他性情與他令人敬畏的領導力。參議院比較小、比較緊密，程序規範較少也更加穩定（參議員六年一任，不像眾議員兩年一任）。參議院的理想人選，是藉著與人近

距離面對面，在小團體互動中發揮說服力、展現魅力，吸引與征服別人的領導者。參議院的一項「慣例」與「潛規則」，是要求新人當「學徒」一段時間，對長輩展現敬意，不要在議事廳上有太多發言，專注在學習這些被期待的「行為準則」——而這些都是詹森長久以來已經培養出的思維習慣。

如果詹森在其他時代當上參議員，可能無法完全發揮他獨特的領導天賦。例如在參議院的「黃金時代」中，由於缺乏在正式場合有效演說的能力，會使他難以獲得認可。那個時代是內戰前幾十年，當時參議院會就當前的重大議題展開辯論，而偉大的演說者將成為全國重要人物——麻薩諸塞州的丹尼爾・韋伯斯特（Daniel Webster）、南加州的約翰・卡洪（John C. Calhoun）、以及紐約州的威廉・西華德。詹森現在進入的參議院，完全符合他的招牌領導風格；就像喬治・瑞迪（George Reedy）所說，詹森那時是「天時、地利、人和」。

詹森到參議院不久，就想辦法搞清楚這個機構的運作機制。這位參議員新人很快就意識到，有一個非正式聯盟掌握了權力，這個聯盟是由南方民主黨員與保守派共和黨員組成。他們雙方達成了一項協議，保守派共和黨人將與南方一起投票反對民權立法，而作為交換，南方的民主黨員將會反對自由主義的社會和經濟措施。這個聯盟是為了打擊羅斯福的「法院包裝計畫」[1]而生（諷刺的是，這個方案讓詹森進入了國會）。多年來，聯盟透過緊握策略委

1 由於最高法院裁定「新政計畫」違憲，小羅斯福尋求改變司法運作的方法，因此《一九三七司法程序改革方案》（Judicial Procedures Reform Bill of 1937）又被稱為「法院包裝計畫」。

員會主席的職位，以及展現出敏銳與專橫的議會行事風格而鞏固了權力。在這個內部俱樂部裡，地位不容置疑的領導者是理查．羅素（Richard Russel），幾乎每一個參議院的人都敬重他。

詹森從一開始就明白，羅素的指點將是他在參議院中獲得影響力的關鍵。當然，他不是唯一意識到羅素在參議院中獨特地位的新人，但只有他率先採取行動，去討好這位威嚴的資深參議員。「要想在這世上出人頭地，你得靠近那些帶頭的人。」以前，詹森找到一份在校長辦公室外擦走道地板的工作時，他這樣告訴他的大學室友。而進入參議院不久之後，他就意識到：「想要每天見到羅素只有一個方法，那就是在他的委員會上獲得一個位置。做不到的話，我們就只會像擦身而過的點頭之交。所以我要求進入參議院軍事委員會（Armed Services Committee）——很幸運地，由於我先前在眾議院做過防禦性戰備工作，所以我的要求獲得批准。」雖然這兩人在性情與風格上大相逕庭，但他們對於工作都同樣投入。參議院是單身漢的唯一去處，正如羅素代表了參議院，以及雷本代表了眾議院那樣。

詹森尊重、敬愛這兩位導師，盡責地為他們服務，同時也充分利用了他們。他理解這兩人下班後的焦慮和孤寂，「羅素在參議院找到了家的意義，」詹森解釋道：「因為家裡沒人為他煮飯，所以他一大早就到國會大廈吃早餐，然後待到很晚，在對街吃晚餐。在這些清晨與傍晚，永遠會有一個夥伴陪著他，一個跟他一樣努力且長時間工作的參議員，那就是我，林登．詹森。每逢週日，參眾兩院都空無一人，靜悄悄的，街道也一片死寂。對於一個政治家，尤其是羅素那樣孤身的人來說，這是很艱難的一天。我知道他的感受，因為我自己也在數著時間等待週一到來。所以我一定會邀請羅素共進早餐、午餐或早午餐，或是只是週日時一起讀報。他是我的精神導師，所以我想關心他。」

一個有抱負的參議員，必須面對時間與資源分配的核心問題，這將決定他未來的角色——國家議題的發言人、地區領導者，或是特殊領域的專家。詹森的目標是在黨的運作中，取得一個具領導性的職務，於是他把目標放在公認不太重要的助理黨魁，也就是黨鞭。只要透過努力和運氣，他就有可能成為黨的領導人。在一九四〇至五〇年代，大部分參議員會避開這些幹部職位，因為在根深蒂固的內部俱樂部權力之下，這些職位多半只是象徵性的。而且，聚集選票這一耗時的工作會讓黨領袖們困在華盛頓，沒時間應付國內的反對派。一九五〇年，民主黨黨鞭與民主黨的少數黨領袖都在改選中落敗，失去了連任機會，這並非巧合。

詹森如往常一樣迅速行動，試圖抓住到來的機會，讓自己晉身黨鞭。他意識到其他人都忽視了這個位置的潛力，所以他極力向羅素懇求，稱這個職位是他「人生中最渴望的目標之一」。一九五一年，在羅素的支持下，他成為歷史上最年輕的黨鞭。兩年後，當少數黨領袖的位子因為另一次的競選失敗而出缺時，他發起了一場特別而變化莫測的競選活動，儘管起先遭到自由派反對，但他最終還是全票當選。

到目前為止，詹森在每一個領導位置上都明白一件重要的事：開始時必須大膽又引人注目。這一次，他對委員會的任務分配開啟了戲劇性的轉變。他發現有一些新人相當憤恨不平，因為他們被資深參議員阻撓參與重要的委員會，於是詹森說服羅素與其聯盟成員，至少讓每一位新任參議員選擇一項委員會職務。雖然這需要做一些資歷規定的調整，但詹森讓內部圈子相信，現有體制扼殺了有活力的年輕人才，而這些人可能對參議院整體有利。由於這一改變，詹森立刻獲得所有新任參議員的支持與感激，他們自此之後視他為守護者。

在贏得參議員新血的支持之後，他小心謹慎地不怠慢資深參議員。相反地，他迎合年長的參議員，用他一如既往的方式去迎合他的長輩。他協助他們籌備委員會，提供他們各種議題的簡明摘要，並公開對他們表示極大尊敬。他們隨著年紀增長而變得遲鈍：「他們害怕丟臉，渴望被關注。當他們獲得關注時，彷彿沙漠上出現湧泉，除了完全支持、依賴我之外，他們的感激之情是無法表達的。而且，我一直都喜歡花時間和老人家相處。」

在當選黨領袖之後的幾個月裡，詹森用指數成長的速度來擴展自己的才能，將操作與程序任務轉換成真正權力的來源。他憑直覺，洞悉了信差、守衛與約見祕書等日常職務深藏的潛力。根據規定，黨領袖要負責安排自由辯論的議案，詹森欣然地承接了這項艱難任務。如果有同事需要立刻對一項寵物的法案採取行動，或想延遲一項有爭議的法案，他會尋求詹森的協助。他將另一份日常工作化為影響力的來源，這是他在參議院規則中發現的，他發現了一個漏洞能讓他將分配辦公空間的職責，從議事和行政委員會的手上，移到黨領袖辦公室。沒多久，詹森的盟友在新的參議院辦公大樓中，就有了挑選安身之處的優先選擇權，那些反對他的人被分派到較小、較老舊的辦公大樓。

詹森在參議院取得成功的核心，在於他那著名的「讀懂人心」的能力。他能揣度與他來往的每一個人的欲望、需求、希望與野心。如果老羅斯福在州議會的學習速度讓每一個見識過的人震驚，那麼見過林登．詹森早期在參議院工作的人，絕對也會驚奇萬分。詹森可以在很短的時間內，記住整個機構、人員、規則與慣例。「當你和所有參議員打交道時，」他解釋道：「那些好人和瘋子、工作狂和懶惰鬼、聰明人和庸才——你必須馬上知道兩件事。你必須了解他們身為政治人物所共有的信仰與價值觀，以及他們對名聲和榮譽的渴望，然後你必須了解，最能牽制某一位參議員的情緒是什麼。」

無論詹森從他夥伴們身上了解到什麼，他都不會忘記。隨著時間一久，他在腦中建立起每一位民主黨參議員的綜合形象：他的長處與弱點；他對於參議院，甚至對更高職位的志向；他能夠承受多少壓力，以及用什麼方式承受；他喜歡喝什麼酒；他如何看待他的妻小；最重要的是，他如何看待自己——他想要成為什麼樣的參議員。隨著詹森對於同事的心理素描越來越私密與廣泛，他的政治直覺準確得幾乎不會出錯。他對於兩黨同事的需求、欲望的了解鉅細靡遺，使他能夠分派參議院代表團的位子、滿足一位參議員到巴黎旅行的願望，以及讓另一位參議員參加北大西洋公約組織會議，以鞏固他在外交政策上的資歷。參議員們欠他大大小小的人情，這些在未來都得償還。

他在參議院裡聚攏權力的每一個步驟，都得到各方的支持，如同一位記者所形容，這是「參議院史上最大、最有效益、最無情地過勞，以及最忠貞的全體員工的」支持。和詹森一起工作從來都不簡單，喬治·瑞迪回憶道。他上一秒可以是「令人景仰、鼓舞人心的領袖」，然後下一秒變成「令人無法忍受的混蛋」。瑞迪描述：「他很殘忍，即使是對那些陪他一起走過最苦路途的人也是如此。他偶爾會用貴重的禮物——像是一套昂貴的衣服、車子，或者給女同事的珠寶，藉此表達對於他人額外奉獻的感激，但這些禮物通常只是另一次連珠炮般臭罵的前奏。」而且一直以來，他的幕僚「都被要求放下一切來等待他發號施令，並被期待為了他的利益而忘記自己的私人生活。」瑞尼每隔一段時間就會考慮辭職，但接著詹森就會做某件「超棒」的事情讓他「忘記自己的不滿」。

在一九五五年，當民主黨人以一票之差成為參議院的多數黨時，四十六歲的林登．詹森當選為參議院歷史上最年輕的多數黨領袖。

靠著他的多重才能——精力充沛，手段多變，意志堅定，能連結人名、人物與事件的政治能力，以及他的執行力，創業般的熱情，還有他令人著迷的說故事天賦——他已經達到了國會立法職位中的巔峰。報紙記者描繪了一幅景象，畫面上超群的政治機器能讓已經熄火的東西再次啟動，也讓整個議會在沒有仇恨也不過熱的情況下保持運作。

如果林登．詹森最終「登上了世界之巔」，那麼他也為此付出了高昂代價。在總結參議員上半年成果的一場記者會上，他「完全炸了自己的籌碼」。有一位記者問了讓他反感的問題，他於是大吼「去死吧你」、「你可以滾出去了」。記者會被迫中斷，新聞媒體們都大感錯愕。雖然他的團隊成員都在門後面見識過詹森傳說中的暴躁，但一般在公眾場合，他都能控制住自己的脾氣。

七月四日那個週末，詹森苦於一種奇怪的昏沉感、消化不良，以及加劇的壓力，最後他決定難得休假一次，到他的朋友與贊助人喬治．布朗位在維吉尼亞州米德爾堡的鄉間莊園度假。在前往米德爾堡的兩個小時車程中，「我的胸口真的開始痛起來，」詹森回想：「就好像我用一架千斤頂升起卡車，但卡車滑脫之後壓碎了我的胸口。」幸運的是，當時另一位客人也曾犯過心臟病，所以認出了他的症狀：「天啊，老兄，你心臟病發作了。」救護車把詹森載到華盛頓的貝賽斯達海軍醫院（Bethesda Naval Hospital），那是最近的一家大型心血管科醫院。詹森一位老朋友波許·奧多爾夫（Posh Oltorf）和他一起坐上救護車。「情況很緊急，他非常痛，」奧多爾夫回憶道：「我想他一定覺得，在我們到那裡之前，自己可能已經死了。」但在這一段磨難之中，詹森仍「非常無畏與勇敢」，奧多爾夫補充說，「如果他是腳趾痛，他會抱怨，而且期待很多同情。但他在這件嚴肅的事情上恰好相反」。

瓢蟲夫人在醫院裡等著他，他到院時已經陷入昏迷，徘徊在生死關頭。每度過一天，都大大增加他的生存機率，但是醫生告訴媒體，這位多數黨領袖絕對不可能立刻返回工作崗位，而且他「接下來幾個月都不能做任何事」。《美聯社》（*Associated Press*）的標題高調寫著：「心臟病讓詹森從白宮人選中落馬。」某些政治傳聞則說，心臟病不只讓他競選總統的希望破滅，而且他可能無法重執多數黨領袖的沉重工作。他的政治前途被打斷，甚至已到盡頭。

詹森陷入了極度憂鬱，他彷彿在哀悼自己的死亡。他消沉的程度，就如同他從顯赫高峰跌落的深度。他所珍視的一切都在危險之中——他目前的成就、他未來的抱負。這不同於一般預期在心臟病發作後的抑鬱。「他就只是躺在那兒，」瑞迪回憶道：「你會覺得他完全沒在那裡，在你身邊的只是個無意識的機械分身。」

「然後有一天，他起床了，大聲叫人過來給他刮鬍子，不到幾分鐘，整個該死的醫院就開始運轉。他霸占整個通道，架設好幾台打字機，在那裡以飛快的速度口述信件。」是什麼讓他從死氣沉沉的狀態中甦醒過來？很明顯，那個靈藥並非醫生和護士所給，也不是瓢蟲夫人日以繼夜的服侍。讓他恢復生氣的，是那四千多封表達關切、慰問，與關愛的來信。「他會一直、一直，不斷重複讀信，」瑞迪記得：「喔，他正在那些信件中取暖。」最後，「我們無法將全部信件放在他房間，否則他的空間會不夠」。詹森在那些信件中，狂喜地看到「大家都愛他」，而這點燃了他內心想要回報這種關愛的強烈渴望。就像他會立即回應選民那樣，現在他立刻起身回覆每一封信件，他需要和那些人重新連結。速記員被分配在醫院走道上的每一處醫生辦公室，打字機不停工作，醫院十七樓成為忙碌的場所。這些信件不只占據他的時間，娛樂了他，同時也轉移了他的注意力。它們為他注入了活力，好似給他輸血一樣。

「時間是你擁有最寶貴的東西，一定要善用它。」這是詹森經常掛在嘴邊的格言。但現在的情況比以往更緊急。他一向是工作過度的人，他不休息的努力、長期壓力造成的新陳代謝問題，以及在瘋狂的作息空檔中什麼都吃的低劣飲食習慣，如今都可能讓他致命。他必須改掉這些跟著他一輩子的壞習慣。牧場療養的六個月裡，健康的飲食替代了他早餐的四支香菸與黑咖啡，以及晚餐的煎牛排和炸薯條。他每天在新蓋的游泳池裡游泳，少喝波本威士忌，瘦了十八公斤，並規律地午睡。他努力放慢工作腳步，並緩和他說話時激動的節奏。他花更多時間與妻子和孩子們相處，甚至對下屬的態度更溫和，或至少不那麼苛刻。

媒體傳聞，詹森可能沒有體力重返多數黨領袖的政治重任，為了反駁這種傳聞，他發動了一場讓大眾參與的宣傳活動，編造出一個「完全改變生活方式的人」的故事。這其中包括一個徹底的思維轉變，簡潔地表達在一篇雜誌文章上：「我的心臟病教會我如何生活。」他將自己描繪成一個嶄新的人，過著一種充實而沉思的日子，他閱讀柏拉圖與美國歷史、聆聽古典音樂，並享受佩德納萊斯的大自然、牧場和動物。當記者與採訪者來到牧場時，他們發現他「懶洋洋地躺在吊床上」，手裡拿著一本書，而「史特勞斯的圓舞曲在空中蕩漾」——這是一套配有音樂與道具、完整呈現的舞台場景。

然而，在這籌畫好的形象之下，真正的蛻變正在發生。死神曾與他擦身而過，而在設計好的公眾關係底下，他的內心仍在掙扎。詹森在新政時期的朋友吉姆．羅維送他一本新出版的林肯傳，裡面詳述了林肯在退出政壇的那段等待期中經歷的重大轉變。而現在是詹森的等待時期，是他聚集力量與方向的時刻。

當林肯遭遇嚴重憂鬱症時，他問自己：如果我現在死了會怎樣？我有什麼會被人記住嗎？詹森從「死亡邊緣」回來後，問了自己類似的問題。他已經有一筆可觀的財富，但意義是什麼？他已經學會用美國史上無人能比的靈巧技術，來操控參議院這一台機器。但是聚集了如此之大的力量又是為了什麼？不管一個人的頭銜多麼響亮，沒有目標和願景的權力，依舊與領導力是不同的。

隨著一月份國會新會期的臨近——這是醫生們指定這位療養中的病人返回華盛頓的最早日期——詹森計畫發表一次重要的公開演說，以展示自己無論在身體與精神上都做好了重新全面指揮參議院的準備。他重新出現在公眾眼前東山再起的時間、場合已經選定——十一月

底在德州惠特尼（Whitney）湖邊社區，國家警備軍械庫（National Guard Army）惠特尼湖水壩的落成典禮。雖然城鎮本身很小，但是軍械庫可以容納五千人。先遣團隊打算讓各州人士塞滿會場，讓詹森重返政壇的喜悅成為「每一個人的榮耀」。

整個十一月，詹森在喬治・瑞迪的幫助下緊張地準備演說。雖然他十分清楚自己無法發表一場令人印象深刻的正式演說，但他決心要表現出自己「再度坐上馬鞍」（*back in the saddle again*）——那正是他的出場歌曲。更重要的是，他已經決定要運用演說，重新確立原先讓他進入公眾服務的奉獻價值：政府應該幫助需要幫助的人——無論貧窮、缺乏教育機會、無家可歸、年老，以及生病的人。「我們必須照顧這些人，」他的父親曾不斷告訴他：「那就是我們在這裡的意義。」他已從嚴重心臟病發作的考驗中恢復過來，並重新擁護他父親的直言忠告，如果時間和機會允許，他就決定付諸實踐。

正如小羅斯福在一九二四年代表大會演講（他罹患小兒麻痺症後首次公開露面）之前的著魔般的排練與訓練一樣，詹森每三分鐘就要瑞迪「把『and—和』字改成『the—那』，或是相反……這種吹毛求疵令人難以置信，每一次都要重新打字。我那可憐的祕書重重打那份要命的講稿好幾次」，連她晚上睡覺時「手指都還在飛舞」。祕書瑪麗・拉瑟回憶道：「他甚至在我們從牧場飛去惠特尼的途中修改內容，所以我必須在最後一分鐘再打一遍。」

詹森曾為了在日益保守的德州生存下去，而宣布放棄對「新政」的忠誠，並淡化自己在民權議題上的觀點，但他在這場演說中，提出了一個強而有力的「戰鬥號召」，對於即將到來的國會會期，設定了一個大膽、改革性的明確方向，他的領導力首次擴及至國家層面。他要求擴大社會保險的涵蓋範圍、提高對低收入族群的免稅額度、增加教育和居住的聯邦政府補貼、修改憲法以取消人頭稅[2]、放寬移民政策、保護公共道路與水資源，以及開一張天然氣帳單給有錢的德州保守派——這是保守派鑲嵌在這些自由主義措施中的一根刺。

這份演說被稱為「用心的計畫」，它顯示出東山再起的詹森提倡的社會願景，超越了可能代表民主黨參選總統的阿德萊・史蒂文森（Adlai Stevenson）提出的一切內容。「我從沒見過他如此完全掌控聽眾。」喬治・瑞迪回憶那激動人心的時刻。有幾次，聽眾「站起來、拍手、跺腳，敲桌子或吹口哨表示贊同」。他對於被邊緣化、缺乏教育、居住環境惡劣的人們的憐憫，讓他的演說充滿力量，就像「約書亞下令在耶利哥城吹響號角一般」。他一結束演說，便離開講台，帶著嶄新的自信對聽眾即興談話。「人們走出演講會場時頭暈目眩，」瑞迪說：「他在演講中投入的情緒與熱情令人震驚。」

由於全國媒體都出席了這位多數黨領袖的首次公開露面，詹森的演說獲得廣泛報導。他在這場演講上孤注一擲，情緒張力「影響了在場的每一位記者」。自由派的代表人物休伯特・亨弗萊（Hubert Humphery）說：「十二支全壘打和一次三振——很好的打擊率。」亨弗萊特別提到了廢除人頭稅，這最後將「給民權的奮鬥帶來一些進展」。詹森不僅表現了他身體上的準備，且透過充滿激情的演說，顯示出深厚的決心，要讓他的州與國家朝著更美好的未來前進。

帶著明確的意圖，這一位「新政」的浪子回來了。

2　人頭稅（poll tax）會向每一個公民徵課相同定額的稅金，十九世紀時曾為多國的重要稅收。

一九五七年一月，林登・詹森重返參議院多數黨領袖的位子之後，很快就承諾要通過一項民權法案。自《一八七五年強制法案》（1875 Enforcement Act）通過後的八十二年裡，雖然各種民權措施在眾議院中得以通過，但參議院的南方聯盟運用手段阻撓議事[3]，阻絕了任何民權法案的過關之路。

一連串事件讓立法行動有了新的急迫性。一九五四年，最高法院的「布朗訴教育局案」判決禁止公立學校的種族隔離，這加速了民權運動，且引發了南方的暴動，並促使德懷特・艾森豪（Dwight Eisenhower）政府遞送一份法案到國會，以擴大聯邦權力來保護黑人的公民權利，包括投票權。這項在前一年由眾議院通過的法案，在一月初時送到詹森的辦公桌上。儘管有很長的失敗紀錄，但他告訴朋友們，在夏天結束之前，他會讓民權法案在參議院安全過關，這將是八十多年來的第一次。

當他研究眾議院最初通過的共和黨法案之後，他立刻明白，如上所言（就像過去數十年間每一項提交給參議院的法案一樣），只要一進到參議院就胎死腹中。有人看見詹森「拿筆畫掉同一段兩次，然後修改了其他段落」，接著預言：「這就是結果！」

他明白，策畫的情節必須分成三幕展開。

在序幕中，詹森必須說服他的精神導師與南方聯盟領袖理查・羅素，讓他相信南方為了勝利而阻撓議事，將會得不償失。民權運動日益高漲的氣勢表明，獲得三分之二選票以確保法案通過只是時間問題，到那個時候，「就沒有辦法阻止各種瘋狂的立法」。除此之外，否決這一項法案將使參議院陷入癱瘓，並迴避因應南方最根本的問題：經濟停滯。如果南方能接受民權運動上不可避免的細微、漸進的進展，它有可能會成為國內最繁榮的地區之一。如果它拒絕前進，它將仍然維持經濟停滯。

詹森向羅素保證，他會刪除任何關於社會、經濟一體化的內容，讓法案限制在保護投票權上。他承諾取消為了執行該法案，其中賦予總統派遣聯邦部隊到南方的權力。他還將爭取讓陪審團對任何被控侵犯黑人權利的南方人進行審判，而這一策略對被告極為有利。當下羅素同意擱置爭議，讓辯論進行下去，因為他心裡知道，如果詹森不能履行以上承諾，阻撓行動便會開始。

第二幕的背景是西部的山地各州（Mountain States），那裡黑人的人口很少，影響也不大。雖然這些州的參議員大部分支持民權法案，但是比起其他北方同事，他們在爭取妥協的付出代價比較小。正是在這個地區，詹森希望找到法案的修正案提案人，讓他能重塑法案，為此他願意交換條件。將近十年，西部的民主黨員一直努力爭取聯邦政府支持，希望在愛達荷州和奧勒岡州邊界附近的地獄狹谷（Hells Canyon）修建水壩，這會為整個地區提供便宜的公共電力。艾森豪政府和他們在南方的保守同盟反對這項法案，聲稱私營企業應該為這項計畫提供融資並控制利息。在一項公開的政治交易中，詹森說服南方人投票支持地獄峽谷水壩，前提

3　阻撓議事（filibuster）又稱為「冗長辯論」，是一種延長辯論或阻擋提案的議會程序。

是山地各州的參議員們與他合作，刪除懸而未決的民權法案之中最令人反感的條款。

詹森一直待在參議院的休息室或是議事廳內，在各個參議員團體中進出，忙於修正、緩和、淡化極端內容，預防某些無法協調的條款，確保大家遵守協議。地獄狹谷水壩的法案剛通過不久，山區各州的參議員便在民權法案的辯論上採取主導的地位，這讓他們北方的同僚們大吃一驚。懷俄明州參議員柯林頓・安德森（Clinton Anderson）在議事廳內提出一項修正案，將該法案的投票權限制在一定範圍內，並去除總統派遣聯邦部隊執行該法案的權力。「我希望見到由參議院通過的民權法案，」參議員安德森說：「這可能是參議院長久以來最後一次明確的機會。」

當安德森提出修正案的時刻，這一位不斷保持警戒的多數黨領袖便知道，他已經獲得必要的同盟。他立刻要求投票，於是修正案過關。幾天之後，懷俄明州的年輕參議員喬瑟夫・奧馬霍尼（Joseph O'Mahoney）以及愛達荷州的法蘭克・丘奇（Frank Church）提出另一份修正案，提供因為違反投票法而被起訴的被告由陪審團審判的權利。隨著這一項附加修正案的通過，詹森擁有了這一份唯一有機會將美國這三個地區連接起來的法案。

還有第三幕——說服北方參議員，讓他們知道通過一項被稀釋的法案總比沒有好，這是一個挑戰。確實如此，《紐約時報》評論道：「如果以希望聯邦政府有決定性作為，全面強化民權的標準來看，這是一項虛弱的法案。」儘管如此，它仍然是「這一道古老的民族創傷的治癒開端」。沒有人比詹森更清楚了解，這項法案只是最初的一步，但在投票權的處理上，「溫和通過」卻是必要而關鍵的一步。他在議事廳內說：「一個選票在手的人，他的命運掌握在他自己手上。」儘管人們繼續說該法案多麼無力，但詹森知道通過比內容還重要。「我們證明了我們做得到，」他說：「幾年之後我們還會再做一次。」

一九五七年九月九日，《一九五七年民權法案》成為這個國家的法律，其內容幾乎與詹森在七個月之前所設想的完全一樣。詹森名字縮寫──「LBJ」的名號，成了烙印在這項法案上的標誌。報紙寫著，是他將西部人、東部人、自由派民主黨員，以及保守派共和黨員全部連結成一個原本不太可能成形的聯盟。是詹森讓參議院沒有在「預期的民主黨大失血」之下通過法案，從而促成了一項妥協，他說服了五位溫和派南方參議員「自願離開南方聯盟」，轉而投票支持北方與西部同事。正是詹森為參議院自內戰時代以來，首次為美國黑人打開立法機構的大門。

全國報紙都認為，這項法案的通過是詹森職業生涯中「最戲劇化的時刻」，這表示大家都同意他是參議院史上最強大的多數黨領袖。「民主黨欠詹森一個（總統）提名，」麻薩諸塞州參議員約翰·甘迺迪隔年宣稱：「他憑實力該得到提名。他對國家的期許和我一樣，但他離阿波馬托克斯太近了[4]。」前美國總統提名人阿德萊·史蒂文森同意這兩件事，他評斷詹森「從表現和能力來看，他是民主黨最有資格參選總統的人，但他有一個很大的弱點：他是南方人。」

二十年前，當小羅斯福第一次見到詹森時，他在這位堅韌又健談的國會議員身上，看到

4　阿波馬托克斯（Appomatrox）是維吉尼亞州中南部的一個城鎮。此處是指詹森是南方人，與南方關聯太深。

了總統的潛質。但羅斯福憑著自己的政治遠見，明白在此之前，「權力的平衡」必須「向南方和西部轉移」。這個必要的轉變，在民主黨人於一九六〇年六月中召開代表大會時還沒完全實現。他們選擇了約翰・甘迺迪為總統候選人。

出於精明的政治算計，甘迺迪為詹森提供了副總統候選人的機會。讓許多人感到困惑的是，詹森接受了這個邀請。他們想知道，詹森為什麼會放棄多數黨領袖這個居高臨下的位置，而接受一個歷史上無足輕重，一個困住才幹與野心的羅網，而且同意服從一個他形容在參議院「從未有過重要發言」之人？答案就在於詹森的職業生涯，他好幾次都能夠在別人看輕的、認為毫無前景的職位中挖出寶物。

他沒能將副總統轉變成更有權力的職位，並非是缺乏嘗試。甘迺迪勝選之後（由於民主黨在德州的勝利，這件事成為可能），詹森提出了一份改革建議，以擴大副總統的職權範圍。當年一月，參議院的民主黨員召開幹部會議時，新的多數黨領袖麥可・曼斯菲爾德（Mike Mansfield）提出一項動議，選出新任的副總統為民主黨會議主席，這會使他成為參議院民主黨員所有正式會議的主持官員。雖然贊成的四十六位參議員占多數，但有十七位反對，他們認為此舉破壞了憲法上的權力劃分。詹森將這次投票看成對他個人的嚴厲否決，於是他告訴曼斯菲爾德讓這項動議作廢，放棄了任何從副總統的職位上帶領國會的希望。事實上，詹森傷得很重，從那天起他退出了國會山莊，不再積極參與立法策略，而那正是總統最需要他協助的領域。

詹森這麼想：「副總統就像一隻德州閹牛，他失去了他的社會地位。」他的精力沒有得到充分的釋放，他失去了舞台中心，於是陷入嚴重的憂鬱之中，只能在他擔任總統的公平就業委員會（Committee on Equal Employment Opportunity）主席的工作上，找到短暫的成就感。該委員會的設立，是為了消除聯邦政府以及有政府合約的公司在招募上的種族歧視。只要是有關民權的會議，詹森就活了起來，以一種「福音傳道」的語氣說話，據歷史學家亞瑟·史列辛格（Arthur Schlesinger）說，這口吻「即為有效」——勝過「總統」或「司法部長」。與此相反，詹森在其他主題的會議上非常安靜，自我隱遁，「幾乎像幽靈一般」。

就像老羅斯福那樣，詹森發現自己根本不是「天生的副總統」。他同樣感到漫無目的、委靡不振，他失去了有意義的工作，無法為自己的存在提供理由。在他職務的儀式性層面——「環遊世界，當接送司機，看人們向他敬禮、拍手」——「全無任何意義」。他「厭惡這一切」。老羅斯福曾經考慮回去讀法學院，或其他能消除下級職位那些無聊、煩悶的事，但詹森無法想像其他的生活。「他覺得，」一位朋友回憶道：「他在政治這條路上已經走到了盡頭。」

我們幾乎找不到同樣有活力的兩個人，同樣都是「穿褲子的蒸汽機」，同樣難以忍受「副總統」一職所施加的結構性限制。然後，對這兩個人來說，監禁副總統的大門被一腳踹開。威廉·麥金利總統在世界博覽會上走向迎賓隊伍時，一位無政府主義者的左輪手槍正藏在手帕下等著他；而甘迺迪的黑色禮車繞過德州學校圖書館大樓的轉角後，進入了迪利廣場（Dealey Plaza）。

E.A. DRINKARD GR
Coca-Cola

THE BANK OF UNITED STATES
THE BANK OF UNITED STATES
UNITED CIGARS

第三部

領導之道：人物與時代

HOW THEY LED: MAN AND THE TIMES

9 轉型領導 Transformational Leadership

林肯與《解放奴隸宣言》

一八六一年三月四日林肯就任總統時，這個家不僅是分裂的，甚至還著火了。就在他當選與就職之間的四個月，七個南方州通過了脫離聯邦的決議。在阿拉巴馬州蒙哥馬利舉行的一次會議上，這七個州的代表組成了一個具備新憲法的新政府，推選前密西西比州參議員傑佛遜．戴維斯（Jefferson Davis）出任美利堅聯盟國（Confederate States of America）的臨時總統。於此同時，持續高漲的積怨也有可能撕裂共和黨。一邊是調解派，他們認為適當的讓步可以讓其餘的蓄奴州留在聯邦；另一邊是強硬派，他們相信讓步會進一步刺激南方陣營的反抗。

林肯從一開始便正確認知到，分裂對於美國的集體生活、共同經歷、共同記憶，以及作為全世界希望燈塔的角色所帶來的嚴重挑戰。他告訴祕書約翰．海伊（John Hay）：「我認為這場鬥爭的中心思想是，我們必須證明民主的政府不是無稽之談。我們現在必須解決這個問題，在自由政府中，少數人是否有權隨時分裂政府。如果我們失敗了，將證明人民無法自治。」

為了應對眼前的可怕負擔，林肯組建了美國歷史上最不尋常的內閣，代表了新共和黨的每一支派別——前輝格黨員、自由土地黨員、反奴隸制的民主黨員，即保守派、溫和派、激進派以及強硬派和調解派的結合體。「我立刻開始覺得我需要支持，」他後來說：「這個重擔需要其他人與我分攤。」布坎南總統刻意選擇了志同道合的人，那些人不會質疑他的權威；林肯則創建了一個由獨立、堅持己見之人組成的團隊，這些人比他更有公共事務的經驗、受過更好的教育也更有名望。他把三個主要競爭對手放在三個最高的職位上，包括國務院、財政部和司法部——威廉・西華德、薩蒙・蔡斯、和愛德華・貝茨——他們每個人都認為**自己**應該是總統，而不是這位來自伊利諾州的草原律師。

當被問及為什麼要這樣做時，林肯的答案很簡單：這個國家處於危險之中。他們是國家中最強大、最有能力的人。他需要他們在身邊。此外，林肯對自己的領導能力充滿信心，能讓這存在爭端、成員各有抱負、具有才幹，卻可能無法運作的群體，融合成一個對美利堅合眾國忠心耿耿的行政家族。

這位總統當選人開始了從伊利諾州到首都的旅程，他向聚集在火車站的朋友們道別。「不在我的處境下，沒有人能懂我這次離別時的悲傷，」他說：「我現在離去，不知何時或是否還能回來。」之後，他想到剛上任數週所承受的種種緊繃與考驗，他對一位朋友坦言道：「它們如此強大，我如果早知道，絕對不相信自己能挺過去。」

林肯被帶往的生活，是一場永遠奮鬥的生活，為國家所面臨的挑戰提供最佳準備。他的性格有一層憂鬱，卻不悲觀，而且受到智慧啟發。他具有深植內心的誠信和謙遜，對自己的領導力越來越有信心。最重要的是，他帶著一種被失敗磨練的心智，能使即將發生的災禍轉變成一個能給人方向、意義以及長久啟示的故事。

沒有其他故事能比亞伯拉罕．林肯首次公布、並隨後實施的《解放奴隸宣言》更能清楚地揭示，在特定歷史背景與特定領導格局之間的獨特化學反應。

一八六二年七月二十二日，林肯召開了他的內閣特別會議，對成員公布（而非討論）他的《解放奴隸宣言》草案。他理解「內閣對奴隸制度問題存在分歧」，並歡迎他們完成保密閱讀後提出任何建議。然而，在一開始，他「希望大家理解，這個問題是在他腦中解決的」，而且「這項措施的責任是他的」。大膽行動的時機已經到來。

是什麼使林肯確定當下就是改變根本（包括發動戰爭、與聯邦為何而戰）的正確時機？他又如何成功說服他那難搞的內閣、軍隊和北方意見分歧的同胞與他並肩作戰？

承認失敗的政策需要改變方向。

一八六二年六月的最後一週，喬治．麥克萊倫將軍（General George B. McClellan）的波托馬克軍團（Army of the Potomac）在第一次主要進攻時慘敗。在一系列殘酷的戰鬥中，麥克萊倫向半島方向進攻南方聯盟國首都里奇蒙（Richmon），但遭到羅伯特．李將軍（General Robert E. Lee）的軍力擊退，迫使北方聯邦軍撤退，大批士兵陣亡，死亡、被俘或受傷者將近一萬六千人。麥克萊倫一度有可能全軍投降。北方的士氣摔落谷底——甚至比牛奔河之役（Bull Run）後的士氣還糟。紐約商人喬治・史特朗（George Templeton Strong）坦言：「我們現在陷入了深淵，帶著厭惡，充滿了悲觀的想法。」

「情勢每況愈下，」林肯回憶起那個仲夏：「直到我感覺我們已經到了窮途末路，無法再執行任何作戰計畫。我們已用盡了所有籌碼，必須改變戰術了。」

收集第一手資料，提出問題。

被擊潰的北方聯邦軍剛剛回到詹姆斯河的哈里遜渡口，林肯立刻決定去探視部隊——慰問傷者、與他們小組談話、鼓舞士氣，也保持他自己的精神。總統意外的訪視，立刻刺激了這支疲憊的軍團。

同樣重要的是，林肯近距離接觸士兵而有機會收集訊息並提問——這些問題與觀察結果，使他大大修正奴隸制度在戰爭中的角色。從爭鬥的一開始，林肯就強調北方是為了維護聯邦，而非干涉奴隸制。正如我們所見，林肯雖然長久鄙視奴隸制度，但他覺得有必要克制內心厭惡，因為必須尊重公眾對於恢復聯邦這項首要之務的看法，也因為必須順從憲法對於既有奴隸制之州的保護。

然而，藉由在營地對指揮官和士兵的第一手調查，林肯逐漸看出奴隸制與聯盟軍之間的強大連結。奴隸為聯盟軍挖戰壕、築防禦工事。奴隸充當司機、廚師、服務員和醫務員。在戰線後方，他們犁田、耕種並採摘棉花。奴隸的勞動使農場與種植場維持運作。奴隸的苦勞使得聯盟國士兵得以打仗。林肯明白，「奴隸對於那些被他們服務的人來說，無疑是一道助力，我們必須決定這一道助力是要與我們在一起，還是與我們對抗。」如果叛軍被奪去他們的奴隸，那麼陷入困境的北方軍隊將及時獲得渴望的軍事優勢。

找到思考的時間與空間。

當林肯開始審視戰爭的黑暗景象，並思考關於奴隸制的新策略時，他需要時間來思考合憲性與頒布解放令的後果。然而，每天白宮的大門一打開，數以百計的訪客與來賓就湧入白宮，林肯幾乎沒有時間放鬆，更不用說思考這個問題的複雜性了。他無論去哪裡「都得穿越那道夾刑」，即他二樓辦公室的樓梯與走廊上的無數人。

在那個關鍵的夏天，他在士兵之家找到了避難所，那是占地三百英畝的建築群，坐落在城市以北三英里的山丘上。這個由政府管理的大院包括了一棟可容納一百五十名殘疾退役軍人的主樓以及一間醫務室、一間餐廳，另外也有一些較小的住房，還有一幢兩層的磚房——林肯和他的家人從六月到十月中旬就住在這裡。林肯早上七點前起床，騎馬前往白宮，傍晚時回到他的鄉村小屋，涼爽的微風緩解了華盛頓令人壓抑的悶熱與喧囂。

士兵之家是個避難所。林肯回憶，他在那裡能夠徹底「認真思索奴隸制度問題的嚴重、價值與微妙之處」。自薩姆特堡（Fort Sumter）戰役打響第一槍以來，有兩個問題（法律／憲法議題與道德議題）便一直僵持不下。在士兵之家的靜謐之中，他終於解決了奴隸制度在憲法保護與道德憎惡之間的鴻溝。

趨於惡化的戰爭威脅到聯邦的存在與憲法本身，為這一困境提供了適當的解方。鑑於奴隸為南方聯盟帶來多方面的優勢，可將釋放奴隸的行政命令視為「拯救聯邦必須的軍事手段」。解放奴隸可能因此成為合法行動，「否則將違憲」。憲法賦予最高統帥「戰爭權」可以抵消憲法對奴隸制度的保護。因此，林肯能夠做出判斷，這將決定他的總統任期與他在歷史上的定位。

但林肯仍擔心這項「解放武裝」只是個單方面的軍事命令。二十多年前，他在鄉鎮演說上提醒聽眾要反抗如亞歷山大、凱撒大帝或拿破崙之類的人，這些人趁著時局混亂，自上而下地強加命令。諷刺的是，為了挽救聯邦，卻需要中止當初創建聯邦時的憲法。他在就職時曾經承諾不干涉奴隸制度，但這項全面的行政命令推翻了當初的承諾——這個手段是基於其他一切做法都失敗的狀況下。

在施加單方面行政權力之前，竭盡全力和解。

四個月前，林肯向國會發出了訊息，要求聯邦政府向四個忠於聯邦的邊境州——密蘇里州、肯塔基州、德拉威州和馬里蘭州——徵求援助，前提是它們願意採納一項逐步廢除奴隸制度的計畫。而作為補償，自願放棄奴隸制的奴隸主將得到每個奴隸平均四百美元的回報。林肯的信念是，任何事都不會比有償解放更能縮短戰事。如果邊境州加入聯盟國的希望被奪去，叛軍定會灰心喪志。該計畫取決於邊境州議會的批准。林肯直接呼籲這些州的公民：「就算你想，你也無法對這個時代的兆頭視而不見——我請求你們冷靜、深入思考這些事，即便這些事可能遠遠超過了個人與政黨。這一項提案，為著共同的目標提出了共同的理由，沒有指責任何人。它預期帶來的改變會像天上的露水一樣緩緩落下，不會撕碎或毀壞任何事物。難道你們不接受嗎？」然而他對國會的呼籲失敗了，因為這將對一個仰賴奴隸制的經濟與社會體系，帶來全面的破壞性變革。

在半島的災難之後，林肯召集了二十八位邊境州代表和參議員開會，並重申他的賠償金提議。令他大為沮喪的是，他們再次拒絕了，並主張「任何形式的解放」都會在忠於聯邦的邊境各州中煽動分裂精神，而且會進一步加劇脫離聯邦者的叛亂情緒，導致戰爭延長而非縮短。

「我是一個有耐心的人，」林肯告訴他們其中一個人：「但你最好搞清楚，只要我手上還有一張牌，我永遠不會放棄遊戲。」他的最後一張牌，就是公布他的《解放奴隸宣言》草案。

情況持續到一八六二年七月二十二日，當時總統召集內閣並閱讀他的宣言。正如弗朗西斯·卡本特（Francis Carpenter）著名的畫作中描繪的那樣，林肯坐在中間。激進派的艾德溫·史坦頓（Edwin Stanton）和薩蒙·蔡斯在林肯的右側。保守派的凱勒·史密斯（Caleb Smith）、蒙哥馬利·布萊爾（Montgomery Blair）與愛德華·貝茨在林肯左側。溫和派的季迪恩·威爾斯（Gideon Welles）與前方的威廉·西華德圍繞林肯——而林肯正是整幅畫的核心與支點。戰場地圖和書籍隨處可見，有些斜靠牆上、有些散落地板、有些則收在架上。這位年輕藝術家的目標是要

為「這一群從未如此得到世界關注之人」帶來不朽名譽。

當總統打開他從口袋裡拿出的兩大張劃線紙，調整好他鼻子上的眼鏡，並開始宣讀一份等同於解放奴隸的法律摘要時，室內一片寂靜。他列舉了各種關於沒收叛亂分子財產的國會法案，重複他「有償解放」的提議，並重申他維護聯邦的目標。接著他說出將改變歷史的一段宣示：

> 為實現目標（維護聯邦）所採取之適宜且必要的軍事手段，我，身為美國陸軍、海軍總司令，下令並宣布自一八六三年一月的第一天起，所有受美國憲法管轄之任一州或諸州內被視為奴隸之人，都不該繼續被認定、允許或維持其奴隸身分，此後到永遠，都是自由之身。

林肯將宣言的生效日定在約六個月後，藉此提供叛亂州最後一次機會，在永久沒收他們的奴隸之前結束戰爭並重返聯邦。在這個國家歷史轉折點上，人們期待了一種與之高度相稱的語言，但林肯用的是一種單調、平凡無奇的語言，絲毫沒有隱喻或詩意。人們徒勞地找尋一句鼓舞人心的短語、找尋一個對解放的道德支持——卻沒有想到《解放奴隸宣言》根本不是一場演說，而是一份法律通知、一份未來受法院審查和裁決的文件。而且，沒有人比林肯更清楚文字的影響力。在戰爭一觸即發的世界裡，他決定擱置自己的修辭天賦，以便跨越派系，避免一切可能引發大火燎原的火光。

除了克制的語言之外，宣言涵蓋的範圍也令人震驚。總統第一次將聯邦與奴隸制結合，成為單一的、轉型的、道德的力量。南方約有三百五十萬被世代奴役的黑人得到了自由的承諾。含有八十個英文詞彙的這段話，將取代關於財產權和奴隸制的立法，這些立法已經左右眾議院和參議院將近四分之三個世紀。讓一些人困惑的是，這項行政命令並不涵蓋忠於聯邦的邊境州內將近五十萬名奴隸。由於這些州並沒有加入叛亂，總統的戰爭權無法用來解放它們的奴隸。不過，即使解放宣言對邊境各州不構成直接威脅，它仍然隱藏著一項潛在警告——如果未來這些州選擇加入叛軍，將得以合法執行命令。

預測各種對立的觀點。

林肯雖然在宣讀宣言之前，就已經表明心意已決，但他仍歡迎內閣的回饋意見，無論是支持或者反對。他清楚了解每一位成員，能完全預料他們的反應，所以他做足準備，回答他們可能提出的一切反對意見。他故意建立了一個團隊，成員各自代表著國內地理、政治與意識形態的主要派系。幾個月過去了，他專心聽著他們爭論維護這個聯邦的最好做法。不同的成員在不同的時刻抨擊林肯，罵他太激進、太保守、獨裁得明目張膽，或無能到朝不保夕。他歡迎他們提供各式各樣的意見，他自己也在腦海中反覆思慮，他讓「每一個拋出的問題，先是這一方，再來另一方」進行激盪，透過這般心智上的苦勞，他終於有了自己的立場。他的決策過程源自於他的獨特能力，即能同時思考所有事件的利弊，這一過程看似緩慢過頭，但一旦他最終決定行動，問題就不再是**做什麼**——而是**何時做**。

戰爭部長艾德溫·史坦頓和司法部長愛德華·貝茨——林肯團隊中最激進和最保守之人——就像書擋一樣坐在會議廳的兩端。只有他們兩個表態強烈支持解放宣言。史坦頓建議「立即頒布」是可以理解的。他比任何一位同事都更了解軍隊的困境，他立刻知道解放宣言將能在軍事上帶來巨大進展。至於憲政主義者貝茨，雖然卡本特將他描繪成反抗的姿態，雙臂交疊、表情嚴肅地避開了林肯的宣讀，但他意外地全心同意林肯——雖然條件是為所有被解放的黑人安排行為教育。

頭戴捲假髮的海軍部長季迪恩·威爾斯則保持沉默，他後來承認這份宣言的「重要性與不定結果」、「嚴肅與份量」對他產生了極大壓迫。那不僅看似「戰爭權的極端運用」，而且他擔心「奴隸主的絕望」可能會延長戰事，並將戰爭的殘酷提升到新高度。站在威爾斯身後的內政部長凱勒·史密斯（來自印第安納州的保守派輝格黨）也保持沉默，但他後來向他的副部長透露，如果林肯真的發布解放宣言，他會立即「辭職回家、攻擊政府」。

姍姍來遲的郵政局長蒙哥馬利·布萊爾強烈反對解放宣言。作為邊境各州的發言人（他在搬到馬里蘭州前，曾在密蘇里州擔任律師），布萊爾預測，解放奴隸會將這些忠於聯邦的州推向分裂主義者的一邊。此外，它會引發整個北方保守派的強烈抗議，使得共和黨在即將到來的秋季選舉中失利。林肯思考過布萊爾所提的各個面向，但得出的結論是，奴隸制度問題的重要性遠超過政黨政治。他提醒布萊爾，他已堅持不懈、多方努力尋求協商。不過，他願意讓布萊爾提出書面異議。

內閣中最激進的廢奴主義者薩蒙·蔡斯卻在總統這項令人苦惱的提議上退縮了。「這已經超出了我建議的範圍。」蔡斯承認，而他擔心大規模的解放會導致「一方面進行屠殺，另一方面更有理由叛亂」。對付這個危險的問題，最好是循序漸進，就像大衛．杭特將軍（David Hunter）在那年初春採用的漸進法，他下令在他自己的管轄範圍內釋放奴隸，包括南卡羅萊納州、喬治亞州和佛羅里達州。後來林肯立即宣告杭特的命令無效，這使得蔡斯與他的廢奴主義追隨者相當苦惱，但林肯堅持：「任何一位將軍都不該做這種事，這是我的責任。」他說。他不認為「應當」將這種複雜的問題交給「戰場的指揮官來決定」。行政領袖需要的就是一項全面的政策。

國務卿西華德有著國際主義的視角，因此他的擔憂跨越了大西洋。如果解放宣言引發的種族戰爭中斷了棉花生產，那麼仰賴美國棉花來養活紡織廠的英、法統治階級，或許會代表南部聯盟國前來干預。林肯也權衡了這個觀點的力量，但他相信，英國與法國的民眾先前曾向政府施壓廢除奴隸制，所以一旦聯邦真正致力於解放奴隸，他們絕不會受到操控去支持南方聯盟。

儘管有各種不和諧的想法與爭執，林肯仍然堅持自己行動的方向。在會議結束之前，西華德提出了一個敏感的時機問題。西華德認為，「由於我們不停撤銷法令，公眾情緒極為沮喪」，因此這份宣言可能被視為「我們撤退時最後的一聲哀啼」。最好是「等到勝利之鷹展翅飛翔」，接著「再將解放宣言掛上牠的脖子」。

「在這個議題的所有思考中，我完全忽略了這個面向，」林肯事後告訴卡本特：「結果我把宣言的草案先放在一邊，就像你在打草稿一樣，等待著勝利時刻。我不時添加或修改幾句話，或在這裡、那裡加幾個字，不安地看著事情進展。」

兩個月來，林肯等待著戰場傳來「勝利之鷹」已經展翅的消息。最後，隨著羅伯特・李帶領的聯盟軍從馬里蘭州和賓夕法尼亞州撤退，形勢發生了逆轉。這一場發生在安提塔姆的戰役約有兩萬三千人死亡，是「美國軍事史上最血腥的一天」，勢不可擋的屠殺讓雙方陷入了麻痺狀態。這場惡夢並不是林肯所希望與祈禱的徹底勝利，卻足以讓他的計畫付諸實施。安提塔姆的消息一傳到士兵之家，林肯立刻修改了《解放奴隸宣言》草案，並在「勝利」後僅僅五天，於九月二十二日（週一）再次召開內閣會議。

房間內的氣氛緊繃到頂點，不過在史坦頓不滿的嚴肅神情下，沒來由地，林肯開始講述亞提馬斯・華德（Artemus Ward）所寫的軼事，內容是一個很荒謬的故事——猶大的蠟像被紐約州一位尤提卡市居民從〈最後的晚餐〉的立體場景中拖出去毆打，而且還因為一個電池導致「三級縱火事件」。華德可笑的法律術語短暫緩解了林肯的緊張，就像他平時會透過幽默故事和犀利笑話來放鬆、分散注意力一樣。除了史坦頓，其他內閣成員都隨著林肯的爆笑而笑了出來，在這黑暗又幽默的時刻釋放了壓力，而他們全都站在一個沒有回頭路的臨界點。

承擔關鍵決策的一切責任。

七月時林肯決定延遲的計畫，是該行動的時候了。「我希望時間點可以更好。」他突然切入解放這個嚴肅主題：「我希望我們是在一個更好的處境。」但正如蔡斯親眼所見，以及他在日記上所寫的——他透露「我對自己以及（猶豫了一下）我的造物主承諾」，如果李的軍隊被「趕出馬里蘭州」，那麼「宣言」就會發布。林肯堅持，這是一個「不會改變」的決定，「這項命令及其所有責任都是他一個人的」。他已經「思考了好幾週，而且他隨著時間越來越肯定這是正確的」。在這些明確的表達之下，他宣讀了宣言的修正版本。

史坦頓發表了「非常有力的支持言論」之後表示，他提議「這項命令如此重要，涉及後果如此巨大，所以他希望每一位成員都能明確地、毫不含糊地表達自己的觀點」。眾人對第一份草案的反應相當令人不安。不過，林肯在接下來的兩個月裡，單獨與每一位內閣成員談話。他的觀點不容改變，他確信，解放是戰爭勝利的必要條件。

蔡斯原先認為比較安全的做法，是由將軍們逐步進行解放，但他現在「完全」同意，他告訴總統，「你對於所有的提議，都經過了良善且公正的設想，現在你已經明確地表達出你的結論」，因此，「我已經準備接受它的陳述，並全心全意支持它」。威爾斯仍然對宣言「惱火」，他認為即使是以「自由為理想」而頒布，這也是一種「武斷專橫的行為」。不過，如果總統已準備好承擔此全部責任，那麼威爾斯也準備好「毫不含糊地同意」這項措施。凱勒．史密斯也以同樣方式表示贊同。他放棄了先前發出的威脅——如果發布就要攻擊政府。十二月時，美國印第安納州地方法院法官去世後，林肯滿足了史密斯長期以來擔任聯邦法官的願望。

蒙哥馬利．布萊爾坦言他依舊「害怕此宣言對邊境各州和軍隊的影響」。林肯同意這一方面確實有風險，「但不採取行動，風險一樣很大」，而必須「以進為退」。布萊爾再次要求提出異議，林肯再次同意，但他最終並未提交文件。他對政府的忠誠是出於自願，既非被強迫，也非受威嚇。

至於西華德，他對於總統的忠誠十分堅定，因此他從沒有想過要反對如此明確的決定。他只有一個實際的建議。他問道，如果林肯在他的任期內刪除他對於支持解放的提議，而改為保證未來所有執政政府都「承認並維持」奴隸的自由，這樣不是更有力嗎？如此一來，政府本身（而不是這個特殊的政府）就是這項保證的守護者。對此，林肯猶豫著是否要做出一個自己無法實現的承諾，但最終，他接受了西華德的建議，認同這項改變的重要性。

第二天當宣言出現在報紙上時，整個內閣一反最初的表現，已經聯合起來支持總統。如果這個非同一般的團隊的成員——聯邦內部不同派系的縮影——沒有在這個關鍵時刻下團結，那麼凝聚整個國家的可能性也就微乎其微。

林肯如何能夠領導這些極度驕傲、野心勃勃、爭強好勝、嫉妒心強又極有才華的人，使他們支持這場戰爭的本質轉移呢？最好的答案在於今日我們所說的林肯的情商：他的同理心、謙遜、堅持、自我覺察、自律與寬容的精神。林肯堅持說：「只要我還在這裡，就不願在任何人的心中埋下一根刺。」他與團隊的日常交流中，沒有吝嗇、嫌惡或私人怨恨的行為空間。他歡迎內閣的內部爭論，但他提醒他們，如果他發現他的同事在公共場合相互攻訐，他會「非常痛心」。這種中傷「對我而言是一種錯誤，而且更糟的是，這對國家來說也是錯誤」。他所要求的禮儀標準就是基於以上的理解，即他們所參與的挑戰如此重大，容不下「心懷惡意的行為」。林肯內閣的組建，最初是受到這種共同使命感的指引，而現在讓團隊賴以為生。他成功將不同性質的團隊聚合在一起，我們能在其中學到什麼？

了解團隊中每一個成員的情感需求。

林肯持續關注內閣每一位複雜個人的多方面需求，從而塑造了團隊領導力。從一開始，林肯便了解西華德在國際與國內的卓越聲譽，使他無比勝任國務卿的職務，而且應該獲得總統的特殊對待。林肯不僅嚮往西華德國際觀的魅力，也喜歡他幹練的相處模式，而且還察覺到他這位同事受傷的自尊（他曾失去原本預期的提名），因此林肯經常穿越街道前去拜訪西華德位在拉法葉公園的聯棟住宅。兩個人在那裡，一起在熊熊爐火前度過漫漫長夜，他們談笑風生、說故事，建立起相互支持的同志情誼。林肯在緊張、敏感的史坦頓身上，也建立了同樣親密卻沒那般歡樂的連結。「他身上的壓力簡直難以估量。」林肯形容是「火星」——他給這位戰爭部長的暱稱。林肯願意盡一切努力來緩和這種壓力，例如當他們焦急地等著戰場傳來的消息時，他會到電報局並肩陪著史坦頓，握手安撫。

由於主要倚重的是西華德與史坦頓，林肯意識到隨之而來的嫉妒黑影。因此，他設法建立與每一個團隊成員的專屬時間：在白宮到海軍部的路上攔下威爾斯、突然造訪蔡斯堂皇的豪宅、與整個布萊爾家族一起用餐，或邀請貝茨和史密斯在傍晚乘坐馬車聊天。

林肯說：「每個人都喜歡受稱讚。」每個人都需要自己的工作受讚美。他經常手寫便條給同事們，對他們的行動致謝。他公開承認，西華德建議在獲勝後才發布宣言，是一項原創而有益的貢獻。當他必須對威爾斯發出命令時，他向他的「海王星」保證，自己絕非暗示「你在處理部門中艱鉅的責任時怠忽職守，我很高興把這個部門交給你，並在你手中取得了可敬的成就」。當他被迫撤換蔡斯任命的一名官員時，他明白易怒的蔡斯很可能會心生不滿。為了不讓情況惡化，他當天晚上拜訪了蔡斯。他將長長的胳膊放在蔡斯肩上，耐心解釋為什麼這個決定是必要的。雖然野心勃勃的蔡斯經常在林肯的權威下受挫，但他承認「總統一直用這樣的個人善意對待我，始終表現出公平與正直的目的，我沒有任何理由隨意丟棄我的責任……所以我還在繼續努力。」

別讓過去的積怨惡化；超越個人。

林肯的老友雷諾德．斯威特（Leonard Swett）觀察到，他從來不依據「自己喜歡或不喜歡他們」來選擇團隊成員。「如果有誰中傷他、惡意針對他或辱罵過他，但這個人卻最適合，他會像對朋友那樣立刻將此人放入內閣」。林肯遵循「寬恕原則」，不在乎別人**過去**所犯的錯，認為「只要**未來**不犯錯就夠了」。

林肯堅持這一原則，為艾德溫．史坦頓打開了成為戰爭部長的大門，儘管兩人原本的關係並不愉快。他們第一次有交集，是在辛辛那提州的一個重大專利案件。史坦頓當時是一位優異、積極的律師，有著全國性的聲望；而林肯不過才剛在伊利諾州嶄露頭角。史坦頓瞥了林肯一眼——頭髮亂翹、襯衫髒汙，而且衣袖與褲子都太短，不合他的長手長腿——於是他轉頭問他的搭檔喬治・哈丁（George Harding）：「你怎麼把一隻……長臂猿帶來這兒？他什麼都不懂，對你沒好處。」然後，史坦頓打發掉這位草原律師。他從來沒有打開過林肯辛苦準備的簡報，也從未徵詢過他的意見，甚至沒和他說一句話。

然而，林肯在那次的羞辱下，產生了一種強烈的自我審視、一種想要改善自己的強烈慾望。他在法庭上待了整整一週，專心研究史坦頓的法律表現。他從來沒有「見過任何事做得如此完美、周密，且準備得如此充分」。史坦頓的搭檔回憶說，儘管林肯從未忘記那一段插曲的刺痛感，但「當他確信將史坦頓納入內閣對國家才最有利時，他抑制了個人怨恨，鮮少有人能做到那樣，他提出了任命」。

史坦頓的私人祕書說：「沒有兩個人的調性能如此天差地遠、難以協調。」林肯會給麥克萊倫這種「固執的下屬」很多機會來「修正錯誤」，而史坦頓則是「強迫他服從，否則就砍頭」。林肯富有同情心、耐性，喜歡開誠布公，而史坦頓卻是剛硬、緊張，並且藏而不露。「他們互補了彼此的性格，而且充分了解他們對彼此缺一不可」。在他們的合作關係結束之前，史坦頓不僅尊敬林肯，他也喜愛林肯。

建立尊重、尊嚴的共同標準；控制憤怒。

當林肯對他的同事生氣時，會寫下一封他所謂的「盛怒」信，釋放出他壓抑的怨氣。然後他會把信放在一邊，直到自己冷靜下來，能好好把這件事看清楚。當林肯的文件在二十世紀初公開時，歷史學家發現了大量這種信，林肯在底下註記：「永不寄出，也永不署名。」這種忍讓為團隊樹立了榜樣。一天晚上，林肯聆聽史坦頓對一位將軍的憤怒，他氣沖沖地說：「我想告訴他我對他的看法。」林肯建議：「何不全部將它寫下來？」當史坦頓完成這封信後，回來讀給總統聽。「很好，」林肯說：「現在，史坦頓，你打算怎麼處理這封信？」「何必問，當然是寄出去！」「我就不會那樣做，」總統說：「把它丟進紙簍裡。」「但我花了兩天時間才寫完。」「沒錯，沒錯，而它確實讓你舒坦。你現在感覺好多了，這才是最重要的。把它扔進紙簍裡。」又抱怨了一陣之後，史坦頓照做了。

林肯不僅會克制怒氣直到平息，他還會建議其他人也這麼做，甚至他也能原諒在公眾面前猛烈攻擊他的人。布萊爾曾在戰爭初期寫了一封大肆批評林肯的信，結果幾個月後意外被媒體公布，尷尬的布萊爾把這封信帶到了白宮並遞出辭呈。林肯告訴他，他無意閱讀也不想追究。「忘了它，」他說：「而且不要再提起，也不要想起它。」

保護同事免受責難。

令威爾斯驚奇的是，林肯一次又一次「宣稱，大家歸咎於內閣團隊的錯誤，是他自己的責任，而不是內閣的責任」。他拒絕讓下屬為他的決策負責，最能說明這一點的例子，是在麥克萊倫將「半島戰役」的慘敗歸咎於戰爭部未能派遣足夠兵力時，林肯為史坦頓公開辯護。史坦頓遭到了惡毒的抨擊，並被要求下台。林肯為了得到廣泛的報導，打造出一個能引人注目的場景，他下令在一點鐘關閉所有政府部門，如此一來，每個人都能參加國會大廈台階上的聯邦大型集會。在轟隆砲聲與海軍樂隊的愛國音樂之後，林肯直接反擊了麥克萊倫的指控。他堅持，已經派了所有可能的軍力前往增援將軍。「戰爭部長不應該因為沒有給予他根本無法給予的東西而受到指責。」接著，隨著掌聲響起，林肯繼續說道：「我相信（史坦頓）是一個勇敢而有能力的人，我站在這裡，基於正義，承擔戰爭部長所受到的指責。」林肯對他這位陷入困境的部長的強烈捍衛，巧妙地平息了針對史坦頓的批評。

最終，正是林肯的性格——他一貫的敏感、耐心、謹慎與同理心——激勵並改變了他政治家庭的每一位成員。在這種團隊領導的範例中，偉大是建立在善良的基礎之上。

然而，在林肯的溫柔和善良底下，他無疑也是所有人最複雜、最有抱負、最任性和堅定的領導者。他們可以吹噓各自的野心，也能批評林肯、嘲笑他、惹怒他，激怒他，甚或對他施壓。這一切都是能容忍的——只要他們帶著工作熱情與才幹，朝向他為他們設定的方向前進，並在緊要關頭時站在同一陣線，正如他在一八六二年九月二十二日公布《解放奴隸宣言》時，他們所做的那樣。

從九月公布一直到一八六三年一月一日生效之間的這一百天，對於林肯在內閣建立的脆弱向心力來說是一項嚴峻考驗。林肯如何度過這一段特別痛苦的時光？

面對讚美與辱罵時，堅持自身立場。

《解放奴隸宣言》發表後三天，副總統漢尼巴爾．哈姆林寫信給林肯，他自信地預言此宣言將「獲得熱情的認可與支持」並「成為時代的偉大行動」。林肯對此的回應卻相當實際，且抱持懷疑。「一個虛榮者的渴望，只在於報紙與名人的讚揚，」他回應哈姆林：「現在股市已經下跌，而且軍隊人數減少、推進速度比任何時候都慢。客觀來看，這不是很令人滿意。」

當選民們前往投票所參加中期選舉時，一股不滿的「惡風」圍繞著他們。紐約的喬治・史特朗在日記中哀嘆：「我們對叛軍的戰事一蹶不振。」由於麥克萊倫對安提塔姆之役的表現非常滿意，結果沒趁勝追擊撤退的叛軍，讓李將軍穿越波托馬克河進入維吉尼亞州。麥克萊倫四處公開表示他不會為了《解放奴隸宣言》這種「被詛咒的教條」而戰，同時拒絕持續進軍，幾乎是公然違抗命令。

人民失望地指責政府的軍事行動未能更加積極。這種看法，結合了保守派對解放宣言的厭惡，為共和黨帶來不理想的選舉結果，正如蒙哥馬利・布萊爾的預測。「我們幾乎失去了一切。」林肯的祕書約翰・尼古拉（John Nicolay）寫道。在國會，反對解放宣言的保守派民主黨人數增加了一倍，共和黨只有些微領先。俄亥俄州、印第安納州、賓夕法尼亞州和紐約州的議會都大幅轉向了民主黨。

林肯被問及對於共和黨失利的感想時，林肯開了一個揮別陰影的玩笑：「這有點像肯塔基州的那個男孩，他去找他心上人時，不小心踢傷了腳趾頭。男孩說他長大了不能哭，但又太痛所以笑不出來。」

找到應對壓力、保持平衡、補充能量的方法。

記者諾亞．布魯克斯（Noah Brooks）寫道：「那個季節所謂的假日最令人不快，城裡到處都是受傷和垂死的人，有很多人從北方來，尋找下落不明、失蹤與受傷的親人，擠滿了旅館。」在中期選舉之後，林肯終於把麥克萊倫從指揮官的位置撤下，因為他的拖延造成了毀滅性的後果。「我開始擔心他是在做假，」林肯說：「他不想傷害敵人。」他選擇被稱為「戰鬥將軍」的安布羅斯．伯恩賽德（Ambrose Burnside）取代麥克萊倫，從而轉換到不同的氣勢。但實際上，伯恩賽德的魯莽卻帶來了災難。十二月中旬，他不顧林肯的決策，率領波托馬克軍團進入弗雷德里克斯堡（Fredericksburg）的「屠宰場」陷阱，導致一萬三千名聯邦士兵傷亡。

一陣指責的風暴從四面八方包圍了總統。謠言四起，傳聞弗雷德里克斯堡那場恥辱的慘敗，將促使英、法支持南方聯盟國，而內閣將要全體請辭，林肯也將讓位給漢尼巴爾．哈姆林。不斷折損的軍力與遍布全國的哀悼引發了人民的恐懼，他們擔心戰爭會在恥辱的災難中結束，而南方會繼續保持獨立，而奴隸制度也維持不變。在這種憂慮與恐懼的混亂中，林肯最痛苦的莫過於士兵的慘死，這些勇敢的人「努力用自己的鮮血與生命，換取這個國家未來的福祉與繁榮。」在那個可怕的冬天，他承認自己比一生中任何時刻都「更沮喪」，基於他生命中所經歷的，這是相當痛苦的陳述。他總結道：「如果有比地獄更糟糕的地方，那我就在其中。」

林肯保持某種平衡的策略是什麼？他如何維持足夠的穩定來度過這漫長冬季？這種緩解壓力的形式，與尋求它的人一樣五花八門。當林肯承受著巨大壓力時，沒有什麼比劇院更能給他更多的休息和恢復。他擔任總統的四年中，他進劇院一百多次。當煤氣燈暗下來，演員們走上舞台，林肯能夠將他的心思「投入其他思想的渠道」。一個鄰座的人記得，某次《亨利四世》第一部的表演上，「他忘記了戰爭。他忘記了國會。他離開了政治，活在哈爾王子的時代」。他明白，人們可能會認為他常去戲院「很奇怪，但我必須從這種可怕的焦慮中解脫，否則它會殺了我」。

然而，戲劇並非純粹逃避現實。因為林肯非常需要消遣來分散注意力，他醉心於莎士比亞最黑暗的戲劇──《馬克白》、《李爾王》、《哈姆雷特》──這不僅僅是一種壓力出口，也是他解決眼前問題的一種途徑。正是莎士比亞的哲學深度，讓這位飽受內戰折磨的領導者產生了意義重大的共鳴。「莎士比亞演得好還是不好，對我來說並不重要，」林肯說：「他補足了思想。」

但仍有些時候，惡夢般的日子與總統的孤獨，成為了讓他難以入眠的重擔。在這樣的夜晚，林肯會從床上起身，穿著睡衣和拖鞋，手裡拿著他翻舊了的莎士比亞作品，然後叫醒他年輕的助理約翰．海伊（他與約翰．尼古拉共享一間白宮的小臥室）。林肯仍能喚醒他內在的表演、說故事、模仿天賦的影子，他會大聲朗讀莎士比亞中他最愛的喜劇段落。他欣賞悲劇的同時，也一樣欣賞愚蠢、奇異或滑稽的故事。悲劇和喜劇之間的窄縫，提供了他所謂的「文學娛樂」。當林肯沉浸在喜劇故事中，藝術家卡本特說，他的笑聲就像「野馬的嘶鳴」。一位朋友注意到，林肯的笑聲就是他自己的「救生用具」。海伊記得，只有當「我沉重的眼皮被他體貼地發現，他才會停下來讓我睡覺」。在一個不尋常、不人道的孤立時期，朗誦是林肯與人分享人性的方式。

在終極責任的孤獨當中——由於他的命令，每天都有人死去——林肯找到了一種方法，透過他的赦免權來減輕悲傷。雖然他的戰爭部長與軍官都堅持認為，在戰場上逃跑、或在站哨時打盹的士兵必須處死，是維持軍紀的必要。林肯卻反而尋求「任何拯救一條性命的好理由」。他研究每一份訴狀，試圖從中理解士兵的觀點——一名想家的少年在夜間逃兵；一名男孩的「意志承受不了生理恐懼」；一名疲憊不堪的哨兵「不知不覺中睡著了」。當他找到了減刑的理由，他說：「我很開心地上床睡覺，因為我想到我的簽名會讓他、他的家人與朋友多麼高興。」他的思緒暫時從無所不在的死亡痛苦，轉向了拯救生命的喜悅。

言出必行。

隨着一八六三年一月一日臨近，公眾表現出一種「普遍的懷疑態度」，端看總統是否會兌現他九月的承諾，讓《解放奴隸宣言》在新年第一天生效。批評人士預測，頒布法案將引發南方的種族戰爭、導致北方聯邦軍官放棄指揮權，並讓十萬人放下武器。解放奴隸的前景，可能會破壞共和黨和聯邦民主黨原有的脆弱聯盟。喬治．史特朗懷疑地問道：「林肯有挺過這一切的骨氣？沒人知道。」

最了解林肯的人不會有這種懷疑。在他一生中，他言論的榮譽與份量一直是他人格的基礎、是他尊嚴王冠上的「寶石」。他與瑪麗．托德解除婚約的失信，導致了一場危及生命的憂鬱，正如他未能透過公共工程履行他要讓伊利諾州經濟繁榮的承諾。他重拾對自己履行承諾與決心的自信，對他的康復和事業的復興相當重要。從那時起，作為一個有家室的人、朋友、律師與政治家，他在發表意見與做出承諾之前都會思慮再三。他無疑會堅定履行他九月份對自己與造物主做過的承諾。「我的話已說出口，」林肯告訴馬薩諸塞州的一位國會議員：「無法收回。」

雖然廢奴主義領導人弗雷德里克．道格拉斯[1]嚴厲批評林肯遲遲不發布《解放奴隸宣言》，但他比大多數人更了解林肯的性格與他承諾的可信度。「亞伯拉罕．林肯可能動作慢，」他寫道：「但只要簽過名，林肯絕不會重新考慮、撤銷或違背那些嚴肅宣示的言論與目標。」對於詢問林肯是否優柔寡斷，道格拉斯斷然表示：**不**。「亞伯拉罕．林肯不會退縮，」他堅持認為：「假如他只教過我們相信一件事，那就是教我們相信他的話。」

為了迎接新年，白宮大門正午時按慣例打開，邀請公眾參加活動。林肯站在會客用的藍廳一連三個小時，「表情親切，甚至微笑」著與一千多名民眾握手，不過正如一位記者後來的描述，「他的雙眼與思緒在遙遠的地方」。那天下午稍晚，他按計畫簽署了這份宣言。

前一天，林肯為最後一次宣讀《解放奴隸宣言》而第三次召開內閣會議。他提出的版本與九月份的草案在一個要點上有所不同。幾個月來，廢奴主義者一直主張徵召黑人入伍。林肯猶豫不決，因為這激進的一步對他脆弱的聯盟而言，不但時間過早而且相當冒險。

然而，他覺得時機已經成熟。他對國會說：「過去和平時期的法則已不再適用於風雨飄搖的現下……既然我們面臨新的狀況，我們就必須重新思考、重新行動。」宣言中加入了一項新的條款——軍隊將開始招募黑人，同時也加上了蔡斯部長建議的一句謙卑結語：「祈求人類的謹慎判斷，以及萬能上帝的恩典。」

簽署儀式非常簡單，只有十幾個人參加，包括國務卿西華德和他的兒子弗雷德（Fred）。弗雷德回憶道，當羊皮紙被放在總統面前，林肯「拿筆蘸了墨水，然後拿著筆在紙上停頓了一會兒，似乎有些猶豫」，但接著他鏗鏘有力地開口了：「在我的一生中，我從來沒有做過比簽署這份宣言更正確的事……如果我將名留青史，那將是因為這次的行動，我整個靈魂都在其中。」不過，他的手臂卻因為先前的握手而「僵硬發麻」，他說：「現在，這個簽名未來將被仔細審查，如果他們發現我的手在顫抖，他們會說『他有點後悔』。」所以他又等了幾分鐘，直到再次拿起筆，用「十分果決、明確、而堅定」的筆跡簽下了字。

整個新英格蘭地區[2]，一大早就有大批群眾聚集在教堂、大禮堂和劇院，等待總統簽署宣言的消息。波士頓的翠蒙堂和附近的音樂廳，有超過六千人守夜。時光推移、懸念加劇——包括弗雷德里克·道格拉斯、拉爾夫·愛默生、哈里特·斯托（Harriet Beecher Stowe）和奧利弗·福爾摩斯在內的演說家紛紛上台發言。到了晚上十點，人群中出現了「一道人影」，但仍沒有任何消息。最後，一名男子向群眾奔跑而來。「來了！在線上！」道格拉斯記錄了人們「歡

1 弗雷德里克·道格拉斯（Frederick Douglass）是廢奴運動的代表人物之一，曾經是奴隸身分。
2 新英格蘭地區位在美國東北角，包括緬因州、新罕布夏州、佛蒙特州、麻薩諸塞州、羅德島州、康乃狄克州。

騰鼓舞」、「和樂喜悅」、「聲淚俱下」的反應，接著傳來歌聲——〈榮耀哈雷路亞〉、〈老約翰布朗〉——將他們團結在一起，直到黎明的第一道曙光。

新英格蘭對《解放奴隸宣言》的歡欣反應，並沒有發生在邊境各州或北方的大部分地區。如果安提塔姆之役的微小勝利緩和了解放的反對意見，那麼弗雷德里克斯堡的恥辱戰敗，以及隨後的冬季僵局，則令憤怒達到了頂點。肯塔基州州長詹姆斯．羅賓遜（James Robinson）在他的就職演說中，建議州議會拒絕這份宣言，他警告說「這個荒謬的教條」將把南方統一成「一團無法熄滅的仇恨之火」。在印第安納州和伊利諾州，以民主黨為主的議會通過決議，呼籲與南方達成和平共識，這將使奴隸制完好無損。他們認為，如果廢奴主義的新英格蘭地區拒絕住在一個寬恕奴隸制的國家，那麼就讓新英格蘭脫離聯邦。在國會中，俗稱「銅頭蛇」（Copperheads）的「和平派民主黨人」利用長期低落的士氣，反對新的徵兵法，甚至公開鼓勵逃兵。來自陸軍軍營的傳聞表明，解放對士兵產生負面影響，許多人說自己被欺騙了——他們參軍是為聯邦而戰，而非為了「黑鬼」。

最高法院法官大衛．戴維斯，即林肯在芝加哥的提名宣傳活動主席，警告他的老朋友「情勢堪憂」。戴維斯認為只有一種「解救國家」的方法：林肯必須「改變解放政策」並重組支持錯誤宣言的內閣。林肯堅決反對這樣一種失敗主義的建議。他坦白告訴戴維斯，他的政策「固定不變」。當另一位老朋友奧維爾．布朗寧擔心北方各州會在民主黨「要求退讓的聲浪」下團結一致，林肯則預測，如果民主黨人走向妥協，「人民就會背棄他們」。他也不擔心解放會讓軍隊分裂。雖然他承認士氣起伏確實加劇了解放的緊張局勢，而且可能導致逃兵，但他不認為「逃兵人數會重創軍隊」。反之，那些受到解放鼓勵的志願兵人數將會超越逃兵。林肯告訴眾多懷疑者，他確信現在是重新整備戰爭的正確時機。

知道何時該退，何時該進。

長遠來看，林肯已經看見了解放的必然趨勢：「誰等待解放，他就會看到解放；而誰擋住了路，他就會被壓死。」他以類似的語氣說：「我說不是我控制了事件，我完全承認是事件控制了我。」不過，如果將他推向解放的是遠勝於總統之上的事，那麼《解放奴隸宣言》的發布時機，很大程度是**他**個人選擇與決心的結果。

「我相信，假如這份宣言是在六個月前發布，絕對不會得到公眾情緒的支持。」林肯後來說：「這樣看來，後續在邊境各州招募黑人的行動也是如此。我認為，這一步如果太早跨出，就無法實現了。有個人日復一日地看著他的梨樹，迫不及待果實快點成熟。讓他揠苗助長，果實和樹木可能會被糟蹋。但讓他耐心等待，最後成熟的梨子就會落在他的腿上！」

林肯小心翼翼地關注著「這一場公眾情緒上進展緩慢卻**堅定**的偉大改革」。他是細心的傾聽者，觀察內閣成員不斷變化的意見。他是精明的讀者，在報紙社論、北方人民的談話，以及最重要的——在軍隊的觀點中，他都能掌握風向。儘管他一直都知道，當宣言開始生效，會有強烈的反對意見，但他判斷反對的力量不足以「擊垮宣言之目的」。一名記者注意到，這種時機的敏感度是林肯天才領導力的祕密：「他總是跟著有利的時局一起行動，而不是等著被事件的力量拖著走，或者太早就浪費力氣與事件爭鬥。」

林肯在宣布《解放奴隸宣言》之前的秋季，經歷過一場精神上的混亂與高壓的反思——與此相比，一旦最終做出這個決定，一種堅決的沉靜便降臨在他身上。對於林肯來說，與思想搏鬥並不是一種比喻，而是一場徹底的心智戰爭，他從中得到十足信心，而且思路清晰。下定決心是一場曲折的考驗，但他現在相信，他漫長的決策過程已產生了正確方向，而國家將準備好、也願意跟隨他。

在人民精神耗竭、戰事疲乏的時候，林肯獲得了強大的重生。其他人看見的是開國元勳們試煉的末日終結，但在他眼中卻是新自由的誕生。事實證明，他對於進步的信念不但正確解讀了時代情緒，而且有助於塑造時代。正如內閣在最終《解放奴隸宣言》公布之前就已經團結一致，因此在林肯領導之下，軍隊招募工作也得以順利進行，而國會也能不顧「銅頭蛇」的反對，通過了政府關於戰爭的一切法案，包括財政與徵兵。四月初，在康乃狄克、羅德島和新罕布什爾州舉行了一次特別國會選舉，這是爭取北方支持的再一次考驗。在這三個州，共和黨人與忠於聯邦的民主黨人徹底擊敗「銅頭蛇」的候選人。正如林肯在黑暗的一月所料想的，這些銅頭蛇對於讓步、和平的論調「走得太快、太遠」。

《紐約時報》指出，這次令人震驚的勝選「讓聯邦政府安全繞過海角，確保了這片海域一切安全。」雖然不那麼容易，但確實有了轉機。林肯明智地讓失敗主義的反對情緒增強，接著努力組織起一種革新精神。他識別、聯合、運用，並有創意地塑造出這一場由解放運動所帶來的接納、融合與賦權的運作——這一個不斷成長的故事，為轉型領導的罕見特質提供了一個範例。

結合「交易領導」與「轉型領導」。

在眾多領導方式的變體中，學者們已經找出兩種看似對立的領導類型——目前較為普遍的交易領導（transactional leadership），以及轉型領導。交易型領導者行事務實。他們訴諸追隨者的自我利益，透過交換條件、討價還價、交換與獎勵以尋求支持並影響追隨者的行為。轉型領導者鼓勵追隨者認同比自身更大的目標——組織、社區、地區、國家——甚至是更抽象的國家理想。這樣的領導者會在追求道德原則和更高目標的過程中，呼籲追隨者做出犧牲，藉由放眼未來以建構一個值得為之奮鬥的將來，從而證明這種利他主義是正確的。

對林肯來說，這兩種領導型式的直接應用，就如同他的褲子適合他的長腿或他的袖子適合他細長的胳膊。對林肯來說，務實的交易策略給了轉型領導原則具體的細節。例如，在康乃狄克、羅德島、和新罕布夏州的春季選舉前，林肯曾發電報給紐約共和黨黨魁瑟羅．威德（Thurlow Weed），要求他乘坐第一班火車前往華盛頓。「威德先生，我們財務窘迫，」林肯在早餐時解釋：「我們急需用於合法目的的資金，但沒有任何能合法取得的撥款。我不知道如何籌錢，所以我請您過來一趟。」在夜晚結束前，威德便已交付了一萬五千美元來資助這個祕密基金，從而影響了這三個州的選民。

林肯可以（他也經常這麼做）依據他試圖說服的群體，從交易和轉型的有利角度提倡解放。林肯在一個又一個城市中組織了大規模集會，目的在於鼓舞聯邦主義者的忠誠精神，並壓制銅頭蛇們的失敗主義。在他的家鄉伊利諾斯州春田市所舉行的某一次集會上，銅頭蛇仍發揮了很大的影響力，對此，他寫了一封長信，並對民眾宣讀。「要慢慢地讀，」林肯指示讀信者，即他的老朋友詹姆斯・康克林（James Conkling）。林肯不加掩飾地寫道：「坦白說，你們在黑人的事情上對我不滿。」然後，他列舉了這種不滿不合時宜的理由。「我認為，在你們為聯邦奮鬥的過程當中，只要黑人在某種程度上停止幫助敵人，那就是在某種程度上削弱敵人給你們的阻力。難道你們的看法不一樣嗎？」他質問道，並從根本上以務實的態度挑戰他們。「我認為，在拯救聯邦的過程中，不管黑人士兵能做什麼，但至少白人士兵要做的事就少很多。」

確認過黑人軍隊提供的實際利益之後，林肯大膽地進入了他訊息中的轉型核心：「如果他們冒生命危險為我們而戰，他們就必須受到最強動機的激勵——甚至是自由的承諾。而這承諾一出，就必須兌現。」最終，這封公開信是一次巧妙的引線，將實際目的提升為道德目標，從而為轉型領導樹立起鼓舞人心的能量。

林肯轉型領導的最大的影響，就體現於士兵對於解放的態度轉變。在戰爭的頭十八個月裡，只有三成的士兵表示願意為了爭取解放而犧牲。大多數士兵只是為了保護聯邦而戰。這一比例在《解放奴隸宣言》之後有了變化。在林肯的領導下，絕大多數的士兵開始認為解放與恢復聯邦是不可分割的。林肯的領導力如何推動這樣的蛻變？他又如何將他的意圖轉移給士兵？

找得到人，容易接近。

林肯從戰爭初期在一般士兵中所播下的信任與忠誠，是軍隊後來轉變的基礎。他在華盛頓附近與戰場上訪視部隊時，與他們一起吃豆子和口糧。他檢查了他們睡覺的地方。他問候他們的家人。他與住在士兵之家的人聊天，並幫助聯邦與聯盟的傷兵。「他在乎我們，」一名士兵對另一名士兵說：「他讓我們上戰場，但他在乎我們。」

無論他走到哪裡，他邀請士兵們，如果覺得自己受到了不公平待遇就去找他。事實上，大約有兩千名士兵相信他的承諾，接受提議來到他的辦公室傾吐怨言、受招待，或只是當面見見他們的最高統帥。林肯解釋說，這種開放的政策是「連接人民與領導階層的紐帶」。這些會面的故事在部隊之間迅速流傳，包括林肯的仁慈，以及他竭心盡力阻止劊子手的事蹟。

在士兵寄回家的書信中，常見到關於林肯的同理心、責任感、善良、親切，以及他對這個大家庭有如慈父般的感情。他們稱他為「自己人」，他們帶著他的照片上戰場。一名威斯康辛州的士兵說：「他的微笑傳達了多麼深切的奉獻、同情與安慰。」他們一次又一次地稱他為亞伯拉罕神父、亞伯叔或老亞伯——這些聖經與親子關係的描述，代表了一種相互的情感負擔與共享的脆弱感。他表情與行為上「同我」的痛苦痕跡，清楚表現了他們一起承受了戰爭損失，並遭受了共同的痛苦。賓夕法尼亞州的一名新兵寫道：「他看起來很傷心……我忍不住祈禱上帝保佑亞伯拉罕·林肯。」顯然，林肯要求士兵做出的犧牲，已經先同樣要求過自己了。另一名賓夕法尼亞州的士兵告訴他的母親，當他服役期滿時，他也不會回家。「一個國家如果和平時期值得生活，那在戰亂時期也值得為它奮鬥，因此我仍然願意忍受軍中艱苦的生活。」

這就是林肯在士兵之中建立的信譽，這不再僅僅是維護聯邦的問題，而是為了聯邦與解放的雙重目標而戰。「如果他說所有奴隸從今以後永遠自由，阿門。」一名士兵寫道，而另一名承認自己「從不支持廢除奴隸制度」，但現在他「已經準備好並願意」為解放而戰。新的方向已經確立，而且被眾人接受。

沒有什麼比招募黑人士兵更能充分體現出《解放奴隸宣言》的變革力量。弗雷德里克・道格拉斯身為黑人軍隊的主要倡導者與招募者，他試圖在一個又一個北部城市內鼓動年輕黑人。「你會站得更直、走得更穩、感覺更自在，」他保證：「只要讓黑人得到他自己的U.S.黃銅扣，讓他的徽章上有隻鷹，肩上有支步槍、口袋裡裝著子彈，天底下就再沒有任何力量能否認他已經掙得了公民權利。」

戰場的號召獲得了黑人的劇烈迴響，成千上萬人報名參軍。不過，當登記入伍的黑人得知他們無法與白人士兵得到相同報酬時，這最初的熱情很快就消退了。此外，他們既不會獲得入伍獎金，也沒有資格成為軍官。道格拉斯覺得自己無法再問心無愧地說服士兵入伍，於是決定直接去找林肯。他回憶起他們第一次開會討論時說：「我從沒有放心得這麼快、又這麼徹底過。」正如道格拉斯所描述的，招募工作由於缺乏「平等對待」而受到阻礙，林肯「認真地傾聽著，表現出極大的同理心」。儘管這在當時是政治上的權宜之計，但林肯當下承認，這種差別待遇的政策是錯的。最後，林肯承諾黑人士兵「的報酬將與白人士兵相同」，道格拉斯後來說自己「沒見過比這更坦率的表情」。這最初的會議建立起信任與尊重的關係，且將在之後的幾個月發揮重要作用。「他把我當人看，他沒有讓我有一刻感覺我們的膚色有任何不同！」道格拉斯後來說：「我現在感到滿意的是，他正在做這個情況下能做的所有事。」

招募的黑人數量不僅創下紀錄——為聯邦戰力增加了近二十萬名士兵——而且根據官方紀錄，他們戰鬥的勇氣相當驚人。詹姆斯．布朗特將軍（General James G. Brunt）在一次早期的交戰後寫道：「我從來沒有看到像黑人軍團那樣的戰鬥……他們打得跟老兵一樣，帶著無比的冷靜和勇氣。」在哈德遜堡戰役（Fort Harrison）之後，有一位白人軍官公開承認：「你不知道我對黑人軍隊的偏見，就在前幾天的戰役中消除了。黑人部隊表現得非常優異，戰鬥英勇，沒有比那更強的。」林肯強調，「即使先前反對他宣言的指揮官們，現在也相信解放政策與膚色不同的軍隊，會是對叛軍最有力的打擊」。

將抱負放在集體利益，而非自身利益之上。

整個國家對解放的認可與接受度，卻隨著聯邦軍隊的命運而搖擺不定。儘管聯邦軍在蓋茨堡（Gettysburg）大獲全勝，但李將軍的軍隊再一次逃脫並重新集結，接著在斯波瑟韋尼亞（Spotsylvania）、冷港（Cold Harbor）和彼得堡（Petersburg）一連串噩夢般的戰役中擊敗了尤利西斯．格蘭特將軍（General Ulysses S. Grant）的聯邦軍隊。對於北方與南方而言，一八六四年的春天是身體和精神枯竭、黑暗與死亡的時期。截至夏末在軍事行動中失蹤、傷亡與被俘的人數，北方軍已超過五十八萬人，南方軍則接近四十七萬人。絕望，引發了不惜一切代價尋求和平的「狂怒吶喊」。

籠罩北方的絕望情緒威脅著林肯的連任。共和黨全國委員會主席亨利·雷蒙德（Henry Raymond）在八月下旬警告林肯：「形勢對我們非常不利。」如果選舉在那時舉行，他很可能失去連任機會。共和黨委員會成員對林肯連任的前景表示懷疑，他們尚未動員黨內機制。問題不僅在於缺乏軍事上的成功，他們同時也懷疑林肯所堅持的解放，是否就是和平的主要障礙。雷蒙德告訴林肯，如果要讓共和黨有勝選的機會，他必須在統一的「唯一條件」下「重新開始和平談判」，將奴隸制度的問題留待未來處理。

「我承認我渴望再次當選，」林肯承認。「我有人性上普遍的自尊，希望我過去四年的行政管理得到認同」，而同時「我想完成這項工作」。不過他仍然拒絕雷蒙德的請求——即派遣專人到里奇蒙與南方聯盟國總統傑佛遜·戴維斯會面。林肯認為，在沒有要求結束奴隸制度的情況下試探和平的條件，是「徹底的毀滅」。他寧願面對敗選也不願中止解放。他激烈地宣稱，如果他放棄了對聯邦和自由這雙重目標的承諾，他會「立即且永遠被咒罵」。此外，那些指責他「為了廢除奴隸制度而進行戰爭」的人也必須明白，「沒有任何人類力量能不靠解放的槓桿來平息這一場叛亂」。**堅定**這個詞，尚不足以表達林肯在他立場上所展現的鋼鐵意志。

亞特蘭大在九月三日的陷落，使北方人精神為之一振。「今天早上有極好的消息，」喬治·史特朗欣喜若狂：「這是戰爭中最偉大的事件（出現在這場政治危機中）。」歡慶的頭條占據了北方的報紙，人群聚集在城鎮中放響炮與搖鈴，而幾週前曾寫說林肯連任「無望」的老友雷諾德·斯威特，如今也相信是上帝賜予聯邦這場光榮勝利，讓「這一艘航行在暴風雨的巨浪中險些傾覆的船隻恢復平穩」。

兩黨都很清楚，大規模的軍人投票很可能影響選情。民主黨人記得喬治・麥克萊倫曾經激勵部隊的奉獻，於是選擇了這位前將軍作為候選人，而他們的競選綱領是將廢奴與統一分割，從而承諾盡早結束戰爭。「我們確定會有三分之二的（士兵）投票給麥克萊倫將軍，彷彿陽光普照。」一名民主黨職員得意地說。

士兵的選票對林肯而言也非常重要，但原因遠比影響選舉結果的意義更深遠。他相信由於在戰爭共同注入了心力，他們之間有著強化的同袍情誼。林肯與一般兵的情感如此親密，以至於他表示，如果自己非得選擇，那他「寧可在士兵支持（他）的狀況下敗選，也不願在士兵不支持的狀況下勝選」。

那種狀況沒有發生。林肯以兩百一十二比二十一的差距橫掃選舉人團（Electoral College），並且贏得超過七成的軍人選票。士兵們投票給林肯時，都知道這可能加大了他們的個人危險，並加長他們在戰時的役期。然而他們為了更偉大的集體利益（林肯在與他們的談話中強調），因此投票時選擇違背自身利益。這場選戰「不只是為了今日，而是為了今後所有日子，」林肯用許多方式一再強調：「我偶然臨時占據了這偌大的白宮。你們的孩子可能也會像我父親的孩子一樣盼望來到這裡，而我就是活生生的見證。這是為了讓你們每一個人都能透過我們所享有的這個自由政府，獲得公平機會以發展你們的產業、企業與智慧；這是為了讓你們在人生的競賽中享有平等的權利，擁有人類所有美好的願望。為了這個目的，這場抗爭應該繼續下去。」當士兵們前往投票時，他們投的不是自己的安全，而投給這一位代表他們共同奮鬥之理想的人。

贏得第二個任期點燃了林肯的決心，使他的解放行動超越了南方叛軍，進而囊括這整個國家。他盡可能快速地尋找在美國境內廢除奴隸制度的正式保證。這種保證不能基於行政命令，而必須通過憲法修正案寫入國內法。

對於受憲法保護之奴隸制度，「行使戰爭權」讓規避成為可能。現在，懷柔的憲法必須以憲法修正案的形式，提供它自身永久廢除奴隸制的解方——即一八六五年一月六日提出的第十三條修正案。三週之後，林肯得知三分之二的通過票數還差了兩票，於是透過他在國會山莊的密使進行強烈運作。他讓大家明白，他交易型的行政權力已經延伸到為親友提供政府職位、赦免、海外職務，以及競選捐款。他們沒過多久就把這兩張票搜出來了。當最後的計票結果公布時，一名目擊者形容，「歡聲雷動，美國國會從未傳出如此猛烈的歡呼」。隔天晚上，林肯對一群前來白宮獻唱慶祝的人說，這是「對全國與全世界的祝賀」時刻。但他提醒他們：「我們面前還有一大任務——讓國會以這般崇高之姿起始，在各州投票支持之下向前邁進，並將它實現。」

一週之後，波士頓音樂廳舉行了慶賀國會通過《憲法第十三條修正案》的盛大集會，廢奴主義者威廉・蓋里森（William Lloyd Garrison）在眾人面前提出了一個問題：「對於這個能挽救美國的重大修正案，美國欠誰最多？我相信我有信心回答是伊利諾州那個卑微的劈柴工——

是為數百萬受壓迫者打斷鎖鏈的總統——亞伯拉罕・林肯。」

林肯迴避了「偉大解放者」這英雄般的稱號。「我只是一個工具，」他堅持：「是整個國家的反奴隸制人士與軍隊做了這一切。」這般謙遜並不代表他沒有抱負。與此相反，林肯從年輕時便一直懷著改變世界的強烈抱負。他在三十歲出頭跌入憂鬱的低潮，那時他曾向約書亞・斯畢德坦言，他很樂意去死，但他還沒「做出讓任何人記住他曾經活過的任何事」。如今世人將記住他。當斯畢德在林肯簽署《解放奴隸宣言》後不久來到白宮，這兩個老朋友回憶起林肯當初那段艱難的時光——那時他想被世人記住的渴望，驅使他從沮喪之中恢復過來。林肯遠遠超出了他年輕時的偉大夢想，如今已回報了他的同胞們。林肯毅然地提到解放宣言：「我相信在這個案子中，我最大的希望將會實現。」

林肯沒能活著見證他以《解放奴隸宣言》起始的任務完成——一八六五年十二月，有四分之三的州批准了《憲法第十三條修正案》。奴隸制度，即過去他說是憲法隱藏的「腫瘤」，終於以可怕的代價切除了。「國王一觸，萬病皆癒。」他如此談到了預期中的修正案：「它為一切上緊發條。」

在林肯與他時代的巨大融合中，他推動、引導並啟發他的內閣、軍隊和他的人民。他在發表《解放奴隸宣言》前一個月告訴國會：「同胞們，我們不能逃避歷史……我們所經歷的這場嚴峻考驗，不論光榮或恥辱，都將照亮我們直至最後一代。在**給予**奴隸自由的同時，我們也向自由之人**確保**自由——我們所給予與所維護的都同樣高貴。我們若不高尚地拯救，便會貧乏地失去這世上最後、最美好的希望。」

透過他的領導語言，一種道德上的目的與意義銘刻在內戰的長期痛苦之上。亞伯拉罕．林肯確確實實地促生了這個社會轉型的過程，讓我們得以回顧在他**之前**與**之後**的美國。

10 危機管理 Crisis Management

老羅斯福與煤礦罷工

「用這種方式進入總統任期是件可怕的事，但是對此感到遑遑不安才是更糟的事。」威廉．麥金利總統折騰數日仍不幸身亡之後，西奧多．羅斯福在給友人的信上寫道：「任務在前，我必須盡我所能去完成。這就是我該做的一切。」

人心恐慌，警訊四起，除非羅斯福再次保證有一隻穩健而謹慎的手正在掌舵，否則股市將會崩盤。因此，這位新任總統立即要求麥金利每一位內閣成員留任。他的朋友們擔心有些人可能不會對他「忠誠」，但他說，如果那些人繼續「忠於工作」，那才是他最在乎的忠誠，而「如果他們不是」，他會立刻改變他們。同時，他聯繫了保守派領袖，也是麥金利最親密的朋友馬克．漢納。眼下的情勢是漢納最害怕的，他曾經警告共和黨人不要讓「那個瘋子」羅斯福擔任副總統。

「我希望你對我，就像對他一樣。」自律的新總統對痛失摯友的漢納說。此外，他還提出了一項和解的承諾：「在這個沉重的喪慟時刻，我希望聲明，我將繼續奉行麥金利總統的政策，以實現國家的和平、繁榮與榮譽，絕不動搖。」

羅斯福雖然公開承諾延續政策，但他也知道，如果他不折不扣地推行麥金利的保守政策，那麼在他將共和黨重塑為進步力量的奮鬥中，「他所支持的一切都將成為謊言」。從州議會、警察局再到州長，羅斯福在各級政府都有豐富的行政經驗，這讓他察覺到這個時代的潛在危險：崛起的巨大信託基金在一個又一個領域中，迅速將競爭對手一一吞噬，這張無形的貪腐之網讓政商大老、日漸集中的財富、擴大的貧富差距、骯髒的移民貧民窟、勞動階級中的暴動情緒，全部串聯在一起。

因此在上任第一天，西奧多·羅斯福就向記者們表示，儘管他支持維持現狀，但一個新政治時代的黎明將至。他提醒他們，《憲法》讓他有權繼任總統，並且他決心「盡一切言行，表現得像他才是人民選出的總統，而不是麥金利」。他在黨政治大老與改革者之間無盡的衝突、攻訐中嶄露頭角。他不信任且害怕前者，也經常對後者感到失望。如果靜候時機以避免市場動盪是必要之舉，那麼任何人認為他會遵循麥金利所提出的親商路線，都是嚴重誤解了他的性格和意圖。

羅斯福強大個性的影響力讓人立刻明白，是新的領導者在主事，而且他用一種與前任總統完全不同的方式來看待這個國家的挑戰。「他活力十足的渲染力讓這個國家意識到白宮裡有一個新的人，」記者馬克·蘇利文（Mark Sullivan）觀察道：「確實是全新的人。他高昂的精神、強大的工作能力，他的努力不懈、他的直率，與他許多驚人的才華，鼓舞了數百萬普通民眾的精神。」

在整個政治生涯中，老羅斯福的領導理念是建立在一個四面楚歌的英雄（帶著勇氣、精神、榮譽和真理）的故事之上，這個英雄走入世界以證明自己。這是屠龍英雄的領袖概念，而羅斯福有幸抓住了這個證明自己勇氣的歷史時刻。在「公平交易」（the Square Deal）的旗幟下，他將帶領他的國家進行另一場不同類型的戰爭，一場旨在恢復美國經濟和社會生活公平的進步戰爭。

一九〇二年的煤礦大罷工（本章研究的主題）是工業革命後勞動階級普遍反抗情緒的象徵。這位總統啟發性地處理了這場「美國史上最可怕的僵局」，展現出開創性的危機管理。

隨著一九〇二秋天的寒冷逼近，人們普遍開始感到恐慌。美國最大的工會「美國礦工聯合會」（the United Mine Workers）與在賓夕法尼亞州壟斷無煙煤生產的強大聯盟（由鐵路龍頭與礦業老闆組成）之間長達六個月的罷工，仍然沒有任何解決跡象。大規模罷工已經成為「年度最大、歷時最久的新聞事件」。

美國東北部幾乎完全倚賴無煙煤作為冬季燃料。煤炭就像一條擁有無數支流的黑河，從賓夕法尼亞州的煤礦與火車車廂一路流往紐約和新英格蘭的工廠和製造廠、醫院、學校與住宅。在這一條煤炭河上築壩將使整個地區陷入煤荒——就像麵包短缺一樣，煤荒預示著廣大民眾的苦難與暴亂。

確實，隨著這場季節性悲劇在冬季臨近之前上演，煤礦罷工「呈現出緊急情況」，甚至連保守派人士都警告老羅斯福說「如果情況不變，我們會在兩週內出現有史以來最廣大與最血腥的內亂」。

使羅斯福更為沮喪的一個不爭的事實是，無論法律或者歷史先例，都不允許總統介入這個危機的任何一面。當時普遍認為政府不應干涉不受監管的自由市場運作，所以勞資雙方之間的衝突完全被視為是私人事務。包括羅斯福的家人、最親密的朋友與同事都一致告訴他，除非賓夕法尼亞州要求緊急部隊平息暴動，否則他根本無權採取任何行動。

羅斯福不僅沒有介入的法律權限，甚至從政治角度，他也被預先警告要迴避這件事。若進行干預則會破壞商界的支持，而那是共和黨的主要支持力量。此外，如果他嘗試卻失敗了，那麼責任就會落到他自己身上，毀了共和黨即將到來的秋季中期選舉與他自己的政治前途。

羅斯福對這場為期六個月的罷工事件，處理分為三個季節性的階段，時間就從那一年的春季開始。

——春季——

一九〇二年五月當十四萬七千名礦工走上街頭時，似乎仍看不出這場罷工將在十月份帶來的災難。當時沒有人想到這場罷工會成為勞工領袖山繆．龔帕斯後來說的「美國勞工運動中最重要的事件」。

使龐大礦業合併的空前工業整合浪潮的飆升始於十年前，當時華爾街最受尊敬的金融家J．P．摩根（J.P. Morgan）贊助的運煤鐵路公司——包括雷丁（Reading）、拉克萬納（Lackawana）、伊利（Erie）等公司開始採購煤田，利用他們在運輸費率上的定價權力買下一座又一座的獨立礦脈。而礦工聯合會最近才在無煙煤地區站穩腳跟。約翰・米契爾（John Mitchell）是一位富有魅力、保守、能言善辯的年輕領袖，在成為工會職員之前曾在礦井工作過。在他的領導下，工會組織了數萬名無煙煤礦工。

整個一九〇二年春季，米契爾一直受到基層礦工施壓，要他處理許多棘手的問題，包括工資過低、每日工作十小時，以及惡劣的工作條件。米契爾擔心罷工「可能讓一切付之一炬」，為了阻止呼聲漸高的罷工，這位工會領袖前往紐約與礦主討論可能的協議面向。當業主們——由受過大學教育、有錢的雷丁鐵路總裁喬治・貝爾（George Baer）帶頭拒絕與這一位「用雙手打拼了十五年的基層礦工，而今卻在鼓動勞工的人」共坐一張桌子，礦工們決定發起罷工投票，而業主的傲慢也加劇了這種情緒。

儘管米契爾最初反對罷工，因為他擔心新成立的工會無法在成長期間承受重大衝突，但他現在向工人保證，他將盡一切努力讓罷工成真。他懇求他們團結：「如果你們立場一致而待得夠久、夠強，你們就會贏。如果你們分裂，就會輸。」

這就是米契爾的號召力，幾乎每一名礦工都在他指示的第一天離開了，這遠遠超越了工會組織者最樂觀的期望。米契爾對這些人的控制能力是出了名的，他們其中許多人是幾乎不會英語的移民。舉個例子：當麥金利總統遇刺的消息傳到礦場時，工人們聚集在一起表示悲痛。他們大聲喊道：「是誰殺了我們的『president——會長』？」後來他們得知是麥金利總統而非米契爾會長之後，他們大大鬆了一口氣。

計算介入的風險。

即使在罷工的早期階段，羅斯福也「完全意識」到形勢的潛在危險。雖然他一再被告知，他對罷工沒有「世俗責任」且不該干涉任何事，但他知道如果罷工持續一段時間，公眾會將「煤炭短缺的事情怪到我們頭上，就像八、十或十幾年前，堪薩斯州和內布拉斯加州居民無法在乾旱帶種植作物就責怪我們一樣」。換句話說，如果人們受到傷害，他們的領導人將被追究責任，而無論他是否擁有介入事件的法律權限。

此外，被動與羅斯福的性格以及他的領導理念背道而馳。他對歷史的研究使他相信總統權力存在「兩種思想流派」。首先是詹姆斯．布坎南一派，是一種「狹隘的法律觀點，認為總統是國會而非人民的僕人，無論情況多麼緊急，除非憲法明確指示行動，否則什麼都不能做」，從而解決了「傾向不行動的一切懷疑」。第二種是以林肯為代表的相反的哲學立場，他們認為執政者是「人民的管家」。羅斯福打從心底認為，在這個概念下，「除非憲法或法律有明文禁止，否則做人民需要的任何事」不僅是執政者的權力也是義務。

因此，羅斯福在情況變成危機之前的好幾個月裡積極尋求方法介入，為領導創造一個堅實的基礎。但是他沒有急於求成，而是表現出一種有條不紊、低調、耐心的態度，與他在領導上一貫的魯莽大相逕庭。「我正在緩慢前行，」他告訴記者雅各布．里斯：「在我有限的權力範圍內努力工作，既不逃避任何責任，也不捲入幾乎老是會有反作用的那些倉促、激烈行為。」

對形勢的事實、原因與條件要有可靠的理解。

六月八日，即罷工一個月後，總統採取了一個小型的開場步驟，為公眾對未來執政行動做好準備。羅斯福在與他的勞工委員卡羅．萊特（Carroll Wright）談話中，得知幾年前頒布的一項法律的修正條款。該條款授權勞工委員「在總統或國會兩院要求時，對於特定主題提出特別報告」。因此，羅斯福口頭指示萊特查明「與目前爭議相關的所有可能之事實」。萊特被認為是「世上最頂尖的統計學家之一」，他是公正調查罷工原因與形勢的最佳人選。他將自己具有創新精神的職涯都奉獻於研究新工業時代下的工作條件。對於一個相信數字的人來說，他對罷工雙方之間太過人性化的所有因素（威權與控制、認可與傲慢）有著不尋常的敏感度。

羅斯福對這份報告的要求不僅是統計數字。而正如他希望的，這份報告將能推動事態向前發展。一篇報論如此寫道：「有些人認為，總統派遣勞工委員調查煤礦罷工的行動是為了預測他自己的影響力。」另一份評論則寫道：「羅斯福總統顯然不把罷工當成私人爭執，而是與公共利益直接相關的衝突。」羅斯福對萊特發出指示，邁出了他的第一步，雖然這是嘗試性的，卻將將成為緩慢而慎重的過程，為總統權力在「全新且從未驗證的領域」播下一顆種子。

萊特一開始就決定不直接冒險進入賓夕法尼亞州煤田，因為他自己身為總統的代表，「在那裡現身會弊大於利」。他轉而前往紐約，在那裡和煤炭運輸鐵路公司總裁、美國礦工聯合會職員、礦工及勞工進行了長時間的面談。

萊特試圖理解雙方所承受的壓力，他們每一方都要對自己的支持者負責。業者必須對股東負責，主張提高工資與縮短工時會導致好幾個礦區倒閉。貝爾解釋道：「我不能自願讓我的公司破產，任何管理者都認為這不必要且不明智，而我將招致這些損失。」米契爾是這個剛起步的工會代言人，而他必須向礦工們證明，他們的生活會因為集體行動的承諾而改善。萊特總結道，除了工資、工時和工作條件等具體爭議之外，「也必須考量心理因素」才能真正衡量情勢。「懷疑就潛伏在每個人心中」。

萊特委員告訴羅斯福，如果不提出一些建議就無法完成報告，而這些建議「可能會讓無煙煤領域出現更和平、更令人滿意的情況」。他提出了一項為期六個月的實驗性做法，將每日工時從十小時減為九小時，觀察生產力受到的影響。為了緩和表面下的不信任和敵意，他建議當工人按噸領錢時，要有兩名檢查員（各自代表業主與礦工）在場秤煤。最重要的是，他敦促建立一個由「業主和新工會的代表組成的聯合調解委員會」。萊特承認，有了這些措施也不會「進入幸福時代」，但他相信這將「減輕憤怒，使無煙煤地區有一天」能「依照更大的公理」而治。

在早期階段不表態。

「這是卡羅・萊特的重要報導，」羅斯福對他的司法部長費蘭德・諾克斯（Philander C. Knox）說：「你先把它讀一遍，然後我們在內閣討論它是否應該公開。我非常喜歡它的語氣。」

諾克斯強烈反對公開。他告訴羅斯福，這件事與總統無關，而且「他看不出發表這份報告會有什麼好處」。諾克斯更進一步解釋，他提醒總統這份報告是為他「個人了解」所做的，而不是因為他該對這種情況負責。「如果您公開這份報告，會被視為您認同調查結果與報告內的建議。我不認為您需要表態。」

羅斯福思索了這個論點的重要性。若發表這份報告，內容包括萊特所提出改善工作條件建議，這樣似乎也表示了對礦工們的同情。身為總統，如果他已經在特定議題上「表達了自身立場」，那麼當他因為總統的職責而必須介入時，就會發現自己陷入「為難、沒有威信的處境」。不過，如果在這份報告公開之後還不進行發表，則可能被當成一種壓制行為，會激怒那些焦急等待著積極行動的改革派。天人交戰，羅斯福決定暫時不公開報告。

——夏季——

季節的時鐘滴答作響。雖然在炎熱的夏季，人們的日常生活並沒有劇烈變化，但每過一天，工廠、學校、醫院，以及數百萬名屋主距離冬季煤炭供應的必要性就越近。由於供應量減少，經銷商的存量也越來越少，零售價格上漲了五到六成——這樣的負擔對絕大多數人而言實在太高了。新英格蘭城鎮的紀錄顯示，即使是負擔得起高昂價格的那些人，煤炭對他們來說也同樣短缺，只能在少數經銷商手中找到「就只有這些」的庫存。《煤炭貿易雜誌》（*Coal Trade Journal*）預測：「無庸置疑，這個階段已經很近了……到那個時候，無煙煤的供應將會完全枯竭。」

以歷史為借鏡。

那年夏天由於國會休會，羅斯福在他牡蠣灣的家中密切關注著罷工的發展。在他當作避靜所的藏書室裡，他找到了林肯在士兵之家獲得的東西——時間與空間，能讓他反思這場抗爭最深的根源。

羅斯福是歷史的終身學習者，也是貪婪的讀者與歷史學家，他知道礦主與礦工、資方與勞方、富人和窮人之間的衝突已經醞釀了數十年。他的理解是：「工業革命之後，勞工問題已經進入了一個新的階段……大型金融公司的業務遍及全國甚至全世界，已經取代了早期的小型企業。以往雇主、員工之間那種親近、熟悉的關係正在消失。幾代人之前，一個老闆會認識他店裡的每一個人。」相比之下，羅斯福猜測雷丁鐵路公司的煤礦工人可能根本沒看過他們的總裁（除非偶然），更別提和他交朋友。而且由於這種強化的結果，「雇主與個別員工的談判關係就出現了嚴重的不平等」。個別的礦工在「與雇主簽訂工資合約時只能袖手旁觀」，「他們只能聯合成工會來進行集體談判，才能取得公平的條件」。羅斯福明白，工會「的規模與力量必將不斷壯大」。而「大型煤礦業者並沒有看到」這種歷史的必然性。

羅斯福不僅讀過關於鍍金時代[1]以及聯盟、信託和工會的發展，他的家族歷史也提供了一個獨特的編年史，記錄財富是如何在新工業秩序中積累。他的祖父科涅利斯．羅斯福（Cornelius Roosevelt）是一位成功的商人、銀行家與房地產大亨，也是「紐約五大富豪之一」——

西奧多從祖父那裡繼承了一個家族信託基金。他的父親是紐約慈善界的台柱，他從父親那裡培養了一種責任心與公民的責任感。他自己曾經到緬因州森林、到西部與牛仔作伴、在華盛頓當公務員、在紐約市當警察局長，以及古巴的服役經驗——他從這些經歷中塑造了一條不同於貴族義務所架構的道路。他面對的是更大的美國多元化願景，並培養出更複雜的公共責任與領導力概念。一九〇二年罷工期間上演的歷史事件，是他的歷史學識、他自己的家族生活、他的傳記，以及他的時代的重要組成部分。

同一年夏天，羅斯福讀完了約翰·尼古拉和約翰·海伊撰寫的林肯十卷傳記。他不只享受閱讀，他還寫信給海伊，「我相信我獲益良多」。當然，他明白他眼前的任務與「林肯在國家鬥爭的崇高年代所見的」有程度上的差異，但「人和力量」在各形各色的型態之中都是同樣複雜。此外，當他被一方極端分子譴責「做得不夠」，而另一方卻說他「做得太過」時，他「很能理解林肯的憂慮」。在當前的煤礦罷工中，保守派嚴厲譴責他「同情礦工」，而改革派則希望他「掐住煤礦巨頭的喉嚨」。羅斯福強調，最重要的是林肯的性格提供了最有效的模式——「努力做到善良和寬容，將自己從報復心理中解放。」

隨時準備好應對可能打亂一切計畫的逆轉與突發狀況。

無政府主義者的手槍板機使羅斯福成為總統。掌握人生萬花筒突如其來的扭轉，這個概

1　鍍金時代（Gilded Age）約在一八七〇至一九〇〇年，是美國經濟快速發展的時期。

念形塑了他的人生與領導哲學。而如今，這一場相對和平的罷工進入第十二週，卻發生了一個可能會讓和平解決徹底無望的事件——在謝南多爾（Shenandoah）的一個煤礦小鎮發生的一起暴力事件。米契爾從一開始就告訴他的人要避免挑釁，維持住罷工戒備線的秩序。但到了七月底，憤怒的情緒開始變得一觸即發。

七月三十日時，一名副警長護送兩名攜帶「可疑包裹」的男子進入礦井。當被發現捆包物裝著礦工裝備時，工會戒備人員開始攻擊這些「壞事者」，用棍棒將他們毆打致昏迷。警察迅速趕到現場。暴徒聚集在街上。據《紐約時報》報導：「至少有一千多聲槍響。」幾十名罷工者和當地居民受到槍傷，「預計將會有許多人死亡」。一名前來幫助副警長的市民被「棍棒殘忍地打死」。全國各地的頭條都寫著「恐怖王朝」。

在薩加莫爾山，羅斯福讀完報告後考慮返回華盛頓。如果暴力持續，賓夕法尼亞州州長可能會要求聯邦軍隊維持秩序。羅斯福後來告訴一位朋友：「一旦出現了暴動，唯一能做的就是維持秩序。」雖然這種介入完全在憲法賦予他的權力範圍內，但羅斯福在他的歷史研究中發現，「聯邦軍隊的出現」將被解讀成業主們的壓迫行動，而此行動將中止罷工。「面對必須採取行動的狀況是一件可怕的事，雖然無可避免，但這將意味著那些由於貧困、痛苦而發瘋之人的死亡。」

在等待情勢發展的過程中，羅斯福在家保持警戒與沉著。他的耐心得到了回報。第二天，約翰．米契爾前往暴動現場。他明白，即使是最同情礦工的民眾也不能容忍法律與秩序被破壞。當這一位會長到達斯克蘭頓（Scranton）時，一萬名礦工前來致意。一家報紙報導，這些人見到他時「相當瘋狂」，而當他懇求他們停止暴力行為時，他們全都嚴肅地聽著。「你們之中違反法律的人，就是你們最大的敵人，」他警告：「我想告訴你們贏得這場罷工的重要性。如果你們贏了……就不再會有罷工」，但「如果你們輸了，你們會失去你們的這個組織」。

由於西奧多・羅斯福並沒有魯莽行動，也因為約翰・米契爾迅速而有效地做出了反應，無煙煤地區再次恢復了不穩定的和平。

重新評估選項；情況加劇時，隨時準備調整。

隨著罷工進入第四個月，民眾的焦慮加深。雙方都在補充資金，為長期抗爭做準備。礦主們不斷強調，除非礦工承認失敗並重返工作崗位，罷工才會結束。而就礦工而言，他們從全國各地的工會成員那裡募得有史以來最多的罷工基金，完全「經得起長期的考驗」。

八月二十一日，羅斯福在這種長期的僵持狀態下越來越「不安」，他質問他的司法部長：「我們為何不能把煤礦業者當成是一個托拉斯[2]來處理？我這麼問是因為我常常被這樣問。」事實上，記者們認為煤礦壟斷似乎比北方證券公司（Northern Securities）更公然違反了《休曼反托拉斯法》（Sherman Antitrust Act），而羅斯福去年二月時曾對北方證券這個龐大的運輸公司提

2　托拉斯（Trust）指以企業一體化為目標的壟斷形式。托拉斯企業可以透過這種形式，實現壟斷並居於主導地位，實現利潤的最大化。

起訴訟。羅斯福任內的一九〇一年底，北方證券在J．P．摩根的支持下，將三家原本為競爭對手的鐵路與航運公司合併成一家大公司，打造出「世界第二大公司」——僅次於摩根旗下的美國鋼鐵（U.S. Steel）。這家新的控股公司有絕對的權力來決定其業務範圍內的運價。政府這一次破天荒的「測試企業合併之合法性」的訴訟之舉，震驚了整個金融界。

「如果我們做錯了什麼，」三天後摩根在白宮會議上告訴羅斯福：「派你的人到我的人這裡來，讓他們處理。」羅斯福後來說道，摩根的態度「是華爾街觀點最發人深省的典型」，他們認為總統只是個「競爭對手」。北方證券的訴訟是為羅斯福打響「托拉斯剋星」名號的一系列訴訟的第一件，這位總統打算「讓每個人都知道，掌管美國的將是政府，而不是華爾街」。

但面對總統的質疑（何不能用反托拉斯的訴訟來對付煤礦業者）時，諾克斯辯稱，它們合併的方式並不符合托拉斯的法律定義。此外，他還提醒羅斯福，就算對於煤礦經營者的訴訟最終勝訴，但法院緩慢運作的機制也無法解決眼下的危機。北方證券的訴訟在七個月後仍處於聯邦法院辯論的第一階段，而當最高法院終於做出了有利政府的判決時，已經過了近三年。

由於受司法部長的反對，羅斯福想出了一個不同的、較無爭議的一步。他對諾克斯提到，先前他決定先不發表萊特的報告，但現在是時候重新評估這項決定了。諾克斯重申他「從來不認為發表是正確的，而現在也沒理由改變觀點」。但這一次，羅斯福與其他顧問討論後決定採取行動，將這份報告發布給媒體。就讓這件事公諸於世吧！在報告的附錄中，包括了業主和礦工之間的書信，清楚表明了業主們對自己員工的惡毒敵意。業主一次又一次地拒絕與米契爾見面。至於確保每個礦工每日最低工資的想法，礦主們則反駁，只要稍微懂不同礦區的不同條件，「這種想法是無知的病態思維產物」再明顯不過。

最重要的是，該報告顯示，這些業主沒有絲毫要為公眾負責的感覺。當萊特問他們對於總統是否有「任何建議」來協助解決罷工，這些老闆不客氣地回答說，如果他和其他人都閃一邊，「這比其他任何事都能更快結束罷工」。

當羅斯福發布報告時，他謹慎地納入了諾克斯的觀點，即總統在這件事上既無權力也無責任。但羅斯福漸漸有了不同想法。他作為公眾的代表，即使他沒有明確的法律權限，也有著巨大的影響力。慢慢地，他開始緊緊抓住公眾（他們的生活與生計，在這場愈演愈烈的鬥爭中岌岌可危）也能發揮作用的想法。由於受到公眾期望和需求的滋養，羅斯福在這場抗爭初期種下的種子已經開始萌芽。這位總統已經逐漸架起了他可以發言的新平台。如今，面對這場即將到來的暴風中心（新英格蘭人民），建立公民支持基礎的時候已經到來。

可見度。在受危機影響最嚴重的群體中，打下支持的基礎。

早在煤礦罷工進入嚴重階段之前，羅斯福就已經計畫好夏末時到新英格蘭與中西部巡迴，在即將到來的秋季選舉中為共和黨造勢。新英格蘭人對長期罷工的擔憂日益增加，這次巡迴因此成為了決定性的政治動作和主張。羅斯福搭乘火車與敞篷馬車，從羅德島、康乃狄克州、麻薩諸塞州一路到佛蒙特州、新罕布什爾州和緬因州，所到之處吸引大批群眾。「禮炮轟鳴聲、教堂鐘聲、口哨聲、銅管樂隊吹奏聲還有數千人的歡呼聲」象徵了他的前進。《波士頓環球報》報導：「工廠關門、商店拉起百葉窗；旗幟升起、人們穿上節慶服裝出門。」一位記者很驚訝「小鎮所有人都出動了」。羅斯福明白，群眾是被吸引來「看總統，就像去看馬戲團一樣」。他的精力從未消退：他微笑、做手勢、展現幽默感、接受並回應人們的情感。他每到一站都會發表即席演說，主題包括公民義務、品格與「不論尊卑貧富，每個人該有的公平待遇」。

雖然他刻意避免在演講中提到煤礦罷工，但他對於他所遇到「零散的不滿聲音」表示同情，而這些不滿來自於趨於合併的產業以及日漸擴大的貧富差距。他明白，許多人帶着懷舊之情回顧前工業時代，「那時普通人能活得更自在」。他要求他們眼光不要向後看，而是向前——看向未來，那個時代的公眾情緒已經準備好，讓國家政府找到建設性的方式介入經濟秩序運作、規範壟斷、刺激競爭並保護小型企業。他認同林肯的觀點，即當一位領導者希望將同胞推向不同方向時，公眾情緒發揮著至關重要的作用。

隨著夏季的結束，羅斯福正在挑起公眾情緒。輿論的壓力於是更常被聽見，而人民的目光期待著白宮出手幫助。「我們一直都在忍耐。」出現這樣的訊息，而現在「是人們發言的時候了，是時候聽聽他們的聲音了」。我們呼籲「人民的總統」利用影響力來阻擋這股惡勢力。公眾情緒的力量為總統的行動創造了空間。

——秋季——

清除障礙，全心全意專注於危機。

煤礦罷工在秋季開始變得更嚴重時，西奧多．羅斯福正在巡迴演說，提高自己的政治籌碼與可見度。機運再一次帶著可怕的暴力闖入他的人生。總統團隊從麻薩諸塞州皮茨菲爾德市（Pittsfield）出發，乘坐馬車前往雷諾克斯鎮（Lenox）進行演說。當馬車在穿越路面電車軌道時，被一輛飛馳而來的電車全速撞上。

「隨著一聲迴盪在山間的撞擊聲，電車衝向馬車，」一位記者目睹了這一幕：「它整個翻倒在地，車輪和車身變成碎片。」總統最喜歡的特務威廉．克雷格（William Craig）被壓在電車車輪下，當場死亡。在這場慘劇中，羅斯福被彈飛了約三十英尺，他的下巴和眼睛都有瘀傷，左脛骨有嚴重的骨挫傷。他回憶道：「我確定馬車裡的人都會死掉。」

基於逞能的個性，羅斯福不理會自己所受的傷，決定繼續他在中西部預定的演講行程。當他到達印第安納州時，他的腿由於不斷惡化的膿瘍而嚴重腫脹。疼痛加劇、體溫升高，他最後終於同意住院治療。醫生們決定立即手術。羅斯福拒絕麻醉，他還指著外科醫生們消毒過的手套打趣說：「先生們，你們很正式，我看到你們都戴上了手套。」一位外科醫生說：「總統先生，接待總統時戴手套總是比較體面。」

膿水成功排出，但醫生們堅持要他取消之後的巡迴演說，而且至少讓腳休息兩週，以避免出現嚴重的併發症。羅斯福回到華盛頓後，被擔架抬到位於傑克遜廣場二十二號的臨時白宮，這座行政大廈正在翻新，將居住區與西廂新的行政辦公室分隔開。

這位一向以一連串分散注意力的作為來處理個人悲傷與不幸的行動派，如今卻喪失了行動能力。諷刺的是，在罷工的惡果即將在公眾意識中爆發的那一刻，他拖延的傷勢給了他機會一心一意聚焦在煤礦罷工。他不需要去除所有多餘之物，這次意外已經為他清除了障礙。「我不用去見那些我沒理由拒絕的許多人，但我如果不是被腳困在房裡，我還必須與這些人見面。」他對康乃狄克州參議員奧維爾．普拉特（Orville Platt）說：「而且我能做所有重要的工作，比如影響煤礦罷工的事，就像我有兩條腿那樣。」

經過兩週的恢復期，羅斯福做出一個史無前例的決定，他將對煤礦罷工進行干預。「我還沒有任何法律或憲法上的義務——因此在此事上也沒有法律或憲法賦予的權利，」他承認：「我知道我可能會失敗，但我下定決心，如果我真的失敗了，至少也不會是因為我抱著布坎南那種害怕嘗試任何事的心態。」羅斯福行動不便的期間，發生了什麼讓他決定更大膽的事？

他才剛在那一間能遠眺拉法葉公園的臥房安頓好，就聽見東北即將有危險的風暴來襲。在這場風暴路徑上，各大城市的市長們傳來緊急請求。「我再怎麼強調當前煤礦的不公情況也不為過，」紐約市長塞思．洛（Seth Low）說：「如果情況繼續下去，數百萬無辜的人將會真正受苦。」緬因州的報告顯示，煤礦短缺將很快導致工廠關閉：「數千名工人將面臨失業的困境。旅店和鐵路也缺乏燃料。」在康乃狄克州，燃料短缺已迫使工廠和小企業關閉。大量工人被解雇，數量十分驚人，而且升幅還在加快。整個地區的醫院所呈報的肺結核、白喉病例也增加了。孩子們由於校舍潮濕寒冷被迫送回家，而家裡的煤爐也空了。最令人不安的是，暴力威脅瀰漫在空氣中。沉重的運煤火車穿越村莊與城鎮時，遭到暴徒們強行霸占。在橋樑和鐵路上甚至有炸彈引爆。

在這一場燃料荒發展至「無盡的苦難」與賤血之前，時間所剩無幾。無論他是否有明確的法律授權，這些都不是正常的事態發展。評估時間已經結束，做決定的時刻已到。老羅斯福將會找到方法或強制介入。

組建危機管理團隊。

羅斯福並非漫無計畫地從政府內部、外部組建起來這支危機管理團隊。他召集來進行協商的七個人，每個人都有一個特殊的有利位置來觀察這次罷工，每一個人在這場僵局之中都有不同立場。最後全部的線都匯集在羅斯福身上、在他自身經驗與專業知識結合的領域中。羅斯福知道他們是誰、他們知道什麼，以及他們知道怎麼做。如果他能夠將他們的智慧、觀點和影響力融入一個團隊中，他們就能找出實現共同目標的方法。實際上他未來幾週做出的決定，將直接來自這支他組建的團隊。

羅斯福召見的第一個人是煤荒主要受災地——麻薩諸塞州州長溫瑟洛普．克蘭（Winthrop Crane）。他們兩個人在最近總統巡迴至麻薩諸塞州時走得很近。當疾駛的電車撞擊總統馬車時，克蘭就坐在羅斯福旁邊，他人也飛了出去而躲過死劫。羅斯福相信這位「絕非恐慌製造者」的保守派商人會提供第一手的情況資訊。克蘭及時提出建議，他用不容忽視的強硬語氣警告羅斯福：「除非你結束這場罷工，否則北方的工人將開始拆掉建築物拿來當燃料。他們不會讓自己被凍死。」拖延絕非選項之一。

克蘭在那之後的幾天一直留在華盛頓，而羅斯福與他新組建的團隊進行了一連串整天的會議。會議上聚集了大企業、勞工、政治和法律人士。一輩子與華爾街分不開關係的戰爭部長伊萊休・魯特，成為了羅斯福在金融界的可靠聯絡人，他也是J・P・摩根的聯絡人，後者是鐵路與煤礦業者背後資金池的強大推手。郵政局長亨利・佩恩（Henry Payne）加入聯邦政府之前曾任芝加哥和北方運輸公司的總裁，所以他了解鐵路業主的心態。而至於工會觀點的代表，羅斯福諮詢了他的移民事務專員法蘭克・薩金特（Frank Sargent），他曾是火車司爐員兄弟會（Brotherhood of Locomotive Firemen）的負責人，並且是山繆・龔帕斯那些備受尊敬的人之一，最重要的是，他還是約翰・米契爾的朋友。賓夕法尼亞州的資深參議員馬修・奎伊（Matthew Quay）對無煙煤礦井的運作相當熟悉。勞工委員萊特是羅斯福最寶貝的統計學家，能公平地代表雙方。當然，還有一直建議羅斯福別插手的司法部長諾克斯。

克蘭根據他最近在麻薩諸塞州碰到的卡車司機罷工經驗，提出了一個行動方案。在那場罷工中，任何一方都不與另一方會面。克蘭作為他們的州長，邀請業主和工會成員在同一家酒店入住不同的套房，然後他在兩個套房之間來回奔波，最終使他們達成了一個妥協的解決方案。如果總統邀請煤礦業主和工會代表在華盛頓與他會面如何？

老羅斯福立即理解了克蘭的思維的可能性，但團隊不太放心此做法，仍傾向於在沒有總統介入的情況下解決罷工。但最後，除了諾克斯之外的所有人都同意總統必須採取行動。諾克斯仍然擔心這會開創一個先例，讓最高行政首長捲入未來的每一次勞資鬥爭。不過一旦政策方向確定了，諾克斯「就會像他平常對這種情況的一貫表現，」羅斯福讚許地說：「他會盡最大努力讓計畫成功。」

一份相同內容的電報被送至工會主席約翰．米契爾和無煙煤公司的六位總裁手上。「有鑑於煤礦供應不足已成為全國重大議題，我深盼下週五（十月三日）上午十一點，在華盛頓與你會面。」這看來直截了當又前所未見的邀約登上了全國頭條。「這是國家史上第一次，」《礦工週報》（Collier's Weekly）的一位記者讚嘆道：「大企業領袖和工會代表將一起與美國總統面對面討論他們的分歧。」

保守派媒體立刻發出了反對的聲音，稱這次介入是一項危險的「反美國」實驗。《商業期刊》（Journal of Commerce）不滿地寫道：「比罷工更糟的是，羅斯福先生似乎無法控制自己的衝動與侵略傾向。」

建構敘事。

「你們能應我的邀請來這裡，真是太好了。」來賓們列隊走進臨時白宮二樓的會客室時，羅斯福連忙招呼：「請原諒我無法起身迎接。」他坐在房間角落的輪椅上，身穿一件「藍色條紋浴袍」，他「受傷的腿筆直向前伸」，上面覆著柔軟的白色毯子。

羅斯福在會議之初宣讀了一份精心撰寫的聲明，為接下來的討論列出基本規則：「無煙煤貿易的情況影響到三方——業者、礦工和大眾。」他向他們保證，他「既不支持業主、也不支持礦工」，他代表「一般大眾」發言。雖然羅斯福沒有聲明自己有任何合法的「干涉權力或義務」，但他認為眼下情勢是如此「無法容忍」，因此他覺得有必要運用他的個人影響力將各方聚集在一起。「我不希望你們討論各自的主張和立場。我懇請你們發揮愛國精神，懇請你們放下個人考量，為大眾的利益做出個人犧牲。」

總統話才說完，坐在後排的約翰．米契爾幾乎立刻「跳了起來」，他身旁是他的三名地區理事。在這個戲劇化的敘事架構之中，米契爾承諾：「礦工們應該立刻回到工作崗位，而業者和礦工之間的所有問題都應該留給（總統）指派的委員會決定，而且雙方都必須同意遵守這一決定。」米契爾的開場白讓業主與總統大吃一驚。羅斯福轉向業主們問道：「先生們，你們對這個提議有什麼看法？」喬治．貝爾與其他業主匆匆商量後，起身直截了當地說：「我們無法同意米契爾先生的任何提議。」總統說：「很好，那麼我要請你三點時回來，我希望你能用書面形式寫下你所有的立場。」

當這些人又回來時，貝爾提交了一份書面聲明——旨在重新建構敘事，讓事態對業主有利。他堅稱現在有兩萬名工人已經「準備好」返回礦井，並確保煤礦的需求，卻受到了「米契爾與他的打手」阻撓。「目前最重要的事，不是浪費時間跟這種支持無政府狀態、蔑視法律的人談判，」他說：「而是要像在內戰時所做的那樣，恢復法律的威嚴，恢復自由人民的唯一守護者。」他直視著總統指責道，如果政府拒絕派遣聯邦軍隊來保護私人財產並結束罷工，那麼「政府就是一個可恥的失敗者」。

羅斯福後來描述這些煤礦業主時寫道，他們不僅「侮辱我不維持秩序」，還「因為沒有依《休曼反托拉斯法》起訴礦工工會而抨擊諾克斯。」礦主約翰・馬克勒（John Markle）直接走入行動受限的總統的個人空間，大聲喊道：「你是在要求我們與這一群亡命之徒打交道嗎？」情況相當緊張。

克制脾氣。

羅斯福後來寫道，這些業主從頭到尾都在「盡其所能挑釁並激怒米契爾，在語言上對他辱罵，也對我無禮。我對他們所說的話不作任何評論，因為在我看來這樣做（克制我的脾氣、不要捲入爭吵）很重要」。當馬克勒為了「與一群亡命之徒打交道」指責他時，談判幾乎已經破裂。羅斯福後來承認自己很想「抓住他的馬褲跟脖子，把他扔出窗外」，但羅斯福緊抓著輪椅的邊緣、咬住嘴唇，總算把怒氣壓了下去。

約翰・米契爾的自律給總統留下了深刻的印象。羅斯福相當驚訝，無論如何挑釁「米契爾都表現出極大的尊嚴和節制」，沒有一次動怒。他這樣的做法，自然「遠勝過」所有人。當羅斯福要求這位工會領袖回應業主對於施暴與謀殺的指控時，米契爾馬上直接承認已經有七人死亡。「沒有人比我更感遺憾。然而，其中三起死亡事件是由管理者的私人警力造成，其他四起案件均沒有人提出控訴。總統先生，我想說的是，我非常強烈感覺到我和我的人正在遭受攻擊，但我來到這裡，不會做也不會說任何會影響和解的事。」

房間瀰漫著失敗的氛圍。羅斯福最後一次試圖解決衝突，他再次詢問業主是否願意將衝突交付給總統特別法庭。「不會。」他們齊聲說道。很明顯，他們拒絕「與約翰・米契爾有任何牽扯」。於是，會議唐突地結束了。與會者離開時，煤礦大亨們向媒體表達了自己的看法，自得於「他們『回絕』礦工與總統這一事實」。羅斯福在給馬克・漢納的信中坦言：「好吧，我嘗試過但失敗了。我對結果很失望。」但如果會議失敗，那麼從失敗中挽回一些東西的計畫已在進行中。

記錄進展的每一步。

那天上午稍早，在會議開始之前，有鑑於這個事件的嚴重性，羅斯福獲得了與會者的同意，請他的速記員把整個會議過程記錄下來。一位記者評論說，這將是「自國家創立以來第一次」對於總統會議的逐字記錄。

會議結束後不久，羅斯福的辦公室工作人員開始打出速記內容，接著將抄本送往政府印刷局，印製出一本小冊子，裡面記載了所有會議內容。一位記者驚嘆道：「這是該機構有史以來最快的工作之一。」小冊子被及時發放給媒體，以便趕上報社午夜的截稿時間，並發表在明天的晨報上。

控制媒體的消息。

第二天早上，全國各地的媒體都在頭版報導了會議的經過，羅斯福的失敗感很快就消散了。大多數媒體都做了兩者的對比，一方是總統的耐心、禮貌、尊嚴與公正的行為，另一方則是煤礦大亨的乖張行徑，「他們以明確無誤的方式，不滿於他們所謂自己的事業遭到介入」。城市家庭和鄉村農場的人民讀到羅斯福的開場聲明時，被「第三方在這場『私人鬥爭』中也擁有權利與利益」的論述強而有力地抓住了。「總統做了一件勇敢而明智的事。」《展望雜誌》（*The Outlook*）評論道，讓公眾作為罷工中的第三方，從而「正式承認」他們的「利益比勞工或資本家都還要重要」。

此外，由於約翰．米契爾和喬治．貝爾天差地遠的語氣被一再閱讀，公眾情緒壓倒性地支持礦工。約翰．米契爾在公共關係上的精明與羅斯福本人不相上下，他在任何時候都表現得通情達理，表現出遵守仲裁的意願，對零星的暴力事件表現出熱切關注，因為他知道只要有一天流血暴動，他可能會失去所有公眾的同情。與此形成對比，煤礦業主們則表現得毫不妥協，而且對公眾利益也漠不關心。

在接下來的日子裡，在美國公眾面前及時上演了一場簡化的道德劇：壓迫者和被壓迫者之間開始出現對峙局面，煤礦大亨坐在精緻的馬車中，後面跟著身穿「紫紅色制服」的隨從們，而礦工們赤手空拳、踏著沉重的步伐上街。

當然，喬治．貝爾的言論並沒有起到支持業主立場的作用。有一度，他甚至堅持認為，勞動者權利並不會因為煽動者而變得更好，能夠帶來幫助的只有「基督教徒——上帝以無上智慧准許他們控制國家的財產利益」。媒體轉載了他的言論，引起了廣泛的譴責和嘲笑。「君權神授已經夠糟糕了，」波士頓一家報社諷刺道：「但還不至於像財閥的神權教義那樣難以忍受。」

即使羅斯福召開會議的決定得到了廣泛的公眾支持，但未來的行動仍不明確。《華盛頓時報》（*Washington Times*）報導：「整個華盛頓都屏息以待，等待著總統的下一步。現在整個國家毫無疑問都處在這個痛苦而未定的狀態。」

找到緩解壓力的方法。

羅斯福告訴一位朋友：「當我努力解決某些重大的國家問題時，我發現徹底改變自己的想法是一件令人愉快的事。」他雖然沒有過人的運動天賦，但積極的活動是他保持心智平衡的方式。在他的書信中，時常可見熱鬧的網球賽事、在岩溪公園（Rock Creek Park）樹木繁茂的懸崖上累人的健行活動，以及他花了很多力氣尋找拳擊夥伴一起對練的故事。他告訴孩子們一些有趣的故事，他被兩個日本摔跤手拋出去：「我的年紀和體型，不是那種在對手頭上輕盈旋轉、被摔到墊子上還不會受傷的類型，但他們技術很厲害，所以我根本沒有受傷。」同樣地，他也喜歡在一項稱為木劍（Singlestick）的遊戲中與穿戴頭盔和裝甲的朋友比劃。

羅斯福由於腿部感染而無法從事這些有趣的活動，於是他將精力發洩到他最可靠的消遣——書籍上。從人生早期開始，年輕的羅斯福不僅在文學中發現了轉移注意力的方法，而且還使他遁入別人的生活經驗，從而讓他體驗了精彩的冒險，讓他自由呼吸並且成就大事。形容書本是他身分認同的主要構成部分，一點也不誇張。

因此，受限於輪椅的他向國會圖書管理員赫伯特．普特南（Herbert Putnam）求助，希望能得到「一些會吸引我特殊品味的書」——波蘭或早期地中海人種[3]的歷史。兩天後他滿懷喜悅地寫信給普特南：「我欠你太多了！你寄來的書正是我想要的。我現在陶醉在馬斯佩羅

（Maspero），偶爾也會偏離到關於地中海人種的賽爾吉斯理論（Sergis）……放下一切所謂有用的事——涉及我職責的所有事，例如煤礦罷工——是多麼快樂啊，花整個下午去閱讀亞述、埃及的關係。這些休閒對我可能沒有任何好處，但我因此而陶醉。」

準備多重策略；隨時都有應急措施。

會議失敗之後，羅斯福的行動明顯加快了。他現在思考的幾個計畫在行政介入上有著不同嚴重程度（從示威、說服到脅迫），但這些計畫的目標都是一致的：一旦驟降的氣溫籠罩該地區時，必須保護公眾不受燃料短缺的影響。這個情勢在春季、夏季時就困擾著他，現在成了一場全面的危機。

「當時開始有一些普遍同情罷工的可怕說法，」羅斯福在給克蘭參議員的一封信中回憶道：「這表示這個危機的嚴重性不下於內戰。」整個國家將陷入停滯。羅斯福向諾克斯和魯特透露，他正在考慮一項影響深遠的行動，而「這將成為一個討人厭的先例」。他將「非常不情願」地採取這一激進做法，但他已經無所不用其極，要保護公民免受「折磨與混亂」之苦。這個計畫必須保密，直到他準備好行動為止。在這一點上，正如林肯允許他的內閣官員對他的《解放奴隸宣言》提出書面反對一樣，老羅斯福指示他的兩位內閣成員諾克斯和魯特（只有他們兩個知道該計畫），如果「他們想要，寫反對意見的信給我，這樣也能讓他們擺

3 二十世紀時，人類學對歐洲高加索人種的一種分類。

脫責任」。而他會以最高統帥的身分行動，「如同我們處於戰爭狀態」。

當羅斯福想出他激進計畫的細節時，他同時在兩個不那麼極端的陣線上施壓。他喜歡說：「如果能有一種方式能有同樣效益卻不那麼激烈，那激烈的方式永遠都不是首選。」他的危機管理團隊建議對賓夕法尼亞州州長威廉·史東（William A. Stone）施壓，要求他派遣國家軍隊進入煤礦區，檢驗煤礦業主的說法是否屬實：如果沒有工會威脅，將有數以萬計的礦工「一群群回到礦井」。雖然業者的頑固激起了公眾的憤怒，但這一說法「在全國各地留下了深刻印象」。由於羅斯福代表與提倡的是公眾利益，而非資方或勞方，因此他明白檢驗業主們的論點的重要性。

史東州長同意部署國家軍隊，在三十六小時內，賓夕法尼亞州防衛隊全數抵達煤田。接下來的幾天，完完全全證實了業主的說法是錯誤的。只有「一小部分」的礦工來上班，絕大多數人決定繼續罷工，直到有一個像樣的解決方案。

由於「罷工絲毫沒有結束跡象」，羅斯福準備了第二項計畫——成立一個藍絲帶委員會（Blue Ribbon Commission）調查罷工的原因，並提出行政與立法的建議。他再一次急於尋求介入的理由，他主張自己依憲法職責有權向國會報告國情。為了讓即將成立的委員會增加份量，他需要一些顯赫的人物。「在這個國家，」他向民主黨前總統格羅弗·克里夫蘭恭維道：「沒有人的名字能像你一樣，對這次調查產生重量級的影響。」

事實上，這個計畫成立的委員會有的只有絲帶而非權力，因為它沒有辦法執行調查結果。雖然如此，藍絲帶委員會的願景不只是複製萊特先前的調查。這個委員會預示著將至的中期選舉的兩黨支持率，最重要的是，萬一羅斯福發現有必要動用最嚴厲、最有疑慮、最不可取得的手段來強迫罷工結束時，這個委員會能提供一個有力的工具來建構「最堅固的輿論堡壘」。

萬不得已才出手，但一出手就要狠。

時間來到十月中旬。等待藍絲帶委員會召集、進行並完成調查，到最後發布調查結果之前，必須耗費數週。那時可能為時已晚。羅斯福知道，就算罷工結束，煤礦的開採與補充也需要時間。急迫的行動不再是以週或天為單位，而是以小時計算。羅斯福聲稱：「無論錯在何處，現有的管理體制已經失敗了。而在彌補這一失敗上，國家的需求不容許任何拖延。」他策略中的「最終手段」，是讓「一流將軍」率領一萬名正規軍進攻礦區。部隊將會「逐出業者」，並成為接收者替政府管理礦場，直到達成協議為止。

為了完成這項艱鉅任務，他找來了已退役的約翰・斯科菲爾德將軍（John M. Schofield）——集「善意、判斷力和勇氣」於一身的人選。羅斯福給了將軍協議，擔保他不用理會「任何權威，無論是司法或其他方面」，除了他這位「最高統帥」的指令。如果「業主前往法院並給他令狀，他（斯科菲爾德）就會像在林肯手下一樣，直接上交令狀給總統」。如果罷工者試圖阻止煤礦開採，他將動用聯邦全部軍力來對付他們。同時，聯邦軍隊將維持礦工之間的法律和秩序，並剝奪業者的財產。

為了建立啟動這項策略的必要通信鏈，羅斯福將賓夕法尼亞州參議員馬修・奎伊帶到臨時白宮。他在不透露計畫中占領細節的情況下，要求奎伊與賓夕法尼亞州州長史東達成協議：無論總統在何時「說了那句話」，州長都應該正式請求聯邦軍隊。如此一來，就能觸發憲法賦予總統的唯一干預權力——維持秩序的權力。啟動這條通信鏈的信號，將以總統電報的形式發出，其中會附帶一條不起眼的訊息：「發出請求的時刻到了。」羅斯福向奎伊保證，聯邦部隊一旦部署完畢，他本人將承擔之後行動的一切責任。確實，如果隨後的行動惹惱了這位參議員，他應該會「十分樂於」進行彈劾！這項大膽的計畫體現了羅斯福最喜歡的其中一句格言：「萬不得已才出手，但一出手就要狠。」

這是羅斯福的虛張聲勢嗎？有些人認為羅斯福從未打算執行他的激進計畫。畢竟就連他採取侵略性小得多的措施，也已經激起了「篡奪權力」的尖銳指控。而且也沒人知道煤礦將會如何開採。當政府充當接收者，礦工們還會回來嗎？如果不會，政府是否會動員未加入工會的礦工？如果運煤鐵路公司的業主被剝奪財產，那要如何將煤礦運往東岸？又該如何啟動煤炭生產和分配的龐大機器——沒有任何證據顯示有任何準備措施能回答這個問題。

不過，我們對羅斯福性格的了解告訴我們，他並不是在虛張聲勢。雖然他在整個罷工過程中表現的謹慎與耐心堪稱典範，但對他承諾要保護的人民來說，情況已經到了極其險惡的地步。當人民需要幫助時，羅斯福的精神絕不容忍「任何美國政府無能為力的狀況」。這是他的反偶像主義的原動力。為此，他準備並願意打破先例。為此，他或許會拿自己的領導權冒險。「我是軍隊最高統帥，」他斷然說道：「我會給人民煤礦。」

西奧多·羅斯福後來辯稱，他的礦區軍事占領計畫，正是解決罷工問題找尋已久的關鍵。

「從未發生過的干預」的威脅力道，提供伊萊休．魯特帶往紐約的「巨棒」。在J．P．摩根的私人遊艇柯薩伊號（Corsair）上，魯特與摩根會面了五個小時。在這個大家都不樂見的大規模軍事行動發動之前，如果有誰能讓煤礦業主坐上談判桌，那個人就是強大的煤礦托拉斯的最初締造者J．P．摩根。

想辦法挽回面子。

戰爭部長魯特搭乘午夜臥鋪列車前往紐約之前，他告訴羅斯福，自己已經想出了一個辦法讓業者能「不受羞辱地走出僵局」，但需要「完全的自由」來與摩根談判。而這個方法只有在一種狀況能實現：即他以普通公民的身分，而非總統的官方代表，用自己的名義當個「闖入者」進到紐約。羅斯福賜福於他。儘管魯特充滿了羅斯福領導者的光環，而這種條件顯然不是普通公民，是總統最親密的內閣顧問。

魯特分析了速記員十月三日的會議紀錄，那次會議上，核心的煤礦業主們斷然拒絕米契爾提出的建議：讓總統的委員會進行仲裁。在業主的徹底否決下，魯特發現他們反對的並非仲裁本身，而是不願意接受米契爾本人提出的任何建議。這位工會領袖是他們權威的正面挑戰，對他們金融世界觀的基本假設構成了威脅。「企業管理中不可能有兩位主人。」喬治．貝爾反覆說道。

「只要看過這場爭訟，其中的爭議點一定會讓人眼前一亮。」魯特後來說道。如果業主們自己主張仲裁想法呢？好讓他們維持不與米契爾直接接觸的前提。在柯薩伊號上，魯特與摩根起草了一份由業者們簽署的備忘錄。」備忘錄草案寫道：「我們建議，由總統（如果他願意執行此項公共服務）指派的委員會處理所有爭議中的問題」而「該委員會的決定將被吾等接受」。魯特後來承認，說最初的仲裁想法是業主們想出來的，是一個「該死的謊言」，那很明顯是米契爾的想法。不過，這「在書面上看起來很公平」，而且在某種程度上安撫了業主的自尊心。

那天晚上，魯特搭上往華盛頓的回程列車，而摩根則將備忘錄帶到了聯盟俱樂部[4]的業主會議上。摩根警告說，情況即將失控。有一項接管他們煤礦的計畫正在進行。而仲裁協議會阻撓該計畫。業主們雖不情願，但充分意識到拖延的後果，於是勉強簽署了協議。他們在其中增加一項約定，要求無煙煤罷工委員會必須由五名特定領域的成員構成：一位軍官、一位採礦工程專家、一位賓夕法尼亞州法官、一位熟悉採礦與銷售的商人，以及一位傑出的社會學家。

羅斯福收到摩根簽署的協議後，立刻發現了一個明顯、嚴重的缺失，其中沒有人的領域能代表勞工。儘管如此，「有鑑於本案的緊迫性」，羅斯福仍試圖說服米契爾接受這一方案，相信他作為委員會的主席，會選擇一流、格外公正的人來填補這五個類別中的每一個位置。米契爾確實信任總統，但他認為，如果委員會裡沒有人代表勞工，他就不可能得到礦工們的認同。在勞資糾紛中，勞工顯然必須占有一席之地。米契爾還要求擴大委員會，加入一位天主教會主教，因為大多數礦工都是天主教徒。

羅斯福透過魯特向摩根發出信息，說他需要一個摩根財團（House of Morgan）的人盡快來到華盛頓重新談判。同一天晚上，羅斯福拄著拐杖蹣跚而行，摩根的兩個年輕夥伴來到臨時白宮，全權代表業主們進行談判——業主們聚集在摩根的辦公室裡。在瘋狂的三個小時電話通話中，兩個年輕合夥人試圖取得業主同意再增加兩位委員。不過業主或許會考慮增加一位天主教教士，但他們無論如何都不會默許勞工的加入。

「看起來僵局似乎無可避免，」羅斯福回憶道：「他們已經讓自己進入某種心態的框架中，準備犧牲一切，寧願見到內戰也不讓步。」然後，隨著午夜降臨，即將發生的悲劇變成了鬧劇。「我突然意識到，」羅斯福說：「他們並不反對這件事，而是反對這個名字。我發現他們並不介意我指派任何一個人，管他是不是勞方的人，只要他不要任命成勞方就好了。」只要這項任命在某種程度上屬於五個商定的頭銜之一即可。為了填補「傑出的社會學家」這個位置，羅斯福立刻迅速推薦勞工領袖E．E．克拉克（E.E.Clark），他是鐵路列車長聯盟（Order of Railway Conductors）的負責人。「我永遠不會忘記當我徹底明白這個事實時，那種如釋重負混雜著好笑的感覺，雖然他們寧可勇敢屈服於混亂也不願接受『張三』，但如果我稱之為『李四』，他們會歡喜地接受。」

過了幾天，在威爾克斯—巴里（Wilkes-Barre）舉行的大會上，礦工們一致投票同意重返工作崗位。新聞標題大肆報導：「無煙煤礦工決定由總統委員會解決他們的問題和利益。勞工事務的新時代。」

4 聯盟俱樂部（Union Club）是紐約最早的私人俱樂部。

因此，經過了一百六十三天的僵局，美國歷史上可能最具破壞性的罷工達成了和平的結局。作為「人民的代理人」，羅斯福定義了迄今為止勞資雙方抗爭中的公眾利益。他在長達五個月的罷工中耐心等待，一次一小步地前進，直到「穩定的輿論壓力」創造了空間，讓雙方在史上第一次有約束力的國家仲裁下有了交集。「孩子誕生了，」卡羅·萊特寫道：「我相信這將是一個精力十足的……社會一分子。」

成功解決問題後，分享功勞。

興高采烈的羅斯福慷慨地與孩子共同的父親分享，首先是J·P·摩根。「若不是你參與此事，我不知這次罷工將如何解決，」他寫信給摩根：「我由衷感謝並向你道賀。」接著，羅斯福在罷工結束後寫的許多信件中，將其團隊的每一個成員（魯特、諾克斯、奎伊、薩金特、萊特，克蘭與佩恩）都歸為他的重要角色。有句老話說，如果「失敗是個孤兒，那勝利就有一千個父親」，而在那次的狀況下，羅斯福很高興讓世人知道每一個父親的獨特貢獻。然而，他私底下發洩了對煤礦業者的怒氣。他在給姐姐貝米的信上寫道：「願上帝保佑我，永遠不要再跟這群木頭人打交道。」

他慷慨大方地給予讚揚，而全國和全世界的報紙都回饋了羅斯福。《北美評論》（*North American Review*）寫道：「他受的傷和他的勇氣，以及他在解決罷工問題所扮演的角色，為這平凡的辦公室帶來浪漫色彩與騎士精神，並提升了他性格的吸引力。」法國議會的議員們聽到這個消息後也歡呼起來，而倫敦《泰晤士報》（*Times*）則說：「羅斯福總統以最安靜、最不引人注目的方式，完成了一件非常偉大而具有開創性的事情。」

此外，雖然礦工們已經立即重返工作崗位，但當具有約束力的仲裁聽證會開始時，羅斯福給別人與自己的喝采，為所有人指明了相同的價值方向。聽證會持續了三個多月。每一方都提出了自己的最佳解方，最後，委員會一致同意給予礦工可追溯的一成補發工資，並將每日工時從十小時減少到九小時，也另外成立了一個調解委員會來解決未來的爭端。但它沒有滿足礦工們希望自己的工會受到正式承認的願望。

因此，雖然這並不是一個全方位的解決方案，也不是勞資任一方的絕對勝利，但這個具有約束力的仲裁，讓資方、勞方和聯邦政府之間的權力關係有了永久性的調整。「我們見證的不僅僅是煤礦罷工的結束，」倫敦《泰晤士報》評論說：「而是一個強大的政府進入了一個新的運作領域。」

為未來留下記錄。

在這次開創性的事件之後，西奧多·羅斯福想要接續著記錄，為未來寫下這場危機的歷史。他直接介入勞資雙方的私人爭執，打破了長期以來的前例。他的行為激起了公憤與讚許。危機解決之後，他想澄清這個不尋常事件的特質，界定並約束他的作為，以清楚呈現迫使他介入的特殊情況。這是極為重要的，因為能避免全權委託引起恐慌，或甚至避免行政權力的專橫擴張。

罷工結束後第二天，羅斯福寫了一封冗長得嚇人的三千字信件給麻薩諸塞州參議員克蘭，信中詳述他從去年五月罷工一開始時所採取的行動。他告訴克蘭：「我認為應該把整個事件的完整記錄存檔。」接著他說明他每一個決定背後的理由——他對風險的評估、他為了理解事實而進行的調查、他最初決定不公布萊特報告卻最終導致其出版的情勢變化、他史無前例地呼籲雙方進行面對面會議、他在會議失敗後拒絕「坐視不管」、他知道會有嚴重反彈卻執意採取激烈行動、由於J．P．摩根介入讓軍事入侵沒有付諸實行、爭執名詞的荒謬，以及最後終於達成解決方案。

寄給克蘭的信件之後，他寫了另一封信，進一步解釋了煤礦危機的獨特性質是如何迫使他採取「嚴格來說不合法」的行動。例如，他告訴著名的歷史學家威廉．賽耶（William Roscoe Thayer），如果那次是鐵匠罷工，「他會選擇袖手旁觀，但煤礦罷工影響的是一種對人民生命、健康而言非常重要的產品。」此外，「如果美國總統不能出面介入，以阻止一場大範圍的災難，那他的權威要用來做什麼？」

在接下來的幾年裡，羅斯福告訴聽眾，他希望無煙煤礦罷工委員會這一份「清晰有力」的報告「能夠成為一本廣泛流通的小冊，流傳到任何存在類似於該委員會面對的問題，或威脅的任何地方」。委員會的成員「既不為資本家或勞工說話，也並非為了法官、軍人，或教會人士發言，但他們所有人都以美國公民的身分，為了渴望正義的伸張而簽署了那份報告」。

隨著煤礦罷工，老羅斯福抓住了歷史性的時刻，讓他年輕的執政政府浮現出一個明確的

國內目標——遏止工業革命之後高度發展的企業財富的瘋狂整合。羅斯福強烈地感受到這種合併的速度和規模，「說明政府有必要對這些公司擁有一定權力的**監督與規範**」。在危機最嚴峻的時候，他承認他「想從無煙煤這個產業開始，做一個十分激進的實驗！」

西奧多・羅斯福試驗性地化解了這場危機，他在期間所發揮的領導力，將在未來驗證是新時代的曙光。在他「公平交易」的旗號下，一種漸進式的改革氛圍席捲全國，為勞資雙方的關係、政府與人民的關係創造了新的願景。正如他向緬因州的友人比爾・席沃所解釋的：「現在我相信那些正直行事的富人，也相信用智慧、公理管理的工會。但是當雇員或雇主，勞方或資方出了問題，我必須對付他，事情就是如此。」

11 重建領導

小羅斯福與百日新政 Turnaround Leadership

「回首那段日子，我真想知道我們是怎麼度過的，」勞工部長法蘭西絲·珀金斯談到不斷加劇的大蕭條，說道：「今日很難重現一九三三年的氛圍，喚起那時因未及紓緩的貧困與長期失業所帶來的恐懼。」當時經濟已跌至「谷底」，美國產業陷入癱瘓，有四分之一的勞動力失業，而在職者的工作時數也大幅減少。人們失去了世代相傳的農場、房屋和小型企業。數千家銀行倒閉，帶走了數百萬人的存款和積蓄。各城市與各州的救濟資金已經用盡，糧食危機爆發，飢餓的人們在街上遊蕩。資本主義的未來，乃至於民主本身的未來，都顯得十分嚴峻。「我們已經無計可施。」赫伯特·胡佛總統絕望地說。

白宮助手羅伯特·謝爾伍德（Robert Sherwood）觀察道：「沒有任何偉大的劇作家能為一位新總統——或新獨裁者、新救世主，設計出比富蘭克林·羅斯福更好的出場方式……當美國人民覺得自己諸事如意時，就不太考慮白宮主人的性格特質，他們滿足於擁有一位沃倫·哈丁這種『只適合相框』的總統[7]。」謝爾伍德的立場與那些相信「領導者是受時代需求召喚而來」的人一致，但他認為，「當逆境襲來，且問題大到個人無法解決時」，人們便開始焦急地尋求指引，要求領導者「走出相框，堅定表示自己就是人民所需、至關重要的那個人」。

但正如我們所見，只有機會是不夠的。富蘭克林．羅斯福面臨的焦灼景象預示了巨大的失敗，也預示了巨大的成功。領導者必須做好準備，迎接時代挑戰。沒有任何領導者在正確診斷這個國家的弊病，並且宣告自己是「人們需要、至關重要的人」上，會比「老醫生」更有備而來——小羅斯福在溫泉鎮獲得這個親暱的稱號，他在那裡以建築師、開發人員、計畫主持人、首席諮詢師、療程指導者以及心靈顧問等「集於一身的身分」，直率地與他的小兒麻痺症病友們互動。

羅斯福「醫生」已做好貢獻的準備，要以坦率、親切、不可思議的自信與不可動搖之決心，採取一切必要行動來振興國家。他打算對這個癱瘓又沮喪的國家施行持續且重振士氣的新領導作風。畢竟，他曾刻骨銘心地親身經歷過這一切。

富蘭克林．羅斯福就職典禮（一九三三年三月四日）的前一週，記者艾格尼絲．梅耶爾（Agnes Meyer）在她的日記寫下：「這個世界真的在我們腳下震盪。」經歷了三年的急劇衰退之後，金融體系的「維生器官」（即國家銀行）紛紛關閉。不論實質上或精神上，這個國家的經濟體系都已進入垂死掙扎的狀態。

這種將國家描繪成一種病入膏肓的**政體**的極端語言，其實一點也不誇張。事實上，在羅斯福所謂「眼下急迫的重大疾病」（即搖搖欲墜的銀行所引發的嚴重循環危機）背後，尚有「已經蔓延到我們經濟體系的痛處」此一更為有害的境況。我們曾是、且可能持續成為什麼樣的政府和國家，完全沒有定論。

「恐慌瀰漫在空氣中。」即將上任的羅斯福內閣成員哈羅德·伊克斯（Harold Ickes）回憶起大蕭條這個可怕的末期疾病時這樣說。農村裡，數百萬個家庭因為無力履行抵押合約或償還債務，失去了他們的農場。來自愛荷華州的一位農村律師表示，在他的職業生涯裡，他從未料想到會眼睜睜看著「中年男子和家人走出破產法庭時，帶著家具、幾匹馬、一台推車和一點存貨，那些是他們工作了二十五年僅剩的東西」。城市中，超過四分之一的人失去工作，其餘有工作的人只能賺取微薄的薪資。救濟處的糧食即將耗盡，使得成千上萬的美國人忍受飢餓，還有數百萬人營養不良。到處都沒有明確的保障機制。

各州銀行在二月中旬紛紛關閉，「大蕭條的全面衝擊」來襲。在經濟衰退的最初幾年，大約五千家小型銀行倒閉，其中大多數是農村銀行，數百萬個美國人的積蓄化為烏有，不僅掠去了他們的安全感，也奪走了他們對未來的希望。一九三三年的冬天，沒有任何經濟復甦的跡象，整個銀行體系存在致命漏洞的傳聞開始蔓延。全國各地城鄉的人們急忙提款，他們手裡拿著包包大排長龍，要求立即釋出他們的錢，打算拿去藏在床墊下或埋在自己的土地裡。

銀行手頭很少會有存款來滿足突然而龐大的需求。在咆哮的二十年代[2]席捲全國的投機

1　共和黨一九二〇年派出長相英俊的沃倫·哈丁參選，結果勝選。而他卻是美國公認做得最差的總統之一，因此也被譏為「哈丁謬誤」。

2　咆哮的二十年代（Roaring Twenties）指一九二〇年代期間經濟繁榮的時期，尤其發生在美國與西歐的大城市。

熱潮中，銀行用存款人的錢投資股票，而這些股票現在大多一文不值。隨著銀行的現金和資產減少，於是開始有了最低提款限額。很快地，即便有限額也讓銀行手頭的資金吃緊。面對排在銀行門口那些越來越不守規矩的客戶，各州州長們接連下令所有銀行無限期關閉。

對數以百萬計的人來說，這樣的艱難時期就是末日。一位居民如此回憶道，芝加哥這座偉大的城市「似乎已經死了」，她當時走在一度熱鬧擁擠的洛普購物區，「我看到的幾個人似乎都精神恍惚地走著。在那些死寂的街道上，有一種可怕、不尋常的氛圍」。這個國家的脈動十分微弱，幾乎偵測不到。

如果需要證明這一齣可怕的戲碼已到了最後階段——那麼在就職日的黎明時分，傳來一則消息，說對國家的財富和金融資源具有絕對影響力的紐約州州長，已經暫停了所有銀行業務。如今，全國一半以上的州內銀行都關門了，其餘的僅在有限的基礎上營運。幾個小時之後，當證券經紀人等待著開始交易的信號時，紐約證券交易所總裁理查・惠特尼（Richard Whitney）站上主席台宣布，由於**不確定**的未來，交易所即將關閉。

對於總統當選人富蘭克林・羅斯福來說，「整個紙牌屋」可能在他有機會宣誓就職之前坍塌。羅斯福是撲克牌老手，他對這些牌略知一二，就如同他了解面對毀滅性疾病時，信念、鎮定、希望與行動的重要性。在接下來的幾個月至幾年裡，羅斯福多次用醫生和患者的引申比喻，來解釋國家政體的弊病。他通常會將這些比喻擴展成完整的寓言，用來描述「新政醫生」將採取的實驗性治療，這不僅是為了打破金融體系的嚴重循環危機，也是為了挽救發生這些弊病的情境。

羅斯福醫生立刻明白必須採取三條進攻路線。首先，在任何正當的經濟復甦開始之前，必須扭轉無助、無能、恐懼與恐慌加劇的感覺；接著，必須立刻應對金融崩潰；最後，隨著時間推移，必須改革經濟和社會結構。

羅斯福在接下來一百天內採取的措施，阻止了迫在眉梢的銀行危機，啟動了一場將永遠改變政府與人民之間關係的重建歷程。

——第一天——

在過去和即將開始的事情之間，劃出一條清楚的界線。

富蘭克林．羅斯福的就職日以祈禱開始，以行動結束。他的一言一行都傳達出明確的願景，即這一天不僅僅代表守衛工作由一個政黨轉移到另一個政黨。某種龐大又折騰人的東西已經結束，一些嶄新又充滿希望的事物開始了。這天所精心打造的政治舞台的核心，在於主張一種被摒棄已久、無所畏懼的領導力，以及抨擊這個國家萎靡的心理和經濟狀態。

那個星期六早上，在所有內閣成員、工作人員、家人和朋友的陪同下，羅斯福參加了在聖約翰聖公會教堂舉行的特別禱告會。他告訴他們：「向上帝禱告是開始本屆政府的正確途徑，這將帶領我們走出絕望的深淵。」二十分鐘的儀式結束後，羅斯福仍跪在地上，「將他的臉埋在雙手中」。那天上午，當他稍晚在國會大廈等待典禮開始時，這位總統當選人即興為自己的談話加上一句新的開場白：「這是全國奉獻的一天。」顯然，他即將發表的談話是一場國內佈道，旨在提供「更大的意義」，將團結人民視為「一項神聖的義務」。

阿拉巴馬州參議員約瑟夫・希爾（Joseph Hill）的妻子見證了羅斯福鼓舞人心的意志，她看著這位待就職的總統緩慢地將自己挪到講台上。她說：「那時我還沒有意識到，對他來說，需要費多大的力氣才能控制他殘疾的腿。他能克服這樣的身體障礙，讓我覺得他很偉大。我從未見過像他臉上那種表情——那是信念，是勇氣，是全然的欣喜！」

在這個與往昔截然劃分的日子，羅斯福詢問首席大法官，與其在宣讀誓言後只簡單說「我願意」（就像之前的三十一位總統做的那樣），他是否可以重複總統誓言的每一句話——我，富蘭克林・羅斯福，鄭重宣誓……。羅斯福試圖為他說出的每個字眼都灌注一種更為個人的承諾。他喜歡以各種方式讓人出其不意、打破先例，在就職演說發表之前，他就傳遞出一種準備要承擔責任、鼓舞人心的意願。

重振人民的精神與士氣；取得現實主義和樂觀主義之間的平衡。

羅斯福一開始就直面嚴峻的形勢。「現在正是說出真相的最佳時機」，他宣稱要「誠實地」處理國家局勢，「只有愚蠢的樂觀主義者才會否認眼前的黑暗現實」。但他有一句名言，「我們唯一需要害怕的就是恐懼本身」。這句話已經獲得標誌性的地位，以至於就職演說的其他內容相形失色。這句話的來歷仍然不明，羅斯福的演講撰稿人雷蒙德・莫利將其歸功於羅斯福長久以來的助手路易斯・豪爾。愛蓮娜則認為靈感來自就職典禮前幾天，他在華盛頓五月花酒店看到梭羅（Thoreau）的一段文章。無論這句話出自何處，羅斯福都賦予了這段聲明強大的力量，在演講一開始，這句話便像釘子一樣釘住了歇斯底里的普遍情緒。

羅斯福演說的字裡行間，充滿了對市民百姓的理解和同理。他憑直覺認為人們需要聽見的，是他們不該為個人悲慘的境遇而受到指責。他堅持「美國人民沒有失敗」，並引用《出埃及記》，說這個國家沒有「遭受過蝗災」。經濟體系失敗的原因，既非神的懲罰，也非商業周期的自然衰退，更不是缺乏資源。相反地，他堅信「富足就在家門外」。羅斯福堅定表示，失敗是由於缺乏領導。這種領導空窗使得人們在面對「不擇手段的金融家」時全無防備。然後，隨著問題日益嚴重，領導階層拒絕採取充分的補救措施，在最需要強有力的領導時保持被動。修復需要透過「坦誠而有活力的領導」，正如這種領導方式曾帶領人們度過「我們國家生活中每一個黑暗的時刻」。藉由這樣的振興，他確信美國人民將再次崛起。

灌輸共同目標和方向。

羅斯福的語言恰到好處地迎合了這個共同凝聚的重大時刻，既崇高又虔誠，卻又不矯揉造作。在他演講的核心，他呼籲建立一個領導者和人民之間的新契約，一個根基於「承認我們彼此依賴」的契約。為了共同利益，我們必須「是一支訓練有素、忠心耿耿、願意犧牲奉獻的軍隊」向前邁進，展現出「迄今只有在武裝衝突時期才會被激發的責任統一。」羅斯福認為，他的當選是人民給予他的禮物。作為回報，他將努力履行人民對於「領導的紀律和方向」的要求。本著這份遺贈的精神，羅斯福承諾：「**我**與**你們**一起面對**我們**共同的困難。」

最重要的是，羅斯福明白「國家需要採取行動，現在就行動」。因此，他允諾將讓人們重返工作崗位、提供健全貨幣，並防止房屋和農場因為無力履行抵押合約或償還債務而被徵收，並且「禁止用他人的金錢進行投機買賣」。一如既往，在表層的願景之下，是務實行動的筋肉與骨架。

告訴人民他們能期待什麼，以及對他們的期待是什麼。

羅斯福告訴國人，他準備建議國會一系列「受災國家」需要採取的措施。然而，如果國會成員未能對「前所未有、必須立即採取行動的需求」做出回應，他就會向國會要求「能夠對付危機的最後手段——向緊急情況宣戰的廣泛行政權力，那將如同外敵入侵時，我被賦予的龐大權力」。此時羅斯福提起林肯的先例，林肯基於最高統帥的權力，發布了《解放奴隸宣言》作為行政命令。而對於自認是「人民管家」的老羅斯福而言，這個職位授權他去做任何人民需要的事，除非憲法或法律明令禁止。這並非獨裁者或救世主的言論。富蘭克林．羅斯福以人民的名義呼籲民主力量的復甦，也呼籲在不失去其本型態的情況下，建立一個能應對「每一種壓力」的憲政體系。

羅斯福為了強調他的每位內閣成員都是團隊的一分子，當晚便召集這些人（九位男士與一位女士）聚在白宮，在最高法院法官班傑明．卡爾度佐（Benjamin Cardozo）的主持下宣誓就職。《紐約時報》指出：「內閣從未在同一時間、同一地點，由同一位官員主持宣誓就職。」郵政總長詹姆斯．法利（James Farley）對這一幕還歷歷在目：「新總統坐在辦公桌前，臉上掛著燦爛的笑容，逐一念出每位內閣成員的名字。」每位成員宣誓就職後，羅斯福熱情地與大家握手，並將委員會移交給他們。當共同宣誓儀式完成後，羅斯福說：「這完全是個家庭聚會。」他相信，他們「能夠毫無摩擦地齊心協力，為了國家的共同好處和最大利益，肩並肩工作」。透過這種非正式的小互動，法利回憶道：「這位最高行政首長已成功將一場通常拘謹而浮誇的儀式，轉變為一個友好、快樂的場合。」

然而，當天的工作還沒有完成。那天晚上，羅斯福做了兩項重大決定。如果能找到一種符合憲法的方法，使他「獲得對整個國家銀行體系的管轄權」，他的第一項行動就是宣布銀行一律關閉——又被諷刺地稱做「銀行假日」。羅斯福要求司法部長與財政部長準備好在隔天第一次的正式內閣會議上，「提出一個關閉所有銀行的合憲方法」。掌握這項權力之後，他將召開一次國會特別會議，使行動生效。他將另外制定一項立法計畫，依據銀行的償付能力，「以有秩序的方式」讓它們重新開業。那天晚上，想必羅斯福團隊的成員都無法入睡。

這個曾經艱辛地重建身體、恢復自信樂觀精神的人，以一種挑戰所有可能性與邏輯的方式，被選中來重建整個國家，努力復興國家的精神。這樣一個人能在如此時刻勝任如此任務，這使他的領導具有某種不可言喻、近似於魔法的魅力。這種領導的魔力具有感染力，一位剛加入政府的年輕律師回憶道，彷彿「氣氛突然變了，微風吹過走廊」。白宮收到了五十萬封表達鼓勵與支持的信件。一位民眾寫道：「這似乎給了人們和我自己希望，讓人重新掌控生活。」全國各地的新聞標題與評論，也不斷重複這種氛圍上的改變，即「生命正在復甦的感覺」：

無為的時代已經結束。
政府還活著。
也許有位領袖來了！

以身作則。

富蘭克林．羅斯福上任第一天就令人信服的可靠表現，其實是數十年造就而成。這個年輕男孩為了不讓生病的父親擔心，而將額頭上一道醜陋深長的傷口藏在帽子底下；這個小兒麻痺症患者為了保護家人，總是表現出不屈不撓、神采奕奕的精神——他並非只是戴上面具偽裝自己，而是已經養成一種平靜、自信與從容的舉止態度，無論他四周的風暴有多猛烈。

由於小羅斯福的容貌並沒有像林肯那樣，受到緊繃的思考與焦慮蝕刻，所以人們誤以為他的外在反映的就是內在。「你的丈夫是怎麼想的？」記者約翰．岡瑟（John Gunther）這樣問愛蓮娜。「親愛的岡瑟先生，總統從來不想。他做決定。」不過，把羅斯福的形象描繪成一個神童，一個天生的、純粹出於本能的領導者，這卻掩蓋了一個事實，即他的一言一行都經過了長期努力的思考與準備。「沒有人知道他有多努力。」愛蓮娜的朋友瑪麗安．迪克曼如此說道，她看到羅斯福在罹患小兒麻痹症後，為了第一場公開演說，而在他的藏書室裡奮鬥了好幾個小時，只為練習走那一小段登上民主黨全國代表大會講台的距離。山姆．羅森曼提起羅斯福擔任州長期間，說道：「我從來沒有見過比他更努力工作的人。」他記得海德公園那次冗長會議中，羅斯福迅速向各領域的專家拋出問題，吸收大量訊息，加深他對每個政策領域的了解。

加州參議員海勒姆．詹森（Hiram Johnson）對羅斯福的觀察是：「他的不凡之處在於，他隨時準備承擔責任，而且是微笑著承擔。」如果新任總統早已學會為了變得自信而讓自己看起來自信，那麼他特有的抬頭動作，他眼中的光芒、迷人的微笑，以及他那自信、平穩的聲調，又難道不會安撫並壯大整個國家脆弱的神經？在這個無處不是失落和不確定的時代，這種平靜的外在形象對美國人民來說可不是一份小禮物。

打造一支符合行動與變革的團隊。

當富蘭克林．羅斯福的內閣成員在週日下午進行第一次正式會議時，很顯然他召集的是一支無敵的團隊。總統理所當然是內閣這個大家庭的家長。評論家們都想問，那些「大人物」、那些名字喊得出來的超級名人、那些可能競選總統的人在哪裡？乍看之下，這些內閣成員的挑選標準似乎是基於「支持他提名的忠誠度」，而且其中有多數人是羅斯福多年來共事的朋友。

仔細觀察就能發現羅斯福內閣背後的模式。檯面上的內閣人選，民主黨的顯要人物，都隸屬於「依政黨路線行事，反對變革」的舊秩序。面對日益惡化的危機，他們已經陷入正統觀念中掙扎了太久，只等待經濟衰退周期逐漸結束，巨輪開始轉動。而羅斯福需要的團隊，必須對未來可能出現的任何變化和緊急情況抱持開放態度。

然而，儘管內閣成員的地緣與政治組成各不相同，但他們都有一個共同點。無論是民主黨人或共和黨人，自由派或保守派，東方人還是西方人，他們都表現出一種明顯的行動傾向，忠於任何可能讓國家擺脫苦難的必要之物。羅斯福希望藉由這個「高手陣容」，為「政府注入一種新思維」，以及一種新的冒險犯難精神。羅斯福無疑是「這場冒險之旅的老大」。

蒙大拿州的托馬斯・瓦許（Thomas Walsh）是一位自由派鬥士，他揭發了茶壺山醜聞案。羅斯福任命瓦許為司法部長，然而他在前往就職典禮途中因心臟病發而猝死。替補瓦許位置的，是來自康涅狄格州、強烈支持聯邦援助失業者的律師荷馬・康明斯（Homer Cummings）。對於財政部，羅斯福選擇了共和黨商人威廉・伍丁（William Woodin）擔任部長，他是溫泉鎮基金會的受託人，充滿活力，且擁有異常豐富的腦袋。為了填補內政部與農業部的空缺，羅斯福選了兩位積極的共和黨人——哈羅德・伊克斯和亨利・華勒斯（Henry Wallace）。

在勞工部長一職上，羅斯福選擇了自己在紐約時的工業專員——自由派民主黨的法蘭西絲・珀金斯。羅斯福在擔任紐約州長的兩屆任期內，親眼看見了珀金斯的積極、創新、才智，以及職業道德。第一次聯繫時，珀金斯猶豫不決地說：「勞方是一直都希望有自己的人當部長，以後應該也是如此。」羅斯福回答：「現在是考慮所有勞動者的時候了，不論是在組織內或外。」於是，珀金斯成為歷史上第一位女性閣員，讓小羅斯福打破了另一項傳統。

問題來了：應該如何稱呼她？是否有相對應於「部長先生」的女性頭銜？《羅伯特議事規則》[3]建議稱為「部長女士」，這對珀金斯來說可以接受，雖然當記者偶爾稱呼她「部長女士」時，她還是會感到難為情。珀金斯愉快地回憶道，在內閣中，她從來沒有經歷過「任何對她居高臨下的口吻」。雖然曾有一次，某位海軍部長在打算講一個故事時停下來，因為不確定是否該在女士面前說。「說下去，」總統說：「她很想聽。」

創造一個共同的中場休息，一段緩衝時間。

在那個週日下午的第一次正式內閣會議上，珀金斯回憶：「總統在摘述這場銀行界的危機以及其中涉及的法律問題時，他的敘述比我之前聽過的都更加連貫。」羅斯福轉身面向司法部長（這個人花了一整晚尋找能讓聯邦政府接管銀行的合憲方法），然後很高興聽見他找到了一九一七年一個沒沒無聞的先例，該案例授權總統調查和管理存款。《紐約時報》評論道，在這一小塊權力之上，建立了和平時期「有史以來最激烈的」總統權力行使。在無異議的情況下，內閣立即開始起草一份總統公告，將為期四天的銀行休息日延長至一週。

這樣的休假提供了一段緩衝，「一場大手術之前的麻醉」，一個喘息的空間，如此才能制定一個計畫，以有秩序的方式重新開放銀行。歷史學家亞瑟．史列辛格表示，這種協調一致的歇業，給長期的經濟衰退「畫上了句號，就好像這已經是最低點，爾後一切只會好轉」。

納入所有利益相關者。

內閣會議進行到一半，富蘭克林．羅斯福召集兩黨國會領袖，請求他們支持他的計畫——即召開第七十三屆國會特別會議，以制定緊急銀行立法。在總統就職日尚未從三月

3 《羅伯特議事規則》（*Robert's Rules of Order*）是一八七六年出版的手冊，為目前美國最廣泛使用的議事規範。

四日改到一月二十日的那個時代，通常要到次年的十二月才會召開國會會議。唯一例外是一八六一年七月，當時林肯召開了一次特別會議來處理爆發的內戰。而為了讓遠方的議員歸返首都，羅斯福將國會開會的日期訂在三月九日（週四）。

到了週日，在羅斯福的邀請下，一群來自紐約、費城、里奇蒙和芝加哥的傑出銀行家抵達華盛頓，協助政府起草法案。那些希望採取激烈行動，甚至希望銀行國有化的激進人士，看見政府決定諮詢在就職演說中被指為「不擇手段的金融家們」感到相當不安。但羅斯福知道他需要銀行界的技術專業與支持，也認為在起草法案的過程中，將他們納入是非常重要的。尋求技術知識也讓羅斯福注意到前總統胡佛的財政部官員。雖然這也「違背了當時的精神」，但這些員工幾個月來一直在為各種拯救銀行的計畫絞盡腦汁。胡佛的無所作為讓他們一再受挫，他們渴望有所貢獻。

為了順利尋求共識，羅斯福邀請全國州長於隔天上午在白宮與他的整個內閣會面。他希望為他們提供「銀行界情勢的全貌」，以期獲得他們的「幫助與合作」。這些州長們迅速行動，通過了一系列決議，承諾全力支持。

就這樣一層一層、一針一線地，羅斯福具體的緊急應變計畫不僅納進他的行政團隊，還納入了國會領袖、重要的銀行家、各州州長——取得了各級公共和私人部門領導者的共識。與此同時，羅斯福一直在計畫以嶄新的方式來呼籲、安撫和鼓勵最重要的利益相關者，即美國人民。

設定期限，全力以赴。

新總統已承諾採取行動。三月六日星期一上午宣布全國銀行放假，預計三月十三日星期一重新開業，中間只隔了一週。在那麼短的時間，羅斯福的團隊必須準備、排練並製做出一場全國大戲，目的是讓民眾對國家失敗的銀行體系恢復信心。三月十三日首次上演時，全國上下都會到場，而他們當天的反應將決定這部作品的成敗。如果緊急立法沒有及時完成並頒布會如何？如果人們不相信這個計畫的可靠性又如何？如果週一早上全國各地的存款人成群湧入銀行，結果又是什麼？對銀行體系和剛起步的政府來說，根本沒有把握結果會如何。

為了準備提交國會的緊急銀行法案，內閣必須篩選與組織大量數據，做出緊迫的決策，並匯集成一種易於理解的語言。初步的決策是依據銀行的財務穩定度，分階段重新開放。但該由誰來做出決定？如果銀行擁有穩固的資產，卻沒有足夠貨幣來滿足需求呢？聯邦政府應該為這些資產提供額外的貨幣嗎？如果答案是肯定的，那應該用發行代幣卷或者印製新鈔呢？而這些貨幣又將如何及時印刷與分發？如果資產受損、無力償還債務的銀行不得不關閉，如何才能公正有序地對待存款人？羅斯福的顧問雷蒙德・莫利坦承：「每個人都意識到，在匆忙中會犯下嚴重錯誤，一些本該關閉的銀行可能重新開業，另一些原本會安然度過風暴的銀行卻被關閉。」不過，有一件事是無庸置疑的——在新的立法之下，有必要將權力的大規模整合讓渡給行政部門。

馬拉松般的這一週需要軍事化的運作，並在協調的期限內完成。週四中午國會開會前必須準備好緊急法案。夜復一夜，午夜鐘聲敲響之後，羅斯福仍然待在辦公室，與莫利、財政部長伍丁、老胡佛派人士、銀行家和立法起草人商議。這個團隊夜以繼日地工作，只能抽空吃個三明治、在沙發上打盹，或沖個澡。

早先，政府決定用聯邦基金來支撐較弱的銀行。鑄幣印刷局（Bureau of Engraving）被命令立即印製新貨幣，另外有一隊飛機正在待命，準備將這些錢運送到全國各地的銀行。

到了週三，法案的第一份草案已送交白宮。在銀行審查員與美聯儲[4]的幫助下，財政部官員準備了一張帶有彩色圖針、根據銀行穩健度來區分其狀態的地圖。莫利表示，羅斯福總是偏愛用地圖這種視覺化的方式，為自己闡明問題或教導他人，他「對此很滿意」。當天稍晚，草案被提交給參眾兩院的多數黨和少數黨領袖。經過微幅修改後，國會領袖們承諾全力支持。直到凌晨三點，法案才送至印刷廠。當被問到法案是否已經完成時，頑皮的伍丁說：「是的，完成了。我叫比爾[5]，我也完成了。」

該法案基本上是屬於保守的做法，旨在「修補失敗和缺點」，穩定而非改變現有的結構。儘管羅斯福已經在考慮對銀行界進行深遠的結構性改革，但首先必須「清理經濟的金融動脈」。只有這一開局成功，才能獲得解決系統性問題的契機。除非這場危機得到解決，否則不會有轉機。

週三晚上，羅斯福一直忙於會議直到午夜。雖然該法案的細節已經達成協議，但還有一項工作要做——在法案提出之前要送一份總統聲明到國會。隔天羅斯福早上七點起床，開始親筆撰寫這份聲明。根據《紐約時報》報導，每一頁剛寫完，「就用打字機印出來，然後馬上送往行政辦公室進行模板印刷」。

「立即採取行動的明確必要性，我再如何向國會強調也不為過，」羅斯福以此開場：「我們的首要之務，就是重新開放所有優良的銀行。對於那些利用存款的投機行為或違反信託的其他違規行為，這是後續立法的重要預備工作。」重要的事情，必須放在第一位，「我們在短短五天內，不可能制定出完整的措施來防止過去的弊病再次發生」。但他們已經聯手進行，羅斯福承諾，他很快就會提出一個「全面國家復甦計畫」的方案，這將「代表銀行與人民之間新關係的開始」。少了改革的復甦只會暫時掩蓋（而非去除）金融崩潰的原初成因。

距離最後期限還有三十分鐘，新政府趕上了第一個截止時間。他們在三月九日星期四中午的國會會議前，遞交了這份未來的法案（或至少是它唯一的副本）。國會議員、眾議院銀行委員會主席亨利．史提格爾（Henry Steagall）一邊在頭上揮舞著這份法案的唯一副本，一邊說：「這就是法案，讓我們通過它。」眾議院領袖裁定不得提出任何修正案，辯論將限制在四十分鐘以內。共和黨少數黨領袖貝特朗．思內爾（Bertrand Snell）敦促他的同事們授予總統全權委託：「眾議院起火了，美國總統說這是滅火的方法。」隨著議事廳內一聲聲「投票、投票」的高喊，國會進行了口頭表決。沉默中沒有任何一聲異議。

參議院開始辯論時，新印好的法案副本已全部分發出去。改革派為了加強國家對銀行的監管所提出的幾項修正案很快就被否決。最後投票結果是七十三票同意，七票反對，反對票

---

4 美聯儲（Federal Reserve）為美國的中央銀行體系，負責制訂貨幣政策、監督經濟運行，並為公共利益服務。

5 英文名「比爾—Bill」有法案之意。

主要來自農業改革派。二十二分鐘後，該法案被送往白宮讓羅斯福簽名。簽字儀式在二樓的橢圓辦公室進行，這裡後來變成總統的辦公室，但當時是一個凌亂的空間，四處都是半開的箱子還有沒掛著的畫作。簽字之前，愛蓮娜催促丈夫梳理頭髮好上鏡頭。他們的蘇格蘭㹴犬吠叫著，一名職員遞給羅斯福一支筆，讓他簽署他總統任期內的第一項法案——距離這著名的「百日新政國會特別會議」開始還不到九個小時。如此迅速的國會效率實在無可匹敵。

總統對國會通過這項法案致謝，特別提到了「全體團結一致」。雖然民主黨當時在參眾兩院都占多數席，但共和黨人一直支持這個迅速發展的過程的每一步。不過，羅斯福明白，事情尚未完成。真正的考驗將在週一上午銀行重新開門時出現。那時，美國人民將決定金融體系的命運。他們是否對銀行有足夠信心，他們會把積蓄重新存入銀行嗎？否則，如果他們繼續撤出和囤積，情況很可能會陷入混亂。羅斯福還有三天能在民眾面前陳述與鞏固他的主張。這一位協調各級團隊準備法案、實施計畫的總監，現在是時候讓他走出幕後，擔任起說服美國人民的重要角色。

與媒體一同制定並維持明確的基本規則。

富蘭克林．羅斯福舉行了兩場自然流暢的記者會，這是他在那些關鍵時期教育民眾的第一步。這樣的做法與前幾屆政府大相徑庭。「有人告訴我，我要做的事情不可能做得到，」他對擠滿辦公室的一百二十五名記者說：「但我還是要試一下。」

這個實驗的風險很高。羅斯福的祕書指出，記者會開始之前他「異常緊張」。他的手在顫抖，渾身是汗」。蜂鳴器一響，記者們魚貫進入他的辦公室。那時卻絲毫看不出他正承受著巨大壓力。驚人的是，《紐約時報》報導他看起來「精力充沛」。

前幾任總統通常依據事先提交的問題，不定期舉行（往往很尷尬）的會議。小羅斯福提議拋棄書面問題，他希望透過類似交換意見的方式，建立一個有實際交流的場域，一個真正即興發揮甚至是奇思妙想的舞台——但一切仍在謹慎制定的基本規則範疇裡。記者必須經過新聞祕書史蒂芬·厄里的同意，才能直接引用內容，但能依照自己的權限使用背景資料，而責任歸屬不在白宮。非公開的訊息必須保密，甚至不可以透露給編輯或同事，「因為總是有這樣的風險，雖然你們這些人可能不會違反規則，但有人可能會忘記」。

羅斯福打算定期舉行兩週一次的記者會，作為相互教育的場合，而非對峙。身為《哈佛校報》的前編輯，他尊重記者，也理解他們和他自己一樣有職責在身。記者想知道發生了什麼事，而他想以自己的方式傳布自己的敘事。羅斯福的記者會反映出他的風格。這並非進行激烈辯論、對峙或任何挑釁的座談會，這裡只有一種簡單的要求，那就是誠摯、愉快且禮貌的交流。

小羅斯福很熟悉他堂兄老羅斯福吸引、逗弄媒體的新奇方式——每天下午一點，記者們受邀參加那位前總統的午間剃鬚活動，也就是「理髮師時間」。記者們被允許在這段時間發問，或更準確地說，是聆聽。因為老羅斯福這時會針對很多主題高談闊論，而理髮師則急著想進行自己的工作。稍晚，當總統開始每天例行的信件整理工作時，也歡迎記者再度拜訪。過了二十五年，小羅斯福提議創造一種新式記者會，藉此讓這些會面正式化，並重新構思媒體與總統之間的關係。

小羅斯福半開玩笑地威脅說，如果沒有遵守基本規則，他便要重啟亞拿尼亞俱樂部（Arnanias Club）——那是老羅斯福建立的制度，凡是發表不實新聞或捏造新聞的記者，都將被逐出會場。這個俱樂部的名稱是為了記取耶穌一位門徒的教訓，他向聖彼得撒謊之後被擊斃。除了前兩次記者會，小羅斯福接下來召開近千次的記者會中，幾乎沒有出現違反基本規則的情況。「我們相互對立，」一名記者評論道：「但我們喜歡彼此，我們笑得很開心，我們也非常了解彼此的意圖。」

設定好規則之後，富蘭克林．羅斯福宣布：「現在關於新聞……我認為一條也沒有！」引發了第一輪笑聲。整個記者會過程中，他都保持著和藹的口氣，回答問題時「簡潔而從容，彷彿他正坐在桌邊和一位老友聊天一樣」。如果他沒有「足夠的知識」來提供答案，他會直接說出來，但是他會大聲嚷著「喔，我正在學很多銀行界的知識」。《巴爾的摩太陽報》（*Baltimore Sun*）的記者稱這是「白宮有史以來最令人讚嘆的表現」。羅斯福興味盎然地投入這場初次實驗的混戰，當它結束時，記者團變成了欣賞的觀眾，為之鼓掌喝采。

當天同一時間，愛蓮娜．羅斯福也召開了自己的第一次記者會，在新政府的創新性上更添一筆。她制定出只有女性記者才能參加的規定，這意味著全國各地保守的發行商必須雇用他們的第一位女記者。事實上，正是因為愛蓮娜的每週記者會，整整一代女記者才得以起步。

《紐約時報》形容第一週的「行動如此迅速，且意義如此重大，這一週所包含的重大事件，媲美某一些在總統整個任期內發生的事」，卻不知道這種勢頭才剛剛開始。

說故事時務必簡單、直接。

三月十三日上午銀行將重新開業，在這決定性的週一前夕，羅斯福發表了首次的「爐邊談話」。他在過去一週的不同時間點，不斷概述、複述銀行危機的事。法蘭西絲・珀金斯觀察到，當內閣成員初次開會時，羅斯福以非常清晰且直白的措辭，概述了銀行的困境。隨後，他為了國會議員與記者媒體又進一步刪減、修改與簡化敘述內容。現在，他終於準備好要面對美國人民了。

羅斯福早先曾仔細閱讀財政部提供的草稿，並試圖闡明法律和銀行界的用語。他打算把這些專業用語轉譯成單一音節的字詞，讓他自己和一般民眾都更能理解這些內容。他口中的一般民眾包括「在新房子上工作的砌磚工、在櫃檯後面的女孩、在自己田裡的農夫」。終於來到記者會的時刻，羅斯福坐在一張桌子前，面對六支麥克風，還有一小群家人與同事。他想像美國人民待在他們的客廳或廚房聆聽的情景，然後他開場了：「我的朋友們。」臉上立刻營造出一種親密感。珀金斯回憶道，羅斯福說話時「臉上戴著微笑，容光煥發」。據羅森曼觀察，羅斯福不僅是「直接對全國人民說話」，而且是對「全國的每一個人說話」。

羅斯福繼續說道：「我想告訴各位，我們在過去幾天做了**什麼**，**為什麼**要這樣做，以及下一步是**什麼**。」過去當林肯預備演講「分裂之家」如何形成以及人們如何團結並重整家園的故事時，曾提到類似的定位藍圖，林肯說：「如果我們能先知道我們**在哪裡**、又要往**何處去**，我們就能做出更好的判斷，知道要**做什麼**、又**如何做**。」因此，小羅斯福就像林肯一樣，試圖藉由說故事來與聽眾溝通並引導他們。

「當你們把錢存入銀行時，」羅斯福解釋說：「銀行不會把這筆錢放進保險庫。」它把你們的錢投資在債券、貸款和抵押貸款上，「以保持工業和農業的運轉」。在正常情況下，銀行手頭的現金可以滿足存款人的需求。「然後，發生了什麼事？」某一些銀行「把委託給它們的錢，用在投機和不明智的貸款」，當市場崩潰而且這些銀行倒閉時，人們對整個銀行體系的信心大受破壞。接著一場全面的擠兌潮發生了——「擠兌之勢如此嚴重，以至於最穩固的銀行都沒有足夠貨幣來滿足需求」。現在，新的聯邦政府承諾提供貸款，以及必要的額外貨幣，在這些支持下，獲得批准的銀行可以放心地重新開業了。「我可以向你們保證，」羅斯福說明：「把錢放在重新開業的銀行，要比藏在床墊下更安全。」

他指出，人們會不斷問自已一個問題，然後迫切想知道答案：「你們會問，為什麼不是所有銀行都同時重新開業？答案很簡單。」決定哪些銀行能立刻開業、哪些銀行需要幫助，這樣的過程要花些時間。他向人民保證：「未來某天開業的銀行，跟明天開業的銀行一樣重要。」他不做「沒有人會有損失」的承諾，但他說這個國家如果「繼續放任漂流」，損失絕對更大。正如他的就職演說，羅斯福再次請求人民抱持信念和勇氣：「讓我們團結起來驅逐恐懼。我們提供了恢復金融體系的機制，要靠你們來實現。」

這個人與這個時代融合在一起。羅斯福抓住了收音機帶來的革命性機遇，這個「二十世紀的絕妙發明幾乎消除了時間、距離和空間的限制」。據估計，約有六千萬人收聽了總統的電台談話。他那柔和、放鬆、抑揚頓挫的聲調，天生適合新廣播時代的談話風格。他的爐邊談話正是如此，與其說是一段演說，倒不如說是一種交流。最重要的是，他的聲音展現出的同理、自信和溫暖，讓人相信並信任他說的話。

然而，正如白宮所擔憂的，真正的考驗將是銀行重新開業時，民眾的反應。據早期報導，出納員的窗口大排長龍，但「這是為了存款，而不是為了領錢」。一個又一個城市的頭條新聞述說著同樣的故事。《芝加哥論壇報》（*Chicago Tribune*）稱：「城市重拾信心。」《紐約時報》則寫道：「民眾急於把錢存回去，表示信心在假期結束後恢復了。」許多存款人表示，總統的電台談話重振他們的信心。「他們的名字和簽名是一樣的，但他們的心態卻截然不同。」聖安東尼奧市一位銀行總裁指出，與幾週前爭相領錢的樣子相比，這些客戶彷彿「一群完全不同的人」。

羅斯福用簡單明瞭的語言，沒有隱喻和華麗的辭藻，完成了解釋與說服的目的。這場銀行危機使整個國家陷入恐懼與恐慌，現在終於平息下來。週三恢復交易後，股市上漲了百分之十五，創下多年來的最大漲幅。一位歷史學家指出，就其對事件的影響而言，這第一次爐邊談話是「美國歷史上最重要的演講之一」。這個病人挺過了緊急的危難。如今，為了防止復發，醫生終於能提出治療疾病根源的養生之道了。

解決系統性問題，啟動持久的改革。

羅斯福原本計畫在緊急銀行法案通過後，讓國會休會。然而，他很快意識到，不該浪費第一次勝利所產生的動力。因此，羅斯福要求國會領袖延續議期，而這一要求將帶來歷史性的重建轉折，稱為「百日新政」。

羅斯福打從一開始就明白，「復原的過程」需要消除「過去的破壞性影響」，剷除「舊弊端」，使「它們再也無法輕易滋長」。他一遍又一遍提到，這個國家面臨的是一種器質性病變，一種多處受到感染的疾病。這些妨礙持久療效的「舊弊端」、「過去的破壞性影響」，以及「痛處」是什麼？

在富蘭克林・羅斯福眼中，最根本的障礙在於工業資本主義，除了在老羅斯福與威爾遜領導下的幾次短暫進步立法之外，工業資本主義基本上沒有受到監管。在大蕭條的災難性影響顯露之前，系統性問題已經惡化了「整整一個世代」。羅斯福診斷出的病狀涵蓋了整個經濟與社會結構，它滲透到「我們的農業、我們的商業、我們的工業之根源」。羅斯福相信，經濟復甦必須「徹底重整和適度控制整個經濟結構」，只有用「旨在造福廣大農民、工人和商人的新秩序」取代「特殊特權」的舊金字塔秩序，才能實現這一目標。

正如羅斯福所預期，銀行危機才剛解決，「就有少數人開始大聲疾呼將改革束之高閣，等到經濟稍微改善之後再開始」。這一少數派的聲音漸漸阻礙「新政」所設想的廣泛積極行動計畫。金字塔頂端的那些人仍然相信，藉由拯救銀行與救助企業，繁榮將「向下涓滴」而惠及全國人民。羅斯福說，他們拒絕意識到「永久福祉的永久夥伴必須是復興和改革」。如果銀行的復甦是一場決定性的初始戰役，那麼改革將是一場範圍廣泛的持久戰。

羅斯福決定在一九三三年五月七日的第二次爐邊談話中，公布他對系統性的經濟與社會改革之看法。他打算支持的改革行動是如此徹底，以至於他的演講撰稿人莫利提醒他注意一個事實——他正跨出遠離「自由放任主義」的一大步，這種主義認為私人企業不應受政府干預，並且厭惡所有的監管。「羅斯福看起來比他在就職前一晚之後的任何時刻都還要嚴肅，」莫利回憶道：「他沉默了幾分鐘，然後說『如果這種哲學還沒被證明是完全失敗的，赫伯特．胡佛現在就會坐在這裡』。」

羅斯福以八週之前對銀行危機的第一次爐邊談話為基礎，開始了他的第二次電台談話。「依同樣的精神，以同樣的方式。」他將討論解決這個根深蒂固的問題的整體計畫，並概述他具體政策的初衷。美國人民絕不應該試圖恢復舊的秩序。羅斯福所考慮的緊急秩序並不是讓政府強制控制，而是政府、農業、工業，和交通運輸之間的夥伴關係。在這個新合作關係中，總統與作為政府合作夥伴的普通老百姓們之間有著革命性的連結。

羅斯福提醒人們，誇誇其談不能帶來安慰：「我們不可能靠大肆宣傳就恢復繁榮。」只有採取協調一致的行動，才能扭轉這個國家下沉的局面。他向國會提出一系列令人震驚的政府計畫，這些計畫共同重新定義了聯邦政府在規範經濟和保障各個階層的美國人民的角色。羅斯福的目標是「在更穩固的基礎、更穩固的方針上」重建社會體系，正如法蘭西絲．珀金斯所說：「他認為**人民是重要的**。」

在國會第一百日休會之前，已有十五項重要立法通過簽署成為法律。數十億美元被用於進行大規模的公共工程、提供直接的工作援助、緩解抵押貸款困境、保障投資者、保證銀行存款、確保適當的工資、提供集體談判、提高農產品價格、產生公權力。**援助**、**緩解**、**保障**、**保證**、**確保**：所有這些詞都是為了給那些受苦的人帶來慰藉，也意味著一些政策，這些政策已經開始編織起保護和規範的巨大安全網，最終將成為新政。

當時的人們見證了羅斯福於百日新政重建期間以及之後所發揮的領導力，並對此感到震驚，心中充滿好奇。然後，就像現在一樣，有人會問：一個人如何跨越整個經濟和社會光譜，協調統合新計畫的多重層面呢？

樂於嘗試，建立靈活變通的機構來處理新的問題。

首先，羅斯福強調了新政的即興發揮和實驗本質。面對大蕭條造成人類苦難的未知深海，羅斯福在制定和執行政策上「幾乎沒有先例可循」。他認為面對這一系列錯綜複雜、影響廣泛的法律，他別無選擇，只能嘗試非傳統的行政做法。「我們遇到了新的、複雜的問題，」羅斯福解釋道：「我們真的不知道它們是什麼。那何不建立一個新的機構來接管新的職責，卻要將職責強加給舊的機構呢？」舊部門不可避免地習慣於熟悉已久的慣例、既定思維與行為模式。新機構能以創新、活力和高效能為核心，自由地打造新文化。在執政的前十八個月裡，羅斯福從「字母湯」[6]中創建了二十個新機構且為其命名，這些機構以字首縮寫為人所知。

羅斯福的第一項嘗試就帶有他個人發明的特色，那是通常被稱為CCC的公民保育團（Civilian Conservation Corps）。法蘭西絲．珀金斯曾說，羅斯福「時不時」會閃現「幾乎能預知未來的想法和領悟」。公民保育團就是這樣一個概念，它串連了各種不同的事物，形成一個新穎、浪漫而又實用的計畫。該計畫最初於三月宣布，目標是在七月中旬為二十五萬名年輕男性提供工作和生活目標。這些人大多數住在城市裡，那時剛從學校畢業，正在尋找「成功的機會」。他們到處都找不到工作，所以無精打采、情緒低落。與此同時，數十座國家森林多年來陷入了「被忽略的悲慘狀態」，變成了阻礙生長的第三、第四級灌木叢林地。這些枯死的樹木和灌木必須被清除，也需要有人種植新樹木、建造防火牆，以及清理道路。

公民保育團拯救年輕人的同時也拯救了森林。由於工資大部分都被寄回家，這些收入將同時幫助家庭並刺激難民營附近的當地經濟。根據羅斯福的設想，公民保育團是現在的務實措施，也是對未來的實質投資。種樹的同時，更重要的是，種下「一種道德和精神價值」，以提升和支撐一個世代漂泊的年輕人。

當羅斯福第一次向內閣描述這個計畫時，珀金斯認為這是「一個白日夢」。如何招募二十五萬名年輕人？如何載送他們到森林，而且如何照料他們的衣食和住宿？誰來設計和監督工作項目？這個計畫如何能在三個月內啟動並運作？所有這些問題的答案，都可在羅斯福領導風格中見得：**建立一個明確目標、要求團隊制定細節、跨越傳統部門的界限、制定短期與長期的大目標，並創造能讓成長與動能加速的具體成功**。

羅斯福在幾次與內閣討論的過程中，漸漸有了實現其構想的整體方法。四個部門將出力促成這獨特的共同合作。勞工部從救濟名冊中挑選、招募年輕人。內政部和農業部推薦工作地點，並設計適當的項目。陸軍部建造營地、提供衣食住行，並支付薪資。預備役軍官將返

6 指小羅斯福為應對大蕭條而成立的新政機構，又被稱為「字母機構」。

回現役職務，管理營地。內政部將挑選工頭來監督工作。羅斯福精明地選擇了羅伯特・費希納（Robert Fechner）這位由機械師起家的工會領袖，來領導公民保育團並協調部門間的運作。當羅斯福問他建立第一個營地需要多久，費希納回答「一個月」，羅斯福說「太長了」，於是費希納立刻將時間減半。羅斯福簡短回應：「很好。」

號召二十五萬人在七月中旬以前進駐森林營地——羅斯福藉此催逼他的團隊，透過設定一個超出所有傳統預期的目標來超越正常標準。「現在就做，我不接受任何藉口。」他這樣告訴他們。珀金斯後來說道：「他的特點就是大膽構思這個項目，快速讓它通過。然後就開心地把它留給其他人去操心細節。他把炸藥放在那些必須做這份工作的人的身旁，讓他們自己去摸索方法。」而羅斯福的整個團隊都給出了回應。到了七月初，超過二十五萬人在一千五百個營地工作，羅斯福自豪地宣布：「這是我們歷史上最迅速的大規模動員。」勞工部每天設法招募一萬名男性，直到達成目標為止。包括喬治・馬歇爾上校（George Marshall）在內的一群能幹的軍官建立起營地，以容納比美西戰爭期間更多的人。深入參與各種保育任務的團員們已經找到「自己在這世界上的位置」——他們要對公共土地的基礎設施進行持久的改造、改善林地、確保防洪和防火，並為後代子孫管理及保護林地資源。

事實證明，公民保育團是最受歡迎的新政計畫之一。在第二次世界大戰爆發後、該計畫被中止之前，有超過二百五十萬名年輕人進入營地。其中許多人以前從未見過森林，更不用說住在自然環境中，也很少有人做過艱苦的勞動工作。但是，正如羅斯福希望預見的那樣，他們培養了廣泛的工作技能，並學習與全國不同地區的人一起工作。「我去到那裡時，體重大約七十三公斤，離開時大約八十六公斤，」一個男孩這樣說，他渾身充滿了新建立的自尊：「這讓我完全變成了一個男子漢。」

羅斯福當然明白公民保育團不是「萬靈藥」。儘管最初獲得成功，但公民保育團的二十五萬個工作崗位只占一千五百萬名失業人口的六十分之一。為了更能說明這種情況，羅斯福又以體育來比喻。他將自己比做美式足球隊的四分衛，「我的腦袋裡有個整體的比賽計畫」。他知道他的第一場比賽會是什麼樣子，但「直到下一場比賽開始之前，都無法告訴你接下來會如何。如果進十碼，接下來的比賽將與輸球時完全不同」。公民保育團徹底成功，為剛開始解決龐大失業問題的複雜比賽計畫，提供了有利的第一場賽事。

激發競爭和辯論，鼓勵創造力。

山姆．羅森曼認為，羅斯福的工作成效最高的時候，是在「贊成與反對的想法、論點都在他面前『被激發出來』，接著進行討論和辯論」的狀況之下。羅斯福身邊都是個性鮮明的人，會為了自己的想法而努力奮鬥，然後羅斯福會刻意設計一些情境，用對立的觀點挑戰他們，讓他們捍衛自己的立場。非常重要的是，他最後會引導他們進行和解。他一次又一次違反傳統的行政程序，指派相同的工作給同一機構的不同人，或者將同樣的項目分配給不同的機構。羅斯福觀察道：「發生一點小衝突是好的。你知道的，一點點小競爭會帶來刺激。這讓每個人持續證明自己比別人更好。」

雖然羅斯福本人從未感受到多重混亂的威脅，但他的政府「天生無序的本質」經常令下屬不滿。有時會威脅到士氣，傷了感情。羅斯福的祕書格蕾絲．塔利說：「羅斯福花了好幾個小時甚至好幾天的時間，在維持他的內閣大家庭的和平。」當羅斯福確定團隊成員感到被輕視或有壓力時，他就立刻行動。他會邀請受委屈的助手到白宮進行「握手會議」。一位行政官員發現，羅斯福「有一種罕見的能力，能夠療癒他不慎傷害的情緒」。

史列辛格說：「在比較平靜的時期，當問題已成為家常便飯，人們就完全有理由要求一個嚴謹且有條不紊的政府。但在危機時期，人們重視主動性與創新，以及會包容與鼓勵這些特質的政府組織。」羅斯福將權力界限模糊化，因此他可以同時朝不同方向前進。他放手讓他精力充沛的團隊成員自由工作，從不懷疑自己管理他們的能力。此外，羅斯福拒絕將過多的權力下放或集中在一個人身上，因此他得以掌握最終決定權——這也是他想要的。

最能清楚闡釋小羅斯福的競爭管理理論的，莫過於哈羅德．伊克斯和哈里．霍普金斯這兩人之間的鬥爭——這兩個極度能幹的人彼此爭奪「以公共工程緩解失業的數十億美元撥款」的控制權。

作為內政部長和公共工程管理局（Public Works Administration）局長，伊克斯有著積極的商人視角。他認為，解決失業問題的最佳方法是「啟動幫浦」，即透過補貼私人承包商來建造巨大工程。完成這些工程需要花很長的時間，但一旦完成之後，就會永久存在。這些大計畫包括邦納維爾大壩（Bonneville Dam）、林肯隧道（Lincoln Tunnel）、拉瓜迪亞機場（LaGuardia Airport）和大煙山國家公園（Great Smoky Mountains National Park）。

哈里．霍普金斯曾是社會工作者，曾經領導民用工程署（Civil Works Administration），即後來的公共事業振興署（Works Progress Administration）。他傾向支持各式各樣的小型和分散式計畫，這些計畫的設計，是為了讓更多人脫離救濟名冊，盡快進入實際的工作崗位。這些迅速動員、以社區為中心的計畫包括數百所學校、圖書館、消防站、遊樂場、溜冰場和游泳池。聯邦藝術計畫（The Federal Arts Project）資助了公共建築的彩繪壁畫。聯邦劇場計畫（The Federal Theatre Project）使經典作品的現場演出能深入偏遠地區。

這兩人截然不同的行政風格，反映了他們不同的哲學觀和性情。哈羅德．伊克斯綽號「誠實的哈羅德」，是一位經驗豐富的行政官員，他決心恢復內政部在哈丁政府期間因「茶壺山醜聞」而嚴重受損的聲譽。伊克斯堅持縝密的計畫，他鉅細靡遺地管理每一份合約，時時刻刻提防著浪費或醜聞。作為一絲不苟的紀律者，他很早就上班，而且在華麗的內政部辦公桌前一直待到很晚。在民眾反對的聲浪提高之前，他會在早上八點三十五分把前門鎖上，防止員工因為閒晃而遲到。他甚至還拆除廁所隔間的門，以阻止員工閱讀報紙。

霍普金斯是一個「愛喝黑咖啡的老菸槍」，住在「華盛頓最破爛建築」裡，他常常看起來像是睡在他的辦公桌前，「連續三、四天都穿同一件襯衫」。他對官僚主義相當厭煩，也嫌惡組織結構圖。他偏執地專注在工作量不足而導致的「身體、精神與心靈痛苦」。霍普金斯認為，以救濟金形式的直接幫助，會破壞一個人的品格和獨立性。人不分男女，都迫切希望且需要工作的尊嚴，以及勞動為生活帶來的紀律。當評論家批評民用工程署提供的工作通常是短期的，對長期經濟幾乎沒有什麼影響時，霍普金斯反駁道：「人們不是在長遠的未來才要吃飯，他們每天都要吃飯。」

羅斯福重視這兩人的思想觀念，並將其加以運用與調和。他尋求短期和長期的利益以治癒這個國家，包括分散式的立即工作計畫，與集中式的持久改進。羅斯福坐在委員會中，評估這兩人提交的競爭計畫——他直接參與了資金的分配。他認真聽著霍普金斯爭論說，伊克斯偏好的大型計畫要花費太多時間來開發，材料成本越高，這樣直接流入人民口袋的資金比例就越低。羅斯福也同意伊克斯的擔憂，他擔心霍普金斯無法仔細監督他發起的成千上萬個小計畫，使他們面臨效率低下、潛在貪汙，以及國會支持減少的風險。

然而，隨著大蕭條持續了一個月又一個月，羅斯福發現自己更常站在霍普金斯這一邊。相較於由統計數據驅使的宏觀項目，羅斯福更容易被人們的生活故事感動。霍普金斯告訴羅斯福一大堆這種故事——政府提供的工作如何「重建」整個家庭，或公共事業振興署的計畫如何為一個心懷感激的社區提供遊樂場、公園或游泳池。由於評估結果傾向撥款支持霍普金斯五花八門的項目，羅斯福不得不去安撫伊克斯。伊克斯在日記中記錄了無數次，當他決心辭職時卻被「這個人的質樸和魅力」重新拉回來。這位美國總統一邊耐心聽他說明，一邊「在男僕的幫助下穿衣服」，過程中仍然保持放鬆、專注，並能理解他的個人不滿。伊克斯後來表示：「你能拿這樣一位總統怎麼辦？」

這兩人長期的積怨最終在眾目睽睽下點燃。伊克斯說公共事業振興署這個計畫是「不重要的工作」、「掃落葉」。霍普金斯反擊，怒斥內政部長的建設計畫不斷拖延。羅斯福總統雖然重視，甚至也在他的政府大家庭中煽動這種爭論，但當爭執出現在報紙上時，他就不那麼高興了。沒過多久，羅斯福邀請伊克斯和霍普金斯陪他進行一次全國巡迴演說，然後搭船遊覽巴拿馬運河。這兩個人日日夜夜都和總統在一起，到墨西哥外海的淺灘釣魚、聊天、玩撲克牌、喝馬丁尼。兩個人都非常享受這難得且長達一個月的親密之旅。當羅斯福「在釣魚時就像一個無助的孩子一樣被人抬上抬下時」，伊克斯再一次驚訝於他「高昂的興致」。霍普金斯告訴他的兄弟，他「玩得非常開心」，而且感覺「真正休息到了」。

這一艘船的日報《藍帽》（*The Blue Bonnet*）上，出現了一則奇怪的新聞，標題為「葬於大海」。輕快的寫作風格讓人直接想到身為老報人的羅斯福本人。

> 霍普金斯和伊克斯之間的爭執在今天獲得了一場體面的葬禮。船的桅杆降半旗……總統主持了這莊嚴的儀式，我們相信這將使這兩個寶寶永遠從頭版上消失。
>
> 霍普金斯對於伊克斯說他的壞話表示遺憾，而伊克斯則承諾，一旦他能找到速記員記下這些熱騰騰的話，他會說得更強烈——只會更強。
>
> 總統在背後用力推了他們一把——將他們雙雙推入大海，並且下令「全速前進」。

開放未過濾的訊息管道，以補充和挑戰官方訊息。

羅斯福一再勸告他的助手，不要將華盛頓民眾說的話和全國人民的感受混為一談：「去看看發生了什麼，去查看我們做的最終產品。與人交談，親身感受。」如果出現前所未有的情況，必須創建「新的、未嘗試過」的計畫，那麼羅斯福作為最高首長，必須弄清楚哪些計畫有效、哪些無效。這種評估不太可能透過正式管道而完成。為了避免資訊在官方訊息管道中被扣留，羅斯福啟動了全國性的調查。他利用各種非正規的情報來源，使他能夠快速修正、拋棄或改革進行中的計畫。

儘管羅斯福每天早上的第一件事就是「像收割機吞進穀物一樣」，先消化六份大都市的報紙，但他還是依靠他長久的祕書路易斯．豪爾，把全國各個小村鎮報紙上的文章和社論剪貼下來。羅斯福藉由這份所謂的《號角日報》（*Daily Bugle*），以更個人化的方式，吸收民眾對於每一項新政計畫的看法。在羅斯福宣布他想直接聽取人民的意見之後，每天約有六千到八千封信被送達白宮，這些源源不絕的信件也會被集結為類似的剪報。愛蓮娜也要求人們寫信給她，因為公眾人物「可能會與影響國家的生活潮流脫節」。她的每日專欄不僅提供忠告，也聽取民眾的意見和建議。愛蓮娜和她的丈夫一樣，開啟了雙向溝通的管道。

比起其他任何消息來源，羅斯福更加依賴愛蓮娜提供的「未經修飾的真相」。羅斯福稱她為「行蹤不定」的老婆，因為她在全國各地旅行了數十萬英里，一次都要花上數週甚至數月，與來自各地、各式各樣的人交談，傾聽他們抱怨、檢視新政計畫、蒐集大量故事。愛蓮娜每次回來後，都會安排與丈夫共進「不被打擾的一餐」，好讓奇聞軼事「保持新鮮，不會因為重複而變得索然無味」。羅斯福對於她觀察的可靠性和準確性有著絕對信任。「愛蓮娜看到了許多總統永遠看不到的事情，」珀金斯說：「她知道的很多東西，以及她對這個國家人民生活的了解，都影響了總統。」內閣首長們經常聽到羅斯福掛在嘴邊的一句話：「我太太常常四處跑。」他會說：「我太太說她上週訪問的那個鎮，住民的工資比全國復興總署（NRA）說的最低工資還要低。」

愛蓮娜的彙報促使羅斯福精簡計畫、提高效率，有時甚至創建出新的機構。當時農業調整管理局（Agricultural Adjustment Administration）已開始支付農民用來銷毀農作物和屠宰牲畜的費用，試圖藉此拉抬下跌的農產品價格，當時過低的價格在農村地區造成了難以承受的痛苦。愛蓮娜直截了當詢問一位負責人：「這個國家有成千上萬的人在挨餓，為什麼你還把這些小豬扔進密西西比河？」她對於農業調整管理局計畫糟蹋資源的驚人觀察，促使了新機構「聯邦剩餘物資救濟公司」（Federal Surplus Relief Corporation）的成立。政府購買剩餘的小麥、玉米、肉類和棉花，然後將多餘的商品分發給救濟機構，為失業者提供食物和衣物。

從**外部**帶來新的訊息來源的同時，羅斯福也攪動了正常的**內部**訊息流動。若聽聞某局室裡有一個有趣的年輕下屬，他可能會邀請這名員工到白宮，於是打亂了指揮系統，並經常惹惱這些部門的主管。羅斯福習慣深入了解別人，更甚於深入讀書。談話使他有機會釐清自己的思路，他表示：「在平常的日子裡，我會致電或去信聯絡，親自接觸了大約一半的聯邦救濟機構的代表們。我盡可能與我們所有工作的協同人員保持聯繫。」至於給他參考的備忘錄，則是為了過濾每小時堆積如山的資料而量身製作。法蘭西絲・珀金斯說：「我學會如何準備資料，好讓他可以自己記在腦海裡。」對於行動的建議應該簡短，「最好是一頁」，以大綱形式呈現，列出誰贊成、誰反對，以及為什麼。但她知道，羅斯福最想要的是尋常百姓的獨特故事。這些故事會永遠銘刻在他的記憶中。

適應各種情況，在必要時迅速改變方向。

第二次爐邊談話第一次概述系統性改革計畫時，羅斯福曾表示：「我不否認，我們可能會在程序上犯錯。我不期望每次打擊都會命中，我所追求的是盡可能提高打擊率。不僅對我自己，對團隊也是如此。」羅斯福一再告訴那些容易對眼前的重大任務感到壓力的員工說，只要他們在有限時間內盡可能考慮到各個面向，就沒必要煩惱自己是對是錯。羅斯福向羅森曼透露道：「你我都知道，有些人因為不確定自己的決定是否正確，所以反覆踱步，把地毯都踩壞了。盡你所能做出決定，而一旦下定決心，就往前進。」

這種適應性，也就是願意改變立場、做出修正，並且接納不斷變化的情境，可以被視為一個具有生命力的原則，貫穿這百日乃至其後的日子裡所制定的各種計畫。其中一些將成為聯邦政府的永久組成部分，包括田納西河谷管理局、聯邦住宅管理局（Federal Housing Administration）和聯邦通信委員會。其他計畫在戰爭動員時會因為無必要而解散，包括民用工程署，公共工程管理局，公共事業振興署，國家青年管理局。

準備好適應各種情況，是羅斯福在銀行界危機最高峰時履行承諾的關鍵——他在復甦後進行改革，根除不受監管的股票市場與銀行體系中的「舊弊端」，使這些事不再發生。羅斯福用《證券真實法》（Truth in Securities Act）展開他監管股市的首次行動，他說該法案「是為了避免投資者在出售證券時聽到的假訊息」。羅斯福表示：「我看見那些老實人的家庭承受著極大痛苦，因為他們被說服將自己的儲蓄投資在偽裝成投資產品的投機性證券，再以高壓的方式出售。」他於是得出結論：「國家立法是必要的。」《證券真實法》要求新證券的發行人向聯邦貿易委員會（Federal Trade Commission）提交完整的登記聲明。蓄意的不實陳述將被判處最高五年的監禁。該法案激怒了左右兩翼人士。商人們警告說，由聯邦貿易委員會的業餘者訂下的「嚴厲」懲罰，會限制股票經紀人，導致股市停滯，進一步阻礙復甦；而改革者們對於「已發行的所有股票和債券都不受監管」深感失望。

不到六個月，羅斯福意識到該法案「行不通」，於是立刻「放鬆限制」，並將聯邦監管擴大到整個股票和債券領域，而不僅僅是新發行的證券。該法案要求廣泛而具體地禁止股票操縱行為的一切形式，並計畫成立一個新的監管機構，即美國證券交易委員會（Securities and Exchange Commission），由五名任期五年的委員組成。商界領袖相當憤慨，認為放了一名政府的「警察到他們的角落」。紐約證券交易所威脅要搬到蒙特婁。羅斯福向國會發出一封特別信函，警告說，與其他新政的立法相比，反對這一項法案的「運動組織得更為嚴密」。他警告說，如果有任何人企圖削弱或破壞該法案，議員們將必須對美國人民負責，因為人民已充分意識到「不受監管的投機行為」助長了「沒有保障的繁榮」和經濟崩潰之後「可怕」的歲月。該法案後來輕易通過了。最終，美國證券交易委員會成為最受推崇的新政機構之一。

在百日新政的第九十九日，監管銀行業的立法終於正式簽署了。《格拉斯─史提格爾法案》（Glass-Steagall Act）提供了預防性改革，以檢查造成銀行業危機的顯著弊端。羅斯福認為，這場危機的起因是銀行利用存款在過熱的股市中進行投機行為，於是無法滿足提款要求。該法案要求銀行做出選擇，它們可以從事商業活動，也可以投資銀行業務。但從此以後，它們被禁止兩者兼顧。

在關於該法案的辯論中，參議院增加了一項修正條款，要求聯邦政府向銀行收取儲蓄保險費的同時，也對存款提供一定額度的擔保，而這一額度將隨著時間推移而改變。羅斯福強烈反對這種擔保。在一份書面說明中，他要求參眾兩院會議委員會的成員否絕該修正案。「這不會起作用，」他堅持認為：「弱勢銀行將會拖垮強勢銀行。」羅斯福甚至威脅要否決整個法案，除非存款擔保的修正案被否決。儘管如此，經過激烈的辯論之後，該法案最終仍以完整的修正案通過。羅斯福立刻打電話祝賀格拉斯參議員，並在簽字儀式上開玩笑說，這項法案的生命力比貓還強。莫利觀察道：「這是他對於自己在存款保險問題上最終被打敗的善意承認。」

然而幾個月後，羅斯福意識到他堅決反對擔保存款的想法是錯誤的。聯邦存款保險公司（Federal Deposit Insurance Corporation）的成立為存款人提供了他們所需的安全保障。到了一九三四年，超過九成的銀行購買了保險。五年內，存款增加了近五成。根據貨幣歷史學家的說法：「銀行存款的聯邦保險，是一九三三年經濟大蕭條時最重要的結構性變革，最有利於貨幣穩定。」

在這兩個案例中，羅斯福都修改了他原來的提議，並表示自己願意妥協。《證券交易法》（Securities and Exchange Act）減輕了處罰的嚴厲程度，同時擴大了構成違法行為的範圍。羅斯福在反對聯邦存款保險公司之後，又優雅地接受它，並最終將其視為自己成功又合法的孩子。沒有一成不變，沒有最後終點。對羅斯福而言，決策和管理是生命歷程的一部分。他向珀金斯保證：「目前我們必須盡我們所知做到最好。如果不成功，我們可以邊做邊修改。」

由於這種即興、更動和改良的傾向，以及這種靈活領導富於想像力和渲染力的本質，小羅斯福經常被比擬為一位富有創造力的藝術家——按照劇作家羅伯特・謝爾伍德的說法，他是「政府中真正的藝術家」。作為一個逆轉重建的藝術家，小羅斯福沒有現成的範本或模版，讓他加以擴大並應用於國家。珀金斯觀察到，他「用手邊的資料和問題來工作，當他在處理某個階段的同時，下一個階段就已經展開」。隨著一個又一個計畫成形，他也越來越純熟老練。他直覺性的人際互動變得更有自信、更加細膩，就像這個國家的人民對他和他們自己的信心及信任愈發強大。

在這一百日的尾聲，第七十三屆國會特別會議終於在六月十六日休會，羅斯福表達了他的感激之情。他讚揚這一種「超越黨派的團隊合作精神」。羅斯福也對「立法和行政部門之間的全心合作」致敬，這種合作採用一種「解決新、舊問題的新方法」，而且「證明我們的政府能夠應對緊急狀況，能夠在創紀錄的時間內完成一項計畫」。

當戰爭來臨時，小羅斯福喜歡說自己從「新政醫生」變成了「打勝仗醫生」（Dr. Win the War）。雖然兩位醫生面對不同的挑戰，但他們有相同的做法，相同的領導基因——一種憂慮時不會踩壞地毯的特質、透過交談來放鬆和思考的特質、享受領導樂趣的特質。當狀況危急且需要急救，這兩位醫生都會跳入戰場。

這位醫生曾經設定了一個目標，要在短短三個月內招募二十五萬名年輕人加入公民保育團，但七年之後，他又戲劇化地做出一個決定，要在一年內達成五萬架飛機的驚人年產量，讓美國在一年內領先德國。這個一開始看似荒謬的目標，後來被證明是「提升視野的心理目標」，激發了團隊成員的想像力，並激勵民用工業完成了不可能的任務。這位教育家在他第一次爐邊談話中，清楚解釋了銀行危機迷宮般的複雜性。後來，他要求國人在自己的桌子上攤開一張戰爭地區的全球地圖，這樣他就可以指出「關於地理的一些事情——我們的問題是什麼，戰爭的總體戰略是什麼——每一場戰役又是如何與地圖呼應」。

小羅斯福的溝通天賦無疑是他成功完成共同使命、澄清問題、動員行動和贏得人民信任的重要工具。他的信念從未動搖，如果人民「得到政府的信任，能看見正在發生的事情，並得到完整而真實的陳述，那他們通常會選擇正確的道路」。小羅斯福與他所服務的人民之間的這種相互連結，就是他領導的核心。

確實，不論國內或國外，在這個充滿憂患的時代，如果說領導者的性格與智慧具有確切的重要性，那麼，這個論點絕對會在富蘭克林·羅斯福寬闊的肩膀上得到證明。

12 願景領導 Visionary Leadership

詹森與公民權利

「一切都很混亂。」詹森回憶起甘迺迪遇刺後的那數小時和數天。可怕的事一件接著一件，即時上演在全國人民的面前——有人朝甘迺迪的車隊開槍；總統確認死亡；李．奧斯華（Lee Harvey Oswald）被逮補，隨後又被謀殺；確認達拉斯夜總會老闆傑克．魯比（Jack Ruby）是殺害奧斯華的凶手；有人懷疑這兩起謀殺案是更大陰謀的一部分，可能與俄羅斯、古巴或黑手黨有關。從暗殺到葬禮的這四天，三家電視台取消所有常規節目，改播報這則新聞，美國人呆立在電視機前，都沒有離開。

這一齣持續上演的悲劇給詹森帶來極大的危險，但同時也給他前所未有的機會去行動和判斷。要成功走過這個過渡期，就必須立即指揮，並對政府的延續性做出象徵性的保證。詹森後來說：「時代在呼喚領導者。整個國家都目瞪口呆，核心動搖。我們必須向人民保證，政府沒有陷入癱瘓。」除了國人之外，「全世界都急迫地盯著我的舉動——我的觀察、判斷、權衡」，因此「我必須抓住權力的韁繩，不容耽擱。任何猶豫或動搖，任何一步錯誤，任何自我懷疑的跡象，都可能帶來災難」。

「我們都在原地打轉，試圖理解發生了什麼事，但我們越試圖理解，就越感到困惑。我們就像一群困在沼澤裡的牛，無法往任何方向移動，只能不停打轉。」從這個意象，詹森回想起他在德州丘陵地的童年，以及祖父講述的故事。他繼續說：「我知道該怎麼做。只有一種方法可以讓牛群離開沼澤，就是讓騎馬的人帶頭，擔任指揮，提供方向。在暗殺事件後的混亂時期，我就是那個人。」

詹森向民眾展現出力量與自信，但也表現出對甘迺迪圈內人士的謙虛和尊重。相較於老羅斯福在麥金利遇刺後，還有三年的時間站穩腳跟、面對選民，詹森只剩不到一年就要面對下次選舉。他沒有時間從零開始成立一支新團隊。而且讓甘迺迪的人馬留任，也表現了尊重與堅定。就像謙卑的學徒努力奮鬥、逐步達到純熟，詹森在扮演這種懇求權力的矛盾角色上，早已出類拔萃。

詹森去找每一位甘迺迪的手下，告訴他們：「我知道**他**有多需要你。現在我更需要你，我們的國家也是。」詹森從未暗示過，不管以前怎麼做，現在這是**他的**白宮之類的話。他後來表示：「我知道他們的感受。突然之間，**他們**變成了局外人，就像我三年來一直是裡面的局外人一樣。」他抑制自己一貫的傲慢，軟化了語氣，十足謙卑地分享他的疑慮，不斷請求他們的耐心、建議和協助。他說：「很多事情我不懂，你們必須教我。」在過渡期間，許多甘迺迪內閣和白宮的重要成員都繼續留任，證明了詹森在這段紛擾時期的完美表現。

詹森在承擔領導責任時的表現是如此完善無缺，彷彿他早已在排練，假如時機成熟且掌握權力後，他要怎麼做。突然間時機出現了。他碰巧擁有了權力，並打算好好運用。

大家都認同詹森是立法程序的高手。然而，從他接任總統的頭幾個小時就可以看出，他打算把這獨一無二的技能用在一個發展成熟的願景上，即政府在人民生活中應扮演的角色。從一開始，他就非常清楚自己在國內事務上要把這個國家帶往何處，對於該如何做也有了可行的想法。

暗殺發生那天的下午六點，詹森搭飛機抵達首都之後，用電話聯繫了許多人，包括前總統杜魯門和艾森豪，並在行政辦公大樓（Executive Office Building）的副總統辦公室會見了國會領袖代表團。晚上十點，他和一小群顧問及朋友回到位於華盛頓春谷（Spring Valley）的三層住宅「榆樹園」（The Elms）。「和我一起過夜吧。」他懇請三位親近的助手：傑克・瓦倫提（Jack Valenti）、克里夫・卡特（Cliff Carter）和比爾・莫耶斯（Bill Moyers）。他比以往任何時候都更不想獨自一人。在這個災難的一天後，他特別需要一群親密的聽眾，幫助他理清頭緒，找到方向。一小時後，瓢蟲夫人回自己的臥房睡覺，詹森換上睡衣，跟那三位陪在他身邊當後盾的男士一起在他的大床上，看著撥個不停的新聞報導，滔滔不絕地議論著這全球注目的事件。

瓦倫提回憶道，清晨時分，「這位新總統開始大聲說出他的計畫，他的任務，以及他一定要達成的目標」。在詹森的腦海中，已經可以預見一個未來，把甘迺迪目前僵持在國會的所有進步立法，全都加入法律之中。詹森說：「我要從參議院財政委員會手中拿到甘迺迪的減稅法案，我們要讓經濟再次活躍。然後，我要通過甘迺迪的民權法案，它在國會擱置太久了。而且我會讓它在不改一個字或標點符號的情況下通過。接下來，我們要通過立法去除所有障礙，讓全國各地每一個人都能夠投票。這還不是全部，我們將有一條法律保障這個國家的每一個男孩和女孩，讓他們都能藉由聯邦政府的貸款、獎學金或補助金，得到所有可以接受的教育，不管他們有多貧窮，不管他們的膚色是什麼，不管他們來自哪個地區。還有，我的目標是通過哈里·杜魯門之前那毫無進展的醫療保險法案。」

展示一幅偉大社會計畫的未來草圖時，這位昏昏欲睡的副總統似乎神奇地甦醒了。若不是三位助手在那裡待到凌晨三點，見證他堅定的決心，這聽起來就像是個虛構的故事。詹森不僅要推動甘迺迪陷入膠著的議程，還要實現一個建立在種族和經濟正義之上的社會，這遠遠超過新政與新疆界計畫[1]的夢想。

詹森在黎明前描繪的願景已經醞釀了數十年。他從身為平民主義者的父親那繼承了一個信念，即政府的職責是照顧那些需要幫助的人。他的父親一再提醒他：「那就是我們在這裡的意義。」他在小羅斯福新政期間所做的工作，鞏固了「政府應該利用其權力改善他人生活」這一開創性的概念。詹森在一次要命的心臟病發作後，於一場「戰鬥號召」的演講中列舉了更多具體計畫，並說明他會用什麼策略通過《一九五七年民權法案》。

「那一整夜，」莫耶斯回憶起詹森在榆樹園的沉思，「他的腦中似乎同時有好幾個會議室在運作。很強大，非常強大。」

詹森是怎麼實現這一願景的？

戲劇性的開始。

林登．詹森最重要的任務，也是其他一切的必要條件，就是讓他的同胞相信，他有能力填補以殘忍的方式突發的領導真空。他必須消除疑慮、平息懷疑、減輕恐懼。

在國家陷入黑暗的緊急時刻，這位新總統的性格使他傾向迅速採取行動。在詹森漫長的職業生涯中，每一個新職位他都尋求一個快速、穩妥的開始，一個攫取目光的時刻。如今，在甘迺迪葬禮的第二天，詹森選擇向全國發表重要演說。如此選擇並非沒有風險，因為除了極少數例外，他在大型正式場合的表現其實缺乏說服力。這位在任何小型聚會上都能立刻掌握人心的男人，一旦被迫站在講台上，往往會變得僵硬，而這場演說將會是他發表過最重要的一場。「他知道，」莫耶斯說：「觀眾心中會充滿疑惑，心想：那個人是誰？」當他走下講台，「他們不是對他有信心，就是沒有」。

發揮自己的優勢。

一開始，詹森就做了兩項重要決定。首先，他將在國會聯席會議（Joint Session of Congress）向現場觀眾發表演講，而不是在空蕩蕩的橢圓辦公室的電視鏡頭前。三十多年來，國會一直是他的家，是他安全感、成就感和權力的來源。聽眾中會有許多人是他的老朋友和同事，最高法院法官和內閣成員也會出席——這是合法繼任儀式的完整陣仗。

1　新疆界計畫（New Frontier）是甘迺迪總統任內推動的改革。

其次，他將利用這個機會呼籲他的前同事們打破立法僵局，好讓甘迺迪的每項重大國內倡議成為法律。暗殺事件的前一個月，專欄作家華特·李普曼（Walter Lippman）寫道，我們「有理由懷疑，現在的國會體系是否對共和制構成嚴重威脅。」事實上，正如《生活》（*Life*）雜誌中一篇社論所指出，本屆國會議期比以往任何一屆都還要久，「但實際上什麼也沒做成」。詹森認為，國會在推動立法上的無能，正「演變成一場全國性的危機」，使美國的民主制度受到國內外的廣泛批評。

對於甘迺迪那些受阻的國內議程，詹森選擇優先解決他最感興趣、最有信心、最擅長處理政策細節的領域。外交和軍事領域一直是甘迺迪政府的專長和焦點，但詹森對這些領域不感興趣。而他很幸運地，在國際事務較穩定時上任。

「把我帶進總統辦公室的那些沒頭沒腦的事假如有任何意義，」詹森後來說：「那只會是我利用了自己做為立法者的經驗，來促使立法程序發揮作用。」他認為甘迺迪的去世創造了「一種同情的氛圍」，有助於通過停滯不前的「新疆界」議程，他打算「把這個死者的計畫變成殉難者的志業」，但機會非常渺茫。如果他有任何成功的可能，就必須在民眾支持的情緒開始消散之前，以極端的速度前進。

簡化議程。

從一開始，詹森就決定將甘迺迪的國內議程縮減為兩個基本項目：旨在結束南方種族隔離的民權法案，以及旨在刺激經濟的減稅法案。詹森的顧問們在榆樹園討論了數個小時，爭論著這些選擇是否明智。「有一度」，亞伯．伏塔斯律師回憶說，其中一人強烈反對「國會在公民權利問題上採取行動」的建議，尤其是反對把它當作詹森的「首要」任務。「總統所能支出的有限，」那個人警告詹森：「你不應該花在這上面。它永遠不會通過。」

「好吧，」詹森明確地回答道：「那幹嘛還要當這個該死的總統？」

一九六三年十一月二十七日中午，當詹森走進眾議院時，全場鴉雀無聲。他開始說道：「如果今天可以不用站在這裡的話，我願意拿我擁有的一切交換。」他以簡單的修辭，悲傷而謙卑的語調，將悼文與呼籲行動的就職演說結合在一起。

一九六一年一月二十日，約翰．甘迺迪告訴他的同胞，「在最初的一千天中，在本居政府任期內，甚至在我們的有生之年」，我們國家的工作都不會完成。但是他說，「讓我們開始吧」。今天，在這個立下新決心的時刻，我要對所有美國同胞說，讓我們繼續前進。

然而，相較於甘迺迪的就職演說在沒有提及國內事務的情況下，預示了美國在世界眼中的復興。而詹森在幾乎沒有提及外交政策的狀況下，勾勒出他對國內政策的希望。

首先，任何追思文或悼詞，都無法比盡早通過甘迺迪總統奮鬥已久的民權法案，更能表達對他的緬懷之情。在這個國家，我們對平權已經談論得夠久。我們談了一百多年。

現在該是寫下序章，並且把它寫進法典的時候了。

其次，我們的任何行動，都比不上提前通過甘迺迪總統奮鬥了一整年的減稅法案，更能延續他的志業。

詹森說，他堅信「我們的國家雖然存在著各種意見分歧，國會卻依舊有能力採取行動——明智地行動、積極地行動、在需要時迅速行動。這裡就需要，現在就需要。我請求你們的幫助」。

一位記者指出，當詹森呼籲採取行動填補領導真空時，似乎是在「模仿他政治生涯中最欽佩的人——富蘭克林．羅斯福」。正如羅斯福呼籲「行動，現在就行動」，並帶領人民度過國家的「黑暗時刻」，詹森也鼓勵我們向世界表明「我們有能力也願意行動，現在就行動」。這兩人都向這個動盪、失落和恐懼的國家喊話。這兩人都戰勝了沮喪和困惑，並努力給予希望、信心與新的方向。這兩人都為受創的國家效力，並提升國家的士氣。

詹森演說結束時，觀眾都起立鼓掌，許多人流下眼淚。「這是一場出色的演出，」評論家們一致認為：「他在最困難的處境下表現得相當得體，為了預想的效果，安排得恰到好處。」他的態度、慎重的步伐、莊嚴的神情和堅定的決心，如同他演說中的字句，都傳達出一個訊息，即權力和決心已經真正從遇刺身亡的總統手上移交給繼任者。新聞頭條如此描述：

領導有方
勇敢堅強的詹森
新任首長通過考驗

在舉國哀悼的這一天，詹森藉由這一場演說，橋接起一個看似不可能的跨度。他抓住了權力的韁繩，也為突然接任總統的後續行動，確立了共同方向與目標。

確立最有效的作戰次序。

雖然在詹森的兩個目標中，最重要的是通過民權法案，但要實現這一目標的立法路徑之曲折，就像一個充滿錯誤通道、陷阱和死路的迷宮。與國會眾議員和參議員們談過之後，詹森認為他應該先推動減稅，然後再解決分歧更大的公民權利問題。甘迺迪的助手西奧多·索倫森（Theodore Sorensen）不同意這樣的作戰次序。索倫森提醒詹森，他這位副總統上次沒有出席國會領袖早餐會（Congressional Leadership Breakfast），那時已經決定先針對公民權利問題採取行動。詹森恭敬地聽取索倫森的意見，但在這個程序議題上，他相信自己的直覺和經驗，而非甘迺迪團隊的看法。對公民權利的直接控訴，將阻擋民權法案和減稅法案順利通過。

即使民權法案可以在南方主導的眾議院委員會通過，它也會在參議院被擋下，參議院的南方領袖們已經準備好要阻撓議事，停止其他所有議程，直到該法案被撤回，或支持者設法在終結辯論表決（cloture vote）上獲得三分之二票數，從而結束辯論。阻撓議事的期間，議事廳內都無法討論其他任何立法。這種長期的僵局只會加深國家危機，嚴重影響新政府的前景。然而，如果能先通過減稅法案，這樣的牽引可能會形成一種動力。有了實際的進展，政府便能專心解決公民權利問題。

然而，誰也沒有把握能通過減稅法案。該法案在國會拖了十三個月才在眾議院通過，現在又卡在參議院財政委員會（Senate Finance Committee）。該委員會主席，來自維吉尼亞州的保守派參議員哈里．伯德（Harry Byrd）是該法案的守門人。這位溫文儒雅的南方人有權讓法案困在委員會，也有權在議會上公布它。甘迺迪去世時（這是未來角色的轉變），自由派支持企業和個人減稅，保守派則反對。甘迺迪年輕的經濟顧問們認為，減稅能刺激經濟並增加稅收，進而為一系列社會計畫提供資金。鼓吹平衡預算的保守派，則在意識形態上致力於對抗赤字。沒有人比哈里．伯德更能代表這種極端保守派（Old Guard）的節儉，他將減少政府支出提升為一場改革運動。

為了想辦法撬開伯德緊握的拳頭並拿出法案，詹森不停打電話給財務委員會的各個成員。他從佛羅里達州的喬治．史梅瑟斯（George Smathers）那裡得知，伯德決定在聽證會上拖延這項法案，直到他能仔細評估即將於一月九日到期的預算，如果預算超過一千億美元（這對他來說是「神奇」界線），他就不會讓這項法案離開他的委員會。有了這些訊息，詹森突然看到一線希望，如果他能將預算砍到一千億美元以下，也就是低於伯德對預算的心理障礙，那麼就算伯德最終仍投反對票，或許能協商讓該法案進入議事廳。

詹森使出一切手段拉攏與哈里．伯德的關係。十二月四日，甘迺迪遇刺後不到兩週，詹森邀請伯德到白宮：「伯德，你明天過來看看我吧。我想聽你的建議。」伯德坐上停在參議院辦公大樓外等候的總統豪華轎車，他抵達白宮後，總統出來親自迎接，然後帶他參觀西廂辦公室、游泳池和按摩室，最後他們在鄰近橢圓辦公室的小房間休息。他們共進午餐，一起享用伯德最喜歡的馬鈴薯濃湯和香草冰淇淋。

他們聊起在參議院的往事，接著開始禮貌地討價還價。詹森先起頭：「哈里，減稅對我很重要，非常重要。」伯德反駁道：「你知道，如果沒有大幅削減預算，我們就不可能減稅。」詹森同意：「沒錯，但我最近研究發現，如果我能將預算降到一千零五十億或一千零七十億美元以下，我會很幸運，真的非常幸運。」這兩人都心知肚明，詹森先提高價碼，這是通行全國的討價還價方式。（甘迺迪政府的預算是一千零三十億美元，留下的赤字超過一百億美元。）伯德說：「太多了，總統先生，太多了。」詹森告訴他：「好吧，伯德。假設，我是說假設，因為我不認為這真的可行。但假設我能把預算降到一千億美元以下，你怎麼說？」伯德回答，這樣的話，「我們或許能做點交易」。詹森知道伯德是個守信用的人，便立刻站起來伸出手說：「伯德，你達成了一項協議。很高興見到你。期待下次相見。」然後他有禮貌地送伯德到門口。

兌現承諾。

現在，艱苦的削減預算工作開始了。甘迺迪團隊的成員告訴他，他們已經盡可能地刪減預算，並且警告說，已經沒有脂肪了，再切下去就會傷到肌肉和骨頭。但詹森態度堅決，「除非你降到一千億美元，」他警告大家：「否則你會連一滴尿都尿不出來。」

「我努力刪減預算，就像我努力做任何事那樣，」詹森回憶道：「我幾乎研究了每一行、每一頁，直到晚上都夢見在刪預算。」他明白對於一般民眾來說，聯邦預算是一個難以想像的統計資料彙編——「比西爾思百貨公司的郵購目錄還厚，比電話簿還無聊」，但對一位負責決定優先事項的總統而言，它是「一份影響每個美國人日常生活的人類文件[2]」。對於詹森和小羅斯福來說，人們生活在這些數字背後，人們希望他們的政府能給予某種形式的援助。

詹森展開了大規模的降低政府支出運動。他把聯邦政府的辦公大樓集中在政府現有的土地上，並且命令各單位進行整批的採購，還關掉白宮的燈，讓他得到「Lightbulb Lyndon—林燈」這個綽號。更重要的是，他通知每個部門（包括五角大廈）列出一份縮減開支的清單。詹森是如此意志堅定地要推動他的國內議程，以至於羅伯特·麥克納馬拉（Robert McNamara）帶領的國防部做了最大筆的經費縮減——超過十億美元。

伯德告訴過總統，他必須看到書面預算，還要讓他的工作人員有足夠的時間分析這筆預算，他才會允許減稅法案繼續往前邁進。詹森意識到伯德的團隊將會挑出任何詭計，於是他將預算縮減至九百七十五億美元，好讓自己有足夠的論述空間，他說：「你可以告訴你的後代子孫，你是最終讓總統刪減預算的那位參議員。」他想讓伯德明白，未來的評斷將取決於這一成就，如果能提升並加快實現當前目標的速度，他非常樂於分享這份榮譽。

詹森向來明白相互信任是最重要的。只要他履行諾言，伯德就會信守承諾。二月初，這位主席終於從他的委員會釋出這項法案，讓它進到議事廳。然而時間最為重要。一般立法程序包括通過在參議院的辯論、投票，然後召開協商委員會，可能需要數週甚至數月。如果由這種緩慢的步調主導，如果就像詹森擔心的那樣，「他們只是拖延、耽擱、搖擺不定」。那麼，利用民眾感懷殉難總統的機會之窗，肯定會關上。

前進、前進，繼續前進。

「他沒有漏掉任何立法程序的細節，」白宮助手賴利．歐布萊恩（Larry O'Brien）談到詹森時說：「每一天，每一小時，都在前進、前進，繼續前進。」伯德的委員會才剛投完票，將法案送進議事廳，詹森就立刻致電委員會首席書記伊麗莎白．斯普林格（Elizabeth Springer），催促她盡快寫下多數黨與少數黨的報告，並提交給議會。他問該報告多久會完成？得知大約需要一週時，詹森問道：「他們晚上上班嗎？」然後又說，告訴所有人，他會提供加班費。總統的直接回覆讓斯普林格大為振奮，她回電並承諾報告將在三天內完成，詹森告訴她：「哦，太好了，我愛死妳了。」他立即打電話給政府印務局趕印這份報告。「今晚會有一組工作人員上班，」印刷工向詹森保證：「我們會讓機器持續運轉，完成這個工作。」

法案一送到議會，詹森就去說服每位參議員堅決反對附加修正案，因為這將「打開閘門」而拖延過程。他催促所有內閣官員向搖擺不定的參議員施壓。對於那些計畫參加北約（NATO）

2 人類文件（human document），最能代表人類特質的文件或紀錄。

外交政策會議的人，他明確表示「不太贊成他們倉促離開到世界各地去」，他們需要關注的是國會山莊，不是歐洲。參議院一通過法案，他就轉向眾議院籌款委員會（House Ways and Means Committee）主席威爾伯．米爾斯（Wilbur Mills），請求他利用自己強大的影響力，讓協商委員會快速通過法案。

二月二十六日，甘迺迪遇刺三個月後，國會通過減稅法案。在簽字儀式上，詹森極力讚揚伯德參議員——在談判中被詹森稱為「夥伴」的六位人士之首。儘管伯德一直反對這項法案，但他還是允許大多數人按照自己的意願做事，這是「紳士、學者和舞台導演」的風範。

詹森用盡一切辦法，只為擺脫停滯不前的局面，讓事情在這個昏蒙的國會有所進展。此外，他明確向國會和他的政府表示，他現在準備擱置其他所有懸而未決的立法，以便騰出空間，全心全意專注於公民權利。

掌握故事的力量。

與林肯和小羅斯福一樣，詹森知道「比起任何其他方式」，人們更容易「受到故事的影響」，故事被記住的時間要比事實和數字要長得多。所以，當詹森向民權領袖和固執的南方人講述同一個故事時，他會說不同的版本，以強調他的信念。那就是，我們必須消除四分之三世紀以來，影響南方日常生活、牢不可破的種族隔離制度——禁止黑人進入只接受白人的餐廳、廁所、飯店、旅館、午餐櫃檯[3]、電影院、體育館，和音樂廳的《吉姆．克勞法》（Jim Crow laws）。

詹森提到，他長期雇用的黑人員工——女傭海倫（Helen）和管家吉恩．威廉姆斯（Gene Williams），以及廚師齊菲爾．萊特（Zephyr Wright）——每年都會把他用不到的車從華盛頓開回德州，每次都是為期三天的艱苦旅程。某一次，詹森要吉恩帶家裡的小獵犬一起去。當吉恩拒絕時，詹森很驚訝地說：「牠不會給你添麻煩的，吉恩。你知道米格魯喜歡你。」但吉恩還是不太情願。

「是這樣的，參議員，」吉恩解釋說：「從華盛頓到德州，這段路夠難走的。我們開了好幾個小時，肚子餓了，但路上沒有地方可以停下來讓我們吃東西。我們繼續開，天氣很熱，我們想要梳洗一下，但我們能進去的洗手間通常離主要道路有好幾英里。我們繼續前進，直到天色變黑，直到累到再也無法保持清醒。我們準備好停車，但又花了一個多小時才找到我們可以睡覺的地方。你看，我是說，一個黑人要穿過南方，而且還沒有帶狗，就已經夠麻煩了。」詹森坦言，在那當下「我無法再對吉恩多說什麼」。

密西西比州的參議員約翰．史坦尼斯（John Stennis）是位種族隔離主義者，在他強烈抨擊民權法案的公共設施章節後，詹森告訴他上面那個軼事的另一個版本。「你知道的，約翰，」詹森說：「這太糟糕了，這是錯的。應該有一些東西來改變這種狀況。在我看來，如果密西西比州的人不會自願改變它，那就必須通過法律來改變。」

民權倡導者問詹森為何如此熱衷於廢除《吉姆．克勞法》時，他說了另一個版本的故事。

3 類似餐車的小型餐廳，曾經普遍存在於美國零售雜貨店或小型百貨店。

詹森告訴種族平等委員會（Congress of Racial Equality）主席詹姆斯．法莫（James Farmer），他那受過大學教育的廚師齊菲爾．萊特不得不「蹲在田野中間小便」。這很羞辱人，我們必須為此做點什麼。

詹森總結道，現在，這個國家終於第一次為吉恩和所有美國黑人提供了真正的答案。如果目前在國會受阻的民權法案可以成為這片土地上的法律，那麼黑人將不再遭受過時、殘酷不公的種族隔離制度的屈辱。

知道該冒什麼風險，以及何時該冒風險。

無庸置疑，這份提案包含了詹森所提出過最棘手的社會、政治和道德問題——以及最深切的個人問題。失敗的可能性很高，「作為總統，我那時的力量很薄弱——我沒有得到人民強有力的授權，我並非被選上而擔任這個職位。」距下一次總統大選只有十一個月，做這個決定的同時，我也感受到巨大的個人損失：「它注定要讓我與南方永遠分隔，那是我出生和長大的地方。那可能會使我跟國會中一些南方人疏遠，他們多年來一直是我忠誠的朋友。」

然而，「每個領導者的職業生涯都有一段時期，」詹森引用小羅斯福擅於玩牌的副總統約翰．南斯．迦納的話：「是他不得不投入所有籌碼的時候。我決定將我所有籌碼都投注在這個重要的法案上。」民權運動使這個國家正在變化，詹森也在變化。他打算利用他所擁有的「每一分力量」，促使民權法案通過。民權領袖羅伊．威爾金斯（Roy Wilkins）立刻「震驚於甘迺迪和詹森之間巨大的差異」，甘迺迪「務實、不易被打動」，詹森則是充滿熱情。馬丁・路德・金恩（Martin Luther King）和惠特尼・楊（Whitney Young）與新總統第一次會面後，對於他對民權的「堅定信念」與「深切關注」都印象深刻。事實上，馬丁・路德・金恩告訴朋友們，「詹森可能會到達甘迺迪到不了的地方。」

號召支持戰略目標。

維吉尼亞州八十歲的獨裁者霍華德・史密斯法官（Howard Smith），將民權法案擱置在眾議院的程序邊緣。可想而知，目中無人的史密斯利用他作為規則委員會（Rules Committee）主席的職權，阻止他的委員會舉行聽證會來制定辯論規則——沒有這些規則，任何法案都無法進入議事廳。與此同時，民權領袖的挫敗感與日俱增，街頭緊張局勢逐步提升。

詹森分析了當時的情況之後，他認為只剩下一種選擇——一種很少使用的眾議院程序，即提交院會請願書（discharge petition）。如果大多數議員（兩百一十八位）在請願書上簽名，那麼被委員會擱置的法案就會被送到議事廳。然而，由於眾議院的議員普遍覺得他們受到資深制和傳統委員會制度的保護，因此只有少數的院會請願書會成為法律。

詹森承認這是一條「十分艱難的道路」，但同時他也明白，努力爭取兩百一十八位議員的簽名，將為民權支持者提供一個具體的目標，鞏固一場原本組織不良的運動。他也知道，對史密斯法官來說，任何柔性攻勢都起不了作用。如果不施加壓力，史密斯就會「一直打混」，拖延一整個冬季和春季的聽證會，直到夏季來臨，然後國會也該休會了。

詹森明白，如果總統直接干預眾議院內部程序的問題，可能會危及提交院會請願書的機會。因此，他轉而從外界施壓。在詹森上任的前兩週，他會見了民權領袖、自由派團體、工會領袖、教會團體和商業理事會（Business Council）成員。他說服、敦促並懇求他們，最後激勵他們把提交院會請願書作為他們的首要任務。然後，他為了追蹤這件事的進度，日復一日打了數十通電話。就歷史而言，幸運的是，他偷偷把這些電話錄了下來。這些錄音揭示了一位首席戰略家在工作時的談話技巧，描繪出一個更為複雜的領導形象，而不只是侵犯他人私領域的欺凌行為、戳人的食指、頭腦簡單的交換條件等等所謂的「詹森待遇」。

詹森從民權領袖阿薩．藍道夫（A. Philip Randolph）、馬丁．路德．金恩，和羅伊．威爾金斯開始。他告訴他們，他不希望自己的話被引述，但他建議他們集中所有心力，讓「每個朋友在請願書出來時立刻簽名」。他鼓勵他們去拜訪自己在國會的支持者，去看看他們，營造一種衝勁。「這應該是你們所有人的戰略。我希望你們好好想一想。」他也接觸了長久以來對他的領導抱持懷疑態度的自由派團體。「如果我曾經做錯了什麼，」詹森告訴美國民主行動組織（Americans for Democratic Action）創始人喬．勞赫（Joe Rauh）：「我想讓你知道，那都過去了，現在我們要一起合作。」他告訴美國鋼鐵工人聯合會（United Steelworkers of America）領袖大衛．麥克唐納（David McDanald）：「如果曾有那麼一個時刻，你真的需要和每一個你能夠交談的人交談，」那就是現在，「他們會說自己不想違反程序」，他如此提醒所有人，並提供了談話的要點：「只要說，不管在哪，最卑微的人都有聽證的權利。」

很快地，來自北方和西部的民主黨人簽名總數達到了一百五十個，但要達到兩百一十八這個神奇數字，還需要五十到六十個共和黨人。在與商業理事會成員和艾森豪內閣的前官員交談時，詹森提了一個慷慨激昂的新論點。他要這些人告訴自己的共和黨朋友，他們已經無法繼續躲在程序背後：「你要麼支持民權，要麼就不支持。你要麼是共和黨，要麼不是。天啊，不做就閉嘴！」

詹森在打給知名記者和編輯的私人電話中，抨擊了那些不願簽名的人。他告訴《華盛頓郵報》的凱瑟琳·格雷姆（Katherine Graham）：「揪出他們，還要放上他們的照片，寫進社論。」問那些人「你為什麼反對聽證會？」任何反對舉行聽證會、讓法案提交到議會，並根據其優點進行投票的人，「就不是一個相信人類應該獲得公平待遇的人」。幾天後，《華盛頓郵報》發表了一篇標題為〈是敵是友〉（*Friend or enemy*）的社論，內容精確提到了詹森概述過的論點。「眾議院的議員們別搞錯了：考驗就在眼前。在回家過聖誕節之前，他們是否願意簽署院會請願書，將決定民權法案的命運。」這無異於「考驗國會是否有能力面對無可避免的歷史性挑戰」。

兩週後，簽名人數攀升至兩百零九人，並持續上升。眾議院規則委員會的一位資深共和黨成員去找霍華德·史密斯，「法官，我無意冒犯，但是……」不需再多說什麼，史密斯妥協了，以避免「被解除對該法案的職責帶來的屈辱」。十二月九日，史密斯承諾一過完聖誕節，國會就重新舉行聽證會。聽證會結束後，該法案最終於一月三十一日提交國會。多數黨成功推翻了每一項修正案，這些修正案本來會大幅削弱該法案的效力。

在民權運動的道德力量和詹森對政治講壇的巧妙利用之間，已經建立了共識。詹森在他的回憶錄中提到，「對一些人來說」共識這個詞意味著「尋找最小的共同點」。這個定義掩蓋了「身為總統首要且責無旁貸的職責」——優先決定需要「做什麼，而不考慮政治意涵」，然後「說服國會和人民去做」。對於詹森來說，一個成功的共識就是有效說服的結果。

二月十日，眾議院以明顯優勢通過了重建時期（Reconstruction）以來最強大的民權法案。民主政府的巨輪終於開始轉動。

劃清戰鬥界線。

在詹森為參議院之戰做準備時，他明確表示，這次與一九五七年不同，他不會做出任何重大妥協。他說：「我知道，只要我的立場稍有動搖，就會給反對者的策略帶來希望，他們打算修改法案到死。」這個精通討價還價且精明取巧的人，一反常態地在沙地上劃出一道界線。結果，詹森與他的傳統、他的政治生涯、以及（最重要的）他對國家未來的願景之間的關係，變得岌岌可危。

為了讓自己的立場透明化，他邀請南方反對派領袖理查·羅素週日上午到白宮和他一起共進早餐。他們多年前就已經建立起這種親密的習慣，不過當時的情境沒有這麼正式莊重。「迪克（Dick，羅素的綽號），我敬愛你，我欠你一次，」詹森說道：「沒有你，我不可能成為領袖，我不會當上副總統，也不會當上總統。我所有的一切，全都是靠你。這就是為什麼我要當面告訴你，因為我敬重你。不要妨礙我的民權法案，否則我會讓你失望。」

「好吧，總統先生，你完全可以這樣做。但我保證，如果你做了，你不但會輸掉選舉，還會永遠失去南方。」

「迪克，你可能是對的。但如果這是我必須付出的代價，我很樂意去做。」

詹森後來寫道：「這幾句話形塑了整場鬥爭。」這兩位老友都非常了解彼此，這將是一場拚搏到底的戰鬥。羅素會竭盡全力，堅守自己所在地的歷史，阻止聯邦政府強行改變規範日常生活的在地法律和習俗。「對我來說，改變已經太遲了。」羅素說。但對詹森而言，他的目光超越了當下的鬥爭，他預見舊南方將從「舊敵意」和「舊仇恨」中釋放出來，那將是一個新南方的崛起，「每時每刻都在成長」，為了「同一個目標」與「這個國家的每個地方」團結在一起。

一月初的時候，羅素告訴一名記者，他「本來能擊敗甘迺迪總統」，或至少迫使甘迺迪做出重大讓步。但現在面對詹森，這將「困難三倍」。甘迺迪「不需要通過一項強有力的法案來證明任何有關民權的事，而詹森總統需要」。羅素解釋說，如果一個南方之子開始妥協，他在北方人眼中就會失去信譽。這兩個人都明白，「這場戰鬥非勝即敗，沒有讓步妥協也沒有拖延戰」。

在團隊中實行紀律。

因此，羅素甚至在眾議院的法案送達參議院之前，就已經開始動員他的部隊，進行美國歷史上最長的阻撓議事。他安排了一個由參議員組成的分工小組，一次發表四、五個小時的談話，或是閱讀憲法、朗誦詩歌、抨擊法案中的條款。雖然羅素擔憂詹森精通這個過程，但他知道歷史站在他這一邊。民權法案的提倡者從來沒能獲得三分之二的選票，以終結阻撓並結束辯論。即使是支持公民權利的參議員，也不願意縮短這個在參議院享有崇高地位的程序，特別是那些來自人口較少的小州參議員，他們認為阻撓議事是防止被多數人欺負的最後防線。

詹森從一開始就明白，羅素的目標是「一直說到這個法案死掉為止」，或至少把審議拖延到七月份共和黨大會休會，屆時公眾事件可能會改變形勢。詹森還擔心，法案被拖得越久，民權運動的挫折就越大，城市中任何激烈的暴力行為也越可能激起白人對於民權的強烈反對。

隨著時間推移，這場戰役變成了一場拉鋸戰。民權支持者的目的是壓縮時間，反對者則想延長時間。南方人最常用的拖延時間策略，就是頻繁清點會議法定人數。如果出席會議的參議員少於五十一位，任何成員都可以要求清點法定人數。這時參議員們就會被聚集起來，當天的活動也會被打斷。如果沒有達到法定人數，參議院將被迫休會，目前的立法日將停止，南方人就能休息到第二天早上。如果清點法定人數就像小朋友玩的大風吹遊戲，那麼這是一場致命的競爭，提供了拖延時間的手段，直到參議院休會，而這項法案完全沒有被處理。

四月初的一個星期六，在清點人數時，五十一名參議員中只有三十九人出現。詹森對此相當憤怒，他告訴監察人、民權鬥士休伯特·亨弗萊說，自由派人士必須學會遵守規則，「當他們應該待在參議院的時候，就不該在外頭演講。我知道你在這裡有個大好機會，但我擔心它將會落空」。在詹森的堅持下，亨弗萊成立了「一支小部隊」，這是一個由十位民權支持者組成的團隊，負責在清點人數時召集五或六位同事以回應要求。亨弗萊回憶說，值班名單每天都在改變，「因為發現有些參議員不得不離開一段時間」，尤其是那些準備競選連任的人。

從此以後，民權支持者從未錯過法定人數的清點，在職棒華盛頓參議員隊開幕賽的那天，這一點格外明顯。詹森總統邀請了數十位參議員和他一起參加開幕賽。一小群留下來繼續阻撓議事的南方人，趁這些人不在場時，要求清點法定人數。「請注意！請注意！」公共廣播系統在華盛頓特區體育館中播送這條訊息，「所有參議員必須返回參議院回報人數！」一隊豪華轎車停在公園裡，在二十三分鐘內把參議員都送回參議院，並達到法定人數。在這場為了通過有意義的民權立法而進行的長期鬥爭中，擁有議事技巧和紀律的南方派遣隊，首次遇到了同樣有組織的民權支持者部隊。

找出成功的關鍵。把自我放在一邊。

身為一個知名的清點人數者，詹森確信「沒有共和黨的支持」（基於民主黨內部的分裂），「我們絕對沒有機會獲得三分之二的選票來擊敗拖延戰術。我知道只有一個人可以確保我們獲得支持，那就是來自伊利諾州的參議員艾弗瑞特・德克森（Everett Dirksen）。」正如詹森曾經認為參議院財政委員會主席哈里・伯德是減稅之戰取得成功的關鍵，他現在也看到，只有共和黨少數派領袖德克森能召集二十五名左右的共和黨人，以終結辯論。

「除非你得到德克森的支持，否則該法案不會通過，」詹森指示亨弗萊：「你和我要爭取到德克森。這需要時間。但我們會**得到**他的。既然你決定要花時間跟德克森一起，你就得讓他分一杯羹。他必須一直保持良好的形象。別讓那些破壞者說服你不要去見德克森，去看看他吧。跟德克森一起喝酒！跟德克森聊天！聽德克森的！」

詹森告訴亨弗萊，民權領袖可能不願意與保守的德克森合作，但他們必須明白，「除非讓共和黨人加入我們」，除非我們「把這個法案變成美國的法案，而不僅僅是民主黨的法案」，否則「這該死的國家將會發生暴動」。兩黨團結對於平息法案通過後可能出現的動盪至關重要。詹森也向全國有色人種協進會（NAACP）主席羅伊．威爾金斯提出類似的請求：「我認為你們都必須坐下來，用共和黨的利益來說服德克森這件事。我認為他必須知道，如果他幫助你們，你們也會幫助他。」眼下這個問題已經超越了黨派政治。

如果讓德克森占據舞台中央（甚至是讓詹森和他的民主黨同事都相形失色的程度），對於正在政治舞台上展開的事件和全國各地動蕩的城市之間達成有效的和諧至關重要，那麼詹森會非常樂於效勞。

衡量眼前的人。

就像裁縫師縫製一套訂做的西裝一樣，詹森衡量了艾弗里特．德克森這個人，就像他對哈里．伯德、史密斯法官以及其他大多數參議員做的那樣。詹森認識這位來自伊利諾州的共和黨人已經十年，這樣的經驗讓他學到，德克森會毫不猶豫地要求對方提供「一長串」好處，換取他對立法的支持。現在，這種模式只會隨著阻撓議事的進行而加快腳步。詹森會和德克森一起坐在白宮喝酒，給予各式各樣的交換條件：第五區的法官職位、皮奧里亞市的郵局、承諾在春田市發表總統演說、大使的任命、芝加哥的聯邦計畫。詹森圖書館（Johnson Library）裡厚厚一疊備忘錄，證明了他們多年來的大量交換和交易。

但這一次，詹森給德克森的東西比有形的好處更重要。在這位浮誇、鍾情於譁眾取寵的少數黨領袖身上，詹森發現了一種真正的理想主義與愛國主義。他喚起德克森心中被世人記住的渴望。「我在世界博覽會上看到你的介紹，上面提到『林肯之地』[4]，」詹森指出：「來自林肯之地的男人會通過這項法案，而我將確保他會獲得應有的榮耀。」他的奉承天分和德克森的虛榮心不相上下，他向這位參議員保證：「如果你在這項法案上支持我，兩百年後，人們只會記得來自伊利諾州的兩個人，亞伯拉罕．林肯和艾弗瑞特．德克森！」

隨著阻撓議事一週又一週的拖延，德克森開始玩起「危險遊戲」。除非他能用自己的修正案來讓最終法案的措辭有他的個人特色，否則無法獲得他的共和黨同僚的支持。儘管詹森能夠理解德克森的困境，但他拒絕公開討論任何有關修正案的問題，並且把跟德克森談判的事交給亨弗萊、司法部長羅伯特．甘迺迪（Robert Kennedy）以及民權領袖。最後，民權聯盟在幾項沒有改變法案基本完整性的修正案上達成協議。亨弗萊向詹森保證：「我們拿到的法案比任何人能想像的還要好」。達成協議後，德克森在議會上宣布支持這項法案，他引用雨果的話：「比軍隊更強大的莫過於時機成熟的理念。」在參議院少數黨領袖全面支持下，提交了一份終結辯論請願書，將投票日期定在六月九日。儘管有德克森的支持，但民權部隊似乎

4　即伊利諾州。

還差六票。

現在是總統和民權聯盟該全力以赴的時候了。在最後幾個小時，詹森親自招募了幾位西部參議員，而所有教派的神職人員都接洽了他們的信眾。六月九日，經過七十五天長達五百多個小時的談話之後，亨弗萊最終確信他獲得了必要的六十七票。在詹森打來一通高壓的詢問電話之後，亨弗萊為了確認票數而整夜沒睡。

六月十日上午十點，參議院召開了最後一小時的辯論，隨後進行終結辯論表決。參議院內座無虛席，旁聽席的牆邊也站滿了人，共同見證這一盛事。「我告訴參議院的同事們，」休伯特・亨弗萊說：「也許在你們此生，你們能夠告訴你們孩子的孩子，你們在這裡，是為了使一九六四年成為美國的自由之年。」

當書記開始點名時，氣氛變得緊張起來。叫到加州參議員克萊爾・恩格爾（Clair Engle）的名字時，卻沒有聽到任何聲音。五十二歲的恩格爾四月時因惡性腦瘤而需住院開刀治療。前一晚，詹森與恩格爾的妻子和醫生交談後，安排了一輛救護車將恩格爾送往參議院。坐在輪椅上的恩格爾說不出話來，他慢慢地舉起手，指著自己的眼睛。書記說：「我猜這表示『贊成』。」[5]全場爆出熱烈掌聲。當書記進行到W開頭的姓名時，德拉瓦州（Delaware）的約翰・威廉斯（John Williams）投下了第六十七票，終結了阻撓議事的冗長辯論。多數黨終於能登記投票。現在沒有任何東西可以阻擋這項勢如破竹的法案通過，該法案最終將消除美國合法的種族隔離制度。

「雖然我在這個所謂的民權問題上與詹森總統意見不同，而且分歧很大，」羅素說：「但當我認為他是正確的時候，我還是強烈希望能支持他。就像當我認為他錯的時候，我一樣會反對他。」對羅素而言，詹森從一開始接觸他時就帶著熱情與體貼，而沒有一絲惡意。顯然，這兩個人都熱愛南方，但羅素固守南方的歷史，而詹森則為南方的未來培育了不同的經濟和社會願景。如果沒有這項法案承諾的改變，這個願景就胎死腹中了。

七月二日，當眾議院接受參議院的法案版本後，詹森在國會議員和民權聯盟成員面前簽署了一九六四年民權法案。這場令人難忘的儀式在白宮東廳（East Room）舉行。詹森把七十五支簽名筆中的第一支給了艾弗瑞特．德克森，其次是眾議院領袖休伯特．亨弗萊和民權運動的領袖們。在招待會上，詹森對瓢蟲夫人說，今天是他心臟病發作的九週年紀念日，那次深刻的經歷改變了他對權力和目標的看法。「紀念日快樂。」她笑著對他說。

這是歡樂的一天。簽署後，詹森的思緒又回到「十年前的那個下午，那時我對吉恩．威廉姆斯，或任何黑人，或我自己，都完全無話可說。那一天，我第一次意識到這個悲慘的事實——在某種程度上，黑人是被囚禁的，而我也是。一九六四年七月二日這一天，我知道了同一件事的積極面，在某種程度上，黑人是自由的，真正的自由，而我也是。我的國家也是」。

描繪出一幅無法抗拒的未來藍圖。

隨著甘迺迪議程中兩個最重要的項目——減稅和民權法案的通過，正式拉開詹森著名的

5 英文 aye，發音與 eye 相同，為「yes—同意」的另一種說法。

「偉大社會」計畫之序幕。甘迺迪停滯不前的心願已起到跳板的作用，現在該是詹森闡明自己對美國的積極願景的時候了。為達到此一目的，詹森選擇在密西根大學五月份的畢業典禮上發表演說。甘迺迪曾在這裡號召和平工作團（Peace Corps），展開他對未來的廣闊藍圖，在他的藍圖中，每個人都將分享這個國家的進步。偉大社會計畫建立在繁榮的優勢而非大蕭條的前提之上，這將會超越新政。「一個世紀以來，我們努力安頓與征服這片大陸，」詹森告訴畢業生：「半個世紀以來，我們呼籲無止盡的發明和堅持不懈的工業，為我們所有人民創造富足的生活秩序。今後半個世紀的挑戰是，我們是否有智慧利用這些財富來豐富和提升我們的國民生活。」

從第一次宣言開始，偉大社會計畫就以哲學的、質性的、願景式的詞彙呈現。詹森後來解釋說，他的願景的核心是「延伸《權利法案》」，擴大對自由的定義，希望每個美國人都「有機會充分發揮自己的才能」。為實現這一目標，他打算向貧窮宣戰，為內城貧民區和貧困的農村地區提供經濟援助、為老年人和窮人提供醫療服務、保護自然資源等等。「我們已經有足夠的能力來做這一切，」詹森說：「我們是世界上最富有的國家。」

一九六四年八月，詹森在接受民主黨總統候選人提名時承諾：「如果美國人民願意追隨這些目標，我將領導他們朝這些目標邁進。」為了實現這個藍圖，他請求人民「開始授權」。為了把握時機，為了提高引導和實現的可能性，為了讓詹森巨大的抱負具有合法性，授權是必要的。他宣稱，這次選舉真正的競爭，「是在那些迎接未來和那些背棄對未來的承諾的人之間」。

那場選舉中，詹森與貝里・高華德（Barry Goldwater）的較量——許多人認為後者是極端主義者，會破壞新政的社會網絡——為詹森贏得了他想要的全面授權。自一九三六年羅斯福大獲全勝以來，詹森的壓倒性勝利首次為眾議院和參議院帶來了自由派的多數席位。

準備就緒。

對甘迺迪之死的同情、壓倒性的選舉結果、民權聯盟的力量、蓬勃發展的經濟以及看似和平的世界——這些有利的條件形成一個脈絡，創造出第八十九屆國會歷史性的成功。而詹森的雄心壯志、積極的特質以及獨特的立法經驗相結合下，使他充分利用這個難得的機會。時至今日，一九六五年國會會議閃電般的速度，以及它產生的具有里程碑意義的法律質量和數量，都讓人印象猶新。毫無疑問，詹森是這個高速過程的核心發電機。

這一刻，詹森早已準備就緒。甚至在大選及其決定性的授權之前，他就已經開始建造一條立法的生產線，就像建造福特T型車的生產線一樣具有原創性和膽識。在偉大社會計畫的命名演說中，他承諾將「匯集最優秀的思想和最廣博的知識」，組建不受傳統思維束縛的工作小組。「制定立法方案的標準方法，」他解釋說：「包括採納政府各部門單位提出的建議。」他「多年來一直關注這個過程」並且「確信它沒有鼓勵足夠創新的想法」。政府官僚機構「太專注於日常運作」，太過「致力於維持現狀」。更重要的是，正如詹森從他的導師小羅斯福那裡了解到的，「冗贅的政府組織，根本無法解決跨部門轄區的複雜問題」。

到一九六四年初夏，已經有十四個這樣的工作小組在進行中。詹森向每一位主席明確表示，他希望他們把目標定得「太高而不是太低」，並希望他們將這些工作列為最高機密，直到選舉日那天，他們完成的報告才會放到他的桌上。這些報告將會被精簡成提交給國會的特別咨文[6]，以建議具體的立法。通常，總統每個月可以向國會發送一、兩條特別咨文。然而，詹森的準備工作是如此全面，以至於在一月份，他就向新國會發出了六條咨文。在接下來的幾個月裡，就各式各樣的問題，又有近六十條咨文要求國會採取立法行動。

就職典禮後不到一週，由於深感這個機會的轉瞬即逝與不堪一擊，為此困擾的詹森於是召集國會各部門的聯絡人，在白宮魚廳（Fish Room）討論如何實施偉大社會計畫。詹森對聚集的這些人說：「我剛以美國歷史上最大的票數差距當選，獲得一千五百萬張選票。按照人們慣常的思考方式，以及因為貝里．高華德把他們嚇得半死，我已經失去了這一千五百萬中大約兩百萬張選票，現在可能只剩下一千三百萬。如果我與國會發生任何爭執，我會再失去兩、三百萬張選票。如果我必須再派更多士兵去越南，到夏天結束時，我可能會只剩八百萬張選票。」他解釋說，這種縮減是「總統工作的本質所致。他耗盡了他的資本」。所有這些減法加起來等於一個巨大的鞭策：「所以我希望你們這些傢伙給我勤快一點，用盡各種方法好讓我所有計畫內容在我的氣場和光環消失之前盡快通過。」

「契機**不是**一位神祕的情婦，」詹森喜歡這樣比喻：「在政治生活中，這是一個可控制的事實，比起迷人的吸引力，它更有賴於做好準備。」三權分立規定，國會有權決定審議哪些法案，以及審議順序。然而，總統行政特權可以藉由下達命令以及發送咨文到國會的速度，來影響和重新制定立法日程。為了避免有人強烈反對特定法案，總統可以保留咨文直到問題被解決，可以提前尋找理想的支持者，也可以將每個法案提交到反應最迅速的小組委員會。

例如，為了尋求聯邦政府對教育的資助，甘迺迪用掉了整整一年的立法年度。他沒有預先解決核心問題，也就是如何在不違反政教分離的情況下，將教會學校納入預期項目。如果沒有解決這個困境，詹森就不會向眾議院提交這個議案。然而，由於詹森對任務工作小組的運籌帷幄，他事先制定了一項補救措施，即聯邦政府的資助不是分發給公立學校或私立學校，而是分發給貧困的學區。同樣的，醫療照護的任務工作小組也解決了與醫生收費相關的「戈爾迪之結」[7]。只有這些問題解決了，詹森才會著手進行他的頭兩條咨文——醫療保險（在眾議院編號為ＨＲ１，在參議院編號為Ｓ１）以及聯邦資助中小學教育。多年來，這兩項倡議都獲得大量支持。現在避免了耗時的爭議，這些議案很容易就能通過，從而騰出生產線上的空間，可以處理幾十個其他法案。

正如亨利·福特（Henry Ford）的汽車生產線以精簡的製造方式、輸送帶和移動式底盤開創了一個新時代，詹森建造的具有充沛生產力的立法過程（不斷變化的步驟、大幅提升的生產力），也迎來了一個現代立法的新時代。

6 「咨文」指總統向國會提交的報告。

7 「戈爾迪之結」（Gordian knots）比喻以非常規的方式，解決不可解的棘手問題。

讓利益相關者從一開始就有機會擬定法案。

「我在國家青年管理局的經歷教會我，」詹森回憶道：「相較於那些單純由高層下達的任務，當人們參與擬定計畫時，這些計畫更有可能獲得成功……作為總統，我堅持每個階段都要進行國會磋商，從決定我的工作小組要考慮哪些問題和議題開始，一直到起草法案。」詹森不僅讓眾議員和參議員加入他的祕密工作小組，還派助手到國會與重要議員進行祕密會談，以確認他的咨文和他的法案草案中該包含什麼內容。然後，在發出每條咨文的前一天晚上，他邀請國會議員在白宮食堂用餐，那時內閣官員會提供背景資訊並回答問題。詹森表示，這樣的預演可能看似「沒什麼，但其實很關鍵」，這些初步的簡報「讓他們隔天在國會能妥善應對記者和攝影師的窮追猛打」。議員們「在選民面前看起來很聰明，會大大影響他們對法案的態度」。

詹森年輕時擔任國會議員的經歷，讓他重視簡報的重要性。「我當時站在眾議院後方的欄杆之後，山姆．雷本議長正在聽取眾議院書記宣讀羅斯福總統剛送到國會的重要行政咨文。數十位民主黨人聚集在他身邊。當他聽完時，大家就異口同聲地抱怨：怎麼會這樣，這個咨文糟透了。雷本先生，我們不能讓它通過……你到底為什麼要讓總統送出這樣的咨文？……你為什麼不警告我們？」人群散去之後，雷本轉向詹森，他說：「如果總統能在這些有爭議的咨文送達之前先通知我就好了。我可以先為他鋪路，我可以打造出支持的基礎，我對批評可以應對得更好。」詹森立刻明白，雷本的「自尊受到了傷害」，他表示「我永遠不會忘記那個教訓」。

當咨文送達國會山莊，詹森的微管理也沒有停止。他創建的生產線不是機械化的過程，而是由不同的個人組成，每一步都需要觀察和考慮。一個由立法者、選民和遊說者組成的大家族圍繞著每一項法案，每一樣都需要他個人的關注。一九六五年的春天和夏天，在越南的陰影籠罩偉大社會計畫之前，詹森清醒的大部分時間都用在立法過程。每天早上，他的床頭櫃上都會出現國會紀錄摘要。白宮工作人員每晚的備忘錄詳細記錄了前一天的每一項立法聯繫工作，並標示出一些特殊問題。「待定立法」成為每次內閣會議的主要議題。每位部長都要報告該部門立法計畫的進展。

對總統而言，沒有什麼比通過他的偉大社會計畫更重要的了。內閣會議室角落的一個畫架上，放著一張超大的圖表，說明了各個法案的進程：哪些法案還在小組委員會中、哪些已經準備好要接受審定、哪些將在議會進行辯論。這些資訊讓詹森及團隊成員能夠在適當的時刻對適當的人施加必要的壓力，以保持過程的穩定推進。

詹森在他總統任期的前十個月中，邀請了每一位國會議員到白宮。每次有十五對夫婦前來參加節日晚宴，並享用葡萄酒和雞尾酒，費用全部由詹森承擔。之後，當男士們跟總統一起抽著雪茄、喝著波本威士忌時，女士們則在瓢蟲夫人的陪同下參觀這棟大廈。這些小型晚宴讓總統和議員們放鬆、講故事、共度快樂時光。「總統與國會打交道的方式只有一種，」詹森一度這樣解釋：「就是持續地、不停地、不斷地互動。如果這個方式確實可行，那麼總統和國會之間的關係幾乎是親密而排外的。」

另一方面，詹森將國會描述成：「一頭危險的動物，而你讓牠為你工作。你稍微推牠一下，牠可能會照你想要的那樣去做。但如果你推得太用力，牠可能會不高興，轉而攻擊你。你必須知道牠能承受多少，以及牠每天的心情。因為如果你對牠沒有感覺，牠可能會轉過身去並且不受控制。」

知道何時該止步，何時該前進。

經歷過爭取《一九六四年民權法案》的長期鬥爭後，詹森認為，必須等塵埃落定，然後才能推動下一個民權聯盟議程的項目——大受增強的投票權法案。他斷定，國會需要時間來癒合分裂的傷口。在實務層面上，聯邦機構需要時間來制定強制執行程序，以整合公共餐廳、浴室和劇院。而美國人民需要一段平靜的時間，不再出現新的不和，以便消化早期法案帶來的巨大政治和社會衝擊。

詹森對投票權此一目標的承諾從未受到質疑。他在一九六五年議會開始時告訴馬丁．路德．金恩，通過一項強有力的投票權法案，對非裔美國人來說將是「最大突破」，比《一九六四年民權法案》更為重要。「一旦黑人的聲音可以被轉化成選票，」他堅持說：「其他許多的突破就會隨之而來，而這些突破將是作為美國公民的黑人自身合法權力的結果，並不是來自白人的禮物。」就目前而言，他懇請金恩與他一起研究偉大社會立法的其餘部分。醫療保險和教育援助都處於關鍵階段，對於黑人和白人的生活品質都至關重要。排在這些法案後面等著進入未來生產線的，還有針對經濟困難社區的公共工程法案、全國就業培訓條例，內城振興、擴大扶貧等等。詹森承諾要完成這些議程，以幫助所有美國人，而投票權絕對是一九六六年的第一要務。

阿拉巴馬州塞爾瑪市（Selma）的事件改變了整個局面。詹森規畫好的的立法順序時間表突然被放進一個額外的齒輪。一九六五年三月初，金恩和民權運動人士採取了獨立行動，動員人們支持投票權法案，該法案將廢除南方官員要求非裔美國人在登記投票前必須通過的排他性和懲罰性測試。這種佯裝的測試包括引述憲法前十條修正案、背誦憲法章節，或解釋第十四條修正案。該歧視性制度完全是依照南方官員的計謀運作：在塞爾瑪市一萬五千名符合投票年齡的非裔美國人中，只有三百三十五人登記投票。

三月七日這個惡名昭彰的日子，後來被稱為「血腥星期日」（Bloody Sunday），六百多位民權運動人士聚集在塞爾瑪市的布朗教堂，開始一場五十四英里的和平遊行，前往該州首府蒙哥馬利。當他們到達狹窄的艾德蒙佩特斯橋（Edmund Pettus Bridge）時，他們肩並肩走著，唱著民權運動的聖歌〈我們終將戰勝〉（*We Shall Overcome*）。在橋上時，他們遇到拿著手槍、木棒、長鞭和警棍的州警與警長吉姆．克拉克（Jim Clark）的騎警隊。電視台攝影機錄下了這一幕，「騎警衝了過來。沒幾分鐘後，遊行就結束了。六十多名遊行者受傷倒地，其中有年老的婦人與年幼的孩童。超過二十人被送往醫院。」當遊行者朝布朗教堂撤退時，騎警隊追趕著他們。數以百萬計的電視觀眾目睹了這場大屠殺，喚起了全國人民的良知。

「如果我們想從這種短暫的情緒中獲得任何永久性的東西，重要的是要立即行動，」詹森回憶道：「同樣重要的是，我們朝著正確的方向前進。」隨著全國各地示威活動的規模和強度不斷擴大，詹森承受了巨大的壓力，他動員國民警衛隊保護那些打算繼續走到蒙哥馬利的遊行人士。糾察隊包圍住白宮，舉著羞辱總統的標語，迫使他行動：「林登．詹森，睜開你的雙眼，看看這病態的南方，看看你恐怖的故鄉。」儘管壓力很大，詹森還是認為時候未到。他擔心「在這個時候倉促地展示聯邦武力，將摧毀任何通過投票權法案的可能性」。作為一名南方人，他深知派遣聯邦部隊將喚起重建時期的痛苦回憶，也可能讓阿拉巴馬州州長喬治．華勒斯（George Wallace）成為替各州爭取權利的殉道者。「我們必須讓黑人獲得真正的勝利，」詹森堅稱：「而不是讓北方人獲得心理上的勝利。」

當全國各地的人們湧入塞爾瑪市加入遊行，詹森向華勒斯州長伸出了援手。他明白華勒斯已陷入困境。身為州長，華勒斯有責任維護法律和秩序，持續的流血將損害他的國家地位，他也將無望謀求更高職位。然而，如果華勒斯派遣阿拉巴馬州警衛隊保護黑人公民，他的白人選民基本盤將會轉而抨擊他。「他現在的處境很危急」，詹森心想。於是他匆忙安排一場在白宮的私人會議，並提出一項協議。如果華勒斯請求幫助，因為州政府無法用自己的資源妥善保護遊行者，詹森便會立即讓阿拉巴馬州國民警衛隊聯邦化。最重要的是，聯邦武力是應誰的要求而部署。詹森後來解釋說，當部隊進入時，「他們並不是強行闖入的入侵者」，而「這一點使世界大不相同」。

由於急迫的法律和秩序問題暫緩下來，詹森便專注於主要的根本問題——如何最好地利用塞爾瑪市的暴行和隨之而來的國家恥辱，加速通過投票權法案。在血腥星期日那天，詹森指示司法部長尼古拉斯．卡森巴赫（Nicholas Katzenbach）馬不停蹄地起草最強有力的法案。隔一週的星期日上午，草案已經完成。在這充滿危機的七天，詹森戰勝了批評，並讓塞爾瑪市的可怕事件傳遍全美國。

現在，推動投票權的時候到來。問題是：傳遞咨文和法案給國會最好的方法是什麼。過去近二十年來，總統都在國會上發表咨文，繞過國會而直接呼籲人民是充滿風險的。儘管如此，詹森還是抓住這個時機，利用政治講壇的一切力量，進行行政倡議。星期日晚上，他召集國會領袖到白宮，要求在星期一晚上九點的聯席會議上發表演說。

「我今晚是為了人類的尊嚴和民主的命運而演說，」詹森極為慎重地開場——

有時，歷史和命運在同一時間、同一地點相遇，在人類無止盡追求自由的過程中，形成一個轉捩點。就像萊辛頓和康科德[8]，就像一個世紀前的阿波馬托克斯[9]，就像上週的阿拉巴馬州塞爾瑪市。

我們沒有黑人問題，也沒有南方問題。我們只有一個美國問題。今晚，我們身為美國人聚集在這裡，不是民主黨人也不是共和黨人，我們身為美國人聚集在這裡，解決這個問題。

我們沒有州權利或國家權利的議題。我們只有人權議題。但是，即使我們通過了這項法案，戰鬥也不會結束。塞爾瑪市發生的事情，是一場更大的運動的一部分，它涉及到

8　一七七五年四月九日，英國陸軍與北美民兵發生的萊辛頓（Lexington）和康科德（Concord）戰役。
9　指一八六五年三、四月間的一系列美國南北內戰。

美國的每一州、每一地區。這是美國黑人為自己爭取充分享有美國生活所做的努力。他們的事情必然也是我們的事情。因為，不僅是黑人，實際上是我們所有人，都必須戰勝偏見與不公造成的殘酷後果。

詹森停在這裡。他舉起雙臂，重複著那句古老的浸信會讚美詩裡的話：「我們……終將……戰勝。」

「那一刻一片沉默，」一位白宮工作人員回憶說：「人們逐漸明白，總統已經宣告，他將黑人抗議時的聖歌、一百名處境艱難的黑人遊行時的主題曲，做為他自己的戰鬥口號。」然後在幾秒鐘內，「幾乎整間屋子──包含議事廳和畫廊的人都站了起來，他們鼓掌、大喊，有些人還跺著腳」。

這場演說的力量不僅體現在優美的辭藻中，更體現在關鍵時刻展現的高超領導力。重要的是，詹森宣稱「這場戰鬥的真正英雄是美國黑人」，是他們的行動「喚醒了這個國家的良知」。然而，他拒絕把南方當作替罪羔羊，他明確表示，這個國家的任何一個地方，都要承擔起未能公正對待黑人公民的責任。「在水牛城和伯明罕，在費城和塞爾瑪，美國人正在為自由的果實而奮鬥。」詹森提醒他的同胞們，儘管他提交給國會的法案是為美國黑人而設計，縱使民權是一塊基石，但只是他偉大社會計畫願景的一部份，在這樣的社會中，**所有**的美國人都將擁有「一個像樣的家、找到工作的可能，以及擺脫貧困的機會。」

演說快結束時，詹森回溯起自己過去一段啟蒙經歷，那時他在德州科圖拉貧窮的墨西哥裔美國人社區擔任老師。在那裡，他對權力的野心首次與強烈的使命感結合在一起。

不知何故，當你看到一個充滿希望的孩子臉上的傷疤時，你永遠不會忘記貧窮和仇恨帶來的傷害。一九二八年時，我從來沒想過自己會在一九六五年站在這裡。在我最美好的夢想中，我從來沒想過有機會幫助這些學生的子女，幫助全國各地像他們一樣的人。但現在，我確實有這個機會。而且我向你們透露，我打算利用它。我希望你們能和我一起利用它。

被此刻激勵人心的信念點燃，掌聲越來越熱烈。「讓人信服的是信念，」詹森喜歡這麼說：「你必須相信你提出的論點。」在這個例子中，詹森是直接說出他的心聲。

甚至他的老朋友和導師理查．羅素也說了一番話，讓詹森臉上露出滿意的微笑。羅素告訴詹森，雖然他不能投票支持這項法案，「但這是他聽過的所有總統演說中最棒的一次」。馬丁．路德．金恩的一封電報更能反映這個國家的情況：「您在國會聯席會議上的演說，是美國總統中對於人權所做出的最感人、最有說服力，也是最熱情的呼籲。」

用儀式向過去致敬，並為未來提供動力。

詹森為他偉大社會計畫的每一個項目都精心安排了簽字儀式，他對這些項目在立法過程的每一步都投注了同樣的關注和熱情。

經過多年的爭論，國會於四月初通過了《初等與中等教育法》（Elementary and Secondary Education Act）。為了簽署該法案，詹森回到了只有一間教室的聯合學校（Junction School），他從四歲就開始在那裡上學。詹森把他以前的老師凱蒂・黛特莉希（Katie Dietrich）從加州載來這裡，她教過所有八年級的學生。藉由回到自己教育的起點，詹森希望讓其他人想起「當學習的世界」在孩子眼前開啟的「那個奇幻時刻」。他說：「身為一個佃農的兒子，我知道教育是離開貧困的唯一有效護照。」除了耗費心力的政治生涯，只有教師一職曾經吸引過詹森。為了紀念他過去的重要元素，他邀請了從前他在科圖拉小學和山姆休斯頓高中的學生來參加儀式。他說，有幸作為總統簽署了「國會有史以來最全面的教育法案」，實現了他的夢想。「花了五十年，繞了一圈又回到原點。」

詹森突然將簽署《聯邦醫療保險》（Medicare）的地點從華盛頓特區改為密蘇里州的獨立市（Independence），這是出於他的歷史意識和感念之情，而非多愁善感。他認為這份榮耀應該歸功於來自獨立市的前總統哈里・杜魯門，因此在其家鄉進行簽字儀式。詹森想提醒國人，這場醫療保險之戰實際上是從杜魯門時期就開始的。包括衛生教育福利部副部長威爾伯・科恩（Wilbur Cohen）在內的國會領袖和內閣官員都反對詹森這麼做，理由是如果一時衝動將這麼多人從首都移動到密蘇里州，將會導致混亂。儘管如此，詹森還是堅持自己的立場，「為什麼，威爾伯，難道你不明白嗎？我這樣做是為了哈里・杜魯門。他已經老了、累了，他被獨自留在那裡。我想讓他知道，他的國家並沒有忘記他。我不知道是否有人會為我做同樣的事。」詹森的直覺是對的，杜魯門深受感動，他說：「你們今天來到這裡，帶給我莫大的光榮。我已經很久沒有感到這麼榮幸了。」

八月六日《投票權法案》的簽字儀式，詹森選擇了參議院會議廳外的總統室。一個多世紀前的同一天，林肯在那裡簽署了一項法案，釋放遭美利堅聯盟國強迫奴役的逃亡奴隸。「今天是自由的勝利，其意義就像在任何戰場上獲得的任何勝利一樣偉大。」詹森告訴在場的民權領袖、內閣官員、白宮工作人員、參議員和眾議員，短短四個月裡，「這個強大的國會」同心協力，通過了「美國自由史上最具紀念意義的法律之一」。但就在他宣告「最後一道法律障礙」瓦解之際，他堅稱爭取自由的鬥爭才剛剛開始。為了獲得真正的社會和經濟機會，「爭取平等的抗爭必須走向不同的戰場。這無異於給予每個美國黑人進入美國主流生活的自由」。

這三個儀式中，詹森都沒有任何沾沾自喜的表現。在他的主導下，這些儀式提供機會榮耀他人、回顧過去並展望未來，同時也標誌著完成立法程序、展開執行過程的那一刻。

簽署《投票權法案》時，距離甘迺迪遇刺，以及詹森那天晚上向三位睡眠不足的助手分享他對這意外的總統職位的願景，僅僅過了六百二十三天。比該願景的廣度和連貫性更令人震驚的是，詹森在一又四分之三個年頭裡，完成了他當晚制定的所有計畫——減稅、民權、聯邦教育援助、醫療保險和投票權。此外，這五項具有里程碑意義的法案的影響，又因其深刻的相互關係而大為增強。減稅幫助推動了三年的顯著經濟增長，為偉大社會計畫提供動

能，而沒有引發「富人和窮人之間的階級鬥爭」。為了獲得醫療保險基金，醫院必須遵守《民權法案》的禁止歧視條款。不久，南方所有實施種族隔離的醫院都消失了。《投票權法案》讓黑人選民的登記數呈指數增長，隨之使黑人當選官員的人數增加了十倍。啟蒙計畫（Head Start programs）拓展了數百萬貧困兒童的視野，並改善他們的健康狀況，增加他們從高中畢業、進入就業市場、成為具有生產力的公民的機會。另外，在醫療保險的幫助下，預期壽命竟然增加了五年。

在第八十九屆國會剩下的三個月裡，頒布了更多全面性的法案：為貧困學生提供獎學金、貸款和工讀計畫的高等教育法；公共工程和經濟發展法案；確保藝術、音樂、舞蹈和文化不侷限於大都會區的國家藝術和人文基金會；公共廣播網絡；旨在擴大聯邦住宅計畫、振興內城的住房與城市發展計畫。最後，詹森簽署了一項重要的移民法案，廢除了歧視性的國籍配額制度，該制度偏利於來自西歐和北歐的白人。新的移民法案藉由根據移民者的個人長處而非考慮他們的出生國家，向他們打開美國的大門，並藉由第一批移民的家庭成員到達後促進其家庭團聚的政策，將移民流轉向非洲、亞洲和拉丁美洲，大幅擴展了美國的多樣性。

大約兩年的期間，在詹森對國內事務的領導下，共和黨人和民主黨人共同努力，推動了自內戰以來民權的最大進展，展開了一個全面、進步的美國社會願景，這將在這個國家的地景上留下永久的印記。一九六五年十月底國會休會時，《紐約時報》讚譽行政部門與立法部門之間，恢復了「多年來所缺失的富有成效的聯繫」。專欄作家們注意到導致「立法收穫」的一連串不尋常情況，包括甘迺迪之死的情緒餘波、持續的經濟增長、以及國會中占極大多數的自由派。儘管有這些因素，但人們普遍認為，第八十九屆國會的驚人紀錄中，「最重要的是一位突然成為美國總統的偉大立法領袖」。

這個正確的人，在正確的時間來到正確的地方，就像任何一位總統一樣，憧憬並追求林肯曾經定義的自由政府的目標——為全體人民提供「一個開放的領域和公平的機會」，利用他們的「勤奮、進取與才智」在「人生的比賽中」競爭。

在這個輝煌的成就高峰會上，很難想像這位總統對於領導力的完美行使已經接近尾聲。然而，隨著局勢從國內政治轉向越南戰爭，詹森展示了其領導力的巨大失敗，這損害了他的信譽和信用，在他的政治遺緒上留下永遠的傷痕，並幾乎撕裂了這個國家。

——尾聲——

自甘迺迪遇刺的那天開始，詹森展現出的願景領導，是如何在他處理外交事務和越南問題時，如此徹底地拋棄他？

從詹森就任總統的第一天起，在處理國內事務和民權時，他就對自己渴望實現的目標有具體的願景，並對如何喚醒國會和人民實現這些目標有明確的戰略。相較之下，當他讓他的同胞們捲入越戰時，他的動機不是一系列積極的目標，而是他想要避免的強烈感受——失敗、失落、以及對自己和國家羞辱性的挫敗。

就任總統僅僅幾週之後，在詹森專注於甘迺迪停滯不前的立法計畫時，他的軍事顧問警告他，除非美國涉入更多以扭轉戰局，否則南越可能會在幾個月內屈服於共產主義。「這真的讓我非常擔憂，」詹森告訴他的國家安全顧問麥克喬治．邦迪（McGeorge Bundy），並解釋說：「我不認為值得為之一戰，而且我認為我們無法脫身。這是我見過最該死的爛攤子。」不論早期越南戰爭對他的軍事顧問來說有多棘手，對詹森而言，這場戰爭就像在一個巨大的火爐上可以先暫時擱在一旁的事。他最初想要的只是遏制問題，防範可能以任何方式損害其內政願景的嚴重錯誤。

隨之而來的是一個漸進式的決策過程，這一過程是基於**不要**做什麼以及要做什麼。這位領導者的整個人格都建立在「我能做到」的氣場上，現在卻發現自己處於一種被動的姿態，與他的積極與衝勁扞格不入。由於缺乏他在國內事務中所展現的自信，缺乏讓他能夠無視於國內建議的判斷力，儘管這些建議與他在長期經驗下形成的直覺相抵觸，詹森還是聽取了一小群「最優秀、最聰明」的留任內閣成員和顧問的忠告。大致來說，這群幹部代表了既定的智慧，以及世代共同的傾向，即認為這場戰爭是共產主義與民主之間的鬥爭，如果輸掉這場鬥爭，將會激起共產主義侵略的骨牌效應，並在冷戰中重挫美國。

雖然在內政領域上，詹森呼籲政府以外的任務工作小組徵求不受傳統思想束縛的新思維和方法。但在此處，他既未接觸自己政府中的異議者，也沒能請教大學和智庫的東南亞學者。詹森忽略了這些人的聲音，他們主張南越對美國的國家安全並非至關重要，在美國局勢大幅提升之前，南越的失敗可能會被解讀為自由世界的一次挫折，而不僅僅是美國的失敗。

由於零碎、缺乏明確的戰略議程或敘述，詹森的決策缺乏一致性和信念。一九六五年二月，越共游擊隊襲擊了美國顧問的營房，於是他批准對北越實施報復性空襲。接著，他增加軍隊以保護發動空襲的空軍基地。不久，他派出更多軍隊去保護海軍陸戰隊——就是那些保護空軍基地的海軍陸戰隊。到了四月，已有五萬多名軍人駐紮在南越。此時的任務不再是保護空軍基地，而是當附近越南部隊遇到麻煩時參與戰役。六月時，美國軍隊已獲准與越南軍隊聯合作戰或獨自戰鬥。

詹森一直相信，每個人都能被收買，如果他能坐下來，直視對方的眼睛，他就能估算出妥協的代價。如果他能和胡志明共處一室，他確信他能說服胡志明意識到反對他的力量有多強大。詹森說，這場戰爭「就像一場阻撓議事，一開始是巨大的阻力，接著逐漸減弱，然後胡志明想匆忙結束」。詹森堅信，這是兩個可以協商利益的對立陣營之間的戰鬥。他從未明白在越南的戰爭是一場內戰、一場社會革命，而北越人在自己國家戰鬥以及為自己國家戰鬥的意志，比受到美國支持的南越人還強大。

當轟炸也無法把不妥協的北越人帶到談判桌前，困惑的詹森提議將一個仁慈的美國夢移植到越南土地上。實在無法不去注意到詹森立場的極度矛盾：他的左手繼續夷平越南的土地，而他的右手卻提出了一個十億美元的計畫，以改善南北越的社會和經濟。他要為湄公河修建水壩，產生的巨大電力將使新政的田納西河谷管理局黯然失色。他在以前德州丘陵地電氣化的過程中見到這一切縮影，他將建立新的學校、新的道路、新的房子，並將「現代醫療奇蹟」帶到小村莊。越來越多的破壞和荒蕪，將帶來越南偉大社會計畫的重建。

到了一九六五年七月，顯然，持續的轟炸和發展的承諾都不能使北越停止對南方的滲透。詹森的核心顧問再次告訴他，南方有崩潰的危險。為了「避免失敗」，他們建議大規模擴充美軍（最終高達五十多萬人）。詹森再次屈從。他們敦促他下令動員二十三萬五千名預備役軍人、宣布「緊急狀態」、將經濟置於戰時編制、要求國會提高稅收以支付戰爭費用，並且讓人民知道我們正在進行一場重大戰爭。

那年七月做出的決策，最能凸顯領導力的失敗。詹森接受了擴張大規模戰爭的相關建議，同時卻拒絕了一項忠告——向國會和人民報告一場曠日持久和代價高昂的戰爭的可能性。在那之後，詹森無疑是這場戰爭的主人。為了繼續推動投票權、移民改革和未來的偉大社會計畫之立法，他決定不再告訴國會和民眾關於戰爭的訊息，除非是絕對必要。「我可以看到，也幾乎可以觸摸到我年輕時的夢想，那就是比包括小羅斯福在內的任何其他領導者，改善更多人的生活，」他後來說：「我別無選擇，只能將我的外交政策擱在一旁。我對國會就像我對瓢蟲夫人一樣了解，我也知道，當國會爆發一場關於戰爭的重大辯論時，那一天將會是偉大社會計畫終結的開始。」

總而言之，詹森用來建設偉大社會計畫的所有技能，現在都被消極地用來向美國人民隱瞞戰爭的全部規模和性質。為了避免過於張揚地宣布需要更多男性加入戰場，他增加了募兵人數、延長役期，而不是動員預備役。他在中午擁擠的新聞發布會上宣布將增派五萬名士兵。他拒絕向國會要求徵收戰爭稅。以前他為了讓減稅法案離開立法部門的囚禁而努力削減預算，現在他卻巧妙地操縱預算，以掩蓋不斷上升的國防開支，這一決定最終加劇了通貨膨脹，並擠壓了他試圖保護的國內項目。

隨著戰爭日復一日、年復一年的持續（從一九六五年到一九六八年），民眾的不滿也跟著加深。從美國校園開始的示威活動蔓延到街頭，一個城市接著一個城市的示威人群達到數萬人。當阿肯色州參議員詹姆斯·富爾布萊特（J. William Fulbright）發起聽證會，就戰爭的情勢進行公開辯論時，詹森不願意聽。時機有利時，他才會渴望聽到大量訊息。於是他退縮了，並進一步縮小他的顧問圈子，只留下那些同意他的緩慢逐步升級政策的人。當支持他的領導的人開始減少時，他不願承擔責任，於是他找到了無處不在的替罪羔羊——媒體、知識分子、極端自由主義者、外部煽動者。與此同時，他持續向民眾欺瞞戰爭已經變成有毒的泥沼這件事。

一九六八年初，當北越和越共在南越腹地發動春節攻勢（Tet offensive）時，詹森對美國人民不守信用的明顯證據浮出水面。儘管這次襲擊最終被平定，但被占領的城市和血腥衝突的電視畫面，都證明了政府一再保證戰爭進展順利、隧道盡頭仍有希望的說法全是虛假。如今安撫民眾或說實話都為時已晚。一種被背叛的感覺籠罩這個國家，這是詹森與他的同胞徹底決裂的開端。他原本就被懷疑的信譽開始直線下降。大多數人開始相信他是有計畫地誤導他們。最廣泛、最具破壞性的影響是對這位總統失去信心，將引發人民對於政府和領導者本身長期的不信任。

我們可以藉由領導者與民眾分享的問題，以及重要決策是如何被解釋與定義，來衡量一個民主政權。戰爭需要普通男女百姓所能承受的最嚴重的犧牲。在戰爭中，人們比其他任何時候都更需要充分的訊息來了解正在做的選擇。到了最後，除非人民已經被灌輸一種共同的方向與目標，除非人民知道該期待什麼以及自己被期待什麼，否則沒有一個政治家能夠成功推行戰爭政策。在戰爭的關鍵時刻，以領導者和人民之間坦承、合作的標準來看，詹森都失敗了。

詹森終於意識到民眾對他處理戰爭的方式十分不滿，他突然找到了使國家和他自己從戰爭的懲罰束縛中解脫的方式。一九六八年三月三十一日，詹森在電視演說中宣布，他將藉由停止轟炸北越，單方面緩和戰爭。接著，他明確表示，他既不會尋求、也不會接受本黨對他連任總統的提名，這個聲明震驚了全國。用莎士比亞的話來說，他出人意料退出的原因「多如牛毛」。民眾的喜愛和支持——他職業生涯的命脈，都消失了。他毫無把握能在即將到來的初選中獲勝。他覺得自己已經用盡了他以壓倒性優勢贏得大選時擁有的大量政治資本的「每一盎司」。他的活力、精力和韌性這些個人資本也被嚴重耗盡。加上考慮到他的家人患有心臟病史，他不相信自己「能再熬過四年長期且持續的緊張壓力」。

然而，除了這些政治和個人因素，詹森的目光還緊盯著歷史的裁決。藉由放棄競選，他試圖超然地解決看似棘手的問題。那麼或許，沒有了自私動機的污點，河內可能會讚揚他的和平倡議。擺脫黨派關係也將增強他在確保增加稅收上的能力，而增稅如今已經成為國家健康的絕對必要條件。然而，在詹森心中最重要的是，離開選舉可能會成功推動第三項主要民權法的通過，該法已經在國會停滯了兩年——公平住宅法，旨在禁止出售或出租任何住宅時，基於種族、膚色或出生國的歧視。

媒體立即的反應似乎證明了詹森的預期是正確的。新聞頭條大肆宣揚著「林登・詹森最輝煌的時刻」，稱他的退出是「美國政治史上最無私的政治行為」。即使是富爾布萊特參議員等最嚴厲的批評者，也認為他的退出是「一個偉大愛國者的行為」。當北越表達願意坐到談判桌前時，詹森的支持率飆升。幾週內，國會就通過了稅捐附加費和《一九六八年民權法案》，即《公平住宅法》。詹森自豪地指出，這個住宅法讓「正義之聲再度響起」。一位記者寫道，有一段時間，總統的樣子和舉止「就像一個剛發明出心智平和、靈魂平靜，或兩者兼有之的人」。詹森的欣快感並沒有持續多久。最初的和平會談逐漸終止。蹂躪越南和美國的戰爭仍繼續其毀滅性的進程。林登・詹森總統任內的斷層線將劃分他的政治遺緒，並困擾他的餘生。

後記　逝世與追憶

正如這四位背景、能力與性情各自迥異的年輕人在走向領導國家之路上，並未依循單一的途徑，他們在生命的尾聲，對於晚年的領導生涯、死亡，以及如何被追憶，各自抱有不同的想法。

儘管他們個人的生命故事成就了相當不同的結局，然而他們的眼光都超越了自己的生命，期望自己的成就能夠形塑並擴展未來。他們渴望的名聲、他們追求的認同，與今日名流俊士所崇尚的幾乎沒有相似之處。對這些領導者來說，衡量他們成就的最終標準，在於自己是否能在大家共同的記憶中，永遠占有一席之地。

這四人當中有兩位在任期中逝世。林肯被謀殺時，正專注於治癒這個嚴重受傷的國家。小羅斯福正在提振這個國家日漸衰弱的力量，為結束戰爭、以及戰後複雜的和平做準備。

老羅斯福和詹森在總統任期結束後仍在世，因而都經歷了領導問題的餘波。老羅斯福從未放棄重新掌權的夢想。在他去世的那一天，他正計畫於一九二〇年再次競選總統。相較之下，詹森在強烈的悲傷中，明白他活躍的領導生涯已經結束。在他餘生的最後四年，苦澀多於甘甜——我在那裡親眼見證。

詹森在白宮的最後幾個月，經常提起要我去德州做全職工作，為他撰寫回憶錄以及在奧斯汀建立他的總統圖書館。我當時期待回哈佛大學展開我的教學職涯，在我猶豫不決並詢問是否可以用兼職方式進行他的提議時，他斬釘截鐵地說：「不。要麼妳來，要麼就不要來。」

在白宮的最後一天，詹森把我叫到橢圓辦公室。「我需要幫助，」他平靜地說：「照妳的意思吧，週末或休假期間，只要妳有空的時候就過來兼職。」這次我毫不猶豫地說：「當然好。」他回答：「非常感謝，」又補充說：「妳在哈佛大學要好好照顧自己。天殺的，別讓他們找妳麻煩，別讓他們對林登·詹森的仇恨破壞了妳對我的情感。」

我轉身要走，他又把我叫回去說：「當一個人不再得意時，要獲得需要的幫助並不容易。我知道，我不會忘記妳為我做的一切。」

於是，接下來的幾個月和幾年裡，當我在哈佛開始我的教學職涯時，也在奧斯汀和牧場度過了學術假期和部分暑假。我加入一個由前演講撰稿人、助手和工作人員組成的小團隊，協助詹森撰寫他的回憶錄。令人慶幸的是，我被分配到民權和國會的章節。但我們都在一起工作、整理文件、為了錄製與總統的對話而準備問題，這些問題後來成為本書的基礎。

在討論越戰時，詹森總是板著臉、翻著他的文件，然後才擠出一個字。他的語氣越來越冰冷，最後只剩下低語。不同於小羅斯福或杜魯門，詹森是那種「會把地毯走壞，擔心自己是否做出正確決定的人」。他曾若有所思地告訴我：「杜魯門從不回頭反問自己『我應該這樣做嗎？噢！我應該這樣做的！』不，他只知道他已經盡力做決定了。就這樣，沒有回頭路。我真希望自己也有一點這種特質，因為沒有什麼比反省自己做過的決定還更糟糕的。回想導致這個決定的步驟、想像假如做另一種決定結果會怎樣，這會讓你瘋掉。」雖然詹森很少說出口，但在他的腦海中，每天都翻攪著他對越南的遺憾。

相較之下，當他在講述與國會合作、解決國內問題的故事時，整個房間都充滿了他的活力。他會從辦公桌前站起來，大步走來走去，用他精湛的模仿力和說故事天賦，生動地扮演起伯德、羅素、亨弗萊或德克森這些人在預算和民權方面的對話。那完全是一場場戲劇表演，他的面部表情和誇張的手勢讓語言更有吸引力。詹森的精神振奮了起來，他又重新找回初期擔任總統時的積極能量。

我正在撰寫的兩章初稿中，直接引用了詹森述說的有趣故事，希望能捕捉到他真實的說話風格——他廣泛的見解、模仿表演和粗俗的幽默。「該死，我不能這麼說，」他看了幾頁之後指示我：「這是一本總統的回憶錄，該死的，我必須讓自己看起來像個政治家，而不是一些粗野的政客！」再怎麼爭論也無法說服他，他的故事集很適合寫成一本高貴的回憶錄。因此，他的方言口音、粗魯的描述以及敏捷的思維，就被丟在剪輯室的地板上——直到他在白宮偷偷錄下的私人電話交談內容終於被公諸於世時，才得以重現。

詹森從未全心全意地投入他的回憶錄。他一再強調，歷史的評斷已經對他不利。「所有歷史學家都是哈佛人，這不公平。來自愛荷華州西布蘭奇市的可憐老胡佛沒有機會跟那群人打交道，來自德州斯通沃爾鎮的林登·詹森也沒有。」如果這些話語不僅是一種習慣性的自憐，那麼也意味著，他知道他的總統生涯並非如他所願。他對這個回憶錄計畫的厭惡，也代表了他對其畢生工作終將完成、對這最後一項任務的反感。完成他的回憶錄意味著他的長期公共服務、他的用處，都已結束。「我對此無能為力，」他說：「所以還是放棄吧，我不如把精力放在他們無法從我這裡奪走的東西上，那就是我的牧場。」

這些年來，詹森的外表有了十分明顯的改變。光滑、梳理整齊的頭髮已不復見，隨著時間，長成了落在領子上的白色捲髮。他深色的總統套裝和光亮的牛津鞋換成了短袖衣服和工作靴。在這個瓢蟲夫人口中的「我們心靈的家」，瀰漫著一種輕鬆寫意的氛圍。家庭聚餐經常在小廚房裡進行，或者像美國中部許多家庭一樣，在舒適客廳的電視機前放在托盤上享用。

然而，即使只是隨便一瞥，也會發現那並非傳統的中產階級生活。龐大的通訊網絡使詹森能夠即時向全世界接收和發送信息。在那個手機還沒出現的時代，電話機是漂浮在他們家游泳池的特製木筏上。當坐在馬桶上、駕駛他的任何一台車、或是在他的汽艇上兜風時，電話都在手邊。安裝在臥室櫃子上的三屏電視控制台，讓他可以同時觀看三個頻道的節目。必要時，詹森的聲音可以透過安裝在牧場戰略要點的十三個揚聲器播送出去。

我有時會陪他一大早開車去視察農田，還有交代工人事情。白宮和牧場之間巨大的權力差異，給詹森向牧場工人下達指令時的急迫，增添一種固有的悲涼、甚至滑稽的色彩。「現在，」他會這樣開始：「我希望你們每個人都鄭重承諾，你們會確保每一頭牛都獲得牠所需要的一切，否則今晚不准睡覺。要是我們努力幹活，要是我們全力以赴，我們就有機會生產出這個國家最好的牛肉。」

沒有什麼細節是小到不值得貼上「ＨＰ—最優先」這個標籤的。「給一號牧場那頭棕色大乳牛疼痛的眼睛弄一點止癢藥來。啟動三號牧場的灑水器。修理綠色拖拉機的右輪。」在白宮時，詹森晚上經常要讀的立法現狀報告，被取代為當天雞蛋產量的報告。「星期一（一六二），星期二（一四四）……星期四（一五八）……星期六（一〇四）。」他草簽了這些日常備忘錄，並進一步調查：「週六才一〇四個？兩百隻母雞？你看那些母雞是怎麼了？」

當我回想起這些年來，我最清晰的記憶，是我們在一天工作完成後的傍晚散步。我們從牧場出發，走過詹森童年時期各個生活中的真實驛站。沿著這條路走不到一英里，就是他出生的房子，那裡經過精心修復已經成了一個公共博物館。詹森喜歡查看停車場裡的各個車牌，並追蹤出席表，看看那一週有多少人來參觀，藉以衡量歷史評斷的風向。穿過田野，離他出生的房子不遠，就是他祖父曾經住過的小屋。那裡是詹森的避難之處，那裡曾讓他沉醉在祖父的牛仔故事和古老的傳說中。再走遠一點便是聯合學校，那是他正式開始學習的地方。

這條路聚集了他生活的核心：牧場、出生的房子、祖父的小屋、學校。最後，我們穿過馬路，在巨大的針葉橡樹下俯瞰蜿蜒的佩德納萊斯河，那裡是詹森家族的墓地。「我母親就躺在這裡，」他會指著小墓地裡的墓碑這樣說：「我父親埋在這裡。這裡也是我要去的地方。」

在我們散步時，很少有沉默的時刻，也很少沒有意森的聲音。從動盪的總統生涯往前追溯到他向上攀爬的頭幾年，這樣的過程讓他獲得解脫與慰藉。他自豪地談到他在貧困的科圖拉鎮的教學生涯，談到他為了引介給墨西哥裔美國學生各種活動所做的工作。他懷念在小羅斯福底下工作的時候，那時他讓數千名貧困的年輕人到國家青年管理局工作，修建路邊公園、學校體育館和游泳池。他一遍又一遍地講起他如何將電力帶到德州丘陵地，以及電力如何改變了成千上萬農戶的日常生活，讓他們初次享受到電燈、電冰箱和洗衣機等現代化的便利設施。他談到《一九五七年民權法案》通過時他的喜悅，儘管該法案的執行程序薄弱，但在他擔任總統的前十八個月裡，它為第八十九屆國會開啟了大門，以取得更大的成就。

他說：「在那些日子裡，我們確實完成了一些事。我要超越小羅斯福、讓更多人生活得更好的夢想，似乎真的能夠成為可能。想想如果事情有了不同的發展，我們將會走得多遠。」他深深吸了一口氣，搖搖頭，然後吐氣。他的表情流露出一種痛切、令人不安的悲傷。

那晚我回到在牧場的房間，記下他說的話。我問了自己一個問題，在往後的歲月裡我依然問自己許多次：為什麼他要告訴我這些事情？為什麼他允許我看到他的脆弱與悲傷？也許是因為我是個年輕的女子，並渴望成為一名歷史學家，這是兩種他迫切希望與之交流、說服、形塑並激勵的支持者。也許，在較小的程度上，是因為我擁有常春藤盟校的血統，這是他既輕蔑又夢寐以求的東西。或許只是因為，當他努力理解自己的生命意義時，我不倦地專注傾聽著。

我們談得越多，我越發感覺到他相信他的生命即將結束。事實上，我後來發現他在擔任總統期間，曾委託別人製作一張精算表，根據他的家族心臟衰竭史，這份統計預測他可能會在六十四歲時過世。一九七〇年春天，他退休才一年多，嚴重的胸痛讓他被送到聖安東尼奧的布魯克陸軍醫療中心（Brooke Army Medical Center），他在那裡被診斷出心絞痛。他開始採取嚴格的飲食和運動，但沒過多久，他又開始吃油膩的食物、喝蘇格蘭順風威士忌（Cutty Sark）、不停抽菸。「我老了，有什麼差嗎？」他說：「我不想像艾森豪那樣徘徊流連。我走的時候就要走得乾脆。」

一九七二年四月，詹森在他女兒琳達（Lynda）位於維吉尼亞州的家中突然嚴重心臟病發。他不顧醫生的醫囑，堅持要回德州休養。他重現了父親臨終時的遺願，希望回到一個「人們知道你生病，也關心你的死活」的地方。雖然他在第二次心臟病發作之後倖存了下來，但他的餘生卻充滿痛苦。他告訴朋友們：「我真的病得很重」。早上剛開始時通常還不錯，但到了下午，他常常會感到「胸口一陣尖銳的劇痛，讓他感到害怕並且喘不過氣」。他床邊一罐攜帶式氧氣筒只能暫時緩解他的痛苦。

九個月後，也就是一九七二年十二月十一日，詹森計畫在林登・詹森圖書館的民權研討會上發言。民權界的所有領導人都將出席：威爾金斯、克萊倫斯・米契爾（Clarence Mitchell）、亨弗萊、朱利安・邦德（Julian Bond）、芭芭拉・喬丹（Barbara Jordan）、維農・喬丹（Vernon Jordan），前首席大法官厄爾・華倫（Earl Warren）等人。然而，在研討會開幕前的那個週日晚上，一場危險的暴風雪襲擊了奧斯汀。那時還不清楚活動是否會繼續進行。圖書館館長哈里・米德爾頓（Harry Middleton）回憶說：「天氣太冷了，我們得知一架飛機無法降落在奧斯汀機場，因此許多從華盛頓要來參加研討會的人，只能坐巴士來到這裡。」

瓢蟲夫人回憶道：「林登前一晚病得很厲害，幾乎整夜沒睡。醫生堅持他絕對不能參加。」儘管如此，他還是穿著「深藍色的總統套裝」和「擦得光亮的牛津鞋」，展開在結冰的路面上長途跋涉七十英里、前往奧斯汀的旅程。雖然他最近幾個月放棄了駕駛，但他還是對司機的緩慢速度感到非常焦躁，於是他只好自己開車。

那些看著患病的前總統走上講台的人都知道，只有決心才能驅使他。他看起來極為費力地走到講台，胸口痛得厲害，只好停下來將一片硝化甘油放入口中。如果這樣的努力將會讓他喪命，那就隨它去吧。他斷斷續續地說，他知道自己不再「經常」或「長時間」在公開場合談話，但他強調，他現在有些話想說。

「這個圖書館所保存的，是我四十年公眾生涯裡的三千一百萬份文件，」他開始說道，與民權有關的記錄「占據我生活的絕大部分，並為我保留了最親密的意義」。儘管他承認民權並非一直是他的首要任務，但他開始相信「政府的本質」在於確保「每個人的尊嚴和與生俱來的完整生活」——「不論膚色、信仰、血統，性別或年齡。」

詹森繼續執意說道：「我不希望這次的研討會，是來到這裡花兩天談論我們已經做的事，進展太少了。我們做的還遠遠不夠。我有點為自己感到羞愧，因為我有六年的時間，卻無法做更多事。」

他認為，在「白人社會中身為黑人」的困境，仍然是我們國家尚未解決的主要問題。「除非我們解決不平等的歷史，否則我們無法克服不平等的機會。」除非黑人「站在相同且平等的地面上」，否則我們不能休息。我們的目標必須是「確保所有美國人都遵守同樣的規則，所有美國人都面對同樣的機會。」

他總結說：「如果我們繼續努力，如果我們意志堅定，如果我們心懷正義，如果勇氣永遠伴隨我們。那麼，我的美國同胞們，我相信，**我們終將戰勝**。」

這是林登．詹森的最後一次公開聲明。瓢蟲夫人後來說，藉由參加這場研討會，「他知道自己的心力投注在什麼地方，並且有權決定如何做。」他在那一天做出的選擇代表了他的期望，即歷史將會憶起那個他甘願為民權冒一切風險、孤注一職的時代，那是他總統任內的全部資本。「如果我會被人記住，」詹森若有所思地告訴我：「將會是因為民權。」

就民權問題發表專題演說的五週後，他經歷了一次致命的心臟病發作。那個一輩子都需要被人包圍的男人，當時獨自一人。下午三點五十分，他透過牧場總機打電話給特勤局。當他們抵達他的臥房時，林登．詹森已經死亡。正如他早就預言的那樣，他享年六十四歲。三天後，他被埋葬在家族墓地，在巨大橡樹的樹蔭下。

每當西奧多．羅斯福滔滔不絕地談論領導、死亡和追憶（這個經常提起），他就會向四面八方噴射火花，就像一個人在磨刀石上磨刀一樣。有時，他似乎蔑視死後名聲的虛榮。「隨著歲月流逝，」他認為「對於偉大人物的記憶消退」不過是時間上的問題。可能需要一百年、一千年，甚至一萬年，但終究「不可避免地被遺忘，時間之沙持續淹沒，抹去我們稱之為歷

史的沙灘上的刮痕。」然而，在其他場合，老羅斯福用「在名譽巔峰時」死去的浪漫英雄主義，取代了這種對個人追思的輕蔑態度，並意識到這是「值得做的工作」，且要好好去做。「在臨死之前，」他推測道：「你已經善盡身而為人該盡的職責，未被當作無用之人而被拋棄，這種感覺一定很愉快。」

對於這樣一個具有積極、自我驅策精神的人來說，是不可能過平靜的退休生活的。不停瘋狂追求人生的意義、服務、責任和冒險，這些將在老羅斯福的餘生中縈繞不去。他是最年輕就當上總統的人，在七年半的任期結束時，他只有五十歲。他是美國歷史上最年輕的前總統。現在的生活沒有明確、具有挑戰性的任務要去完成，沒有聚光燈可以讓他表演，這令他厭惡。他的女兒艾麗絲（Alice）打趣說，他是如此強烈地渴望成為活動的中心，以至於他想當洗禮時的嬰兒、婚禮上的新娘，和葬禮中的屍體。

老羅斯福一直享受著擔任總統這「世界上最偉大的職位」的「每個時刻」。他意識到自己是很幸運的，因為他碰巧領導了這個國家，而當時他屠龍般打擊壟斷，危機管理式的領導風格引起了公眾的共鳴。他經常談到時代精神，以及它如何像萬花筒一樣轉動，在特定時間吸引或拋棄特定能力。時代與老羅斯福之間的和諧共振，在一九〇四年達到巔峰。當時，他在威廉·麥金利總統手下任職三年半之後，憑藉著自己的力量，以「最受歡迎的多數票和有史以來總統候選人的最大差距選票」贏得了大選。

儘管如此，在這偉大勝利的時刻，他卻驚人地宣布他不會再競選總統，並引用「限制總統只能連任兩屆的明智慣例」，於是他的任期基本上將在一九〇八年結束。他擔心，即使是他最狂熱的支持者也會對這種不合宜的野心感到失望，即任期「比華盛頓允許的明智時間更長」。作為一名在任的領導者，他格外小心地挑選並培養了一位繼任者，即他的朋友與內閣成員威廉・塔虎脫。此外，他還不遺餘力地讓塔虎脫成為共和黨總統提名人選之首。然而，共和黨大會剛開幕，他就後悔了。「如果我能收回那份書面聲明的話，」他指著手腕告訴一位朋友說：「我會在那裡割掉我的手。」如果老羅斯福向代表們稍稍表示他改變了主意，他就會獲得提名。然而，他覺得他必須信守自己的諾言。「人們認為我說的話是可以信任的，」他向他的朋友比爾・席沃解釋說：「如果讓他們想到別的事情，我應該會感到非常抱歉。」老羅斯福重申無條件支持塔虎脫，並堅稱這個國家沒有「如此適合擔任總統」的人。

塔虎脫的就職典禮一結束，老羅斯福就立刻前往非洲，展開為期一年的狩獵之旅。他推想：「要是少了我們經常聽到的那種沉悶消息，我就能回到自己的私人生活了。」這將「讓他停止下墜」，並成為一個公民。然而，他一到回家後，那不安定的特質又出現了。當一個又一個進步派的代表團來到薩加莫爾山，敦促他參加一九一二年的總統競選，他的情緒又更加躁動不安。他們認為，在塔虎脫的領導下，老一派的保守人士再次占據優勢，威脅到過去幾年的進步。「就像一匹嗅到遠方戰爭氣息的戰馬」，老羅斯福最終宣布參選，挑戰他培育出來的共和黨提名人。後來，當塔虎脫在代表大會上擊敗他時，老羅斯福同意以第三黨候選人的身分，領導進步主義者的力量。

隨著共和黨分裂成兩派，參議員瓊西・德普（Chauncey Depew）貼切地評論道：「現在唯一的問題，就是哪具屍體會得到最多的鮮花。」從一開始，民主黨人伍德羅・威爾遜就是最受歡迎的候選人。然而，在十月中旬，一個偶然事件的威脅可能會顛覆這場選戰。當老羅斯福站在密爾沃基（Milwaukee）一家酒店門口的敞篷車裡，等待出發前往演講地點時，一名刺客舉起手槍「近距離」直接瞄準老羅斯福的胸口開槍。若不是因為老羅斯福口袋裡的金屬眼鏡盒而使子彈偏移，它就會「直接射入他的心臟」。老羅斯福違抗醫生的指示，不願直接被帶到醫院急診室，而是前往會場。在他同意住院治療之前，他整場演講是在步態不穩、臉上毫無血色的情況下完成。他是如此堅定回應別人的暗殺企圖，讓他的候選資格獲得了極大的支持。一位民主黨發言人懷疑：「老羅斯福胸口的子彈已經扼殺了威爾遜的總統之路。」

大選前一週，老羅斯福已經完全康復，而得以在卡內基音樂廳（Carnegie Hall）發表最後一場政見。他的競選活動不同於那些朝向對手的尖酸刻薄語氣，他現在只專注在進步黨（Progressive Party）所堅持的原則。他告訴聽得入迷的聽眾，他相信，「也許在一個世代之中，只有一次」，人們為社會正義而戰的機會到了。他警告說，如果工業時代產生的持續性問題沒有獲得解決，那麼這個國家終將被那些造成「富人」和「窮人」對立的「可怕界線」給割裂。「無論輸贏，我都非常高興，因為我是這場戰鬥中準備付出全力的許多人之一。」

雖然老羅斯福的選票遠遠超過了任何第三黨的候選人，但伍德羅．威爾遜贏得了選舉。更具破壞性的是，黨的分裂已經傷害到老羅斯福擁護的進步主義。兩年前獲勝的共和黨進步主義者，如今一州又一州接連被擊敗。

在他的一生中，當他被政治上的失敗、個人的悲傷或沮喪所困擾時，他總是藉由身體上的挑戰、運動和冒險來尋求解脫。就像他卸任總統後的非洲狩獵之旅緩衝了他的失勢，現在，這位五十五歲的總統落選人乘船前往南美洲，進入難以到達的巴西雨林深處，長征地圖上未標示的未知之河（River of Doubt）——「這是他最後一次當男孩的機會」。這一次，他差點死於一場危及生命的感染，再加上嚴重的瘧疾，使他的餘生都變得虛弱。「巴西的荒野，」老羅斯福對一位朋友說：「偷走了我十年的生命。」

儘管如此，老羅斯福慷慨激昂的支持者拒絕相信這位政治之星已經隕落，他們催逼他在一九一六年競選總統。老羅斯福斷然拒絕他們的懇求，他以實際的眼光審視了這個時代的趨勢。「十多年來，我在美國人民的信任和善意中占有重要的地位，讓我能夠做很多我堅信應該做的事情。」他覺得，他巨大的「用處」尤其體現在解決礦工罷工的問題上，體現在他專門為後代子孫設置的國家公園和荒野保護區上，體現在打擊壟斷以及制定監管制度上，以創造更公平的經濟競爭環境。老羅斯福認為，「雖然我在任何方面都沒有改變，但在思想的潮流中已經發生了如此的變化」，以至於想像「似乎又陷入一種惰性和危險的保守主義」的共和黨甚至會考慮提名他，是毫無意義的。確實，「提名我是一件完全不明智的事，除非這個國家仍具有革命時期和內戰時期的英雄主義情緒」。

於是老羅斯福在感到自己不被需要的挫敗和沮喪中，等待著時機，直到一九一七年四月美國加入第一次世界大戰，才有機會採取有力的行動。老羅斯福立即請求允許他召集並指揮一支志願軍。很久以前，當他還是一個住在惡地的年輕人，當時與墨西哥邊境的緊張局勢已經開始沸騰，他便提議要組建一支騎兵步槍隊。他告訴他的朋友亨利．洛基：「這些魯莽粗野的騎兵有一些很好的戰鬥技巧。」後來，他在美西戰爭期間成功動員了莽騎兵。所以現在，他懇求伍德羅．威爾遜總統允許他建立一個志願者部隊。要進入他的部隊的申請，數以千計地湧進，但威爾遜拒絕了他的請求。

老羅斯福終其一生對於戰鬥，都表現出一種令人不安、浪漫的浮誇想法。「在戰鬥中死亡的巨大獎賞」是他「列為高於一切」的獎勵。過去他曾一度揚言，只要有機會參加戰鬥，他就會在妻子伊蒂斯病重時拋棄她。有一次他曾說：「所有在戰鬥中感受到任何喜悅的人，都知道心中那匹狼浮現時是什麼感覺。」在另一個例子中，他認為戰爭的勝利比和平的勝利更偉大。當老羅斯福的四個兒子被派到海外，而他卻在家裡「無所事事、悠閒又安全」，他被威爾遜拒絕的失望便發展成嚴重的抑鬱。當他的么兒昆汀（Quentin）葬身於戰場時，他的悲傷是如此之深，以至於他覺得整個世界對他「關上了門」。最後他承認，對於鼓勵自己的孩子們去冒不必要的風險，他心中「感到非常酸楚」。

他熾熱的意志比他的身體恢復得更快。在演講和文章中，他要求他的同胞們透過共同努力以使國家變得更公正、更平等，透過發起全面改革，「在一個新世界的新條件下實現正義」，來向那些死去的人致敬。他俠客般的領導風格再一次得到了回應。不久，老羅斯福再次成為美國最受歡迎的人。

雖然有人勸他競選一九一八年的州長，但他還是拒絕了。「我只剩下一場戰鬥了，」他告訴他的妹妹柯琳：「我想我應該保留體力，以免一九二〇年時有人需要我。」他在巴西感染的瘧疾讓他容易發燒、感染和偶爾虛弱。一九一八年底，一次嚴重的類風濕性關節炎，使他在醫院住了六週。他被警告說，可能要在輪椅上度過餘生，他說：「好吧！我也可以那樣工作。」在他去世之前，他想要完成的事情太多了。當他在聖誕節那天回到家時，仍然十分痛苦，他明白接下來幾個月將無法經常出門，但他開始起草文章和社論、與黨內官員交談，以及最重要的，制定下一次總統選舉的計畫。

一九一九年一月五日星期天，他口述了一封信件，並為《大都會雜誌》（*Metropolitan Magazine*）校對一篇文章，這篇文章概述了一項全面的國內事務議程，為小羅斯福的新政奠定了基礎。他提倡養老金、失業保險、八小時工作制和集體談判。他堅稱，在婦女投票權問題上的「討價還價已經久得過於荒謬」。他認為政府有責任確保返回的士兵能夠獲得土地和工作。他提出了一項普遍的全國服務計畫，動員來自不同背景的年輕男女「本著同袍情誼的精神，為了共同利益而工作」。很久以前，他曾預言「階級仇恨之石」是「任何共和國家在進展過程中最大、最危險的阻礙」，當「兩個階層、或兩個階級是如此相互隔絕，互不欣賞對方的激情、偏見，甚至是觀點時」，災難就會隨之而來。

那天晚上十點鐘，老羅斯福為社會和工業改革計畫苦思默想了一整天後，他告訴伊蒂斯，他有一種怪異的「胸口翳悶的感覺」，彷彿他的心臟要停止跳動一樣。「我知道這是不可能的，」他向她保證：「但這種感覺太奇怪了。」家庭醫生被叫來，但沒有發現任何心臟病的跡象，於是老羅斯福便躺上床。他再也沒有醒來。老羅斯福走的時候是六十歲，一個血塊已經到了他的肺部，使他的心臟停止跳動。

在他床邊發現了一張紙條，內容是提醒他要和共和黨主席威爾·海斯（Will Hays）碰面。在老羅斯福的指示下，海斯計畫要在華盛頓進行十天的訪問，聚集共和黨的保守派和進步派人士，討論國內問題。一九一二年的分裂導致雙方長期的不信任和反感，如果老羅斯福有機會再次領導這個國家，他打算讓共和黨再次成為林肯的進步的政黨，以恢復「當人們為了共同的目標而不厭其煩地相互理解與連結時，所產生的同胞情誼、相互尊重，以及感受到的共同責任與共同利益」。

老羅斯福在世時的最後一個夢想、他堅強意志的表現，是期待著一九二〇年的到來。那時，萬花筒可能會轉動，事物將調和一致，使他能夠再次掌握他所熱愛的領導大權。

在富蘭克林·羅斯福生命的最後一年，死亡尾隨在他身後，但這一點只有在回憶時才清晰可見。確實，一九四四年時，小羅斯福看起來比他實際的六十二歲還蒼老許多。許多人注意到他蒼白的臉色、他眼睛下方漆黑的眼窩，以及他試圖點燃一支香菸時，那顫抖的手。儘管他將這種情況和不停咳嗽歸因於那年冬天患上的流感和支氣管炎，但他的女兒安娜（Anna）卻憂心忡忡。她已經習慣了他驚人的身體恢復力，但是當春天到來時，疲勞卻繼續困擾著他，他的體力似乎在衰退。安娜請小羅斯福的私人醫生，即海軍上將羅斯·麥金泰爾（Ross McIntyre），到貝賽斯達海軍醫院（Bethesda Naval Hospital）安排一次徹底檢查。

年輕的心臟科醫師霍華德·布魯恩（Howard Bruenn）回憶說：「我一看到他，就懷疑他的問題很嚴重。他的臉色蒼白，皮膚、嘴唇和指甲床都有點發紫。」單從桌子一邊移動到另一邊的簡單動作，就引發明顯的呼吸困難。他的心臟腫大、肺裡有液體、血壓高得危險。布魯恩的診斷顯示，總統患有急性充血性心力衰竭。在整個檢查過程中，小羅斯福親切地聊著各種話題，避重就輕地拒絕回答任何嚴肅的問題。他一次也沒有詢問醫生，布魯恩也沒有權利擅自將他的看法告訴病人，因為麥金泰爾事先警告他不能主動提供訊息。檢查結束後，小羅斯福露出他的招牌笑容向醫生道謝，然後就離開了。當他走向汽車時，他愉快地向病人和工作人員打招呼。

當天下午稍晚，小羅斯福舉行了他的第九百四十五次新聞發布會。當被問及他的感受時，他咳了一聲，承認自己得了支氣管炎，稍早時已經去醫院接受X光檢查。他驚慌失措嗎？一點也不，他反駁道，他聽說四萬八千五百個支氣管炎案例中有一例會發展成肺炎，所以他認為他的預後良好！笑聲充滿了整個房間，於是記者們繼續他們例行的政策問題。《紐約時報》指出：「總統不僅氣色和聲調好轉，他的精神也很好。」一週後，麥金泰爾若無其事地向媒體保證，總統只是有些支氣管炎的後遺症，他只是需要「一些陽光和運動」。

在小羅斯福的一生中，隱藏個人的事一直是個重要主題。他從少年時代就被訓練成在病弱的父親面前，表現出一貫的自信和鼓舞人心的風度。他罹患小兒麻痺後，在醫院度過的那痛苦的六週裡，他始終保持著樂觀的形象。透過鼓舞其他人，他學會讓自己振作起來。小羅斯福的表姐蘿拉．德拉諾（Laura Delano）談到在他母親家裡的回憶，「你從來沒有說過自己生病了」。同樣，隨後在一九四四年春天的幾週和幾個月裡，小羅斯福選擇忽視他的病情，總是讓他身體狀況的潛在嚴重性跟他保持一定的距離。他只是遵從布魯恩醫生建議的生活方式，沒有提出任何問題。他每天服用強心劑，但是對自己的血壓讀數毫無興趣。他堅持低鹽與低脂飲食，減了不少體重後，他驕傲地打趣說：「我又變年輕了，看看我的肚子多麼平坦。」說著便得意洋洋地拍拍自己。

小羅斯福堅定的熱忱具有感染力。從他最親密的同事那裡得到的無數訊息顯示，他總是能夠提振自己，專注於手頭的工作。據一位助手說，即使在他承認感覺「像在地獄裡」的那些日子，他依然「精神愉快」且「溫厚善良」，看起來沒有病得很重。雖然那年早春時，珀金斯對他的樣子感到震驚，但是當他在金融家伯納德．巴魯克（Bernard Baruch）位於南卡羅萊納州的農園休息了兩週，四月底回來時，他展現出的活力讓她鬆了一口氣，她「直到他的生命快接近尾聲時，都沒有多擔心他一刻」。

然而，無論他多麼努力忽視自己的健康狀況，無論他營造出多麼明亮的形象，小羅斯福都知道，在惡劣的日子裡，只有意志力才能使他堅持下去。那麼，為什麼他決定在一九四四年競選第四屆連任呢？四年前的一九四〇年春天，希特勒入侵荷蘭、盧森堡、比利時和法國，給西方文明帶來一場危機。小羅斯福的看法與公眾的輿論都認為，有必要打破神聖的兩屆任期傳統。到一九四四年春天，他已經執政十二年了，這是美國歷史上最長的總統任期。他詢問朋友們，他是否應該試著再次延長他曾打破的先例，爭取第四次連任？

一九四四年五月下旬，距離民主黨全國代表大會還有七週，小羅斯福仍持續猶豫不決。結束戰爭並展望未來和平的艱鉅任務，離既成事實還很遙遠。懸而未決的是這個國家和民主本身的未來。一百萬人和物資被運送到英格蘭南部的登船口，等待開始入侵諾曼第的信號。所有歐洲國家的主要首都仍在德國人手中，包括巴黎、阿姆斯特丹、華沙和雅典。日本則控制了菲律賓。小羅斯福的表妹瑪格麗特・蘇克利（Margaret Suckley）在她的日記中寫道：「這是必須做出的困難決定。」小羅斯福在與蘇克利的私下談話中，透露了他的困境。一方面，未來充滿挑戰，他深刻感到「只要有能力，就有責任繼續下去」。另一方面，如果他知道自己「無法再撐過四年，那麼再競選連任對美國人民來說是不公平的」。決定性的因素將是他未來幾週的健康狀況。

他是如此沉浸在手頭的工作中，以至於事態的發展似乎決定了他的健康狀況以及他謹慎樽節的精力。在一九四四年六月六日諾曼第戰役行動當天，當他得知海灘登陸已經成功，而且傷亡人數少於預期的部隊正在往山上前進，他的精神也隨之變得高亢。下午晚些時候，小羅斯福舉行了新聞發布會。「這是一個偉大的歷史時刻，」一位記者觀察道：「總統坐在他的綠色大椅子上，平靜地微笑著。」他的香菸「以某個角度豎起，據說當他對這個世界感到滿意時，總是會這樣拿著香菸」。另一位記者注意到，整個過程「他似乎都很高興，很有自信」。儘管他警告別過度自信：「你不可能降落在海灘上，然後步行過去——如果你成功著陸而沒摔斷腿的話，你不可能步行過去柏林。這個國家越快理解這一點越好。」愛蓮娜觀察到，那天晚上她的丈夫「看起來氣色很好，似乎又回到以前的樣子，對未來充滿計畫」。

兩週後，情況再次提供了一針強心劑。當小羅斯福簽署《美國軍人權利法案》（G.I. Bill of Rights）時，他看起來「健康狀況良好」。該法案是提供退伍軍人教育和培訓的大規模計畫，將拓展整整一世代的教育視野。小羅斯福早在十八個月前就構思了這個計畫，早在兩棲登陸作戰之前就開始了戰後的規畫。用演講撰稿人山姆・羅森曼的話來說，這被認為是「具有政治家風範的遠見的最偉大例子之一」。珀金斯總結道，這就是小羅斯福的遠見卓識，他有一種不可思議的能力，能「在混亂的行政問題中保持頭腦清醒」、能看到「全貌」並且「著眼於最重要的目標」，這讓所有內閣要員和白宮工作人員相信，儘管總統的精力和健康減退，他仍是領導的最佳人選。

就在民主黨全國代表大會開幕前五天，小羅斯福終於決定競選第四任總統。他的決定主要是受到他深思熟慮的信念所驅動，即考慮到他長期的經驗以及對核心人物與所涉及之利害關係的廣泛了解，他自認是結束戰爭並奠定和平基礎的最佳人選。他宣布，他將第四次接受本黨提名，如果「我們的最高統帥——擁有最高權力的美國的人民下令」，他便會擔任總統。一週後，民主黨全國代表大會鼓掌通過小羅斯福作為他們的總統候選人，這是他們第四次競選美國總統。

到了秋天，小羅斯福不得不證明自己有足夠的精力與年輕的共和黨挑戰者，即紐約州州長托馬斯·杜威（Thomas E. Dewey）競爭。小羅斯福知道他的對手們在私下散播謠言，說他在身體上或精神上都不再有能力了。他說：「人們被要求相信我已經筋疲力盡、病得很重。」只有一個可靠的方法能夠反駁這種流言蜚語。他必須把自己擺在人們面前，讓他們自己決定他的能力。他不得不進行「一場老式的、混亂的競選」。

有一天在紐約市，三百萬人站在街道的兩旁，因為總統乘坐一輛敞篷車，行駛了五十英里，經過布魯克林、皇后區和布朗克斯，穿過哈林區，再沿著百老匯進入時裝區。颶風的尾巴帶來了寒冷刺骨的雨水，打在群眾身上。雨水浸透了總統的西裝、落在他的眼鏡上形成水珠，然後順著他的臉頰流淌下來。糟糕的天氣既沒有澆熄他的笑容，也沒有阻止他前進的腳步，群眾因此而喜愛他。人們的活力給了他「歸屬感，給了他快樂」。他後來告訴珀金斯，他們讓他如此「溫暖」，以至於他沒有意識到自己已經「渾身濕透」。在整個競選過程中，他「充滿鬥志」。結束時，他看起來比一開始更健康。他的體重增加了五公斤，並贏得了第四次連任。

一九四五年一月二十日，小羅斯福宣誓就職的這天，他還有八十二天壽命。事後看來，評論家們會爭論，在生命的最後幾個月，他是否過於虛弱而無法有效發揮作用——與史達林（Joseph Stalin）和邱吉爾在雅爾達（Yalta）進行艱苦的馬拉松式外交期間，他是否付出太多而得到太少。在雅爾達時，他的精力明顯衰退，身體狀況在惡化。然而，小羅斯福最終達成了他的兩個首要目標。他確保俄羅斯承諾加入對日本的作戰，這場戰鬥預計將造成一百萬名美國人傷亡。他還確保俄羅斯支持從歷史上最具破壞性的戰爭殘骸之中，建立起一個新的世界和平組織。

結束戰爭並為和平做好準備，是推動小羅斯福度過最後幾天的兩個目標。其他事情都被擱置在一邊。他沒有花時間與他的副總統哈里．杜魯門分享關於戰爭的機密簡報，也沒有向繼任者摘述原子彈的存在——一個令人震驚的失誤。當杜魯門後來被問及他是否「原本可以為總統一職做更好的準備」時，他寬容地回答說，小羅斯福「已經盡力了」。

小羅斯福為其政府的「偉大的未竟事業」保留了剩餘體力：他計畫於四月底前往舊金山，來自五十個盟國的代表將在那裡開會，以建立聯合國的框架。在舊金山之後，小羅斯福計畫前往英國進行國事訪問。他一想到這樣的遠景就興奮得無法保守祕密。他在與加拿大總理麥肯齊・金（Mackenzie King）的談話中提及這件事，後來又在與珀金斯談話時提到。當他告訴珀金斯，愛蓮娜會陪他去英國，而且他還勸她訂製幾件漂亮的衣服，好讓她「打扮得高貴典雅」時，他的眼裡閃爍著期待的光芒。

這趟英國之旅預計會是一趟緊湊又歡樂的旅程。他們會乘船前往南安普敦（Southampton），再搭火車去倫敦，在那裡他們將與國王和王后一起留在白金漢宮。小羅斯福會跟國王一同乘車穿過倫敦的街道、向議會發表演說，然後和邱吉爾在他的契克斯莊園[1]共度幾天。邱吉爾預言，總統將受到英國人民「真誠而自發」的歡迎，這將是「自尼爾森勳爵（Lord Nelson）凱旋式返回倫敦以來最隆重的歡迎」。

「但是有戰爭！」珀金斯反對道：「我認為你不應該去，很危險。」小羅斯福用手掩著嘴，在她耳邊低聲說道：「歐洲的戰爭將在五月底結束。」這讓珀金斯大為寬慰，她後來說：「在他去世前兩週，他如此確信戰爭即將結束。」

儘管小羅斯福對未來的旅行感到很興奮，但仍然無法掩飾他的極度疲憊。為了恢復體力並準備聯合國成立時的演說，小羅斯福在三月底離開白宮，到溫泉鎮度假兩週，他希望這個對他來說幾乎是不可思議地使人恢復活力的地方，能再次發揮它的效用。特勤局特工麥克・雷利（Mike Reilly）說：「我們不只是希望這次旅行能幫助到老闆，我們還理所當然地這麼認為。」每個人都這麼想。十多年來，富蘭克林・羅斯福一直是堅韌的國家象徵，他對於復甦和勝利的信心鼓舞了人民，也受到人民的鼓舞。

白宮演講撰稿人羅伯特．謝爾伍德後來寫道：「我從來沒有想過，這次他可能不會像以前一樣好轉。」四月十二日早晨，當小羅斯福翻看完郵件，並坐下來讓人為他描繪肖像時，他的氣色看起來「非常好」。他的表妹瑪格麗特觀察道：「他看起來面帶笑容，也很開心，而且做好一切準備。」突然間，他的頭向前一傾，因為腦溢血而癱倒在地，再也沒有恢復意識。

小羅斯福死了，以老羅斯福曾渴望的死法離世。作為戰爭時期的領導者，他的生命融入他面前的任務之中。他去世時，正努力在一場拯救民主並為全球和平奠定基礎的戰爭中取得勝利。「他是戰爭的傷亡者」這一陳述純粹只是事實。這並非俠客之死的崇高偉大，而是他不動聲色的英雄主義——盡他所能堅持下去的意願。

儘管小羅斯福很少談及自己留下的政治遺澤，但他「對於歷史和自己在其中的地位有著敏銳的感受」。作為一個頑固的收藏家，小羅斯福指示白宮工作人員保存每一份文件、每一封信、每一張進到他辦公室的廢紙。在他去世前六年，他將自己的文件贈予政府，並承諾將他在海德公園的一部分土地用來建造圖書館和博物館，這個正式的做法開啟了總統圖書館制度。自信滿滿的小羅斯福希望歷史學家能夠完整地查閱他的私人和專業文件，以便對他的領導能力做出他們自己的評價。

正如小羅斯福在為他的圖書館奠基時明確指出，他自己的判斷是，這種領導力的關鍵在

---

1 契克斯莊園（Chequers）是英國首相的官方鄉間別墅。

於他與他所服務的人民之間建立的可靠、互惠的關係：「即將安放在這裡的這些文件中，我個人不太重視那些比較公眾或私人事務的文件，我重視的是那些美國各地的男士、女士以及孩子們自發性地寄給我、我的家人和同事的信件，告訴我他們的狀況和問題，並給予我他們的意見。」

《紐約時報》報導稱，小羅斯福領導力中的親切友好是如此獨特，以至於在他去世後的幾天，「美國每個城鎮的街道上，陌生人都停下來給予彼此安慰。人們一次又一次聽到同樣的悲嘆：我們失去了共同的朋友。」

特倫頓市（Trenton）的一位市民寫道，「人類最崇高的致意，就是因著一個人死去，一億三千萬人感到孤獨。」

一八六五年四月十四日，耶穌受難日這天，林肯帶著不尋常的極大喜悅醒來，迎接他生命的最後一天。

前一天晚上，華盛頓市置身於絢爛的節慶燈飾中。令人痛苦的內戰終於結束，共和國得救了。燭火在每幢建築物的窗戶上閃爍，華麗的燈籠沿著牆壁搖曳，旗幟在每座屋頂上飄揚。街上到處是「沉醉在歡樂中」的人們，他們手挽著手，說著、笑著、唱著。十天前，美利堅聯盟國的首都里奇蒙已經被疏散。接下來的一週，羅伯特・李將軍在阿波馬托克斯向尤利西斯・格蘭特將軍投降。每過一夜，似乎都有新的慶祝理由：戰爭部宣布暫停徵兵、軍事物資的採購已經停止、港口開放貿易、格蘭特本人即將入主白宮。

那天早上，林肯和他妻子瑪麗，以及他們的大兒子羅伯特一起吃早餐，羅伯特是陸軍上尉，也是格蘭特的下屬，他剛從前線回來。早餐室傳來消息，眾議院議長舒勒·柯爾法克斯（Schuyler Colfax）已經到了。柯爾法克斯計畫進行一次跨越國境、前往加州的旅行，他希望確認林肯沒有打算召開額外的國會會議。林肯保證他沒有，並向柯爾法克斯說：「要是能去旅行，我會多高興啊！我只能羨慕你快樂地去旅行。」

然後，林肯從椅子上站起來，概述了他想讓柯爾法克斯轉達給西部的金礦和銀礦工人的訊息。他一直考量到成千上萬將開始求職的退伍軍人。他相信在這個偉大的西方國家，「從洛磯山脈到太平洋」蘊藏著「取之不盡、用之不竭」的礦產，這些礦產的表面幾乎沒有被開發過。在那片廣闊的礦區，有「足夠的空間容納所有人」——無論是歸國的士兵還是新移民。他告訴礦工們：「我將盡我所能促進他們的利益，因為他們的繁榮就是國家的繁榮。我們將在短短幾年內證明，我們確實是世界的寶庫。」

上午十一點，林肯前往例行的週五內閣會議。令人生畏的戰情室裡，擺放著地圖、戰鬥計畫和軍事裝備，這是四年多來內閣會議的特色。今天，這裡有一種較明朗的氣氛，也有一個嚴肅的新主題——如何最好地進行和解與重建。「這是擺在我們面前的重大問題，」林肯宣布：「我們必須馬上開始行動。」

從一開始，林肯就想要在未來的幾個月裡建立起一種療癒的基調。「已經犧牲夠多生命了，」他說：「如果我們期待和諧與團結，就必須消除我們的怨恨。」事實上，林肯認為國會在三月四日——也就是第二次就職典禮的日子那天休會是件好事，因為那裡有些人「即使動機是好的，也行不通。他們懷有恨意和報復心，而他既不同情也不想涉入」。

關於如何處理叛軍領袖，林肯明確表示：「沒有必要指望他會吊死或殺死那些人，即使是最壞的人。」他明白，讓他們繼續存在，可能會阻礙痊癒的過程，但他寧願簡單地「威嚇他們離開這個國家。打開大門，排除障礙，嚇走他們」。他舉起雙掌，彷彿在趕羊圈裡的羊那樣，強調他的意圖。然而，他們應該被告知，如果他們自願選擇離開，「沒有人會試圖阻止他們，如果他們留下來，他們將會因為其罪行而受到懲罰」。

剛從阿波馬托克斯回來的格蘭特將軍，也參加了內閣會議，並講述李將軍投降的故事。林肯問道：「你給一般士兵定了什麼條件？」格蘭特回答：「我叫他們回家，回到家人身邊。如果他們什麼都不做，就不會受到騷擾。」至於軍官們，他們可以保留自己的馬匹和隨身武器。格蘭特認為，要求他們交出個人財產是一種不必要的羞辱。聽到這裡，林肯總統的「臉上閃著認可的光芒」。

內閣成員花了三個多小時討論通訊和商業問題：重新開放郵局和聯邦法院、重新建立聯繫以利於商業和社會交流——這是與戰敗的叛軍縫合關係以及重建一個統一的國家所必要的具體細節。林肯發現，任何強加聯邦權力於各州的作法都令人憎惡。他在幾個場合重複提到：「讓他們放鬆一下，讓他們放鬆一下。」他強烈認為，他的行政特權不包括「管理這些南方州的州政府。這是他們的人民必須做的事——雖然我料想他們當中的一些人起初可能會做得很糟」。重建過程必須一步一步進行，並對正在發生的事件保持敏感。最重要的是，這個過程必須是有彈性的。

「我們的首領今天看起來真神氣！」會議結束後，戰爭部長艾德溫．史坦頓這麼對一位同事說：「這是我在這麼多漫長的日子裡，參加過最令人滿意的內閣會議。」內閣成員普遍認為，林肯似乎從未像現在這樣「格外高興、格外平靜」。一位成員觀察道：「以前在他的生命中，似乎堅定地存在著一種難以形容的悲傷。突然間，變成一種同樣難以形容的平靜和喜悅，彷彿意識到他生命的偉大目標已經實現了。」

那天下午三點，林肯和瑪麗悠閒地搭乘馬車兜風。瑪麗告訴林肯：「你這麼高興，幾乎把我嚇了一跳。」他回答：「我可能真的很高興，瑪麗，我想**今天**戰爭已經結束了。」然後他補充說：「我這輩子從來沒有感到這麼愉快過。」

當馬車駛向海軍造船廠時，瑪麗和林肯聊到他卸任後兩人共同的未來。他們都相對年輕，林肯五十六歲，瑪麗四十六歲。這對夫妻希望能跟兒子們一起旅行——遊覽歐洲、參觀聖地、穿越落磯山脈、第一次看到加州和西海岸。最後又回到這兩人結婚的地方——伊利諾州。

馬車返回白宮時，一群老朋友正要離開，包括伊利諾州州長理查．奧格爾斯比（Richard Oglesby）。林肯懇求他們：「留下吧，孩子們，留下吧。」他剛度過了漫長而飢餓的時光，現在非常想放鬆、聊天和表演，尤其是大聲朗誦他的幽默書籍。奧格爾斯比回憶著，「他們不停派人來請他去吃飯。他每次都答應要去，但還是會繼續讀這本書。最後他接到一個強制命令，必須馬上去吃飯。」

因為林肯一家晚上計畫前往福特劇院（Ford's Theatre）看一部輕喜劇《我們的美國表兄弟》（*Our American Cousin*），所以需要提前用晚餐。晚餐後，林肯招待另一群朋友，包括麻薩諸塞州國會議員喬治·阿什蒙（George Ashmun）。時間來到八點鐘，林肯站了起來：「我想該出發了，雖然我寧願留下來，」他這樣說著，帶著明顯的不情願，「廣告上說我們會去，我不能讓人家失望。」他的話已經說出口，必須遵守諾言。

刺殺林肯的人——演員約翰·布斯（John Wilkes Booth），是戲劇界耳熟能詳的人物。布斯中午得知總統的行程，便決定當晚是殺死這位他認為比尤利烏斯·凱撒（Julius Caesar）「更狂妄的暴君」的最佳時機。布斯相信後人將會因為他的行為而紀念他，他也會因此而永垂不朽。於是開啟了美國總統歷史上，最具標誌性的悲慘恐怖時刻。

當林肯一家坐在舒適的總統包廂時，布斯已經在劇院內。十點十二分，布斯的名片讓他得以進入行政包廂後方。總統坐在搖椅上，身體向前傾，胳膊靠在欄杆上，右手托著下巴。布斯默默向前移動，距離林肯只有兩英尺。他舉起他的德林加手槍，朝林肯左耳後方開槍。在一團白煙中，林肯向前倒下。布斯從包廂跳上舞台，他的馬靴踢到裝飾包廂的軍旗，於是笨拙地摔斷了腿，在踉蹌逃離舞台並躲進巷子前，他舉起匕首高喊「Sic semper tyrannis——這就是暴君的下場」。

這些字眼裡有一種野蠻的、可怕的諷刺意味。這位垂死的總統老早就警告過，無法無天、謀殺和暴民統治，將為凱撒或拿破崙創造肥沃的土地，但這些極其自負的人，將透過「摧毀」而不是「建設」來追求榮譽。這位垂死的總統，畢生致力於對抗極端主義、仇恨和報復——

就在那天下午，他還勸告他的同事們不要對南方被征服的各州行使專斷的權力，而他自己卻成了一個種族主義極端分子的受害者。至於那位殺手，會因為被他殺害的這個男人而永遠聲名狼籍。

「林肯先生的生命力很強，」醫生報告說，在傷口持續九個小時未縫合之後，「大多數人會立刻喪命」，但是他仍繼續掙扎。隔天早上七點二十二分，這場奮戰結束了。亞伯拉罕·林肯被宣告死亡。史坦頓說：「現在，他已經屬於千秋萬古了。」史坦頓的悼詞不僅具有詩意，也精準地描述了林肯的名望與影響，將他去世的那一刻，與他傳遞給我們所有後代的生命價值觀連結在一起。

林肯遺留下的這種生命價值觀是由什麼組成？它們是如何隨著時間的推移而傳遞下去？二十三歲時，林肯第一次出現在桑加蒙郡的人們面前。從那一刻起，他就把教育跟歷史、對過去的追憶和自由連結在一起。他特別指出，教育「是我們身為一個民族所能進行的最重要的一項學科」，這樣每個人都「因此能夠閱讀自己和其他國家的歷史，從而了解我們自由制度的價值」。二十九歲時，林肯擔心革命的記憶及其所代表的理想，會隨著時間流逝而變得「越來越模糊」。透過歷史，他希望這個國家的建國故事能夠「被熟讀，被傳誦。正如我們讀聖經一般」。他認為歷史有助於認識我們如何發展至此，是了解我們是誰、將走向何方的最佳工具。

在林肯一生中，他所述說的不凡故事越來越深刻，也越來越單純。那是這個國家的故事、民主制度的誕生、以及美國聯邦內自由的發展。在與史提芬·道格拉斯進行激烈辯論時，林肯邀請他的聽眾參加一個共同的說故事之旅，這樣他們就可以一同理解奴隸制在一個自由國家裡的困境，並共同提出解決方案。在蓋茨堡，林肯挑戰在世的人們，要求他們完成許多士兵為此獻出生命的「未完成的工作」，即「民有、民治、民享的政府將永世長存」。在第二次就職典禮上，林肯要求他的同胞「努力完成我們的志業，以包紮國家的傷口」。這些話也滋養了小羅斯福。他說，他引用這些話，是因為亞伯拉罕．林肯為未來設定的目標，「就人類的思維而言無法被超越」。

林肯從未忘記，在一個民主國家，領導者的力量最終取決於他與人民的連結。每天早上，他都會抽出幾小時的時間，傾聽在他辦公室外排隊等候的百姓的需求，這是他的「輿論浴」（public opinion baths）時間。從一開始，他的特質就包含了善良、同理、幽默、謙遜、熱情和野心。但是他仍有所成長，並且持續地成長，成為了一個強而有力的領導者，與撕裂他的國家的問題融合在一起，以至於他的領導欲望和服務需求結合成一股不屈不撓的力量。這股力量不僅滋養了後來的領導者，也提供給美國人民一份指引方向的道德指南。這樣的領導力讓我們在動蕩的時代以及尋常的日子裡，都能夠擁有人性、意義與智慧。

致謝

近四十年來，Simon & Schuster 一直是我的出版社。沒有 Carolyn Reidy、Jonathan Karp、Alice Mayhew、Richard Rhorer、Jackie Seow、Stephen Bedford、Stuart Roberts、Julia Prosser、Lisa Healy、Kristen Lemire、Lisa Erwin 和 Lewelin Polanco 的團隊，我無法想像能出版一本書。

我再次感謝 Jackie Seow，他耐心設計出無數封面，才完成了最後版本；感謝 Julia Prosser 和 Stephen Bedford，他們專業的知識、敏銳的洞察力和堅持，幫助我將我的書籍與讀者聯繫起來。感謝 Stuart Roberts 如此謹慎地將手稿引導到每個階段；也感謝我的文案編輯 Fred Chase 在艱難的時刻中，在我位於康科德的家裡和我一起，以溫暖和耐心的方式完成了這個項目。

特別感謝 Jonathan Karp，他具有創造性的遠見幫助我以不同的方式思考本書的結構，包括在關鍵時刻使用四位領導人的案例研究。

在這本書上，以及在其他許多書上，Alice Mayhew 提供了精湛的判斷力、無與倫比的編輯技巧和堅定的支持。二十多年來，我很幸運擁有具有無與倫比的實力的 Binky Urban 作為我的文學經紀人。

Linda Vandegrift 近四十年來一直是我天才的研究助手。我的所有書籍都有她非凡的天賦和無人可比的調查技巧作為基礎。我們一起成長為故事講述者。

在找尋銀版相片上的協助，要感謝我的朋友 Michelle Krowl，以及 Bryan Eaton、Jay Godwin 和 Matthew Hanson 的才華。

對於書封上的關鍵藝術作品，我感謝 Juliana Rothschild；對於在每一章中提供敏銳的結構判斷和語言精確度，我要感謝 Ida Rothschild。

很難描述我的經理和珍愛的朋友 Beth Laski 在這本書中或其實在我生活中扮演的角色。對我來說，她絕對是不可或缺的。二十年來，她令人驚嘆的才華、聰明才智、想像力、忠誠度和她的熱情使我獲得了平衡。如她所知，她是我的 Harry。

最後最重要的，是我已故的丈夫 Richard Goodwin（Dick），以及 Michael Rothschild。我們三個人的生命和我們的家庭已經交織在一起四十多年。Michael 是一位才華橫溢的作家、雕塑家，蘋果園經營者、與農夫——最像 Thomans Jefferson，Dick 曾這麼告訴我，他曾見過他。年復一年，我們三個人一起合作撰寫計畫。我們閱讀相同的書籍、辯論想法、並爭論語言。這本書獻給對於 Dick 的回憶與 Michael 的存在。

圖片來源

Cover: John J. Audubon's *The Birds of America*

2.	1.
4.	3.

Ambition and The Recognition of Leadership, p.16.

1. Abraham Lincoln, *Courtesy of the Library of Congress.*
2. Theodore Roosevelt, *Courtesy of the Library of Congress.*
3. Franklin Roosevelt, *Courtesy of the National Archives and Records Administration.*
4. Lyndon Johnson, *Courtesy of the LBJ Presidential Library and Museum*

Adversity and Growth, p.136.

1. Abraham Lincoln, seated next to small table, in a reflective pose, *Courtesy of Heather Hayes, Illinois Secretary of State's Office.*
2. Theodore Roosevelt in the Badlands, *Courtesy of the Library of Congress*
3. Franklin Roosevelt swimming at Warm Springs, *Courtesy of the FDR Presidential Library and Museum*
4. Rally opening Lyndon B. Johnson's 1941 U.S. Senate Campaign, *Courtesy of the LBJ Presidential Library and Museum*

How They Led: Man and the Times, p.274.

1. A reading of the Emancipation Proclamation, *Courtesy of the Library of Congress*
2. Strike Arbitration Commission appointed by President Theodore Roosevelt, *Courtesy of the Library of Congress*
3. Irate customers at the closed doors of the Bank of United States, New York, *Courtesy of the Associated Press*
4. The march from Selma to Montgomery, Alabama, *Courtesy of the Library of Congress*

Epilogue, p.442.

1. Abraham Lincoln, 1863, *Courtesy of the Library of Congress*
2. Theodore Roosevelt, 1918, *Courtesy of the Library of Congress*
3. Franklin Roosevelt, 1945, *Courtesy of the FDR Presidential Library and Museum*
4. Lyndon B. Johnson, 1972, *Courtesy of the LBJ Presidential Library and Museum*

106. *"What terms did you make . . . glowed with approval"*: Frederick William Seward, *Reminiscences of a War-Time Statesman and Diplomat: 1830–1915* (New York: G.P. Putnam's Sons [Knickerbocker Press], 1916), pp. 256, 255.
107. *"Let 'em up easy". . . "let 'em up easy"*: Carl Sandburg, *Abraham Lincoln: The War Years*, Vol. 6 (New York: Charles Scribner's Sons, 1943), p. 227.
108. *"undertake to run . . . may do it badly"*: Seward, *Reminiscences of a War-Time Statesman*, p. 256.
109. *"Didn't our Chief . . . in many a long day"*: Burlingame, *Abraham Lincoln, A Life*, Vol. 2, p. 806.
110. *"more glad, more serene"*: Tarbell, *The Life of Abraham Lincoln*, Vol. 4, p. 29.
111. *"indescribable sadness . . . life had been achieved"*: Katherine Helm, *The True Story of Mary, Wife of Lincoln* (New York: Harper & Brothers, 1928), p. 253.
112. *"You almost startle me . . . felt better in my life"*: Winik, *April 1865*, p. 220.
113. *"Come back, boys, come back"*: Helm, *The True Story of Mary, Wife of Lincoln*, p. 255.
114. *"They kept sending . . . come to dinner at once"*: Ibid., p. 256.
115. *"I suppose it's time . . . would rather stay"*: Hollister, *The Life of Schuyler Colfax*, p. 253.
116. *"It had been advertised . . . disappoint the people"*: Col. William H. Crook; Margarita Spaulding Gerry, ed., *Through Five Administrations: Reminiscences of Colonel William H. Crook* (New York: Harper & Brothers, 1910), p. 67.
117. *"even greater tyrant" . . . achieve immortality*: Donald, *Lincoln*, p. 597.
118. *"pulling down" . . . "building up"*: AL, "Address before the Young Men's Lyceum of Springfield, Illinois," Jan. 27, 1838, *CW*, 1:114.
119. *"Mr. Lincoln had . . . most men instantly"*: Dr. Charles Sabin Taft, quoted in *The Diary of Horatio Nelson Taft*, Vol. 3, Manuscript Division, LC.
120. *"Now". . . "he belongs to the ages"*: Quoted by Robert V. Bruce, "The Riddle of Death," in Gabor S. Boritt, ed., *The Lincoln Enigma: The Changing Faces of an American Icon* (New York: Oxford University Press, 2001), p. 144.
121. *"as the most important subject . . . our free institutions"*: AL,"To the People of Sangamon County,"March 9, 1832, *CW*, 1:8.
122. *"more and more dim . . . bible shall be read"*: AL, "Address before the Young Men's Lyceum of Springfield, Illinois," Jan. 27, 1838, *CW*, 1:115.
123. *"the unfinished work . . . perish from the earth"*: AL, "Address Delivered at the Dedication of the Cemetery at Gettysburg," Nov. 19, 1963, [final text], *CW*, 7:23.
124. *"to strive on . . . the nation's wounds"*: AL, "Second Inaugural Address," March 4, 1865, *CW*, 8:333.
125. *"in terms of which the human mind cannot improve"*: Rosenman, *Working with Roosevelt*, p. 452.
126. *"public opinion baths"*: Helen Nicolay, *Personal Traits of Abraham Lincoln* (New York: Century, 1912), p. 258.

239.

70. *"cheerful in spirit" and "good natured"*: Ibid., p. 240.
71. *"did not have . . . until very near the end"*: Perkins, *The Roosevelt I Knew*, p. 374.
72. *"Terrible decisions to have to make"*: Margaret Suckley, in Geoffrey C. Ward, *Closest Companion: The Unknown Story of the Intimate Friendship between Franklin Roosevelt and Margaret Suckley* (New York: Simon & Schuster, 1995), p. 316.
73. *"duty to carry on, as long as he was able"*: Ibid., p. 316.
74. *"not going to be able . . . to run for another term"*: Ibid., p. 302.
75. *"A great moment in history . . . pleased with the world"*: Letter from "B" to "Mom," June 6, 1944, Reminiscences by Contemporaries, FDRL.
76. *"he seemed happy and confident"*: I. F. Stone, *The War Years, 1939–1945* (Boston: Little, Brown, 1990), p. 236.
77. *"You just don't land . . . understands it the better"*: FDR, "The Nine Hundred and Fifty-Fourth Press Conference—D Day," June 6, 1944, *PPA*, 1:159.
78. *"looked very well . . . plans for the future"*: DKG, *NOT*, p. 510.
79. *"in the pink of condition"*: Ward, *Closest Companion*, p. 254.
80. *"one of the greatest . . . vision"*: Rosenman, *Working with Roosevelt*, p. 394.
81. *"to keep his head . . . of highest importance"*: Perkins, *The Roosevelt I Knew*, p. 371.
82. *"so ordered by . . . of the United States"*: Official announcement letter, FDR to Robert Hannegan, July 11, 1944, FDR, *PPA*, 1944–45, p. 197.
83. *"People have been asked . . . wet through"*: Perkins, *The Roosevelt I Knew*, p. 116.
84. *"full of fight"*: Ward, *Closest Companion*, p. 340.
85. *gained twelve pounds as well as gained election to a fourth consecutive term*: Perkins, *The Roosevelt I Knew*, p. 372.
86. *Yalta*: DKG, *NOT*, pp. 573–85.
87. *"might have been better . . . did all he could"*: William E. Leuchtenburg, *In the Shadow of FDR: From Harry Truman to Barack Obama* (Ithaca: Cornell University Press, 2009), p. 7.
88. *"great unfinished business"*: Anne O'Hare McCormick, " 'His Unfinished Business' and Ours," *NYT*, April 22, 1945.
89. *"make a really handsome appearance"*: Frances Perkins, "The Roosevelt I Knew: the War Years," *Collier's*, Sept. 21, 1946, p. 103.
90. *"genuine and spontaneous . . . triumphant return to London"*: Rosenman, *Working with Roosevelt*, p. 546.
91. *"But the war! . . . the war was at hand"*: Perkins, *The Roosevelt I Knew*, p. 380.
92. *"It wasn't just a matter . . . assumed it would"*: Ibid.
93. *"The thought never . . . to rally as he always had"*: Sherwood, *Roosevelt and Hopkins*, p. 880.
94. *"exceptionally good"*: Elizabeth Shoumatoff, *FDR's Unfinished Portrait* (Pittsburgh: University of Pittsburgh Press, 1990), p. 108.
95. *"He looked smiling . . . ready for anything"*: Ward, *Closest Companion*, p. 417.
96. *"a keen sense . . . own place therein"*: Gunther, *Roosevelt in Retrospect*, p. 80.
97. *"Of the papers . . . giving me their opinions"*: FDR, Nov. 19, 1939, quoted in *Oil City Derrick* (Penn.), Nov. 20, 1939.
98. *"in the streets . . . 'lost our friend'"*: Anne McCormick, "A Man of the World and the World's Man," *NYT*, April 14, 1945.
99. *"The greatest human tribute . . . 130 millions feel lonely"*: Ben Vine, April 13, 1945, in "Tributes to the Late President," *NYT*, April 17, 1945.
100. *"drunk with joy"*: Montgomery C. Meigs Diary, quoted in Segal, ed., *Conversations with Lincoln*, p. 393.
101. *"How I would rejoice . . . envy you its pleasures"*: O. J. Hollister, *The Life of Schuyler Colfax* (New York: Funk & Wagnalls, 1886), p. 252.
102. *"from the Rocky Mountains . . . treasury of the world"*: Segal, ed., *Conversations with Lincoln*, pp. 392–93.
103. *"This is the great question . . . begin to act"*: Jay Winik, *April 1865: The Month That Saved America* (New York: Harper Perennial, 2002), p. 208.
104. *"Enough lives . . . the worst of them"*: Gideon Welles, "Lincoln and Johnson," *Galaxy* (April 1872), p. 526.
105. *"frighten them . . . for their crimes"*: Winik, *April 1865*, p. 208.

33. *"so well fitted to be president"*: *Boston Daily Globe*, June 19, 1908.
34. *"It will let me down . . . break his fall"*: Abbott, ed., *The Letters of Archie Butt*, p. 41.
35. *"Like a war horse . . . distant battles"*: Ray Stannard Baker, Notebook, Dec. 8, 1911, Ray Stannard Baker Papers.
36. *"the only question now . . . get the most flowers"*: Mark Sullivan, *Our Times: The United States 1900–1925*, Vol. 4: *The War Begins* (New York: Charles Scribner's Sons, 1927), p. 531.
37. *"point blank range . . . into his heart"*: Oscar Davis, *Released for Publication: Some Inside Political History of Theodore Roosevelt and His Times, 1889–1919* (Boston: Houghton Mifflin, 1925), pp. 381–82.
38. *"The bullet that rests in . . . Wilson for the Presidency"*: *NYT*, Oct. 27, 1912.
39. *"perhaps once in a generation . . . lines of division"*: TR, "Address at Madison Square Garden," Oct. 30, 1912, in Lewis L. Gould, ed., *Bull Moose on the Stump: The 1912 Campaign Speeches of Theodore Roosevelt* (Lawrence: University Press of Kansas, 2008), p. 187.
40. *"the haves . . . spend and be spent"*: Ibid., pp. 191–92.
41. *"his last chance to be a boy"*: Candice Millard, *The River of Doubt: Theodore Roosevelt's Darkest Journey* (New York: Broadway Books, 2005), p. 61.
42. *"The Brazilian wilderness . . . ten years of his life"*: Thayer, *Theodore Roosevelt*, p. 130.
43. *"For a dozen years . . . ought to be done"*: TR to John Callan O'Laughlin, Aug. 27, 1914, *LTR*, 7:813.
44. *"usefulness"*: TR to Edwin Van Valkenburg, Sept. 5, 1916, *LTR*, 8:1114.
45. *"While I have . . . dangerous conservatism"*: TR to John Callan O'Laughlin, Aug. 27, 1914, *LTR*, 7:813.
46. *"it would be . . . of the Civil War"*: TR to Gifford Pinchot, Feb. 8, 1916, *LTR*, 8:1016.
47. *"There is some good . . . riders out here"*: TR to HCL, Aug. 10, 1886, *LTR*, 1:108.
48. *"The great prize . . . above all others"*: Wood, *Roosevelt as We Knew Him*, p. 480.
49. *"all who feel any . . . in the heart"*: Wagenknecht, *The Seven Worlds of Theodore Roosevelt*, p. 247.
50. *"do-nothing ease and safety"*: TR to Quentin Roosevelt, Sept. 1, 1917, *LTR*, 8:1232.
51. *"shut down"*: Bishop, *Theodore Roosevelt and His Time*, Vol. 2, p. 468.
52. *"a sickening feeling"*: Patricia O'Toole, *When Trumpets Call: Theodore Roosevelt after the White House* (New York: Simon & Schuster, 2005), p. 398.
53. *"to bring justice . . . in a new world"*: TR,"Eyes to the Front," *Metropolitan Magazine* (Feb. 1919).
54. *"I have only one . . . in case I am needed in 1920"*: CRR, *My Brother, Theodore Roosevelt*, p. 345.
55. *"All right! I can work that way, too"*: Harbaugh, *Power and Responsibility*, p. 489. 356 *"an absurdity longer to higgle"*: TR, "Eyes to the Front," *Metropolitan Magazine* (Feb. 1919).
56. *"to work in a spirit . . . the common good"*: Matthew J. Glover, "What Might Have Been: Theodore Roosevelt's Platform for 1920," in Naylor, Brinkley, and Gable, eds., *Theodore Roosevelt*, p. 489.
57. *"rock of class hatred . . . course of any republic"*: TR at Banquet of the Iroquois Club, Chicago. May 10, 1905, in TR; Alfred Henry Lewis, ed., *A Compilation of the Messages and Speeches of Theodore Roosevelt, 1901–1905* (Washington, D.C.: Bureau of National Literature and Art, 1906), p. 620.
58. *"two sections, or two classes . . . point of view"*: TR, "Fellow Feeling as a Political Factor" (Jan. 1900), *WTR*, 13:355.
59. *"sensation of depression about the chest"*: *New York Tribune*, Jan. 9, 1919.
60. *"I know . . . such a strange feeling"*: DKG, *BP*, p. 746.
61. *"the fellow feeling . . . for a common object"*: TR, "Fellow Feeling as a Political Factor" (Jan. 1900), *WTR*, 13:355.
62. *"I suspected something . . . lips and nail beds"*: DKG, *NOT*, p. 494.
63. *FDR examination*: Ibid., pp. 494–95.
64. *945th press conference*: March 28, 1944, transcript, FDRL.
65. *"Not only were . . . spirits were good, too"*: *NYT*, March 29, 1944.
66. *"some sunshine and exercise"*: *NYT*, April 5, 1944.
67. *"You just never said you were sick"*: Ward, *A First-Class Temperament*, p. 607.
68. *"I'm a young man again . . . a sense of glee"*: Perkins, *The Roosevelt I Knew*, p. 374.
69. *"like hell"*: William D. Hassett, *Off the Record with F.D.R.* (New Brunswick, N.J.: Rutgers University Press, 1958), p.

329. *"an act of political selflessness . . . political history"*: Roscoe Drummond, quoted in *Fairbanks Daily News-Miner* (Alaska), April 6, 1968.
330. *"an act of a great patriot"*: *Oakland Tribune*, April 1, 1968.
331. *"the voice of justice speaks again"*: *NYT*, April 12, 1968.
332. *"like a man who . . . peace of soul, or both"*: *Winona* [Minn.] *Daily News*, April 2, 1968.

12 願景領導——詹森與公民權利

1. *"No. Either you come or you don't"*: DKG/LBJ Conversations.
2. *"I need help . . . feelings about me"*: Ibid.
3. *"It's not easy . . . you're doing for me"*: Ibid.
4. *"wear out the carpet . . . something correctly"*: Rosenman, *Working with Roosevelt*, p. 36.
5. *"never looks back . . . It can drive you crazy"*: DKG/LBJ Conversations.
6. *"God damn it . . . backwoods politician!"*: Ibid.
7. *"All the historians . . . from Stonewall, Texas"*: Ibid.
8. *"There's nothing I can . . . and that is my ranch"*: Ibid.
9. *"our heart's home"*: Hal Rothman, *LBJ's Texas White House*: *"Our Heart's Home"* (College Station: Texas A&M University Press, 2001), p. 264.
10. *"Now . . . matter with those hens?"*: DKG/LBJ Conversations.
11. *"Here's where my mother . . . I'm gonna be too"*: Leo Janos, "The Last Days of the President: LBJ in Retirement," *The Atlantic* (July 1973), https://www.theatlantic.com/magazine/archive/1973/07/the-last-days-of-the-president/376281/.
12. *"Those were the days . . . had gone differently"*: DKG/LBJ Conversations.
13. *"I'm an old man . . . I want to go fast"*: Janos, "The Last Days of the President."
14. *"people know when . . . when you die"*: DKG/LBJ Conversations.
15. *"I'm hurting real bad . . . scared and breathless"*: Janos, "The Last Days of the President."
16. *"So cold and icy . . . come here by bus"*: Merle Miller, *Lyndon*, p. 559.
17. *"Lyndon had been quite sick . . . positively could not go"*: Ibid., p. 560.
18. *"a dark-blue . . . polished oxfords"*: Hugh Sidey, "The Presidency," *Life*, Dec. 29, 1972, p. 16.
19. *"very often" or for "very long"*: "Lyndon Baines Johnson Civil Rights Symposium Address," December 12, 1972, "American Rhetoric," Online Speech Bank, Lyndon Baines Johnson Library, Austin, TX, http://www.americanrhetoric.com/speeches/lbjfinalspeech.htm.
20. *"Of all the records* . . . we shall overcome*"*: Ibid.
21. *"he knew what he was . . . how to spend it"*: Sidey, "The Presidency," p. 16.
22. *"If I am ever . . . for civil rights"*: DKG/LBJ Conversations.
23. *"As the ages roll by . . . we call history"*: TR to William Allen White, Nov. 28, 1906, *LTR*, 5:516.
24. *"in the harness . . . of one's fame"*: TR to Henry Cabot Lodge, July 18, 1905, *LTR*, 4:1279.
25. *"work worth doing"*: TR to William Howard Taft, March 12, 1901, *LTR*, 3:12.
26. *"In the days . . . aside as useless"*: TR to Cecil Arthur Spring Rice, July 24, 1905, *LTR*, 4:1282–83.
27. *"every hour . . . office in the world"*: Oscar S. Straus, *Under Four Administrations*: *From Cleveland to Taft* (Boston: Houghton Mifflin, 1922), p. 251.
28. *"the greatest popular . . . candidate for President"*: TR to Kermit Roosevelt, Nov. 10, 1904, *LTR*, 4:1024.
29. *"the wise custom . . . to two terms"*: Herman A. Kohlsaat, *From McKinley to Harding: Personal Recollections of Our Presidents* (New York: Charles Scribner's Sons, 1923), pp. 137–38.
30. *"longer than it was . . . Washington to hold it"*: TR to George Trevelyan, June 19, 1908, *LTR*, 6:1089.
31. *"I would cut my hand . . . recall that written statement"*: Kohlsaat, *From McKinley to Harding*, p. 137.
32. *"The people think that my word . . . think anything else"*: Sewall, *Bill Sewall's Story of Theodore Roosevelt*, p. 112.

289. *"My experience in the NYA . . . drafting of the bills"*: DKG/LBJ Conversations.
290. *"like nothing" . . . attitude toward the bill"*: Ibid.
291. *"I was standing in the back . . . I never forgot that lesson"*: LBJ, *VP*, pp. 447–48.
292. *During the first ten months . . . enjoy each other's company*: *Post-Herald and Register* (Beckley, W.V.), Oct. 24, 1965.
293. *"There is but one way . . . be almost incestuous"*: DKG/LBJ Conversations.
294. *"a dangerous animal . . . wild"*: Goldman, *The Tragedy of Lyndon Johnson*, p. 60.
295. *"the greatest breakthrough"*: Michael Beschloss, ed., *Reaching for Glory: Lyndon Johnson's Secret White House Tapes, 1964–65* (New York: Touchstone, 2001), p. 159.
296. *"Once the black man's . . . from the white man"*: LBJ, *VP*, p. 161.
297. *The discriminatory system worked*: Califano, *The Triumph & Tragedy of Lyndon Johnson*, p. 44.
298. *"the mounted men . . . taken to the hospital"*: *Independent Press Telegram* (Long Beach, Calif.), March 14, 1965.
299. *"It was important to move . . . the right direction"*: LBJ, *VP*, p. 162.
300. *"LBJ, open your eyes . . . your homeland"*: Ibid., p. 228.
301. *"that a hasty display . . . victory for the North"*: Ibid., p. 161.
302. *"It's his ox that's in the ditch"*: Kotz, *Judgment Days*, p. 303.
303. *"they were not . . . difference in the world"*: LBJ, *VP*, p. 163.
304. *"I speak tonight . . . And we . . . shall . . . overcome"*: "Special Message to the Congress: The American Promise," March 15, 1965, *PPP*, 1965, 1:281, 284.
305. *"There was an instant . . . stamping their feet"*: Richard Goodwin, *Remembering America: A Voice from the Sixties* (New York: Little, Brown, 1988), p. 334.
306. *"the real hero . . . clutches of poverty"*: *PRLBJ*, Vol. 1, p. 285.
307. *"Somehow you never . . . will use it with me"*: Ibid., p. 286.
308. *"What convinces . . . you are advancing"*: DKG/LBJ Conversations.
309. *"it was the best . . . president give"*: Richard Goodwin, *Remembering America*, p. 237.
310. *"Your speech . . . President of the Nation"*: Daniel S. Lucks, *Selma to Saigon: The Civil Rights Movement and the Vietnam War* (Lexington: University Press of Kentucky, 2014), p. 142.
311. *"of that magic time . . . course of fifty years"*: LBJ, *VP*, p. 212.
312. *"Why, Wilbur . . . same for me"*: DKG, *LJAD*, p. 250.
313. *"You have done me . . . quite a while"*: *NYT*, July 31, 1965.
314. *"Today is a triumph . . . of American life"*: LBJ, "Remarks in the Capitol Rotunda at the Signing of the Voting Rights Act," Aug. 6, 1965, *PPP*, 2:840–42.
315. *"a class struggle between the haves and the have-nots"*: *Hamilton Daily News Journal* (Ohio), Oct. 23, 1965.
316. *"relations between . . . missing for years"*: *NYT*, Oct. 25, 1965.
317. *"the legislative harvest . . . President of the United States"*: *Hamilton Daily News Journal* (Ohio), Oct. 23, 1965.
318. *"an open field . . . in the race of life"*: *Independent Press Telegram* (Long Beach, Calif.), March 14, 1965.
319. *"It just worries the hell . . . damn mess I ever saw"*: Geoffrey C. Ward and Ken Burns, *The Vietnam War: An Intimate History* (New York: Alfred A. Knopf, 2017), p. 104.
320. *"the best and the brightest"*: David Halberstam, *The Best and the Brightest* (New York: Ballantine, 1993).
321. *"like a filibuster . . . get it over with"*: Goldman, *The Tragedy of Lyndon Johnson*, p. 404.
322. *"the wonders of modern medicine"*: LBJ, "Address at Johns Hopkins: 'Peace without Conquest,' " April 7, 1965, *PPP*, 1: 397.
323. *"stave off defeat . . . state of emergency"*: LBJ, *VP*, p. 281.
324. *"I could see and almost . . . Great Society"*: DKG/LBJ Conversations.
325. *"as plentiful as blackberries"*: Shakespeare, *Henry IV, Part 2*.
326. *"every ounce"*: LBJ, *VP*, p. 157.
327. *"could survive another . . . unremitting tensions"*: Ibid., p. 426.
328. *"Lyndon Johnson's finest hour"*: *Oakland Tribune*, April 1, 1968.

249. *"I don't want to run . . . but . . ."*: Purdum, *An Idea Whose Time Has Come*, p. 166.
250. *"the indignity . . . responsibility for the bill"*: *NYT*, Dec. 8, 1963.
251. *"to some people . . . the people to do it"*: LBJ, *VP*, p. 28.
252. *"I knew that the slightest . . . the bill to death"*: Ibid., p. 157.
253. *"Dick, I love you . . . to gladly do it"*: Discussion with Harry McPherson and Jack Valenti, "Achilles in the White House," *Wilson Quarterly* (Spring 2000), p. 94.
254. *"These few words . . . entire struggle"*: LBJ, *VP*, p. 157.
255. *"It's too late in life for me to change"*: William E. Leuchtenburg, *The White House Looks South: Franklin D. Roosevelt, Harry S. Truman, Lyndon B. Johnson* (Baton Rouge: Louisiana State University Press, 2005), p. 303.
256. *"old hostilities . . . every section of this country"*: LBJ, "Remarks in Atlanta at a Breakfast of the Georgia Legislature," May 8, 1964, *PPP*, 1:648.
257. *"would have beaten . . . Johnson does"*: *NYT*, Jan. 12, 1964.
258. *"it would be a fight . . . appeasement or attrition"*: LBJ, *VP*, p. 15.
259. *"to talk the bill to death"*: *Lake Charles American Press* [La.], April 7, 1964.
260. *"off making speeches . . . between the boards"*: Merle Miller, *Lyndon*, p. 368.
261. *"a corporal's guard"*: Kotz, *Judgment Days*, p. 122.
262. *"recognizing that . . . part of the time"*: Robert D. Loevy, ed., *The Civil Rights Act of 1964: The Passage of the Law That Ended Racial Segregation* (Albany: State University of New York Press, 1997), p. 82.
263. *"Attention please!" . . . quorum call in twenty-three minutes*: Ibid., p. 68.
264. *"that without Republican . . . Everett Dirksen"*: DKG/LBJ Conversations.
265. *"The bill can't pass . . . listen to Dirksen!"*: Kotz, *Judgment Days*, p. 115.
266. *"unless we have . . . this goddamn country"*: *PRLBJ*, Vol. 6, p. 696.
267. *"I think you're all going . . . going to help him"*: *PRLBJ*, Vol. 3, p. 192.
268. *"a laundry list"*: Kotz, *Judgment Days*, p. 117.
269. *"I saw your exhibit . . . proper credit"*: *PRLBJ*, Vol. 6, p. 662.
270. *"if you come with me . . . and Everett Dirksen!"*: Joseph A. Califano Jr., *The Triumph & Tragedy of Lyndon Johnson: The White House Years* (New York. Touchstone, 2015), p. xxvi.
271. *"dangerous game"*: Kotz, *Judgment Days*, p. 136.
272. *"We've got a much better bill . . . possible"*: *PRLBJ*, Vol. 6, p. 696.
273. *"Stronger than an Army . . . time has come"*: *Jefferson City Daily Capital News* (Missouri), May 20, 1964.
274. *"I say to my colleagues . . . 1964 our freedom year"*: Purdum, *An Idea Whose Time Has Come*, p. 316.
275. *"I guess that means 'aye' "*: Richard A. Arenberg and Robert B. Dove, *Defending the Filibuster: The Soul of the Senate* (Bloomington: Indiana University Press, 2012), p. 65.
276. *"Although I differ . . . I think he is wrong"*: Merle Miller, *Lyndon*, p. 369.
277. *"Happy anniversary"*: *NYT*, July 3, 1964.
278. *"to that afternoon . . . was my country"*: LBJ, *VP*, p. 160.
279. *"For a century . . . our national life"*: LBJ, "Remarks at the University of Michigan," May 22, 1964, *PPP*, 1:407.
280. *"an extension . . . best of his talents"*: LBJ, *VP*, p. 104.
281. *"We have enough . . . nation in the world"*: DKG/LBJ Conversations.
282. *"These are the goals . . . away from its promise"*: "Remarks before the National Convention upon Accepting the Nomination," Aug. 27, 1964, *PPP*, 1964, 2:1010, 1012.
283. *"assemble the best . . . departmental jurisdictions"*: LBJ, *VP*, pp. 326–27.
284. *"too high rather than too low"*: Ibid., p. 327.
285. *"I was just elected . . . up his capital"*: Evans and Novak, *Lyndon B. Johnson*, pp. 514–15.
286. *"So I want you guys . . . me disappear"*: Merle Miller, *Lyndon*, p. 408.
287. *"Momentum is* not *. . . exotic than preparation"*: DKG/LBJ Conversations.
288. *"Gordian knots"*: Greenstein, *The Presidential Difference*, p. 88.

204. *"JOHNSON EMERGES GRAVE AND STRONG"*: Caro, *The Passage of Power*, p. 433.
205. *"NEW CHIEF MET THE TEST"*: *Anniston Star* (Ala.), Dec. 1, 1963.
206. *Theodore Sorensen disagreed with this order of battle*: *PRLBJ*, Vol. 2, pp. 38–39.
207. *"magic" line*: Ibid., p. 123.
208. *"Harry, why don't you . . . of your wisdom"*: Caro, *The Passage of Power*, p. 475.
209. *potato soup*: Ibid., p. 476.
210. *vanilla ice cream*: Jack Valenti, *A Very Human President* (New York: Pocket Books, 1977), p. 153.
211. *"Harry, that tax cut . . . enough of you"*: Ibid., pp. 153–54.
212. *no fat left*: *PRLBJ*, Vol. 1: pp. 167–68.
213. *"Unless you get . . . pee one drop"*: Caro, *The Passage of Power*, p. 423.
214. *"I worked as hard . . . lives of every American"*: LBJ, *VP*, p. 36.
215. *"Lightbulb Lyndon"*: *Globe Gazette* (Mason City, Iowa), Aug. 17, 1964.
216. *"You can tell your grandchildren . . . President to cut his budget"*: Caro, *The Passage of Power*, p. 482.
217. *"they just procrastinate . . . shimmy around"*: *PRLBJ*, Vol. 2, p. 371.
218. *"No detail of the legislative . . . drive, drive, drive"*: Edwards, *The Strategic President*, p. 122.
219. *"Are they working any at night?"*: *PRLBJ*, Vol. 3, p. 855.
220. *"Oh that's wonderful, I love you"*: Ibid., p. 878.
221. *"There's a crew . . . get the job done"*: Ibid., p. 886.
222. *"open the floodgates"*: *PRLBJ*, Vol. 4, p. 159.
223. *"look with very . . . around the world"*: *PRLBJ*, Vol. 2, p. 373.
224. *Wilbur Mills*: *PRLBJ*, Vol. 4, pp. 291–96.
225. *"a gentleman and a scholar, and a producer"*: Dallek, *Flawed Giant*, p. 74.
226. *"more easily influenced" . . . "than any other way"*: Phillips, *Lincoln on Leadership*, p. 158.
227. *"He shouldn't give . . . nothing I could say to Gene"*: LBJ, *VP*, pp. 153–54.
228. *"You know, John . . . change it by law"*: Merle Miller, *Lyndon*, p. 367.
229. *"go squat . . . the field to pee"*: Nick Kotz, *Judgment Days: Lyndon Baines Johnson, Martin Luther King Jr., and the Laws That Changed America* (New York: Houghton Mifflin, 2005), p. 22.
230. *"My strength as President . . . to that office"*: LBJ, *VP*, p. 157.
231. *"It was destined . . . friends for years"*: Ibid., p. 37.
232. *"there comes a time . . . this vital measure"*: Ibid., p. 38.
233. *"every ounce of strength"*: Ibid., p. 157.
234. *"struck by the enormous . . . deep convictions"*: Caro, *The Passage of Power*, p. 90.
235. *"the depth of his concern"*: *NYT*, Dec. 3, 1963.
236. *"it just might . . . John Kennedy couldn't"*: Caro, *The Passage of Power*, p. 491.
237. *"a mighty hard route"*: Ibid., p. 490.
238. *"piddle along" . . . Congress to adjourn*: *PRLBJ*, Vol. 1, p. 381.
239. *"Johnson treatment"*: Merle Miller, *Lyndon*, p. 411.
240. *"every friend to sign that . . . be thinking about it"*: *PRLBJ*, Vol. 1, p. 301.
241. *"If I've done anything wrong . . . to work together"*: Todd S. Purdum, *An Idea Whose Time Has Come: Two Presidents, Two Parties, and the Battle for the Civil Rights Act of 1964* (New York: Henry Holt, 2015), p. 176.
242. *"if there's ever a time" . . . is the time*: *PRLBJ*, Vol. 1, p. 263.
243. *"They'll be saying . . . violate procedure"*: Purdum, *An Idea Whose Time Has Come*, p. 164.
244. *"Just say that . . . a right to a hearing"*: *PRLBJ*, Vol. 1, p. 71.
245. *"You're either for . . . put up or shut up!"*: Ibid., p. 382.
246. *"Point them up . . . humanity a fair shake"*: *PRLBJ*, Vol. 2, p. 43.
247. *"Friend or Foe"*: William Pool, Dec. 8, 1963.
248. *"Let the members . . . and historical challenge"*: Ibid.

165. *"unworkable . . . the constrictions"*: Moley, *The First New Deal*, p. 315.
166. *to extend federal regulation*: *Joplin Globe* (Missouri), March 30, 1933.
167. *"cop on their corner"*: Schlesinger, *The Coming of the New Deal*, p. 464.
168. *"more highly organized drive" . . . "terrible" years that followed the crash*: "The President insisted upon Federal Supervision of the Sale of Securities," March 26, 1934, *PPA*, 4:169.
169. *"It won't work . . . on deposit insurance"*: Cohen, *Nothing to Fear*, p. 277.
170. *Over 90 percent of banks*: Graham and Wander, eds., *Franklin D. Roosevelt*, p. 132.
171. *within five years deposits had increased by nearly 50 percent*: Anthony J. Mayo and Nitin Nohria, *In Their Time: The Greatest Business Leaders of the Twentieth Century* (Cambridge, Mass.: Harvard Business Review Press, 2005), p. 108.
172. *"federal insurance . . . monetary stability"*: Milton Friedman and Anna J. Schwartz, quoted in Moley, *The First New Deal*, p. 320.
173. *"We have to do . . . as we go along"*: Perkins, *The Roosevelt I Knew*, p. 156.
174. *"a real artist in government"*: Sherwood, *Roosevelt and Hopkins*, p. 73.
175. *"worked with . . . the next evolved"*: Perkins, *The Roosevelt I Knew*, p. 155.
176. *"this spirit of teamwork . . . in record time"*: FDR, "A Letter of Appreciation to the Congress," June 16, 1933, *PPA*, 2:256.
177. *"a psychological target to lift sights"*: Irving Holley Jr., *Buying Aircraft: Materiel Procurement for the Armed Forces* (Washington, D.C.: Office of the Chief of Military History, 1964), p. 228.
178. *"something about . . . fits into the picture"*: *NYT*, Feb. 24, 1942.
179. *"were taken into . . . the right course"*: Rosenman, *Working with Roosevelt*, p. 92. CHAPTER TWELVE Visionary Leadership: Lyndon Johnson and Civil Rights
180. *"Everything was in chaos"*: Caro, *The Passage of Power*, p. 353.
181. *"The times cried . . . been disastrous"*: LBJ, *VP*, pp. 12, 18.
182. *"We were all spinning . . . I was that man"*: Ibid., p. 172.
183. *"I know how much . . . does our country"*: Goldman, *The Tragedy of Lyndon Johnson*, p. 26.
184. *"I knew how they felt . . . on the inside"*: DKG/LBJ Conversations.
185. *"There is much . . . teach me"*: Walter Heller, quoted in Evans and Novak, *Lyndon B. Johnson*, p. 360.
186. *"Spend the night with me"*: Discussion with Harry McPherson and Jack Valenti, "Achilles in the White House," *Wilson Quarterly* (Spring 2000), p. 90.
187. *"the new president . . . got nowhere before"*: Jack Valenti, "Lyndon Johnson: An Awesome Engine of a Man," in Thomas W. Cowger and Sherwin J. Markman, eds., *Lyndon Johnson Remembered: An Intimate Portrait of a Presidency* (Lanham, Md.: Rowman & Littlefield, 2003), p. 37.
188. *"That's what we're here for"*: Caro, *The Path to Power*, p. 82.
189. *"That whole night . . . very formidable"*: Merle Miller, *Lyndon*, p. 325.
190. *"He knew. . . him—or not"*: Caro, *The Passage of Power*, p. 426.
191. *"reason to wonder . . . to the Republic"*: LBJ, *VP*, p. 3.
192. *"while accomplishing practically nothing"*: *Life*, Dec. 13, 1963, p. 4.
193. *"developing into a national crisis"*: LBJ, *VP*, p. 21.
194. *"If any sense were . . . process to function"*: Ibid., p. 35.
195. *"a sympathetic atmosphere"*: Caro, *The Passage of Power*, p. 435.
196. *"dead man's program into a martyr's cause"*: DKG/LBJ Conversations.
197. *"At one point . . . hell's the presidency for?"*: Merle Miller, *Lyndon*, p. 337.
198. *"All that I have . . . I ask your help"*: LBJ, "Address before the Joint Session of Congress," Nov. 27, 1963, *PPP*, 1:8–10.
199. *"modeled . . . Roosevelt"*: *San Antonio Express*, Dec. 1, 1963.
200. *"for action, and action now . . . dark hour"*: FDR, Inaugural Address, March 4, 1933, *PPA*, 2:12, 11.
201. *"we can . . . act now"*: LBJ, "Address before the Joint Session of Congress," Nov. 27, 1963, *PPP*, 1:9.
202. *"It was a remarkable performance . . . get results"*: *Anniston Star* (Ala.), Dec. 1, 1963.
203. *"LEADERSHIP IN GOOD HANDS"*: *Sheboygan Press* (Wisc.), Nov. 29, 1963.

126. *"There is . . . than the next man"*: Schlesinger, *The Coming of the New Deal*, pp. 534–35.
127. *"inherently disorderly nature"*: Ibid., p. 535.
128. *"The maintenance of . . . Roosevelt's time"*: Tully, *F.D.R. My Boss*, p. 170.
129. *"hand-holding . . . inadvertently caused"*: Schlesinger, *The Coming of the New Deal*, p. 540.
130. *"In a quieter time . . . leeway and reward"*: Ibid., p. 536.
131. *"Honest Harold"*: Harold Ickes, *The Autobiography of a Curmudgeon* (New York: Quadrangle, 1969), p. x.
132. *"a chain smoker . . . coffee drinker"*: Sherwood, *Roosevelt and Hopkins*, p. 29.
133. *"the shabbiest building in Washington"*: Cohen, *Nothing to Fear*, p. 268.
134. *"the same shirt three or four days at a time"*: Sherwood, *Roosevelt and Hopkins*, p. 29.
135. *"the physical, mental and spiritual suffering"*: *NYT*, Nov. 19, 1933.
136. *"People don't eat . . . eat every day"*: Cohen, *Nothing to Fear*, pp. 267–68.
137. *"rehabilitated" . . . grateful community*: Perkins, *The Roosevelt I Knew*, p. 179.
138. *"the unaffected simplicity . . . the help of his valet"*: Aug. 23, 1935, in Harold L. Ickes, *The Secret Diary of Harold L. Ickes: The First Thousand Days, 1933–36* (New York: Simon & Schuster, 1953), Vol. 1, p. 423.
139. *"What could a man do . . . President like that"*: Arthur M. Schlesinger Jr., *The Age of Roosevelt: The Politics of Upheaval, 1935–36* (New York: Mariner, 2003), p. 351.
140. *Long-smoldering antagonisms eventually ignited in public view*: *NYT*, Sept. 11, 1935.
141. *"make-work"*: Cohen, *Nothing to Fear*, p. 112.
142. *"leaf raking"*: Sherwood, *Roosevelt and Hopkins*, p. 71.
143. *"high cheer . . . he went fishing"*: Oct. 27, 1935, in Ickes, *The Secret Diary of Harold L. Ickes*, Vol. 1, p. 449.
144. *"a perfectly grand time . . . really rested"*: Sherwood, *Roosevelt and Hopkins*, p. 79.
145. *"Buried at Sea"*: Ibid., pp. 78–79.
146. *Roosevelt repeatedly counseled his aides*: Schlesinger, *The Coming of the New Deal*, p. 525.
147. *"Go and see what's happening . . . wind in your nose"*: Ibid.
148. *"new and untried"*: FDR, "New Means to Rescue Agriculture—The Agricultural Adjustment Act," March 16, 1933, *PPA*, 2:77, note.
149. *"like a combine eating up grain"*: Asbell, *The F.D.R. Memoirs*, p. 84.
150. Daily Bugle *. . . clippings*: Stiles, *The Man behind Roosevelt*, p. 249.
151. *"may be set apart . . . the country"*: ER, radio speech for Pond's Co. (March 3, 1933), ER, Speeches and Articles, Box 3, FDRL.
152. *"the unvarnished truth"*: Richard Lowitt and Maurine Beasley, eds., *One Third of a Nation: Lorena Hickok Reports on the Great Depression* (Urbana: University of Illinois Press, 2000), p. xxiii.
153. *"will o' the wisp"*: Elliott Roosevelt and James Brough, *A Rendezvous with Destiny: The Roosevelts in the White House* (New York: G. P. Putnam's Sons, 1975), p. 71.
154. *"an uninterrupted meal . . . not dulled by repetition"*: ER, *This I Remember*, p. 125.
155. *"She saw many things . . . off onto the president"*: Frances Perkins Interview, Graff Papers, FDRL.
156. *"My missus says . . . last week"*: Perkins, *The Roosevelt I Knew*, p. 70.
157. *"Why do you dump . . . the country starving?"*: Lash, *Eleanor and Franklin*, pp. 383–84.
158. *"In the course . . . is humanly possible"*: FDR, "Informal Extemporaneous Remarks to the New Jersey State Emergency Council," Jan. 18, 1936, *PPA*, 5:60.
159. *"I learned to prepare . . . preferably one page"*: Perkins, *The Roosevelt I Knew*, p. 153.
160. *"I do not deny . . . but for the team"*: FDR, "The Second 'Fireside Chat': What We Have Been Doing and What We Are Planning to Do," May 7, 1933, *PPA*, 2:165.
161. *"You and I know . . . up go ahead"*: Rosenman, *Working with Roosevelt*, p. 36.
162. *"old abuses"*: FDR, "Introduction," *PPA*, 2:4.
163. *"to guard investors . . . was a necessity"*: FDR, *On Our Way*, p. 44.
164. *"draconian"*: Cohen, *Nothing to Fear*, p. 151.

States on Banking," March 11, 1933, *PPA*, 2:61.

88. *"If we could first . . . to do it"*: AL, "A House Divided Speech, Springfield, Ill.," June 16, 1858, *CW*, 2:461.
89. *"When you deposit . . . under the mattress"*: FDR, "The First 'Fireside Chat,' " 2:61–64.
90. *"A question you will ask . . . make it work"*: Ibid., 2:63, 65.
91. *"marvelous twentieth century . . . distance, and space"*: *The News Herald* [Spencer, Ill.], May 12, 1933.
92. *"it was a run . . . take money out"*: *Olean* [NY] *Times Herald*, March 15, 1933.
93. *"City Recovers Confidence"*: *Chicago Tribune*, May 14, 1933, quoted in William L. Silber, "Why Did FDR's Bank Holiday Succeed?," *Federal Reserve Bank of New York Economic Policy Review* (July 2009), p. 27.
94. *"Rush to Put . . . as Holiday Ends"*: *NYT*, March 14, 1933.
95. *"an entirely different . . . day and night"*: *San Antonio Express*, March 15, 1933.
96. *percent jump*: Silber, "Why Did FDR's Bank Holiday Succeed?," p. 27.
97. *"as one of . . . in U.S. history"*: Kiewe, *FDR's First Fireside Chat*, p. 9.
98. *"The process of recovery . . . sore spots"*: FDR, "Introduction," 1933, *PPA*, 2:3–4.
99. *"for a whole generation . . . special privilege"*: FDR, *On Our Way*, pp. 35, x.
100. *"new order . . . business men"*: FDR, "Introduction," *PPA*, 2:5.
101. *"a vocal minority . . . permanent well-being"*: Ibid., *PPA*, 2:6.
102. *"Roosevelt looked . . . here right now"*: Moley, *After Seven Years*, p. 189.
103. *"In the same spirit . . . ourselves back to prosperity"*: FDR, "The Second 'Fireside Chat'—'What We Have Been Doing and What We Are Planning to Do,' " May 7, 1933, *PPA*, 2:160, 164.
104. *"on sounder foundations and on sounder lines"*: FDR, "Introduction," 1933, *PPA*, 2:6.
105. *"his general attitude . . .* mattered*"*: Perkins, *The Roosevelt I Knew*, p. 165.
106. *"little in the way of precedent"*: FDR, "Three Essentials for Unemployment Relief (C.C.C., F.E.R.A., P.W.A.)," March 21, 1933, *PPA*, 2:82.
107. *"We have new . . . to an old institution?"*: Schlesinger, *The Coming of the New Deal*, p. 534.
108. *"the alphabet soup"*: See Tonya Bolden, *FDR's Alphabet Soup*: *New Deal America, 1932–1939* (New York: Alfred A. Knopf, 2010).
109. *"every now and then . . . knowledge and understanding"*: Fred I. Greenstein, *The Presidential Difference*: *Leadership Styles from FDR to Clinton* (New York: Free Press, 2000), p. 24.
110. *"an opportunity to make their own way"*: *NYT*, March 21, 1933.
111. *"a sad state of neglect"*: FDR, "Three Essentials for Unemployment Relief (C.C.C., F.E.R.A., P.W.A.)," March 21, 1933, *PPA*, 2:80, note.
112. *"a moral and spiritual value"*: Ibid., p. 81.
113. *"a pipedream"*: Cohen, *Nothing to Fear*, p. 210.
114. *"a month . . . Good"*: Ibid., p. 219.
115. *"Do it now and I won't take any excuses"*: Alter, *The Defining Moment*, p. 293.
116. *"It was characteristic . . . about the details"*: Cohen, *Nothing to Fear*, p. 209.
117. *"He put the dynamite . . . their own methods"*: Alter, *The Defining Moment*, p. 293.
118. *"the most rapid . . . in our history"*: FDR,"The Civilian Conservation Corps Is Started. Executive Order No. 6101,"April 5, 1933, *PPA*, 2:110, note.
119. *A cadre of talented officers . . . Marshall*: Schlesinger, *The Coming of the New Deal*, p. 339.
120. *camps to accommodate . . . the Spanish-American War*: Cohen, *Nothing to Fear*, p. 225.
121. *"a place in the world"*: FDR, "Three Essentials for Unemployment Relief (C.C.C., F.E.R.A., P.W.A.)," March 21, 1933, *PPA*, 2:81, note.
122. *"I weighed about 160 . . . a man of me all right"*: Schlesinger, *The Coming of the New Deal*, p. 339.
123. *"a panacea"*: FDR, "Three Essentials for Unemployment Relief," March 21, 1933, *PPA*, 2:80.
124. *"has a general plan . . . thrown for a loss"*: FDR, "The Thirteenth Press Conference," April 19, 1933, *PPA*, 2:139.
125. *"ideas and arguments . . . discussed and debated"*: Rosenman, *Working with Roosevelt*, p. 63.

50. *"The Madam"*: Cohen, *Nothing to Fear*, p. 199.
51. *"any suggestion . . . dying to hear it"*: Perkins, *The Roosevelt I Knew*, pp. 145–46.
52. *"the President outlined . . . involved were"*: Perkins, Part 1, Session 1, p. 75, OHRO/CUL.
53. *"the most drastic . . . ever taken"*: Cohen, *Nothing to Fear*, p. 73.
54. *"an anesthetic before the major operation"*: Ibid., p. 76.
55. *"the punctuation . . . turn upward"*: Arthur M. Schlesinger, *The Age of Roosevelt*, Vol. 2: *The Coming of the New Deal, 1933–1935* (New York: Mariner, 2003), p. 6.
56. *a group of prominent bankers . . . a hand in the drafting of the bill*: Freidel, *Launching the New Deal*, pp. 214–15.
57. *"unscrupulous money changers"*: FDR, "Inaugural Address," March 4, 1933, *PPA*, 2:12.
58. *"ran counter . . . of the moment"*: Cohen, *Nothing to Fear*, p. 67.
59. *"a complete picture . . . help and cooperation"*: FDR, *On Our Way*, p. 8.
60. *"Everyone was . . . weathered the storm"*: Raymond Moley, *The First New Deal* (New York: Harcourt, Brace & World, 1966), p. 191.
61. *"delighted with it"*: Ibid., p. 177.
62. *"Yes, it is finished . . . I'm finished too"*: Schlesinger, *The Coming of the New Deal*, p. 7.
63. *"to patch up failings and shortcomings"*: George C. Edwards, *The Strategic President: Persuasion and Opportunity in Presidential Leadership* (Princeton: Princeton University Press, 2009), p. 114.
64. *"to clear the financial arteries of the economy"*: Schlesinger, *The Coming of the New Deal*, p. 4.
65. *"it was copied . . . stenciling"*: *NYT*, March 10, 1933.
66. *"I cannot too strongly urge . . . banks and the people"*: FDR, "Recommendation to the Congress for Legislation to Control Resumption of Banking," March 9, 1933, *PPA*, 2:45–46.
67. *"Here's the bill . . . Let's pass it"*: Cohen, *Nothing to Fear*, p. 79.
68. *"The House is burning . . . Vote, Vote"*: Edwards, *The Strategic President*, p. 112.
69. *"the unity that prevailed"*: *NYT*, March 10, 1933.
70. *"I am told that . . . I am going to try it"*: Elmer E. Cornwell Jr., *Presidential Leadership of Public Opinion* (Bloomington: Indiana University Press, 1965), p. 143.
71. *"unusually nervous"*: James E. Sargent, *Roosevelt and the Hundred Days: Struggle for the Early New Deal* (New York: Garland, 1981), p. 100.
72. *"His hand was trembling . . . with perspiration"*: Anthony J. Badger, *FDR: The First Hundred Days* (New York: Hill & Wang, 2008), p. 40.
73. *"fresh and fit"*: *NYT*, March 9, 1933.
74. *"because there is . . . somebody may forget"*: FDR, "The First Press Conference," March 8, 1933, *PPA*, 2:32.
75. *"barber's hour"*: Steffens, *The Autobiography of Lincoln Steffens*, Vol. 2, p. 509.
76. *"We were antagonists . . . was trying to do"*: Smith, *FDR*, p. 310.
77. *"Now as to news . . . there is any!"*: FDR, "The First Press Conference," March 8, 1933, *PPA*, 2:32.
78. *"simply and unhurriedly . . . an old friend"*: Schlesinger, *The Coming of the New Deal*, p. 561.
79. *"know enough"*: FDR, "The First Press Conference," March 8, 1933, *PPA*, 2:30.
80. *"Oh . . . a lot about banking"*: FDR, "Press Conference of President Franklin D. Roosevelt, 1933–1945," March 10, 1933, Digital Collection, FDRL.
81. *"the most amazing . . . has ever seen"*: Cohen, *Nothing to Fear*, p. 78.
82. *"so swift-moving . . . of some Presidents"*: *NYT*, March 12, 1933.
83. *outlined the banking dilemma . . . straightforward terms*: Freidel, *Launching the New Deal*, p. 215.
84. *"a mason at work . . . My friends"*: Amos Kiewe, *FDR's First Fireside Chat: Public Confidence and the Banking Crisis* (College Station: Texas A&M University Press, 2007), p. 82.
85. *"his face would . . . light up"*: Perkins, *The Roosevelt I Knew*, pp. 69–70.
86. *"talking directly . . . each person in the nation"*: Rosenman, *Working with Roosevelt*, p. 92.
87. *"I want to tell you . . . are going to be"*: FDR, "The First 'Fireside Chat'—An Intimate Talk with the People of the United

America (New York: Penguin, 2009), p. 15.

12. *"men of middle age . . . twenty-five years of work"*: Ibid., p. 16.
13. *"the full brunt of the Depression" . . . bolt their doors*: *NYT*, March 19, 1933.
14. *"seemed to have died . . . stillness of those streets"*: Louise Van Voorhis Armstrong, *We Too Are the People* (Boston: Little, Brown, 1938), p. 50.
15. *"that the whole house of cards"*: Ernest Sutherland Bates, *The Story of the Congress, 1789–1935* (New York: Harper & Brothers, 1936), p. 408.
16. *"A thought to God . . . depths of despair"*: James A. Farley, *Jim Farley's Story: The Roosevelt Years* (New York: McGraw-Hill, 1948), p. 36.
17. *"his face cupped in his hands"*: "National Affairs: We Must Act," *Time,* March 13, 1933, p. 11.
18. *"This is a day of national consecration"*: Rosenman, *Working with Roosevelt*, p. 91.
19. *"the larger purposes . . . as a sacred obligation"*: FDR, "Introduction," *PPA*, 2:13–14.
20. *"I had not realized . . . complete exultation!"*: Henrietta McCormick Hull, *A Senator's Wife Remembers: From the Great Depression to the Great Society* (Montgomery, Ala.: New South Books, 2010), p. 34.
21. *chief justice*: Frank Freidel, *Franklin D. Roosevelt: Launching the New Deal* (Boston: Little, Brown, 1952), p. 202.
22. *"This is preeminently . . . fear itself"*: FDR, "Inaugural Address," March 4, 1933, *PPA*, 2:11.
23. *"The people . . . national life"*: Ibid., pp. 11–12.
24. *"as a trained and loyal . . . other people's money"*: Ibid., p. 13.
25. *"a stricken Nation . . . by a foreign foe"*: Ibid., p. 15.
26. *"steward of the people"*: TR, *An Autobiography*, p. 464.
27. *"every stress"*: FDR, "Inaugural Address," March 4, 1933, *PPA*, 2:15.
28. *"Never before has . . . the oaths"*: *NYT*, March 5, 1933.
29. *"The new . . . his official family"*: James A. Farley, *Behind the Ballots: The Personal History of a Politician* (New York: Harcourt, Brace, 1938), p. 209.
30. *"This is a strictly family party"*: *NYT*, March 5, 1933.
31. *"would all be able . . . happy occasion"*: Farley, *Behind the Ballots*, p. 209.
32. *"obtaining jurisdiction . . . bank holiday"*: FDR, "The President Proclaims a Bank Holiday. Gold and Silver Exports and Foreign Exchange Transactions Prohibited. Proclamation No. 2039," March 6, 1933, *PPA*, 2:26, note.
33. *"to outline a . . . closing all banks"*: Franklin D. Roosevelt, *On Our Way* (New York: John Day, 1934), p. 3.
34. *"in an orderly manner"*: FDR, "The President Proclaims a Bank Holiday. Gold and Silver Exports and Foreign Exchange Transactions Prohibited. Proclamation No. 2039," March 6, 1933, *PPA*, 2:28.
35. *"the air suddenly . . . corridors"*: Katie Louchheim, ed., *The Making of the New Deal: The Insiders Speak* (Cambridge, Mass.: Harvard University Press, 1983), p. 121.
36. *"It seemed to . . . hold on life"*: Freidel, *Launching the New Deal*, p. 206.
37. *"the sense that life was resuming"*: Louchheim, ed., *The Making of the New Deal*, p. 121.
38. *"THE ERA . . . TO AN END"*: *Oelwein Daily Register* (Iowa), March 11, 1933.
39. *"THE GOVERNMENT STILL LIVES"*: *NYT*, March 19, 1933.
40. *"PERHAPS A LEADER HAS COME!"*: *Southwest Times* (Pulaski, Va.), March 10, 1933.
41. *"How does your husband . . . He decides"*: Alter, *The Defining Moment*, p. 235.
42. *"Nobody knows . . . man worked"*: Fenster, *FDR's Shadow*, p. 216.
43. *"I never saw . . . worked harder"*: Rosenman, *Working with Roosevelt*, p. 37.
44. *"The remarkable . . . responsibility with a smile"*: Freidel, *Launching the New Deal*, p. 215.
45. *"big" men . . . "for the nomination"*: *NYT*, March 19, 1933.
46. *"set in party . . . against change"*: Ibid.
47. *"gallery of associates"*: *NYT*, Nov. 20, 1932.
48. *"a new mind . . . on this adventure"*: *NYT*, March 19, 1933.
49. *"Labor had . . . and unorganized"*: Perkins, *The Roosevelt I Knew*, p. 144.

134. *"There cannot be . . . of the business"*: Wright Report, p. 1177.
135. *"The bones of it . . . this description"*: Jessup, *Elihu Root*, Vol. 1, p. 276.
136. *"We suggest . . . accepted by us"*: "Operators statement," Oct. 14, 1902, quoted in Sullivan, *Our Times: America Finding Herself*, Vol. 2, p. 440.
137. *"it was a damn lie . . . fair on paper"*: Jessup, *Elihu Root*, Vol. 1, p. 276.
138. *"in view . . . of the case"*: TR quoted in Morris, *Theodore Rex*, p. 167.
139. *"It looked . . . accept with rapture"*: TR, *An Autobiography*, pp. 468–69.
140. *"Anthracite Miners . . . Affairs of Labor"*: *Bisbee* [Arizona] *Daily News*, Oct. 21, 1902; *Butler County* [Hamilton, Ohio] *Democrat*, Oct 23, 1902; *New York Tribune*, Oct. 22, 1902.
141. *"the people's attorney"*: *SEP*, April 4, 1903, p. 4.
142. *"steady pressure of public opinion"*: *Public Opinion*, Oct. 23, 1902.
143. *"The child is born . . . member of society"*: Carroll D. Wright to Dr. Graham Brooks, Oct. 18, 1902, in Jonathan Grossman, "The Coal Strike of 1902—Turning Point in U.S. Policy," *Monthly Labor Review*, Oct. 10, 1975, p. 25.
144. *"If it had not been . . . all my heart"*: TR to J. P. Morgan, Oct. 16, 1902, *LTR*, 3:353.
145. *"May heaven preserve . . . wooden-headed a set"*: TR to ARC, Oct. 16, 1902, in TR, *Letters from Theodore Roosevelt to Anna Roosevelt Cowles*, p. 252.
146. *"His injury . . . appeal of his character"*: Lewis Gould, *The Presidency of Theodore Roosevelt* (New York: Oxford University Press, 2012), p. 71.
147. *"in the most quiet . . . entirely new thing"*: Riis, *Theodore Roosevelt, the Citizen*, p. 378.
148. *Each side put forth its best case*: Sullivan, *Our Times: America Finding Herself*, Vol. 2, p. 445.
149. *"We are witnessing . . . sphere of operation"*: Morris, *Theodore Rex*, p. 169.
150. *"I think it well . . . should be on file"*: TR to Crane, Oct. 22, 1902, *LTR*, 3:359.
151. *"sit supinely by" . . . resolution was reached*: Ibid., p. 362.
152. *"not strictly legal . . . his authority for?"*: Thayer, *Theodore Roosevelt*, pp. 245–46.
153. *"clear and masterful . . . justice prevail"*: TR, *Addresses and Presidential Messages of Theodore Roosevelt, 1902–1904* (New York: G. P. Putnam's Sons [The Knickerbocker Press], 1904), p. 165.
154. *"accentuates the . . . to start with!"*: TR to Mark Hanna, Oct. 3, 1902, *LTR*, 3:337.
155. *"Now I believe . . . all there is to it"*: Sewall, *Bill Sewall's Story of Theodore Roosevelt*, p. 112.

11 重建領導——小羅斯福與百日新政

1. *"Looking back . . . lived through them"*: Perkins, *The Roosevelt I Knew*, p. 203.
2. *"It is hard today . . . prolonged unemployment"*: Ibid., p. 174.
3. *"rock bottom"*: Alonzo Hamby, *Man of Destiny: FDR and the Making of the American Century* (New York: Basic Books, 2015), pp. 169–70.
4. *"We are at the end of our string"*: Eric Goldman, *Rendezvous with Destiny: A History of Modern American Reform* (Chicago: Ivan R. Dee, 2001), p. 323.
5. *"No cosmic dramatist . . . accorded to Franklin Roosevelt"*: Robert E. Sherwood, *Roosevelt and Hopkins: An Intimate History* (New York: Harper & Brothers, 1948), p. 40.
6. *"When the American . . . vital, human need"*: Ibid., p. 39.
7. *"all rolled into one"*: Jonathan Alter, *The Defining Moment: FDR's Hundred Days and the Triumph of Hope* (New York: Simon & Schuster, 2006), p. 61.
8. *"the world literally . . . our feet"*: Leuchtenburg, *Franklin D. Roosevelt and the New Deal, 1932–1940*, p. 39.
9. *"vital organs"*: Alter, *The Defining Moment*, p. 1.
10. *"the immediate . . . our economic system"*: FDR, "Introduction," *PPA*, 2:3.
11. *"Panic was in the air"*: Adam Cohen, *Nothing to Fear: FDR's Inner Circle and the Hundred Days That Created Modern*

92. *"Mitchell behaved . . . moderation"*: TR to Crane, Oct. 22, 1902, *LTR*, 3:360.
93. *"towered above"*: TR to Robert Bacon, Oct. 5, 1902, *LTR*, 3:340.
94. *"No one regrets . . . affect reconciliation"*: Morris, *Theodore Rex*, p. 160.
95. *"NO . . . with John Mitchell"*: *The World* (New York), Oct. 4, 1902.
96. *"in the fact that . . . and the President"*: TR, *An Autobiography*, p. 466.
97. *"Well, I have tried . . . over the result"*: TR to Mark Hanna, Oct. 3, 1902, *LTR*, 3:337.
98. *"the first time . . . of the Republic"*: *The Independent* [New York City], Oct. 30, 1902, p. 2563.
99. *"one of the quickest . . . that establishment"*: *Washington Times*, Oct. 4, 1904.
100. *"who resented . . . own business"*: *Plain Dealer* (Cleveland), Oct. 17, 1902, quoted in *Public Policy*, Nov. 15, 1902, p. 315.
101. *"The President did . . . either labor or capitalist"*: *The Outlook*, Oct. 11, 1902, p. 345.
102. *"plum-colored livery"*: *The World* (New York), Oct. 4, 1902.
103. *"Christian men . . . of the country"*: Baer to W. I. Clark, July 17, 1902, quoted in Cornell, *The Anthracite Coal Strike of 1902*, p. 170.
104. *"The divine right . . . right of plutocrats"*: *Boston Watchman*, quoted in Sullivan, *Our Times: America Finding Herself*, Vol. 2, p. 426.
105. *"All Washington . . . painful suspense"*: *Washington Times*, Oct. 4, 1904.
106. *"I find it pleasant . . . my thought"*: TR to Henry Beach Needham, July 19, 1905, *LTR*, 4:1280.
107. *"thrown about . . . hurt at all"*: TR to Kermit Roosevelt, March 5, 1904, *LTR*, 4:744.
108. *"some books . . . queer taste"*: TR to Herbert Putnam, Oct. 6, 1902, *LTR*, 3:343.
109. *"I owe you . . . reveled accordingly"*: TR to George Frisbie Hoar, Oct. 8, 1902, *LTR*, 3:344.
110. *"There was beginning . . . the civil war"*: TR to Crane, Oct. 22, 1902, *LTR*, 3:362.
111. *"would form . . . suffering and chaos"*: TR to Crane, Oct. 22, 1902, *LTR*, 3:362.
112. *"write letters . . . state of war"*: Ibid.
113. *"It is never well . . . drastic fashion"*: TR, *An Autobiography*, p. 476.
114. *"flock back to the mines"*: *The American Monthly Review of Reviews* (Nov. 1902).
115. *"made quite . . . the country"*: *Chicago Record-Herald*, Oct. 5, 1902.
116. *"a trifling"*: *The World* (New York), Oct. 4, 1902.
117. *"not the slightest . . . the strike"*: TR to Crane, Oct. 22, 1902, *LTR*, 3, p. 361.
118. *"In all the country . . . as would yours"*: Morris, *Theodore Rex*, p. 164.
119. *"the strongest . . . public opinion"*: Sullivan, *Our Times: America Finding Herself*, Vol. 2, p. 437.
120. *"Wherever the fault . . . curing the failure"*: TR to Crane, Oct. 22, 1902, *LTR*, 3:362–63.
121. *"last resort"*: Morton Gitelman, "The Evolution of Labor Arbitration," *DePaul Law Review* (Spring–Summer 1960), p. 182.
122. *"a first-rate general . . . Commander-in-Chief"*: TR, *An Autobiography*, p. 474.
123. *"the operators . . . to the President"*: Sullivan, *Our Times: America Finding Herself*, Vol. 2, p. 436.
124. *"gave the word"*: TR, *An Autobiography*, p. 475.
125. *"The time . . . has come"*: Sullivan, *Our Times: America Finding Herself*, Vol. 2, p. 437.
126. *"perfectly welcome"*: Cornell, *The Anthracite Coal Strike of 1902*, p. 211.
127. *"Don't hit till . . . hit hard"*: Walter Wellman,"The Settlement of the Coal Strike,"*American Monthly Review of Reviews* (Nov. 1902).
128. *"usurpation of power"*: *The American*, Oct. 6, 1900, p. 485.
129. *"any implication . . . was helpless"*: Sullivan, *Our Times: America Finding Herself*, Vol. 2, p. 437.
130. *"I am Commander in Chief . . . give the people coal"*: James E. Watson in Wood, *Roosevelt as We Knew Him*, p. 112.
131. *scheme of military seizure*: TR, *An Autobiography*, pp. 475–76.
132. *"the intervention . . . happened"*: Ibid., p. 473.
133. *"to get out . . . an interloper"*: Root to TR, Oct. 11, 1902, in Philip C. Jessup, *Elihu Root*, 2 vols. (New York: Dodd, Mead, 1938), Vol. 1, p. 275.

State University, http://www.theodorerooseveltcenter.org/Research/Digital-Library/Record?libID=o39143.

55. *"patent to anyone . . . diseased mind"*: Wright Report, p. 1192.
56. *"any sort . . . anything else"*: Ibid., p. 1212.
57. *"The booming . . . their holiday clothes"*: *The Daily Times* (New Brunswick, N.J.), Aug. 27, 1902.
58. *"small towns . . . entire population"*: *Galveston Daily News*, Aug. 24, 1902.
59. *"to see the President . . . see a circus"*: TR to John Hay, Aug. 9, 1903, *LTR*, 3:549.
60. *"a square deal . . . rich or poor"*: *Boston Globe*, Aug. 26, 1902.
61. *"a sympathetic ear . . . more to himself"*: Leroy Dorsey, "Reconstituting the American Spirit: Theodore Roosevelt's Rhetorical Presidency," PhD diss., Indiana University, 1993, pp. 181–82.
62. *public sentiment*: Allen C. Guelzo, " 'Public Sentiment Is Everything': Abraham Lincoln and the Power of Public Opinion," in Lucas E. Morel, ed., *Lincoln and Liberty: Wisdom for the Ages* (Lexington: University Press of Kentucky, 2014), p. 171.
63. *"We have endured . . . which crushes us"*: *Little Falls Herald*, Sept. 5, 1902.
64. *"With a crash . . . body into bits"*: *The World* (New York), Sept. 4, 1902.
65. *"I felt sure . . . would be killed"*: Ibid.
66. *"Gentlemen . . . president's reception"*: *The World* (New York), Sept. 25, 1902.
67. *"I do not have . . . were on two legs"*: TR to Orville Platt, Oct. 2, 1902, *LTR*, 3:335.
68. *"I had as yet . . . in the matter"*: TR to Winthrop Murray Crane, Oct. 22, 1902, *LTR*, 3:360.
69. *"I knew I might . . . to try anything"*: TR to Carl Schurz, Dec. 24, 1903, *LTR*, 3:679.
70. *"I cannot . . . conditions continue"*: Telegram from Seth Low to TR, Theodore Roosevelt Papers. Library of Congress Manuscript Division. http://www.theodorerooseveltcenter.org/Research/Digital-Library/Record?libID=o284062. Digital Library,Dickinson State University.
71. *"Thousands . . . short of fuel"*: *New York Tribune*, Sept. 27, 1902.
72. *Workers were being laid off*: Ibid.
73. *"untold misery"*: TR to Crane, Oct. 22, 1902, *LTR*, 3:360.
74. *"no alarmist"*: Ibid.
75. *"Unless you end . . . frozen to death"*: Morris, *Theodore Rex*, p. 151.
76. *Crane. . . compromise settlement*: Cornell, *The Anthracite Coal Strike of 1902*, p. 176.
77. *"acted as he always . . . make it successful"*: TR to Crane, Oct. 22, 1902, *LTR*, 3:360.
78. *"I should . . . whole nation"*: TR to John Mitchell, Oct. 1, 1902, *LTR*, 3:334.
79. *"For the first time . . . face-to-face"*: Walter Wellman, "The Inside History of the Great Coal Strike," *Collier's Weekly*, Oct. 18, 1902, p. 6.
80. *"un-American"*: Cornell, *The Anthracite Coal Strike of 1902*, p. 180.
81. *"Worse by far . . . self-intrusion"*: Sullivan, *Our Times: America Finding Herself*, Vol. 2, p. 430.
82. *"It was very kind . . . straight in front of him"*: *The World* (New York), Oct. 4, 1902.
83. *"There are three . . . for the general good"*: Ibid.
84. *"literally jumped to his feet"*: Ibid.
85. *"the miners . . . positions in writing"*: Letter from TR to Seth Low, not sent, Theodore Roosevelt Papers. Library of Congress Manuscript Division. http://www.theodoreroosevelt center.org/Research/Digital-Library/Record?libID=0266115. Digital Library, Dickinson State University.
86. *"stood ready . . . and his goons"*: *The World* (New York), Oct. 4, 1902.
87. *"The duty of the hour . . . of a free people"*: *Public Policy*, Oct. 25, 1902, p. 261.
88. *"government is a contemptible failure"*: Ibid.
89. *"insulted me . . . the Sherman antitrust law"*: Theodore Roosevelt to Mark Hanna, October 3, 1902, container 77, Theodore Roosevelt Jr. Papers, LC.
90. *"Are you asking . . . set of outlaws?"*: Morris, *Theodore Rex*, p. 160.
91. *"did everything . . . out of the window"*: *The World* (New York), Oct. 4, 1902.

17. *"thoroughly awake"*: TR to Lodge, Sept. 30. 1902, in Lodge, *Selections from the Correspondence of Theodore Roosevelt and Henry Cabot Lodge*, Vol. 1, p. 535.
18. *"no earthly . . . dozen years ago"*: TR to Marcus Hanna, Sept. 27, 1902, *LTR*, 3:329–30.
19. *"two schools . . . against action"*: TR, *An Autobiography*, pp. 362, 365.
20. *"the steward of the people"*: Ibid., p. 357.
21. *"to do whatever . . . to do it"*: Ibid., p. 464.
22. *"I am slowly . . . provokes reaction"*: Riis, *Theodore Roosevelt, the Citizen*, p. 375.
23. *"to make special . . . House of Congress"*: Carroll D. Wright, "Report to the President on Anthracite Coal Strike" (Nov. 1902), Bulletin: Department of Labor, No. 43, p. 1147. (Hereinafter Wright Report.)
24. *"all facts . . . present controversy"*: Ibid.
25. *"one of the foremost . . . the world"*: *Defiance Express*, June 27, 1902.
26. *"The President's . . . directly involved"*: *Literary Digest*, June 21, 1902, p. 826.
27. *"a new and untried field"*: Riis, *Theodore Roosevelt, the Citizen*, p. 373.
28. *"presence there . . . harm than good"*: Jonathan Grossman, "The Coal Strike of 1902—Turning Point in U.S. Policy," *Monthly Labor Review*, Oct. 10, 1975, p. 23.
29. *"I cannot afford . . . and unwise"*: Richard G. Healey, "Disturbances of the Peace: The Operators' View of the 1902 Anthracite Coal Strike," in *The "Great Strike,"* p. 100.
30. *"the psychological . . . minds of everyone"*: Wright Report, p. 1151.
31. *"might lead . . . accordance with greater justice"*: Ibid., pp. 1166–67.
32. *"This is an important . . . publishing the report"*: Grossman, "The Coal Strike of 1902—Turning Point in U.S. Policy," p. 23.
33. *"personal information . . . undignified position"*: Philander Knox to TR, Aug. 23, 1902, Theodore Roosevelt Papers. Library of Congress Manuscript Division. http://www.theodorerooseveltcenter.org/Research/Digital-Library/Record?libID=039143.Theodore Roosevelt Digital Library. Dickinson State University.
34. *"only here and there . . . entirely exhausted"*: *Literary Digest*, Aug. 9, 1902, p. 152.
35. *"The labor problem . . . operators did not see"*: TR, *An Autobiography*, pp. 470–72.
36. *"one of the five richest men in New York"*: Nathan Miller, *The Roosevelt Chronicles*, (New York: Doubleday, 1979), p. 117.
37. *"but I really . . . variety of kind"*: TR to John Hay, July 22, 1902, *LTR*, 3:300.
38. *"a good idea . . . by the throat"*: TR to William Allen White, Oct. 6, 1902, *LTR*, 3:343.
39. *"to try to be . . . from vindictiveness"*: AL to John Hay, July 22, 1902, *LTR*, 3:300.
40. *"a suspicious . . . scabs"*: Edmund Morris, *Theodore Rex* (New York: Modern Library, 2001), p. 134.
41. *"Upward of one . . . were fired"*: *NYT*, July 31, 1902.
42. *"it is expected . . . clubbed to death"*: *New York Tribune*, July 31, 1902.
43. *"a reign of terror"*: Ibid.
44. *"Once there is . . . want and suffering"*: TR to Robert Bacon, Oct. 5, 1902, *LTR*, 3:340.
45. *"went fairly wild"*: McKerns, "The 'Faces' of John Mitchell," p. 39.
46. *"The one among . . . your organization"*: Morris, *Theodore Rex*, p. 135.
47. *"settled down . . . of endurance"*: *Literary Digest*, August 2, 1902.
48. *"uneasy . . . asked of me"*: TR to Philander Chase Knox, Aug. 21, 1902, *LTR*, 3:323.
49. *"the second largest corporation in the world"*: Ray Stannard Baker, "The Great Northern Pacific Deal," *Collier's*, Nov. 30, 1901.
50. *"test the validity of the merger"*: *New York Herald*, Feb. 20, 1902.
51. *"If we have done . . . can fix it up"*: Bishop, *Theodore Roosevelt in His Own Time*, Vol. 1, pp. 184–85.
52. *"a most illuminating . . . rival operator"*: Ibid.
53. *"to serve notice . . . governed these United States"*: Owen Wister, *Roosevelt: The Story of a Friendship, 1880–1919* (New York: Macmillan, 1930), p. 210.
54. *"never thought . . . my opinion"*: Philander C. Knox to TR, Aug. 23, 1902, Theodore Roosevelt Digital Library, Dickinson

CW, 7:507.

139. *"Glorious news . . . event of the war"*: Sept. 3, 1864, in Nevins and Thomas, eds., *The Diary of George Templeton Strong*, Vol. 3, pp. 480–81.
140. *"was beyond any possible hope"*: Burlingame, *Abraham Lincoln, a Life*, Vol. 2, p. 668.
141. *"the ship right. . . capsized it"*: Tarbell, *The Life of Abraham Lincoln*, Vol. 3, p. 203.
142. *"We are as certain . . . the sun shines"*: *The World* (New York), Oct. 14, 1864.
143. *"would rather be . . . elected without it"*: Ida M. Tarbell, *A Reporter for Lincoln: Story of Henry E. Wing, Soldier and Newspaperman* (New York: Macmillan, 1927), p. 70.
144. *"is not merely . . . should be maintained"*: AL, "Speech to One Hundred Sixty-Sixth Ohio Regiment," Aug. 22, 1864, *CW*, 7:512.
145. *"there was an . . . heard before"*: Brooks, *Washington in Lincoln's Time*, p. 187.
146. *"congratulation to the country . . . nobly began"*: AL, "Response to a Serenade," Feb. 1, 1865, *CW*, 8:254.
147. *"And to whom . . . to Abraham Lincoln"*: Burlingame, *Abraham Lincoln, a Life*, Vol. 2, p. 749.
148. *"I have only . . . done it all"*: Ibid., p. 751.
149. *"done nothing . . . will be realized"*: Speed, *HI*, p. 197.
150. *the "wen"*: AL, "Speech at Peoria, Ill.," Oct. 16, 1854, *CW*, 2:274.
151. *"A King's cure . . . whole thing up"*: AL, "Response to a Serenade," Feb. 1, 1865, *CW*, 8:254.
152. *"Fellow citizens . . . hope of earth"*: AL, "Annual Message to Congress," Dec. 1, 1862, *CW*, 5:537.

10 危機管理——老羅斯福與煤礦罷工

1. *"It is a dreadful thing . . . that is all there is about it"*: TR to HCL, Sept. 23, 1901, in Lodge, *Selections from the Correspondence of Theodore Roosevelt and Henry Cabot Lodge*, Vol. 1, p. 506.
2. *"were loyal to their work . . . if they were not"*: TR, *An Autobiography*, p. 350.
3. *"that madman"*: TR to William McKinley, June 21, 1900, quoted in note, *LTR*, 2:1337.
4. *"I hope you will be . . . have been to him"*: Mark Sullivan, *Our Times: The United States, 1900–1925*, Vol. 2: *America Finding Herself* (New York: Charles Scribner's Sons, 1927), p. 392.
5. *"In this hour of deep . . . honor of the country"*: *New York Tribune*, Sept. 17, 1901.
6. *"would give a lie to all he had stood for"*: Rixey, *Bamie*, p. 172.
7. *"to act in every word . . . vote for President"*: David S. Barry, *Forty Years in Washington* (Boston: Little Brown, 1964), p. 268.
8. *"The infectiousness . . . of average men"*: Sullivan, *Our Times: America Finding Herself*, Vol. 2, p. 399.
9. *"the most formidable . . . of the country"*: Walter Wellman, "The Progress of the World," *American Monthly Review of Reviews* (Oct. 1902).
10. *"the biggest . . . of the year"*: Joseph P. McKerns, "The 'Faces' of John Mitchell: News Coverage of the Great Anthracite Strike of 1902 in the Regional and National Press," in *The "Great Strike": Perspectives on the 1902 Anthracite Coal Strike* (Easton, Penn.: Canal History & Technology Press, 2002), p. 29.
11. *"assumed a shape . . . in our time"*: TR to Carl Schurz, Dec. 24, 1903, *LTR*, 3:379–80.
12. *"the most important . . . United States"*: Joseph Gowaskie, "John Mitchell and the Anthracite Strike of 1902," in *The "Great Strike,"* p. 129.
13. *"risk everything . . . great fight"*: Robert J. Cornell, *The Anthracite Coal Strike of 1902* (Washington, D.C.: Catholic University of America, 1957), p. 92.
14. *"a common . . . labor agitator"*: Walter Wellman, "The Inside History of the Coal Strike," *Collier's*, Oct. 18, 1902, p. 7.
15. *"If you stand . . . you will lose"*: Cornell, *The Anthracite Coal Strike of 1902*, p. 94.
16. *"Who shot our President?"*: Lincoln Steffens, "A Labor Leader of Today: John Mitchell and What He Stands For," *McClure's* (Aug. 1902), p. 355.

103. *"the alarming . . . a fixed thing"*: Quoted in entry for Jan. 19, 1862, in Theodore Calvin Pease, and James G. Randall, eds., *Diary of Orville Hickman Browning*, Vol. 1: *1850–1864* (Springfield: Illinois State Historical Library, 1925), p. 616.
104. *"clamor for . . . leave them"*: Ibid., Jan. 26, 1862, p. 620.
105. *"the number . . . affect the army"*: William C. Davis, *Lincoln's Men: How President Lincoln Became Father to an Army and a Nation* (New York: Touchstone, 2000), p. 101.
106. *"Whoever can wait . . . run over by it"*: Swett, *HI*, p. 164.
107. *"I claim not to . . . controlled me"*: AL to Albert G. Hodges, April 4, 1864, *CW*, 7:281.
108. *"It is my conviction . . . into his lap!"*: Carpenter, *Six Months at the White House with Abraham Lincoln*, p. 77.
109. *"this great revolution . . . to defeat the purpose"*: Ibid.
110. *"He always moves . . . struggles with them"*: John W. Forney, quoted in "31 December 1863, Thursday," in Burlingame and Turner, eds., *Inside Lincoln's White House*, p. 135.
111. *"gone too fast and too far"*: Brooks, in Staudenraus, ed., *Mr. Lincoln's Washington*, p. 138.
112. *"puts the Administration . . . to the end"*: *NYT*, April 9, 1863.
113. *"Mr. Weed . . . sent for you"*: Thurlow Weed Barnes, ed., *Memoir of Thurlow Weed* (Boston: Houghton Mifflin, 1884), pp. 434–35.
114. *"Read it very slowly"*: AL to James C. Conkling, Aug. 27, 1863, *CW*, 6:414.
115. *"To be plain . . . in saving the Union"*: AL to James C. Conkling, Aug. 26, 1863, *CW*, 4:407.
116. *"If they stake . . . must be kept"*: Ibid.
117. *"He cares for us . . . he cares"*: Tarbell, *The Life of Abraham Lincoln*, Vol. 3, p. 150.
118. *"link or cord . . . governing power"*: Davis, *Lincoln's Men*, p. 130.
119. *"one of their own"*: Ibid., p. 95.
120. *"What a depth . . . his smile"*: Ibid., p. 69.
121. *"He looks . . . bless Abraham Lincoln"*: Ibid., p. 142.
122. *"A country that is worth . . . a soldiers life"*: Ibid., p. 108.
123. *"If he says . . . Amen"*: Ibid., p. 91.
124. *"never been in favor . . . ready and willing"*: Bell Wiley, *The Life of Billy Yank* (Baton Rouge: Louisiana State University Press, 1979), p. 44.
125. *"You will stand . . . right of citizenship"*: *Douglass' Monthly* (Aug. 1862).
126. *"I was never . . . fair play"*: Douglass, *The Life and Times of Frederick Douglass*, pp. 784–85.
127. *"with earnest attention . . . apparent sympathy"*: Frederick Douglass, in Rice, ed., *Reminiscences of Abraham Lincoln by Distinguished Men of His Time*, p. 187.
128. *"In the end . . . as white soldiers"*: Ibid., p. 188.
129. *"never seen a more transparent countenance"*: Douglass, *The Life and Times of Frederick Douglass*, p. 485.
130. *"He treated me . . . will allow him to do"*: Douglass, in Rice, ed., *Reminiscences of Abraham Lincoln by Distinguished Men of His Time*, p. 320.
131. *"I never saw . . . is unsurpassed"*: Dudley Taylor Cornish, *The Sable Arm: Black Troops in the Union Army, 1861–1865* (Lawrence: University Press of Kansas, 1956), pp. 146–47.
132. *"You have no . . . done better"*: Ibid., pp. 142–43.
133. *"believe the. . . the rebellion"*: AL to James C. Conkling, Aug. 26, 1863, *CW*, 6:408–9.
134. *"a mad cry"*: Browne, *The Every-Day Life of Abraham Lincoln*, p. 486.
135. *"The tide is setting . . . on the sole condition"*: Henry J. Raymond to AL, Aug. 22, 1864, Lincoln Papers, Manuscript Division, LC.
136. *"I confess that . . . finish this job"*: "The interview between Thad Stevens & Mr. Lincoln as related by Colonel R. M. Hoe," compiled by John G. Nicolay, container 10, Nicolay Papers.
137. *"utter ruination"*: Nicolay, in Burlingame, ed., *With Lincoln in the White House,* p. 152.
138. *"should be damned . . . Emancipation lever"*: "Interview with Alexander W. Randall and Joseph T. Mills," Aug. 19, 1864,

70. *"We have lost almost everything"*: Oct, 16, 1862, Burlingame, ed., *With Lincoln in the White House*, p. 89.
71. *"Somewhat like . . . hurt to laugh"*: Carl Sandburg, *Abraham Lincoln: The War Years*, Vol. 3 (New York: Charles Scribner's Sons, 1943), p. 611.
72. *Most uncheerful . . . crowded the hotels"*: Noah Brooks, *Washington in Lincoln's Time* (New York: Century, 1895), p. 44.
73. *"I began to fear . . . hurt the enemy"*: AL, quoted in "25 Sept. 1863, Sunday," in Burlingame and Ettlinger, eds., *Inside Lincoln's White House*, p. 232.
74. *"a fighting general"*: DKG, *TOR*, p. 485.
75. *"a slaughter pen"*: Noah Brooks, in P. J. Staudenraus, ed., *Mr. Lincoln's Washington: Selections from the Writing of Noah Brooks, Civil War Correspondent* (South Brunswick, N.J.: Thomas Yoseloff, 1966), p. 155.
76. *Rumors spread*: James M. McPherson, *Battle Cry of Freedom: The Civil War Era* (New York: Oxford University Press, 1988), p. 574.
77. *"endeavoring to purchase . . . of this country"*: AL, "Reply to Serenade in Honor of Emancipation Proclamation," Sept. 24, 1862, *CW*, 5:438.
78. *"more depressed"*: Nancy F. Kohen, "Lincoln's School of Management," *NYT*, Jan. 26, 2013.
79. *"If there is . . . I am in it"*: Burlingame, *The Inner World of Abraham Lincoln*, p. 105.
80. *"into other channels of thought"*: William O. Stoddard, *Inside the White House in War Times* (Lincoln, Neb.: Bison, 2000), p. 191.
81. *"He has forgotten . . . it will kill me"*: AL, quoted in Schuyler Colfax, *The Life and Principles of Abraham Lincoln* (Philadelphia: Jas. R. Rodgers, 1865), p. 12.
82. *"It matters not . . . thought suffices"*: Francis Carpenter, quoted in Charles M. Segal, ed., *Conversations with Lincoln* (New York: G. P. Putnam's Sons, 1961), pp. 302–3.
83. *"literary recreation"*: William Kelley, in Rice, ed., *Reminiscences of Abraham Lincoln by Distinguished Men of His Time*, p. 270.
84. *"neigh of a wild horse"*: Carpenter, *Six Months at the White House with Abraham Lincoln*, p. 51.
85. *"life preserver"*: Isaac N. Arnold, quoted in ibid., p. 150.
86. *"my heavy eye-lids . . . me to bed"*: Burlingame and Ettlinger, eds., *Inside Lincoln's White House*, p. 76.
87. *"for any good excuse for saving a man's life"*: Carpenter, *Six Months at the White House with Abraham Lincoln*, p. 172.
88. *"overcome by . . . than his will"*: Helen Nicolay, *Personal Traits of Abraham Lincoln*, p. 280.
89. *"sleep steals upon him unawares"*: John Eaton, *Grant, Lincoln, and the Freedman: Reminiscences of the Civil War* (New York: Longmans, Green, 1907), p. 180.
90. *"I go to bed . . . and his friends"*: Carpenter, *Six Months at the White House with Abraham Lincoln*, p. 172.
91. *"general air of doubt"*: *NYT*, Dec. 27, 1862.
92. *"Will Lincoln's . . . Nobody knows"*: Entry for Dec. 30, 1862, in Nevins and Thomas, eds., *The Diary of George Templeton Strong*, Vol. 3, p. 284.
93. *"chief gem"*: AL to Joshua Speed, July 4, 1842, *CW*, 1:289.
94. *"My word . . . take it back"*: Quoted in George S. Boutwell, *Speeches and Papers Relating to the Rebellion and the Overthrow of Slavery* (Boston: Little, Brown, 1867), p. 392.
95. *"Abraham Lincoln . . . confide in his word"*: *Douglass' Monthly* (Oct. 1862).
96. *"serene and even . . . were far away"*: Brooks, *Washington in Lincoln's Time*, p. 42.
97. *"The dogmas . . . and act anew"*: AL, "Annual Message to Congress," Dec. 1, 1862, *CW*, 5:537.
98. *"the considerate judgment . . . Almighty God"*: Brooks, in Staudenraus, ed., *Mr. Lincoln's Washington*, p. 57.
99. *"dipped his pen . . . bold, clear, and firm"*: Seward, *Seward at Washington as Senator and Secretary of State*, p. 151.
100. *"visible shadow . . . sobs and tears"*: Frederick Douglass, *The Life and Times of Frederick Douglass* (Mineola, N.Y.: Dover, 2003), p. 255.
101. *"Glory . . . John Brown"*: William S. McFeeley, *Frederick Douglass* (New York: W. W. Norton, 1995), p. 237.
102. *"the monstrous doctrine . . . inextinguishable hate"*: *Journal of the House of Representatives of the Commonwealth of Kentucky* (Frankfort: John B. Major, 1863), p. 1126.

33. *"It was an aspect . . . of events"*: Carpenter, *Six Months at the White House with Abraham Lincoln*, p. 22.
34. *"the bloodiest . . . history"*: Drew Gilpin Faust, *Republic of Suffering* (New York: Vintage, 2009), p. 66.
35. *"arson in the third degree"*: Retold in *Cincinnati Enquirer*, Nov. 23, 1869.
36. *"I wish it were . . . driven out"*: John Niven, ed., *The Salmon P. Chase Papers*, Vol. 1: *Journals, 1829–1872* (Kent, Ohio: Kent State University Press, 1983), p. 394.
37. *"fixed and unalterable . . . were his alone"*: Welles, "The History of Emancipation," p. 848.
38. *"pondered . . . passed on"*: Ibid., p. 847.
39. *"very emphatic . . . opinion"*: Ibid., p. 846.
40. *"fully" satisfied . . . with all my heart"*: Entry for Sept. 22, 1862, in Niven, ed., *The Salmon P. Chase Papers*, Vol. 1, pp. 394–95.
41. *"an arbitrary . . . of freedom"*: Hendrick, *Lincoln's War Cabinet*, p. 359.
42. *"to assent . . . the measure"*: Welles, "The History of Emancipation," p. 846.
43. *Caleb Smith*: Hendrick, *Lincoln's War Cabinet*, pp. 356, 347.
44. *"afraid of the . . . on the army"*: David Herbert Donald, ed., *Inside Lincoln's Cabinet*: *The Civil War Diaries of Salmon P. Chase* (New York: Longmans, Green, 1954), p. 152.
45. *"but the difficulty . . . forward movement"*: Welles, "The History of Emancipation," p. 847.
46. *"to recognize and to maintain"*: William Henry Seward, quoted in entry for Sept. 22, 1862, in Niven, ed., *The Salmon P. Chase Papers*, Vol. 1, p. 394.
47. *"So long as . . . man's bosom"*: AL, "Response to Serenade," Nov. 10, 1864, *CW*, 8:101.
48. *"greatly pained . . . to the country"*: AL, "Memo to Cabinet," July 14, 1864, *CW*, 7:439.
49. *"too vast for malicious dealing"*: Randall Miller, ed., *Lincoln and Leadership*, p. 98.
50. *"The pressure . . . is immeasurable"*: Frank Abial Flower, *Edwin McMasters Stanton*: *The Autocrat of Rebellion, Emancipation, and Reconstruction* (Akron, Ohio: Saalfield, 1905), pp. 369–70.
51. *"Every one likes a compliment"*: AL to Thurlow Weed, March 15, 1865, quoted in Phillips, *Lincoln on Leadership*, p. 18.
52. *"Neptune"*: Welles, entry for July 14, 1863, *Diary of Gideon Welles*, Vol. 1, p. 370.
53. *"that you have been remiss . . . success"*: AL to GW, July 25, 1863, *CW*, 6:349.
54. *"the President . . . still work on"*: SPC to James Watson Webb, Nov. 7, 1863, reel 29, Chase Papers.
55. *"by his like . . . his friend"*: Leonard Swett, *HI*, p. 166.
56. *"principle of . . . wrong* hereafter*"*: AL to Stanton, Feb. 5, 1864, *CW*, 7:169.
57. *"Why did you . . . you no good"*: William Henry Herndon to James Watson Webb, Jan. 6, 1887, reel 10, Herndon-Weik Collection, Manuscript Division, LC.
58. *"seen anything . . . thoroughly prepared"*: Ralph and Adaline Emerson, *Mr. & Mrs. Ralph Emerson's Personal Recollections of Abraham Lincoln* (Rockford, Ill.: Wilson Brothers, 1909), p. 7.
59. *"when convinced . . . the appointment"*: William L. Miller, *Lincoln's Virtues*, p. 424.
60. *"No two men . . . each other"*: *New York Evening Post*, July 13, 1891.
61. *"never sent and never signed"*: AL to Major General Meade, "never sent or signed," July 14, 1863, *CW*, 6:328.
62. *"I would like . . . in the basket"*: William H. Crook, "Lincoln as I Knew Him," *Harper's Monthly* (May–June 1907), p. 34.
63. *"Forget it . . . of it again"*: Elizabeth Blair to Samuel Lee, March 6, 1862, in Elizabeth Blair Lee; Virginia Jeans Laas, ed., *Wartime Washington*: *The Civil War Letters of Elizabeth Blair Lee* (Urbana: University of Illinois Press, 1999), p. 109.
64. *"declared that . . . to them"*: Welles, *Diary of Gideon Welles*, Vol. 1, pp. 23–25.
65. *"The Secretary of War is not . . . of War"*: AL, "Address to Union Meeting at Washington," Aug. 6, 1862, *CW*, 5:388–89.
66. *"enthusiastically . . . very satisfactory"*: Welles, "The History of Emancipation," p. 483.
67. *"ill wind"*: Seward, *Seward at Washington as Senator and Secretary of State*, p. 141.
68. *"Our war on . . . languishes"*: Entry for Oct. 23, 1862, in Nevins and Thomas, eds., *The Diary of George Templeton Strong*, Vol. 3, p. 267.
69. *"such an accursed doctrine"*: McClellan letter to his wife, Sept. 25, [1862], in Stephen W. Sears, ed., *The Civil War Papers of George C. McClellan*: *Selected Correspondence, 1860–1865* (New York: Ticknor & Fields, 1989), p. 481.

Illinois University Press, 1997), p. 20.

2. *"I began at once . . . with me the burden"*: AL, quoted in entry for Aug. 15, 1862, in Gideon Welles; Howard K. Beale, ed., *Diary of Gideon Welles: Secretary of the Navy under Lincoln and Johnson*, Vol. 1: *1861–March 30, 1864* (New York: W. W. Norton, 1960), p. 159.
3. *"No one, not in my situation . . . I may return"*: John G. Nicolay, *A Short Life of Abraham Lincoln* (New York: Century, 1909), p. 169.
4. *"They were so great . . . possible to survive them"*: Memo, July 3, 1861, quoted in Michael Burlingame, ed., *With Lincoln in the White House: Letters, Memoranda, and Other Writings of John G. Nicolay, 1860–1865* (Carbondale: Southern Illinois University Press, 2000), p. 46.
5. *"differences in . . . measure was his"*: Gideon Welles, "The History of Emancipation," *Galaxy* (Dec. 1872), p. 844.
6. *"We are in . . . gloomy thinking"*: Allan Nevins and Milton Halsey Thomas, eds., *The Diary of George Templeton Strong* (New York: Macmillan, 1952), Vol. 3, p. 241.
7. *"Things had gone . . . change our tactics"*: Carpenter, *Six Months at the White House with Abraham Lincoln*, p. 20.
8. *Slaves' war work*: Welles, entry for October 1, 1862, *Diary of Gideon Welles*, p. 159; Burton J. Hendrick, *Lincoln's War Cabinet* (Boston: Little, Brown, 1946), p. 355.
9. *"The slaves . . . with us or against us"*: Welles, "The History of Emancipation," p. 843.
10. *"he had literally to run the gantlet"*: John Hay, "Life in the White House in the Time of Lincoln," *Century* (Nov. 1890), p. 34.
11. *Soldiers' Home*: Matthew Pinsker, *Lincoln's Sanctuary: Abraham Lincoln and the Soldiers' Home* (New York: Oxford University Press, 2003).
12. *"earnestly on the . . . and delicacy"*: Welles, *Diary of Gideon Welles*, p. 70.
13. *"a military . . . of the Union"*: James A. Rawley, *Turning Points of the Civil War* (Lincoln: University of Nebraska Press, 1989), p. 134.
14. *"otherwise unconstitutional"*: AL to Albert G. Hodges, April 4, 1864, *CW*, 7:281.
15. *"the weapon of emancipation"*: James M. McPherson, *Abraham Lincoln and the Second American Revolution* (New York: Oxford University Press, 1991), p. 85.
16. *"You can not . . . embrace it?"*: AL, "Proclamation Revoking General Hunter's Order of Military Emancipation of May 9, 1862," May 19, 1862, *CW*, 5:222.
17. *"emancipation in any form"*: AL, "Appeal to Border State Representatives to Favor Compensated Emancipation," July 12, 1962, *CW*, 5:319, note 1.
18. *"I am a patient . . . card unplayed"*: AL to Reverdy Johnson, July 26, 1862, *CW*, 5:343.
19. *"that band . . . never before"*: Carpenter, *Six Months at the White House with Abraham Lincoln*, p. 11.
20. *"As a fit . . . be free"*: AL, "Emancipation Proclamation—First Draft," [July 22, 1862], *CW*, 5:336.
21. *"first the one side . . . question arising"*: Tarbell, *The Life of Abraham Lincoln*, Vol. 3, p. 115.
22. *"immediate promulgation"*: Burlingame, *Abraham Lincoln, A Life*, Vol. 2, p. 363.
23. *"magnitude . . . and weight"*: Welles, "The History of Emancipation," p. 848.
24. *"an extreme . . . War powers"*: Hendrick, *Lincoln's War Cabinet*, p. 359.
25. *"desperation . . . slave-owners"*: Welles, "The History of Emancipation," p. 848.
26. *"resign and . . . Administration"*: John P. Usher, *President Lincoln's Cabinet* (New York: Nelson H. Loomis, 1925), p. 17.
27. *Blair position*: Welles, "The History of Emancipation," p. 847.
28. *"It went beyond . . . on the other"*: Ibid.
29. *"No commanding general . . . my responsibility"*: AL to Salmon P. Chase, May 17, 1962, *CW*, 5:219.
30. *"feel justified . . . in the field"*: "Proclamation Revoking General Hunter's Order of Military Emancipation of May 9, 1862," May 19, 1862, *CW*, 5:222.
31. *"The depression . . . on the retreat"*: Frederick William Seward, *Seward at Washington as Senator and Secretary of State: A Memoir of His Life, with Selections from His Letters, 1861–1872* (New York: Derby and Miller, 1891), p. 121.
32. *"until the eagle . . . its neck"*: Frances Carpenter, "A Day with Govr. Seward," Seward Papers, LC.

63. *"My Heart Attack Taught Me How to Live"*: *American Magazine*, July 1956.
64. *"sprawled on . . . into the air"*: *Newsweek*, Nov. 7, 1955, p. 35.
65. *"the brink of death"*: William Deason Interview, April 11, 1969, LBJOH.
66. *"a matter of honor for everybody"*: Merle Miller, *Lyndon*, p. 184.
67. *"back in the saddle again"*: George Reedy, quoted in Caro, *Master of the Senate*, p. 647.
68. *"We've got to look . . . we're here for"*: Caro, *The Path to Power*, p. 82.
69. *"every three minutes . . . were still flying"*: George Reedy Interview, Aug. 16, 1983, LBJOH.
70. *"He even rewrote . . . the last minute"*: Merle Miller, *Lyndon*, p. 184.
71. *"call to arms . . . Program with a Heart"*: Woods, *LBJ*, p. 299.
72. *"I had never . . . of an audience"*: George Reedy Interview, Aug. 16, 1983, LBJOH.
73. *"leapt to their feet . . . their approval"*: *The Baytown* (Texas), Nov. 23, 1955.
74. *"sounded like . . . it and the fire"*: Reedy Interview, Aug. 16, 1983, LBJOH.
75. *"affected every newspaperman . . . and one strike out"*: Ibid.
76. *"A very fine batting average . . . at last"*: *NYT*, Nov. 23, 1955.
77. *he would carry a civil rights bill*: *NYT*, Sept. 2, 1957.
78. *"ran his pen . . . be it in the end!"*: Ibid.
79. *"there'll be . . . wild legislation"*: DKG/LBJ Conversations.
80. *"I want to see . . . in a long time"*: Clinton Anderson, in "Congress Approved Civil Rights Act of 1957," *Congressional Quarterly*, https://library.cqpress.com/cqalmanac/document.php?id=cqal57-1345184.
81. *"by the standards . . . old national wound"*: *NYT*, Sept. 1, 1957.
82. *"A man with . . . own hands"*: DKG/LBJ Conversations.
83. *"We've shown . . . couple of years"*: Harry McPherson, in Sylvia Ellis, *Freedom's Pragmatist: Lyndon Johnson and Civil Rights* (Tallahassee: University Press of Florida, 2013), p. 98.
84. *"without the Democratic . . . been expected"*: Raymond Lahr, "Political Winds: This Year Has Been Lyndon's Year," *Delta Democrat-Times* (Greenville, Miss.), Sept. 2, 1957.
85. *"to leave the Confederacy voluntarily"*: LBJ, Speech before the Democratic Caucus, Sept. 15, 1957, quoted in DKG, *LJAD*, p. 151.
86. *"the most dramatic moment"*: Henry Graff, quoted in Robert Caro, *The Years of Lyndon Johnson: The Passage of Power* (New York: Vintage, 2013), p. 343.
87. *"The Democratic Party . . . close to Appomattox"*: Dallek, *Lone Star Rising*, p. 541.
88. *"the best qualified . . . a Southerner"*: Woods, *LBJ*, p. 573.
89. *"the balance . . . and west"*: Caro, *The Path to Power*, p. 449.
90. *"never said a word . . . in the Senate"*: Robert Dallek, *Flawed Giant: Lyndon Johnson and His Times, 1961–1973* (New York: Oxford University Press, 1998), p. 7.
91. *"A vice president . . . he resides"*: Dallek, *Lone Star Rising*, p. 567.
92. *"evangelical . . . Attorney General"*: Quoted in Woods, *LBJ*, p. 411.
93. *"appeared almost a spectral presence"*: Caro, *The Passage of Power*, p. 226.
94. *"made to be Vice President"*: Dallek , *Flawed Giant*, p. 34.
95. *"trips around . . . every minute of it"*: DKG/LBJ Conversations.
96. *"He felt . . . political road"*: Ed. Weisl Sr. Interview, May 13, 1969, LBJOH.
97. *"engines in pants"*: Robert Woods, *LBJ*, p. 11.

9 轉型領導——林肯與《解放奴隸宣言》

1. *"I consider the central idea . . . to govern themselves"*: AL quoted, "7 May Tuesday," in Michael Burlingame and John R. Turner Ettlinger, eds., *Inside Lincoln's White House: The Complete Civil War Diary of John Hay* (Carbondale: Southern

23. *"Some of us . . . very, very silent"*: Robert Caro, *The Years of Lyndon Johnson: Means of Ascent* (New York, Vintage, 1991), p. 77.
24. *"I always had . . . worlds to conquer"*: O. C. Fisher Interview, May 8, 1969, LBJOH.
25. *"Fits of depression . . . him after that"*: Randall B. Woods, *LBJ: Architect of American Ambition* (Cambridge, Mass.: Harvard University Press, 2006), p. 158.
26. *"had to get . . . devoured"*: Dugger, *The Politician*, p. 216.
27. *"I was literally working . . . I never took a breath"*: Caro, *The Path to Power*, p. 494.
28. *"Like two young oaks . . . intertwining"*: Louis Kohlmeier, Ray Shaw, and Ed Cony, "The Johnson Wealth," *Wall Street Journal*, March 23, 1964.
29. *"I think the term . . . out of business"*: *Wichita Daily Times*, April 9, 1947.
30. *"I just could not bear . . . losing everything"*: DKG/LBJ Conversations.
31. *"You have to realize . . . election rolls around"*: Joe Phipps, *Summer Stock: Behind the Scenes with LBJ in '48* (Fort Worth: Texas Christian University Press, 1992), pp. 117–18.
32. *"even worked . . . never stopped"*: Dallek, *Lone Star Rising*, p. 306.
33. *"This is Lyndon . . . all of you"*: Woods, *LBJ*, p. 204.
34. *"Hello there, Mr. Jones . . . at election time"*: Merle Miller, *Lyndon*, p. 120.
35. *"In 1948 . . . sort of fraud"*: Dallek, *Lone Star Rising*, p. 327.
36. *"They were stealin' . . . actually won it"*: Ibid., p. 347.
37. *"folkways . . . norms of behavior"*: Donald R. Matthews, *U.S. Senators and Their World* (New York: W. W. Norton, 1973), p. 92.
38. *"the right man . . . the right time"*: George Reedy, *Lyndon B. Johnson: A Memoir* (New York: Andrews & McMeel, 1982), p. 89.
39. *"The way you get . . . heads of things"*: Merle Miller, *Lyndon*, p. 28.
40. *"there was only . . . request was granted"*: DKG/LBJ Conversations.
41. *"Russell found . . . care of him"*: Ibid.
42. *"one of the most . . . of his life"*: DKG, *LJAD*, p. 107.
43. *"they feared . . . older people"*: DKG/LBJ Conversations.
44. *"When you're . . . particular senator"*: Ibid.
45. *Knowledge of the minutiae*: Rowland Evans and Robert Novak, *Lyndon B. Johnson: The Exercise of Power* (New York: New American Library, 1966), pp. 113–15.
46. *"the biggest . . . of the Senate"*: Stewart Alsop, "Lyndon Johnson: How Does He Do It?," *Saturday Evening Post*, Jan. 24, 1959, p. 14.
47. *"a magnificent . . . lives in his interests"*: Reedy, *Lyndon B. Johnson*, pp. 130, xiii.
48. *"superb . . . forgot his grievances"*: Ibid., p. xiv.
49. *"sitting on the top of the world"*: LBJ, "My Heart Attack Taught Me How to Live," *American Magazine* (July 1956), p. 17.
50. *"blew his stack . . . hell out of here"*: Caro, *Master of the Senate*, p. 621.
51. *"my chest really began to hurt"*: Merle Miller, *Lyndon*, p. 181.
52. *"as though I had . . . crushed my chest in"*: Samuel Shaffer, "Senator Lyndon Johnson: 'My Heart Attack Saved My Life,' " *Newsweek*, Nov. 7, 1955, p. 35.
53. *"My God . . . heart attack"*: Woods, *LBJ*, p. 293.
54. *"It was a very hectic . . . serious thing"*: Caro, *Master of the Senate*, p. 622.
55. *"undertake any . . . period of months"*: Ibid., p. 625.
56. *"Heart Attack . . . Hopefuls"*: Ibid., p. 626.
57. *"He'd just sort . . . going full speed"*: George Reedy Interview, Aug. 16, 1983, LBJOH.
58. *"He'd read them . . . in those letters"*: Caro, *Master of the Senate*, p. 630.
59. *"got to the point . . . room for him"*: Reedy quoted in Woods, *LBJ*, p. 295.
60. *"everybody loves Lyndon"*: Caro, *Master of the Senate*, p. 630.
61. *"Time is the most . . . spend it well"*: Gillette, *Lady Bird*, p. 162.
62. *healthy diet*: *Newsweek*, Nov. 7, 1955, p. 36.

95. *"random talk came . . . into the evening"*: Moley, *After Seven Years*, p. 20.
96. *"was at once . . . and a judge"*: Asbell, *The F.D.R. Memoirs*, p. 86.
97. *"irregularity . . . than was comfortable"*: Perkins, *The Roosevelt I Knew*, p. 89.
98. *"infinitely better . . . the descending spiral"*: Ibid., pp. 93–95.
99. *"What was clear . . . immediate activities"*: Ibid., p. 89.
100. *"assume leadership . . . for the State of New York"*: Rosenman, *Working with Roosevelt*, p. 49.
101. *"we are trying to construct . . . no one is left out"*: Perkins, *The Roosevelt I Knew*, p. 109.
102. *"What is the State? . . . and well-being"*: FDR, "New York State Takes the Lead in the Relief of the Unemployed. A Message Recommending Creation of Relief Administration," Aug. 28, 1931, *PPA*, 1:457.
103. *"provide public work . . . from public funds"*: Rosenman, *Working with Roosevelt*, p. 50.
104. *"wishy-washy"*: Ibid., p. 51.
105. *"the bottom up . . . was a living person"*: Ibid., pp. 61–62.
106. *"absurd . . . in professed ignorance"*: FDR, "Address Accepting the Presidential Nomination for the Presidency," July 2, 1932, *PPA*, 1:647.
107. *"I pledge you . . . it is a call to arms"*: Ibid.
108. *"nearer to the final . . . the history of any land"*: Burns and Dunn, *The Three Roosevelts*, p. 209.
109. *At the slightest uptick in the stock market . . . the worst was over*: Ibid.
110. *"The country needs . . .* try something": FDR, "Address at Oglethorpe University," May 22, 1932, *PPA*, 1:646.

8 林登・詹森——成敗、心臟病與自我價值

1. *"he could get . . . anybody else"*: Birdwell Interview, April 1965.
2. *"wunderkind"*: Dallek, *Lone Star Rising*, p. 113.
3. *"familiar with disappointments"*: AL, "Communication to the People of Sangamon County," March 9, 1832, *CW*, 1:9.
4. *"a darn good sail"*: Levin, *The Making of FDR*, p. 59.
5. *"the most miserable period of my life"*: DKG/LBJ Conversations.
6. *"immediately interested"*: Dallek, *Lone Star Rising*, p. 207.
7. *"Lyndon Johnson . . . things together!"*: April 22, 1941, Press Conferences of President Franklin D. Roosevelt, 1933–1945, FDRL.
8. *"If you really . . . and Lyndon B."*: Harfield Weedin Interview, Feb. 24, 1983, LBJOH.
9. *"tremendously commanding presence"*: Ibid.
10. *"When my mother . . . days in the hospital"*: Merle Miller, *Lyndon*, p. 84.
11. *"nervous exhaustion"*: Dallek, *Lone Star Rising*, p. 213.
12. *"He was depressed and it was bad"*: Jan Jarboe Russell, *Lady Bird*: *A Biography of Mrs. Johnson* (Waterville, Maine: Thorndike Press, 2000), p. 252.
13. *"legal fees" or "bonuses"*: Robert Caro, *The Years of Lyndon Johnson*: *Master of the Senate* (New York: Vintage, 2003), p. 685.
14. *"shed his coat . . . talked turkey"*: *Brownsville Herald* (Texas), June 19, 1941.
15. *raffle ticket*: Caro, *The Path to Power*, p. 710.
16. *a photograph appeared*: *El Paso Herald Post*, June 30, 1941.
17. *"Lyndon Johnson . . . Election"*: *McAllen* [Texas] *Daily Press*, June 29, 1941.
18. *"Only Miracle . . . Anointed Out"*: Caro, *The Path to Power*, p. 733.
19. *"We gave him . . . he didn't win"*: Merle Miller, *Lyndon*, p. 106.
20. *"I felt that . . . in my face"*: Dallek, *Lone Star Rising*, p. 226.
21. *"Lyndon . . . sit on ballot boxes"*: Merle Miller, *Lyndon*, p. 88.
22. *"I always believed . . . make him my friend"*: DKG/LBJ Conversations.

56. *"There is no question . . . put together"*: FDR to James R. Roosevelt, April 30, 1925, Elliott Roosevelt, ed., *F.D.R.: His Personal Letters, 1905–1928*, p. 580.
57. *"a hunch"*: Richard Vervill and John Ditrunno, "FDR, Polio, and the Warm Springs Experiment: Its Impact on Physical Medicine and Rehabilitation," *American Academy of Physical Medicine and Rehabilitation* (Jan. 2013), p. 5, http://www.pmrjournal.org/article/S1934-1482(12)01714-5/fulltext.
58. *"a great 'cure' . . . be established here"*: FDR to SDR, Sunday [Autumn 1924], in Elliott Roosevelt, ed., *F.D.R.: His Personal Letters, 1905–1928*, p. 568.
59. *"live normal lives . . . science at the time"*: Vervill and Ditrunno, "FDR, Polio and the Warm Springs Experiment," p. 6.
60. *"there were times . . . see it all"*: George Whitney Martin, *Madame Secretary, Frances Perkins* (New York: Houghton Mifflin Harcourt, 1983), p. 435.
61. *decided to invest $200,000*: Ward, *A First-Class Temperament*, p. 715.
62. *to buy the hotel, the springs, and the cottages along with twelve hundred acres of land*: Elliott Roosevelt, ed., *F.D.R.: His Personal Letters, 1905–1928*, p. 609.
63. *"consulting architect . . . landscape engineer"*: Ward, *A First-Class Temperament*, p. 724.
64. *He staffed the facility with great care*: Vervill and Ditrunno, "FDR, Polio and the Warm Springs Experiment," p. 6.
65. *"a research protocol"*: Ibid., p. 5.
66. *"Vice-President in charge . . . rolled into one"*: Ward, *A First-Class Temperament*, p. 724.
67. *"there were bridge . . . amateur theatricals"*: Gallagher, *FDR's Splendid Deception*, p. 57.
68. *"We mustn't let . . . alive every day"*: Walker, *Roosevelt and the Warm Springs Story*, p. 101.
69. *"a remarkable spirit . . . their self-consciousness"*: Ernest K. Lindley, *The Roosevelt Revolution: First Phase* (London: Victor Gollancz, 1934), p. 214.
70. *"spiritual transformation . . . us by humiliation"*: Perkins, Part 2, p. 78, OHRO/CUL.
71. *"purged . . . a deeper philosophy"*: Perkins, *The Roosevelt I Knew*, p. 29.
72. *"It was a place . . . possible"*: Vervill and Ditrunno, "FDR, Polio and the Warm Springs Experiment," p. 8.
73. *As soon as the campaign was done*: Lindley, *Franklin D. Roosevelt*, pp. 16–20.
74. *"When you're in . . . play the game"*: Asbell, *The F.D.R. Memoirs*, p. 253.
75. *Often speaking fourteen times a day*: Richard Thayer Goldberg, *The Making of FDR: Triumph over Disability* (Cambridge, Mass.: Abt Books, 1981), p. 105.
76. *"It was a dreadful . . . kind of scared"*: Perkins, Part 2, p. 559, OHRO/CUL.
77. *"a perilous, uncomfortable"*: Frances Perkins, quoted in Burns, *Roosevelt*, p. 103.
78. *"My God, he's got nerve"*: Perkins, Part 2, p. 559, OHRO/CUL.
79. *"humiliating entrance"*: Frances Perkins, quoted in Burns, *Roosevelt*, p. 103.
80. *"good-natured . . . and drink it"*: Perkins, Part 2, p. 564, OHRO/CUL.
81. *Stunned by the devastating loss, Smith retreated*: Gunther, *Roosevelt in Retrospect*, p. 256.
82. *"Al came to see me . . . was nearly finished"*: FDR to Adolphus Ragan, April 6, 1938, unsent, *LTR*, 2:772–73.
83. *"I realized that I've got . . . but here I am"*: Perkins, *The Roosevelt I Knew*, p. 52.
84. *"I created you . . . doing to me!"*: Gunther, *Roosevelt in Retrospect*, p. 256.
85. *"ended the close . . . Governor Smith"*: ER, *This I Remember*, p. 51.
86. *"eyes and ears"*: Kathleen McLaughlin, "Mrs. Roosevelt Goes Her Way," *NYT*, July 5, 1936.
87. *"At first my . . . actually getting that food?"*: ER, *This I Remember*, p. 56.
88. *"educable"*: Perkins, Part 2, p. 232, OHRO/CUL.
89. *He filled the Governor's Mansion*: Gallagher, *The Splendid Deception*, p. 77.
90. *Sam Rosenman*: Burns, *Roosevelt*, p. 101.
91. *"I made up your . . . careful investigation"*: Rosenman, *Working with Roosevelt*, p. 31.
92. *"brain trust"*: Graham and Wander, eds., *Franklin D. Roosevelt*, p. 55.
93. *"The routine was simple"*: Raymond Moley, *After Seven Years* (New York: Harper & Brothers, 1939), p. 20.
94. *"nothing was so important . . . all day for this hour"*: Rosenman, *Working with Roosevelt*, p. 24.

16. *"serving his purposes"*: ER, *This I Remember*, p. 349. Actual wording is "served his purposes."
17. *"If he didn't have . . . in his personality"*: Perkins, Part 2, p. 463, OHRO/CUL.
18. *"a deep . . . and tenderness"*: James Roosevelt and Sidney Schalett, *Affectionately FDR: A Son's Story of a Lonely Man* (New York: Harcourt Brace, 1959), p. 313.
19. *"changed everything"*: *NYT*, Nov. 27, 1932.
20. *"He had one loyalty . . . Roosevelt"*: Rosenman, *Working with Roosevelt*, p. 24.
21. *a newspaper designed for a readership of one*: Fenster, *FDR's Shadow*, p. 200.
22. *"Father was too busy . . . his shoulders"*: Ibid., pp. 146–48.
23. *Franklin would be president of the United States*: Ibid., p. 147.
24. *"leg muscles responded . . . from about 5 p.m. on"*: FDR to Paul Hasbrouck, in Ward, *A First-Class Temperament*, p. 668.
25. *"Water got me . . . will get me out again!"*: Gunther, *Roosevelt in Retrospect*, p. 229.
26. *other "wife"*: Asbell, *The F.D.R. Memoirs*, p. 249.
27. *Missy gave "Effdee"*: Ward, *A First-Class Temperament*, p. 679.
28. *"sense of nonsense"*: Asbell, *The F.D.R. Memoirs*, p. 245.
29. *"There were days . . . light-hearted façade"*: Ibid., p. 241.
30. *"probably said . . . position longer"*: Rosenman, *Working with Roosevelt*, p. 25.
31. *"never hesitating . . . about his work"*: Ward, *A First-Class Temperament*, p. 710.
32. *"By this time . . . the grandstand"*: Rosenman, *Working with Roosevelt*, p. 113.
33. *"He might have . . . able to be"*: ER, *This I Remember*, p. 349.
34. *"I sometimes acted . . . wanted or welcomed"*: Ibid.
35. *"We're not going . . . about that anymore"*: Anna Rosenberg Hoffman, OH, FDRL.
36. *"Nothing to worry about . . . Let's go"*: Turnley Walker, *Roosevelt and the Warm Springs Story* (New York: A. Wyn, 1953), pp. 8–9.
37. *"Nobody knows . . . struggled and struggled"*: Fenster, *FDR's Shadow*, p. 204.
38. *"like pincers"*: James Roosevelt and Schalett, *Affectionately FDR*, p. 205.
39. *a friend to shake the rostrum*: Gunther, *Roosevelt in Retrospect*, p. 246.
40. *"There was a hush . . . holding their breath"*: Perkins, Part 2, p. 325, OHRO/CUL.
41. *"across his face . . . world-encompassing smile"*: Hugh Gregory Gallagher, *FDR's Splendid Deception* (New York: Dodd, Mead, 1985), p. 62.
42. *"unfortunate habit"*: Perkins, *The Roosevelt I Knew*, p. 11.
43. *"from the great cities . . . political battlefield"*: Burns and Dunn, *The Three Roosevelts*, p. 188.
44. *"doomed to go in company . . . glorious gain"*: Henry Reed, ed., William Wordsworth, *The Complete Poetical Works of William Wordsworth, Together with a Description of the Country of the Lakes in the North of England, Now First Published with His Works* (Philadelphia.: James Kay, Jun. and Brothers, 1837), p. 339.
45. *"trembling . . . true and vigorous"*: Perkins, Part 2, p. 325, OHRO/CUL.
46. *"just went crazy" . . . hour-long demonstration*: Ward, *A First-Class Temperament*, p. 696.
47. *"They howled, yelled . . . crowded galleries"*: *Morning Herald* (Hagerstown, Md.), June 26, 1924.
48. *"I have witnessed . . . display of mental courage"*: *Syracuse Herald*, June 27, 1924.
49. *"the real hero"*: Kenneth S. Davis, *FDR: The Beckoning of Destiny, 1882–1928* (New York: G. P. Putnam's Sons, 1972), p. 757.
50. *"Adversity has lifted . . . sectional prejudices"*: Elliott Roosevelt, ed., *F.D.R.: His Personal Letters, 1905–1928*, note, p. 563.
51. *"been physically . . . I have ever met"*: Ward, *A First-Class Temperament*, p. 699.
52. *"he held out . . . 'I* did *it!' "*: Fenster, *FDR's Shadow*, p. 206.
53. *"discovery of a place"*: FDR to ER [Oct. 1924], in Elliott Roosevelt, ed., *F.D.R.: His Personal Letters, 1905–1928*, p. 565.
54. *"Almost everything was falling to pieces"*: Donald Scott Carmichael, ed., *FDR, Columnist* (Chicago: Pellegrini & Cudahy, 1947), p. 9.
55. *"Every morning I spend . . . pool in the world"*: Ibid., p. 10.

196. *"Speak softly and carry a big stick"*: "Roosevelt 'Big Stick' Speech at State Fair," Sept. 3, 1901, reprinted in *Star Tribune* (Minneapolis), Sept. 2, 2014.
197. *"continually blusters . . . of that softness"*: Ibid.
198. *"gentlemen's understanding"*: TR, *An Autobiography*, p. 275.
199. *"It was a matter of plain decency"*: Ibid., p. 308.
200. *"pay their fair share of the public burden"*: TR to Thomas Collier Platt, May 8, 1899, *LTR*, 2:1004.
201. *"storm of protest"*: TR, *An Autobiography*, p. 308.
202. *"the big mistake"*: Thomas Platt to TR, May 6, 1899, TRC.
203. *"right-hand . . . ultimatum"*: TR, *An Autobiography*, p. 300.
204. *"I persistently . . . not be retained"*: TR, *An Autobiography*, p. 291.
205. *"a list of four good machine men"*: Morris, *The Rise of Theodore Roosevelt*, p. 728.
206. *"yelled and blustered" . . . gotten behind him*: TR to Henry Sprague, Jan. 26, 1900, *LTR*, 2:1141.
207. *"by the simple process . . . disagreeable to him"*: TR to Josephine Shaw Lowell, Feb. 20, 1900, *LTR*, 2:1197.
208. *"I have ever preferred . . . then to not do it"*: Louis J. Lang, ed., *The Autobiography of Thomas Collier Platt* (New York: B. W. Dodge, 1910), pp. 274–75.
209. *"served notice . . . the Vice-Presidency"*: Lincoln Steffens, "Governor Roosevelt," *Mc-Clure's* (June 1900), p. 112.
210. *"Don't you know . . . and the White House?"*: TR to William McKinley, June 21, 1900, quoted in note, *LTR*, 2:1337.
211. *"figurehead"*: TR to HCL, Feb. 2, 1900, *LTR*, 2:1160.
212. *"Roosevelt has a big head . . . Vice-President"*: TR, quoted in *The World* (New York), June 18, 1900.
213. *"His enemies triumphed . . . they wanted him"*: Riis, *Theodore Roosevelt, the Citizen*, p. 235.
214. *"useless and empty position"*: Edith Carow Roosevelt, quoted in Stacy A. Cordery, *Alice*: *Alice Roosevelt Longworth, from White House Princess to Washington Power Broker* (New York: Viking, 2007), p. 40.
215. *"I am not doing any . . . then to do it well"*: TR to Taft, March 12, 1901, *LTR*, 3:11.
216. *"the kaleidoscope will . . . victory will be in order"*: TR to Charles Wood, Oct. 23, 1899, *LTR*, 2:108.
217. *"shot into the presidency"*: H. H. Kohlstat, *From McKinley to Harding*: *Personal Recollections of Our Presidents* (New York: Charles Scribner's Sons, 1923), p. 101.

7 富蘭克林・羅斯福——癱瘓、蕭條與試誤主義

1. *"like some amazing stag"*: Gunther, *Roosevelt in Retrospect*, p. 201.
2. *"It was the most wonderful athletic feat"*: Perkins, Part 2, p. 69, OHRO/CUL.
3. *"bleary with smoke"*: Ward, *A First-Class Temperament*, p. 583.
4. *"I'd never felt . . . way before"*: Ibid., p. 584.
5. *"Not improving"*: Burns and Dunn, *The Three Roosevelts*, p. 79.
6. *"Death"*: Ivan Turgenev, *Sketches from a Hunter's Album*, translated with an introduction and notes by Richard Freeborn (New York: Penguin, 1990), p. 227.
7. *"The psychological factor . . . utterly crushing him"*: Ward, *A First-Class Temperament*, p. 604.
8. *"bright and happy"*: Ward, *Before the Trumpet*, p. 145.
9. *"rebellious" body*: TR to Walter Camp, Sept. 28, 1921, in Elliott Roosevelt, ed., *F.D.R.*: *His Personal Letters, 1905–1928* (New York: Duell, Sloan & Pearce, 1947), p. 530.
10. *"a trapeze-like contraption . . . a goner"*: Gunther, *Roosevelt in Retrospect*, p. 229.
11. *"win . . . happy over little things"*: ER, Introduction, in Elliott Roosevelt, ed., *F.D.R.: Personal Letters, 1905–1928*, p. xviii.
12. *"If you spent two years . . . seem easy!"*: Schlesinger, *The Crisis of the Old Order*, p. 405.
13. *"trial and error"*: Gunther, *Roosevelt in Retrospect*, p. 229.
14. *"a number of mechanical" . . . to reach his library books*: Tobin, *The Man He Became*, p. 171.
15. *"fellow polios"*: Ward, *A First-Class Temperament*, p. 729.

158. *"more important work . . . Navy Department"*: Sewall, *Bill Sewall's Story of Theodore Roosevelt*, p. 102.
159. *"lost his head . . . utterly unaware"*: Long Diary, April 25, 1898, quoted in Lorant, *The Life and Times of Theodore Roosevelt*, p. 293.
160. *"usefulness . . . largely disappear in time of war"*: TR to Alexander Lambert, April 1, 1898, *LTR*, 2:807.
161. *"My work here . . . using the tools"*: Sewall, *Bill Sewall's Story of Theodore Roosevelt*, p. 103.
162. *"You know what . . . answered that call"*: Lawrence Abbott, ed., *The Letters of Archie Butt, Personal Aide to President Roosevelt* (New York: Doubleday, Page, 1924), p. 146.
163. *"composed exclusively . . . horsemen and marksmen"*: Morris, *The Rise of Theodore Roosevelt*, p. 613.
164. *"I told [Alger] . . . it into action"*: TR, *An Autobiography*, p. 218.
165. *"Alger considered this . . . I could have performed"*: Ibid., p. 219.
166. *"possessed in common . . . thirst for adventure"*: Theodore Roosevelt, *The Rough Riders* (New York: P. F. Collier & Sons, 1899), p. 22.
167. *"swells"*: Evan Thomas, *The War Lovers: Roosevelt, Lodge, Hearst, and the Rush to Empire, 1898* (Boston: Little, Brown, 2014), p. 263.
168. *"fellow feeling"*: TR, "Fellow-Feeling," Jan. 1900, *WTR*, 13:355.
169. *He assigned Knickerbocker Club members to wash dishes for a New Mexico company*: TR to HCL, May 18, 1898, in Lodge, *Selections from the Correspondence of Theodore Roosevelt and Henry Cabot Lodge*, 1:298.
170. *"When we got down . . . slept out in the open"*: TR, *The Rough Riders*, p. 178.
171. *"The men can go in . . . miles of the camp"*: Pringle, *Theodore Roosevelt*, pp. 186–87.
172. *"When things got easier . . . not enforce discipline"*: TR, *The Rough Riders*, pp. 178–79.
173. *"Instead of falling back . . . closer at every volley"*: Richard Harding Davis, *The Cuban and Puerto Rican Campaigns* (New York: Charles Scribner's Sons, 1898), p. 170.
174. *propelled his troops toward the enemy*: Ibid., p. 170.
175. *"up and down" . . . bewilderment, and excitement*: Edward Marshall, *The Story of the Rough Riders, 1st U.S. Volunteer Cavalry: The Regiment in Camp and on the Battle Field* (New York: G. W. Dillingham, 1899), p. 104.
176. *"What to do next I had not an idea"*: TR, *An Autobiography*, p. 242.
177. *"the most magnificent . . . Americans in Cuba"*: Marshall, *The Story of the Rough Riders*, p. 104.
178. *"great day"*: Pringle, *Theodore Roosevelt*, p. 181.
179. *"to see our commanding . . . enjoyable camping trip"*: Knokey, *Theodore Roosevelt and the Making of American Leadership*, p. 341.
180. *"We must advance . . . Come on"*: TR, *An Autobiography*, p. 249.
181. *"No one who saw . . . of the rifle pits"*: Arthur Lubow, *The Reporter Who Would Be King: A Biography of Richard Harding Davis* (New York: Scribner, 1992), p. 185.
182. *"If you don't wish . . . pass, please"*: Richard Harding Davis, *The Cuban and Puerto Rican Campaigns*, p. 30.
183. *"Up, up they went . . . an awful one"*: Riis, *Theodore Roosevelt, the Citizen*, p. 167.
184. *"shouting for his men to follow"*: Thomas, *The War Lovers*, p. 325.
185. *"cheering and filling . . . with cowboy yells"*: Richard Harding Davis, *The Cuban and Puerto Rican Campaigns*, p. 170.
186. *"had single-handedly crushed the foe"*: Lubow, *The Reporter Who Would Be King*, p. 185.
187. *"You are the next governor of New York!"*: Lincoln Steffens, "Theodore Roosevelt, Governor," *McClure's* (May 1899), p. 57.
188. *"In my regiment . . . them as I could"*: TR to Theodore (Ted) Roosevelt, Jr., Oct. 4, 1903, container 7, TR Jr. Papers, LC.
189. *"stumped the State . . . towns and cities"*: Steffens, "Theodore Roosevelt, Governor," p. 60.
190. *"electrical, magnetic"*: TR to HCL, Oct. 16, 1898, *LTR*, 2:885.
191. *"that indefinable 'something' . . . hill of San Juan"*: *Commercial Advertiser* (Chicago), Oct. 26, 1898.
192. *"I have played it . . . hold another office"*: TR to Cecil Spring Rice, Nov. 25, 1898, *LTR*, 2:888.
193. *"the dignity of the office . . . instead of a green chair"*: TR to Seth Low, Aug. 3, 1900, *LTR*, 2:1372.
194. *"No man resolved . . . personal contention"*: AL to Capt. James M. Cutts, Oct. 26, 1863, *CW*, 6:538.
195. *"I am delighted . . . under advisement"*: "A Day with Governor Roosevelt," *NYT, Illustrated Magazine*, April 23, 1899.

Sister (New York: D. McKay, 1963), p. 89.

123. *"I do not deal . . . with the law"*: Knokey, *Theodore Roosevelt and the Making of American Leadership*, p. 199.
124. *"on each side . . . course to follow"*: Sewall, *Bill Sewall's Story of Theodore Roosevelt*, p. 105.
125. *"jammed, people . . . in the aisles"*: TR to ARC, Oct. 4, 1896, TR, *Letters from Theodore Roosevelt to Anna Roosevelt Cowles*, p. 194.
126. *"all of his time . . . work of the campaign"*: Albert B. Cummins, in Wood, *Roosevelt as We Knew Him*, p. 42.
127. *lobbied on his behalf*: TR to HCL, Dec. 4, 1896, *LTR*, 1:568.
128. *"I want peace . . . is too pugnacious"*: H. Paul Jeffers, *Colonel Roosevelt: Theodore Roosevelt Goes to War, 1897–1898* (New York: John Wiley & Sons, 1996), p. 22.
129. *friends cautioned Roosevelt not to settle for this lesser post*: TR to HCL, Dec. 4, 1896, *LTR*, 1:568.
130. *"a reserve of good feeling"*: Stephen R. Covey, *The 7 Habits of Highly Effective People: Restoring the Character Ethics* (New York: Free Press, 2004), p. 188.
131. *"dry docks . . . torpedo boats"*: Jeffers, *Colonel Roosevelt*, p. 31.
132. *"He is full . . . careful as I am"*: John D. Long Diary, Feb. 26, 1897, quoted in Knokey, *Theodore Roosevelt and the Making of American Leadership*, p. 238.
133. *"broke the record . . . and rivets"*: Jeffers, *Colonel Roosevelt*, p. 42.
134. *"A century has passed . . . menace to peace"*: TR, "Address to Naval War College," June 2, 1897, in Bishop, *Theodore Roosevelt and His Time*, Vol. 1, pp. 74–75.
135. *"I have always . . . translated into deeds"*: Laura Ross, ed., *A Passion to Lead: Theodore Roosevelt in His Own Words* (New York: Sterling Signature, 2012), p. 66.
136. *"The Secretary is away . . . running the Navy"*: TR to Bellamy Storer, Aug. 19, 1897, *LTR*, 1:655.
137. *"As I am given . . . a great deal"*: TR to ARC, Aug. 1, 1897, TR, *Letters from Theodore Roosevelt to Anna Roosevelt Cowles*, p. 208.
138. *"hot-weather"*: TR to HCL, July 22, 1891, *LTR*, 1:256.
139. *"I knew that . . . should be done"*: TR, *An Autobiography*, p. 213.
140. *"You must be tired . . . an entire rest"*: TR to John D. Long, Aug. 9, 1897, *LTR*, 1:642.
141. *"If things go . . . back for six weeks more"*: TR to Long, Aug. 15, 1897, *LTR*, 1:651.
142. *"I am very glad . . . weather we have had"*: TR to Long, Sept. 15, 1897, *LTR*, 1:676.
143. *"chastened"*: TR to Long, Aug. 15, 1897, *LTR*, 1:651.
144. *"beguilingly honest and open"*: Burns and Dunn, *The Three Roosevelts*, p. 47.
145. *"was just what you . . . letter and spirit"*: TR to Long, Sept. 18, 1897, *LTR*, 1:681.
146. *"generous . . . every possible way"*: TR to Long, Jan. 3, 1898, *LTR*, 1:751.
147. *"it should come finally . . . made long before"*: TR to Long, Jan. 14, 1898, *LTR*, 1:759.
148. *"an act of friendly courtesy"*: Pringle, *Theodore Roosevelt*, p. 176.
149. *"I have been through . . . want to see another"*: Knokey, *Theodore Roosevelt and the Making of American Leadership*, p. 210.
150. *"Do not take any step . . . sensation in the papers"*: Bishop, *Theodore Roosevelt and His Time*, Vol. 1, p. 86.
151. *"peremptory orders . . . number of seamen"*: John D. Long Diary, Feb. 26, 1897, in Stefan Lorant, *The Life and Times of Theodore Roosevelt* (Garden City, N.Y.: Doubleday, 1959), p. 390.
152. *"keep full of coal . . . not leave the coast"*: TR to George Dewey, Feb. 25, 1898, *LTR*, 1:784.
153. *"Roosevelt, in his precipitate . . . yesterday afternoon"*: Long Diary, Feb. 26, 1898, quoted in Knokey, *Theodore Roosevelt and the Making of American Leadership*, p. 238.
154. *"just recovering . . . moment have taken"*: Long Diary, Feb. 26, 1898, quoted in Lorant, *The Life and Times of Theodore Roosevelt*, p. 390.
155. *"If it had not been . . . energy and promptness"*: Ray Stannard Baker, "TR," *McClure's* (Nov. 1890), p. 23.
156. *"few men would . . . he took it"*: Quoted in Knokey, *Theodore Roosevelt and the Making of American Leadership*, p. 239.
157. *"I really think . . . political career for good"*: Winthrop Chanler to Margaret Chanler, April 29, 1898, in Winthrop Chanler and Margaret Chanler, *Winthrop Chanler's Letters* (Privately printed, 1951), p. 68.

82. *"from top to bottom"*: Knokey, *Theodore Roosevelt and the Making of American Leadership*, p. 186.
83. *"utterly demoralized"*: Avery Andrews, "Citizen in Action: The Story of TR as Police Commissioner,"unpublished typescript, n.d., p. 8, TRC.
84. *forced the resignations*: Morris, *The Rise of Theodore Roosevelt*, pp. 506–7.
85. *"would spare no man"*: Lincoln Steffens, Scrapbook 1, Lincoln Steffens Papers.
86. *"midnight rambles"*: TR to ARC, June 23, 1895, *LTR*, 1:463.
87. *"What is that . . . his teeth and glasses?"*: Andrews, "Citizen in Action," TRC.
88. *"Sly Policemen Caught By Slyer Roosevelt"*: Knokey, *Theodore Roosevelt and the Making of American Leadership*, p. 193.
89. *"Roosevelt on Patrol . . . for Sleepy Policemen"*: *New York Sun*, June 8, 1895, Clipping Scrapbook, TRC.
90. *"the most interesting man in America"*: Knokey, *Theodore Roosevelt and the Making of American Leadership*, p. 194.
91. *"However amusing . . . entirely serious"*: Andrews, "Citizen in Action," TRC.
92. *"the beginning of a new epoch"*: *New York Sun*, June 8, 1895, Clipping Scrapbook, TRC.
93. *"naturally first-rate men"*: Knokey, *Theodore Roosevelt and the Making of American Leadership*, p. 195.
94. *"You are to be congratulated . . . well-patrolled"*: Morris, *The Rise of Theodore Roosevelt*, p. 510.
95. *"courage and daring" . . . everyday duties*: TR, *An Autobiography*, pp. 176–77.
96. *"men with the nightsticks"*: Riis, *Theodore Roosevelt, the Citizen*, p. 139.
97. *technological improvements*: Dalton, *Theodore Roosevelt*, p. 157.
98. *"one body . . . summary fashion"*: Ibid., p. 159.
99. *"my whole work . . . work possibly could"*: TR to Anna Roosevelt, June 23, 1895, *LTR*, 1:463.
100. *"One might hear . . . single midnight inspection"*: Riis, *Theodore Roosevelt, the Citizen*, p. 144.
101. *"caught off its guard . . . true grain of the thing"*: Jacob A. Riis, *The Making of an American* (New York: Macmillan, 1904), p. 235.
102. *the worst tenements were razed*: Ibid., p. 343.
103. *"the tap-root"*: Riis, *Theodore Roosevelt, the Citizen,* p. 138.
104. *"The result . . . network of crime"*: TR, *An Autobiography*, p. 189.
105. *"fairly and squarely"*: TR to Carl Schurz, Aug. 6, 1895, *LTR*, 1:472.
106. *"against some and not others"*: Andrews, "Citizen in Action," TRC.
107. *"no honorable . . . to enforce it"*: TR to Anna Roosevelt, June 30, 1895, *LTR*, 1:463.
108. *"never been . . . more savage fight"*: TR to HCL, July 20, 1895, *LTR*, 1:469.
109. *"driving and walking . . . most limited extent"*: TR to HCL, Aug. 22, 1895, in Henry Cabot Lodge, *Selections from the Correspondence of Theodore Roosevelt and Henry Cabot Lodge*: *1884–1918* (New York: Charles Scribner's Sons, 1925), Vol. 1, p. 164.
110. *"furious rage"*: TR to ARC, June 30, 1895, *LTR*, 1:463.
111. *"You are the biggest fool . . . made of yourself"*: Andrews, "Citizen in Action," TRC.
112. *"A less resolute man . . . was sworn to do"*: Jacob A, Riis, *How the Other Half Lives*: *Studies among the Tenements of New York* (New York: Charles Scribner's Sons, 1914), p. 241.
113. *"the howl"*: Riis, *Theodore Roosevelt, the Citizen*, p. 142.
114. *"the Police Czar . . . Roosevelt's Razzle Dazzle Reform Racket"*: *NYT*, Sept. 26, 1895.
115. *"Bully for Teddy!"*: Ibid.
116. *"Teddy, you're a man!"*: *Daily Republican* (Decatur, Ill.), Sept. 27, 1895.
117. *"Cheered by Those Who Came to Jeer"*: *Chicago Evening Journal*, reprinted in ibid.
118. *"let up on the saloon"*: TR to HCL, Oct. 11, 1895, *LTR*, 1:484.
119. *"He was terribly angry . . . I would not change"*: TR to HCL, Oct. 15, 1895, *LTR*, 1:486.
120. *"Reform was beaten"*: Steffens, *The Autobiography of Lincoln Steffens,* Vol. 1, p. 181.
121. *"Just at present . . . profound depression"*: TR to ARC, Nov. 19, 1895, TR, *Letters from Theodore Roosevelt to Anna Roosevelt Cowles*, p. 164.
122. *"He seems . . . much lowered"*: HCL to ARC, [Dec. 1895], quoted in Lilian Rixey, *Bamie*: *Theodore Roosevelt's Remarkable*

44. *"mean" horses*: Jon A. Knokey, *Theodore Roosevelt and the Making of American Leadership* (New York: Skyhorse, 2015), pp. 144–45.
45. *"Perseverance"*: TR, quoted in Douglas Brinkley, *The Wilderness Warrior: Theodore Roosevelt and the Crusade for America* (New York: HarperCollins, 2009), p. 161.
46. *"as something to be . . . practicing fearlessness"*: TR, *An Autobiography*, pp. 52–53.
47. *"the indomitable courage . . . ingrained in his being"*: *NYT* editorial, quoted in Strock, *Theodore Roosevelt on Leadership*, p. 50.
48. *"he would never . . . West as he did"*: CRR, *My Brother, Theodore Roosevelt*, p. 150.
49. *"I would not . . . experience in North Dakota"*: "Roosevelt National Park, North Dakota," National Park Service, Gohttps://www.nps.gov/nr/travel/presidents/t_roosevelt_park.html.
50. *"Baby Lee . . . both weak and morbid"*: TR to CRR, March 7, 1908, *LTR*, 6:966.
51. *"falling out . . . very intimate relations"*: Putnam, *Theodore Roosevelt*, p. 170.
52. *"with all the passion . . . never loved before"*: EKR to TR, June 8, 1886, Derby Papers, TRC.
53. *"I would like a chance . . . I could really do"*: TR to HCL, Aug. 20, 1886, *LTR*, 1:109.
54. *"a perfectly hopeless contest"*: TR to HCL, Oct. 17, 1886, *LTR*, 1:111.
55. *"would bury him in oblivion"*: Grondahl, *I Rose Like a Rocket*, p. 212.
56. *felt "below" what he deserved*: TR to HCL, Dec. 9, 1896, *LTR*, 1:570.
57. *"careful . . . in word and act"*: Steffens, *The Autobiography of Lincoln Steffens*, Vol. 1, p. 260.
58. *"Do what you can . . . where you are"*: TR, *An Autobiography*, p. 337.
59. *"genius . . . readiness to learn"*: Riis, *Theodore Roosevelt, the Citizen*, p. 154.
60. *"It treats all offices . . . party leaders"*: TR,"The Merit System versus the Patronage System,"*Century Magazine* (Feb. 1890), p. 628.
61. *"a living force"*: TR to HCL, June 29, 1889, *LTR*, 1:167.
62. *"everything in their power"*: *WP*, May 17, 1889.
63. *"the progress . . . execution of the law"*: TR, "The Merit System versus the Patronage System," p. 629.
64. *"a hard row to hoe"*: TR to HCL, June 29, 1889, *LTR*, 1:167.
65. *three guilty employees*: Edward P. Kohn, *Heir to the Empire City: New York and the Making of Theodore Roosevelt* (New York: Basic Books, 2014), p. 132.
66. *"going to be . . . fear or favor"*: TR to HCL, June 29, 1889, *LTR*, 1:167.
67. *"so-called voluntary contributions"*: *Galveston Daily News*, Jan. 27, 1890.
68. *"the difference between . . . dress for his wife"*: Riis, *Theodore Roosevelt, the Citizen*, p. 105.
69. *"His colleagues . . . consequent attack"*: Quoted in William Henry Harbaugh, *Power and Responsibility: The Life and Times of Theodore Roosevelt* (New York: Farrar, Straus & Cudahy, 1961), p. 80.
70. *"My two colleagues . . . more decided steps"*: TR to ARC, May 24, 1891, in Theodore Roosevelt, *Letters from Theodore Roosevelt to Anna Roosevelt Cowles, 1870–1918*, p. 117.
71. *"He came into official office . . . Government"*: *Washington Post*, May 6, 1890.
72. *"put a padlock . . . uncontrollable jaws"*: *Ohio Democrat*, Nov. 27, 1890.
73. *"Mr. Roosevelt is a young Lochinvar . . . in a good cause"*: *Boston Evening Times*, Oct. 29, 1890, TR scrapbook, TRC.
74. *"the fellow with no pull . . . social prestige"*: Riis, *Theodore Roosevelt, the Citizen*, p. 106.
75. *"I have the most . . . on my hands"*: TR to ARC, May 19, 1895, *LTR*, 1:458.
76. *"Six Years' War" as Civil Service commissioner*: Riis, *Theodore Roosevelt, the Citizen*, p. 122.
77. *"It was all breathless . . . What do we do first?"*: Steffens, *The Autobiography of Lincoln Steffens*, Vol. 1, pp. 257–58.
78. *"unmitigated mischief . . . power by the people"*: TR, *An Autobiography*, pp. 170–71.
79. *"Thinks he's the whole board"*: Steffens, *The Autobiography of Lincoln Steffens*, Vol. 1, p. 257.
80. *"He talks, talks . . . in the papers"*: Joseph Bucklin Bishop, *Theodore Roosevelt and His Time, Shown in His Letters*, 2 vols. (New York: Charles Scribner's Sons, 192), Vol. 1, p. 63.
81. *"I've come to help . . . really worth living"*: Riis, *Theodore Roosevelt, the Citizen*, p. 131.

6. *"peculiar" . . . long ministry*: *The Sun* (New York), Feb. 17, 1884.
7. *"It was a grim . . . from working"*: Sewall, *Bill Sewall's Story of Theodore Roosevelt*, pp. 11–12.
8. *"I think I should . . . not employed"*: TR to Carl Schurz, Feb. 21, 1884, *LTR*, 1:66.
9. *"a changed man . . . his own soul"*: Hagedorn, Hunt, and Spinney, "Memo of Conversation at Dinner at the Harvard Club."
10. *"We are now holding . . . the better I like it"*: TR to ARC, March 26, 1884, quoted in Putnam, *Theodore Roosevelt*, p. 395.
11. *"the bitter and venomous hatred"*: TR to Simon Dexter North, April 30, 1884, *LTR*, 1:66.
12. *"seemed to incarnate . . . brighter and better"*: Undated speech, Charles Evans Hughes, Houghton Library, TRC.
13. *"Our defeat . . . mass of my party"*: TR to ARC, June 8, 1884, *LTR*, 1:70.
14. *"I was at the birth . . . witness its death"*: Morris, *The Rise of Theodore Roosevelt*, p. 258.
15. *"hearty support"*: *NYT*, quoted in Putnam, *Theodore Roosevelt*, p. 464.
16. *"by inheritance . . . Republican convention"*: TR, interview in the *Boston Herald*, July 20, 1884, quoted in *WTR*, 14:40.
17. *"Theodore Beware . . . promising as you"*: *Boston Globe*, June 11, 1884, quoted in Putnam, *Theodore Roosevelt*, p. 463.
18. *"I have very little . . . keep in politics"*: TR to Simon North, April 30, 1884, *LTR*, 1:66.
19. *"I can not regret . . . part in the fray"*: TR to HCL, Aug. 24, 1884, *LTR*, 1:80.
20. *"I think it will . . . back into politics"*: TR to Bamie, Aug. 12, 1884, in Theodore Roosevelt, *Letters from Theodore Roosevelt to Anna Roosevelt Cowles, 1870–1918* (New York: Charles Scribner's Sons, 1924), p. 61.
21. *"I am going . . . I cannot tell"*: Putnam, *Theodore Roosevelt*, p. 444.
22. *"No ranch or other hiding . . . man like Blaine"*: Ibid., p. 468.
23. *"Punching cattle . . . avoid campaigning"*: Hermann Hagedorn, *Roosevelt in the Badlands* (New York: Houghton Mifflin, 1921), p. 165.
24. *"the most important educational asset"*: Theodore Roosevelt, *The New Nationalism* (New York: Outlook, 1909), p. 106.
25. *"I would take . . . who lived nearest her"*: TR, quoted by Albert B. Fall, in Frederick S. Wood, *Roosevelt as We Knew Him* (Philadelphia: John C. Winston, 1927), p. 12.
26. *trust them with $40,000 . . . a thousand head of cattle*: Morris, *The Rise of Theodore Roosevelt*, pp. 209–10.
27. *"a share of anything"*: Sewall, *Bill Sewall's Story of Theodore Roosevelt*, p. 12.
28. *"He never was . . . make a decision"*: Ibid., p. 92.
29. *"a streak of honor"*: A. T. Packer, "Roosevelt's Ranching Days," *Saturday Evening Post*, March 4, 1905, p. 13.
30. *"was very melancholy . . . well off without me"*: Sewall, *Bill Sewall's Story of Theodore Roosevelt*, p. 47.
31. *"was not playing cowboy—he was a cowboy"*: Edward Schapsmeier and Frederick H. Schapsmeier, "TR's Cowboy Years," in Natalie Naylor, Douglas Brinkley, and John Allen Gable, eds., *Theodore Roosevelt: Many-Sided American* (Interlaken, N.Y.: Heart of the Lakes, 1992), p. 148.
32. *able to sleep at night*: TR to ALC, Sept. 20, 1884, *LTR*, Vol. 1, p. 82.
33. *"Black care . . . pace is fast enough"*: Theodore Roosevelt, Hermann Hagedorn, and G. B. Grinnell, *Hunting Trips of a Ranchman: Ranch Life and the Hunting Trail* (New York: Charles Scribner's Sons, 1927), p. 329.
34. *"We only knew . . . ever to be the guide"*: Undated speech, Charles Evans Hughes, Houghton Library, TRC.
35. *suffer from asthma the rest of his life*: CRR, in Dalton, *Theodore Roosevelt*, p. 52.
36. *"he was a frail young man . . . for his livelihood"*: Sewall, *Bill Sewall's Story of Theodore Roosevelt*, p. 41.
37. *gained thirty pounds*: Putnam, *Theodore Roosevelt*, p. 530.
38. *"was clear bone, muscle and grit"*: Sewall, *Bill Sewall's Story of Theodore Roosevelt*, p. 41.
39. *"failed to make . . . to drive oxen"*: From *Pittsburgh Dispatch*, Aug. 23, 1885, quoted in Putnam, *Theodore Roosevelt*, p. 530.
40. *"nervous and timid"*: TR, *An Autobiography*, p. 27.
41. *"there were all kinds . . . soul and spirit"*: Ibid., p. 52.
42. *"constantly forcing himself . . . even dangerous thing"*: Frances Theodora Parsons, *Perchance Some Day* (Privately printed, 1952), p. 28.
43. *"a matter of habit . . . of will-power"*: TR, *An Autobiography*, p. 32.

91. *"we shall not only . . . worthy of the saving"*: Ibid., p. 276.
92. *"The whole . . . continued huzzas"*: Tarbell, *The Life of Abraham Lincoln*, Vol. 2, p. 75.
93. *"The inspiration . . . his hearers also"*: Burlingame, *Abraham Lincoln, a Life*, Vol. 1, p. 387.
94. *"His speaking went . . . speaker himself"*: White, *Abraham Lincoln in 1854*, p. 10.
95. *"When . . . completely?"*: Tarbell, *The Life of Abraham Lincoln*, Vol. 2, p. 75.
96. *"Nothing so much marks . . . reputation of a man"*: *The Journals and Miscellaneous Notebooks of Ralph Waldo Emerson*, Vol. 11, *1848–1851* (Cambridge, Mass.: Belknap Press of Harvard University Press, 1975), p. 341.
97. *"A great storyteller . . . life is wisdom"*: Walter Benjamin, "The Storyteller," in Dorothy J. Hale, ed., *The Novel: An Anthology of Criticism and Theory, 1900–2000* (Malden, Mass.: Blackwell, 2006), pp. 364, 378.
98. *"first choice"*: Gillespie, in *HI*, p. 182.
99. *"the 47 men . . . agony is over at last"*: AL to Elihu B. Washburne, Feb. 9, 1855, *CW*, 2:304.
100. *"gives me more pleasure . . . gives me pain"*: Ibid., 2:306.
101. *"If we could first know . . . against itself cannot stand"*: AL, "Speech at Springfield, Illinois," June 16, 1858, *CW*, 2:461.
102. *"Who is this man . . . his style inimitable?"*: Tarbell, *The Life of Abraham Lincoln*, Vol. 2, p. 116.
103. *"the emotions of defeat . . . fresh"*: Sandburg, *The Prairie Years*, Vol. 2, p. 167.
104. *"I am glad I made . . . other way"*: AL to Anson G. Henry, Nov. 4, 1858, *CW*, 3:335–36.
105. *"You will soon feel better . . . shall have fun again"*: AL to Charles H. Ray, Nov. 20, 1858, *CW*, 3:342.
106. *"No man of this . . . in this canvass"*: Tarbell, *The Life of Abraham Lincoln*, Vol. 2, p. 116.
107. *"were so much better . . . its present status"*: AL, quoted by Jesse W. Fell, in Osborn H. Oldroyd, comp., *The Lincoln Memorial: Album-Immortelles* (New York: G. W. Carleton & Co., 1882), p. 474.
108. *"in a mood . . . their first love"*: AL to James Berdan, Jan. 15, 1879, *CW*, 4:33–34.
109. *"No man knows . . . he has tried it"*: Tarbell, *The Life of Abraham Lincoln*, Vol. 3, p. 188.
110. *"as an evil not . . . protection a necessity"*: AL, "Address at Cooper Institute, New York City," Feb. 27, 1860, *CW*, 3:535.
111. *"avoidance of extremes . . . never off its balance"*: *Chicago Daily Press and Tribune*, May 16, 1860.
112. *"I am not in a position . . . of the vineyard?"*: AL to Norman B. Judd, Feb. 9, 1960, *CW*, 3:517.
113. *"vote as a unit"*: William Eldon Baringer, *Lincoln's Rise to Power* (Boston: Little, Brown, 1937), p. 186.
114. *"most of them . . . political morality"*: Whitney, *Lincoln, the Citizen*, p. 266.
115. *"the defeat of Seward . . . nomination of Lincoln"*: Murat Halstead; William B. Hesseltine, ed., *Three against Lincoln: Murat Halstead Reports the Caucuses of 1860* (Baton Rouge: Louisiana State University Press, 1960), p. 159.
116. *"especial assistance"*: AL to Salmon P. Chase, May 26, 1860, *CW*, 4:53.
117. *"chances were more . . . very slim"*: AL to Anson G. Henry, July 4, 1860, *CW*, 4:82.
118. *"a hired laborer . . . any man's son!"*: AL, "Speech at New Haven, Conn.," March 6, 1860, *CW*, 4:24.
119. *"a man of the people"*: Jacob Bunn quoted in Paul M. Angle, ed., *Abraham Lincoln by Some Men Who Knew Him* (Chicago: Americana House, 1950), p. 108.
120. *"so thoroughly interwoven . . . become part of them"*: Herndon and Weik, *Herndon's Life of Lincoln*, p. 372.
121. *"man for a crisis"*: AL, "Eulogy on Henry Clay," July 6, 1852, *CW*, 2:129.

6 西奧多・羅斯福——失去、改革與宿命論

1. *"There is a curse . . . Alice is dying too"*: Putnam, *Theodore Roosevelt*, p. 386.
2. *"The light has gone out of my life"*: TR, Private Diary, Feb. 14, 1884, TRP.
3. *"We spent three years . . . been lived out"*: Feb. 16, 1884, ibid.
4. *"wholly unprecedented . . . annals"*: TR, *In Memory of My Darling Wife Alice Hathaway Roosevelt and of My Beloved Mother Martha Bulloch Roosevelt who died in the same house and on the same day on February 14, 1884* (New York: G. P. Putnam's Sons, n.d.), TRP.
5. *"in a dazed stunned state . . . he does or says"*: Sewall, *Bill Sewall's Story of Theodore Roosevelt*, p. 11.

50. *"would read . . . could ever solve"*: Herndon and Weik, *Herndon's Life of Lincoln*, p. 248.
51. *"he was in the habit . . . ponder, and soliloquize"*: Lawrence Weldon, quoted in Tarbell, *The Life of Abraham Lincoln*, Vol. 2, p. 6.
52. *"muttering to himself"*: Ibid., Vol. 1, p. 120.
53. *"he had suddenly . . . listened and laughed"*: Sandburg, *The Prairie Years*, Vol. 1, p. 474.
54. *"the largest trial . . . central Illinois"*: Charles B. Strozier, *Lincoln's Quest for Union: Public and Private Meanings* (Chicago: University of Illinois Press, 1987), pp. 172–73.
55. *"into its simplest elements"*: Tarbell, *The Life of Abraham Lincoln*, Vol. 2, p. 43.
56. *"on his well-trained memory"*: Ibid., p. 45.
57. *"logical and profound . . . without adornment"*: Whitney, *Life on the Circuit with Lincoln*, p. 114.
58. *"He had the happy . . . trying the case"*: Tarbell, *The Life of Abraham Lincoln*, Vol. 2, p. 49.
59. *"His power of mimicry . . . heartier than his"*: Herndon and Weik, *Herndon's Life of Lincoln*, pp. 249–50.
60. *"No lawyer . . . member of the bar"*: Tarbell, *The Life of Abraham Lincoln*, Vol. 2, pp. 40–41.
61. *"You're in the wrong place . . . I'll stay here"*: Ibid., p. 38.
62. *"He was remarkably . . . young lawyers"*: Ibid., p. 41.
63. *"kindly and cordially"*: Whitney, *Life on the Circuit with Lincoln*, p. 30.
64. *"Lincoln was the . . . on his election"*: Tarbell, *The Life of Abraham Lincoln*, Vol. 2, p. 40.
65. *"is the lawyer's . . . done to-day"*: AL, "Fragment: Notes for a Law Lecture," [July 1, 1850?], *CW*, 2:81.
66. *"work, work, work"*: AL to John M. Brockman, Sept. 25, 1860, *CW*, 4: 121.
67. *"workshop . . . self introspection"*: Henry Whitney, in Sandburg, *The Prairie Years*, Vol. 1, p. 475.
68. *"brilliant military manoeuvers . . . not be scared"*: AL, "Eulogy of Zachary Taylor," *CW*, 2:83–90.
69. *"enduring spell . . . the whole country"*: AL, "Eulogy of Henry Clay," July 6, 1852, *CW*, 2:125–26.
70. *"knocked at the door"*: AL, "Eulogy of Henry Clay," July 6, 1852, *CW*, 2:127.
71. *"If by your legislation* . . . I am for disunion*"*: Debate in the House of Representatives, Dec. 13, 1849, *Congressional Globe*, 31st Cong., 1st Sess., p. 28.
72. *"The Great Pacificator"*: Robert Vincent Remini, *Henry Clay: Statesman of the Union* (New York: W. W. Norton, 1991), p. 192.
73. *"Devotion to the Union . . . so inclined them"*: AL, "Speech at Peoria , Ill.," *CW*, 2: 253.
74. *"apparent conservatism . . . were so great"*: Herndon and Weik, *Herndon's Life of Lincoln*, p. 292.
75. *"The time is coming . . . Abolitionists or Democrats"*: Ibid.
76. *"Popular sovereignty"*: Herndon and Weik, *Herndon's Life of Lincoln*, p. 294.
77. *"fixed, and hopeless of change for the better"*: John G. Nicolay and John Hay, *Abraham Lincoln: A History* (New York: Century, 1890), Vol. 1, p. 392.
78. *"inside . . . and downside"*: Herndon and Weik, *Herndon's Life of Lincoln*, p. 478.
79. *"such a hunt . . . caught it"*: Tarbell, *The Life of Abraham Lincoln*, Vol. 1, p. 43.
80. *"If A. can prove . . . superior to your own"*: AL, "Fragment on Slavery," [April 1, 1854?], *CW*, 2: 222.
81. *"We were both . . . fills the nation"*: AL, "Fragment on Stephen A. Douglas," [Dec. 1856?], *CW*, 2:382–83.
82. *"at the head . . . band of music"*: Lewis E. Lehrman, *Lincoln at Peoria: The Turning Point* (Mechanicsburg, Penn: Stackpole Books, 2008), p. 53.
83. *"I wish you . . . him skin me"*: AL, "Speech at Peoria, Ill.," Oct. 16, 1854, *CW*, 2:247–48.
84. *"What do you say . . . demonstrations of approval"*: James M. Rice, quoted in Lehrman, *Lincoln at Peoria*, p. 59.
85. *"the plain, unmistakable . . . end of a given time"*: AL, "Speech at Peoria, Ill.," Oct. 16, 1854, *CW*, 2:275, 274.
86. *"But now . . . 'God speed you'"*: Ibid., p. 275.
87. *"You rascal . . . their own way"*: AL, "Editorial on the Kansas-Nebraska Act," Sept. 11, 1854, *CW*, 2:230.
88. *"they—and not* he*—were trying the case"*: Tarbell, *The Life of Abraham Lincoln*, Vol. 2, p. 49.
89. *"The doctrine of self government . . . our fathers gave it"*: AL, "Speech at Peoria, Ill.," Oct. 16, 1854, *CW*, 2:265, 272, 276.
90. *"no prejudice . . . give it up"*: Ibid., p. 255.

13. *"indifferent . . . desert her throne"*: Shenk, *Lincoln's Melancholy*, p. 19.
14. *"I am now the most . . . write no more"*: AL to John T. Stuart, Jan. 23, 1841, *CW*, 1:229–30.
15. *"Lincoln went Crazy . . . it was terrible"*: Speed, in *HI*, p. 474.
16. *"delirious to the extent . . . to talk incoherently"*: Michael Burlingame, ed., *An Oral History of Abraham Lincoln: John Nicolay's Interviews and Essays* (Carbondale: Southern Illinois University Press, 1996), p. 2.
17. *"like the same person"*: Wilson, *Lincoln before Washington*, p. 110.
18. *"He is reduced . . . is truly deplorable"*: Carl Sandburg, *Mary Lincoln: Wife and Mother* (Bedford, Mass.: Applewood Books, 1995), p. 39.
19. *"within an inch . . . lunatic for life"*: Wilson, *Lincoln before Washing*ton, p. 110.
20. *"done nothing . . . his fellow man"*: Speed, in *HI*, p. 197.
21. *"a friendless . . . working on a flatboat"*: AL to Martin S. Morris, March 26, 1843, *CW*, 1:320.
22. *"one of the finest . . . legal mind"*: Michael Burlingame, *Abraham Lincoln, a Life*, 2 vols. (Baltimore: Johns Hopkins University Press, 2008), Vol. 1, p. 185.
23. *"would work hard . . . almost a father to me"*: Ibid., p. 186.
24. *"how to prepare . . . until middle life"*: Burlingame, ed., *An Oral History of Abraham Lincoln*, p. 38.
25. *"dreams of Elysium . . . can realize"*: AL to Joshua F. Speed, Feb. 25, 1842, *CW*, 1:280.
26. *"resolves . . . the chief gem"*: AL to Joshua F. Speed, July 4, 1842, *CW*, 1:289.
27. *"It is my pleasure . . . child to its parent"*: Mary Todd Lincoln, in *HI*, p. 357.
28. *"Now if you should . . . to go very much"*: AL to Richard S. Thomas, Feb. 14, 1843, *CW*, 1:307.
29. *"as ambitious . . . man in the world"*: Burlingame, *The Inner World of Abraham Lincoln*, p. 236.
30. *"trusting to escape . . . burning surface"*: AL, "Speech in United States House of Representatives: The War with Mexico," Jan. 12, 1848, *CW*, 1:438–41.
31. *"a very able . . . upright young man"*: Tarbell, *The Life of Abraham Lincoln*, Vol. 2, p. 11.
32. *"the crack speech . . . talking, gesticulating"*: Ibid.
33. *"Abe Lincoln . . . in the House"*: Burlingame, *Abraham Lincoln, a Life*, Vol. 1, p. 279.
34. *"I had been chosen . . . lessons in deportment"*: Chris DeRose, *Congressman Lincoln: The Making of America's Greatest President* (New York: Threshold, 2013), p. 203.
35. *"replete with good sense . . . the western orators"*: Ibid., p. 206.
36. *"neither slavery . . . of said territory"*: David Potter, *The Impending Crisis, America before the Civil War, 1848–1861* (New York: Harper & Row, 1976), p. 21.
37. *"at least forty times"*: AL to Joshua Speed, Aug. 24, 1855, *CW*, 2:323.
38. *"the time had come . . . we have been doing"*: DeRose, *Congressman Lincoln*, pp. 206–7.
39. *address slavery within the District of Columbia*: AL, "Remarks and Resolution Introduced in United States House of Representatives Concerning Abolition of Slavery in the District of Columbia," January 10, 1849, *CW*, 2:20.
40. *"that slave hound from Illinois"*: Wendell Phillips, quoted in Albert J. Beveridge, *Abraham Lincoln, 1809–1858*, 2 vols. (New York: Houghton Mifflin, 1928), Vol. 2, p. 185.
41. *"despaired of . . . had never lived"*: Burlingame, *The Inner World of Abraham Lincoln*, pp. 4–5.
42. *"I hardly ever felt . . . failure in my life"*: Francis Fisher Browne, *The Every-Day Life of Abraham Lincoln: A Narrative and Descriptive Biography* (Chicago: Browne & Howell, 1914), p. 107.
43. *"was losing interest in politics . . . than ever before"*: AL,"To Jesse W. Fell, Enclosing Autobiography,"Dec. 20, 1859, *CW*, 3: 511–12.
44. *"I am not an accomplished lawyer"*: AL, "Fragment: Notes for a Law Lecture" [July 1, 1850?], *CW*, 2:81.
45. *"a broad knowledge of the principles"*: Herndon and Weik, *Herndon's Life of Lincoln*, p. 248.
46. *"a certain lack of discipline . . . or disturb him"*: Ibid., pp. 247–48.
47. *"the circuit"*: Tarbell, *The Life of Abraham Lincoln*, Vol. 2, pp. 36–38.
48. *"almost to the point of exhaustion"*: Jesse W. Weik, *The Real Lincoln: A Portrait* (Boston: Houghton Mifflin, 1922), p. 240.
49. *"nearly mastered the Six Books of Euclid"*: AL, "Autobiography Written for John L. Scripps," *CW*, 4:62.

108. *"a phenomenal memory . . . names and faces"*: Joe B. Frantz, interviewer, in Willard Deason Interview, April 11, 1969, LBJOH.
109. *"It was like he . . . relatives were"*: Carroll Keach in Caro, *The Path to Power*, p. 426.
110. *"a mental imprint . . . of his mind"*: Deason Interview, April 11, 1969, LBJOH.
111. *"discussions with himself . . . 'have to do better, that's all' "*: Carroll Keach, quoted in Caro, *The Path to Power*, p. 426.
112. *"I've just met . . . anything you can"*: Tommy Corcoran, quoted in ibid., p. 448.
113. *"He was very much . . . depended on"*: Elizabeth Wickendham Goldschmidt Interview, Nov. 6, 1974, LBJOH.
114. *"The lack of electric . . . the country folk"*: William E. Leuchtenburg, *Franklin D. Roosevelt and the New Deal, 1932–1940* (New York: Harper Perennial, 2009), p. 157.
115. *"Did you ever see . . . all over again"*: LBJ, quoted in Merle Miller, *Lyndon*, p. 70.
116. *"the bigger the better . . . show him"*: Tommy Corcoran, quoted in Dallek, *Lone Star Rising*, p. 180.
117. *"city big shots"*: LBJ, quoted in Merle Miller, *Lyndon*, p. 70.
118. *"I have never . . . these rural rivers!"*: Ronnie Dugger, *The Politician: The Life and Times of Lyndon Johnson* (New York: W. W. Norton, 1982), p. 212.
119. *"a mental picture . . . milking machines"*: Michael Gillette, *Lady Bird: An Oral History* (New York: Oxford University Press, 2012), pp. 101–2.
120. *"John, I have a young . . . of my life"*: LBJ, quoted in Merle Miller, *Lyndon*, pp. 70–71.
121. *"home to that little . . . I carried him home"*: DKG/LBJ Conversations.
122. *"Because . . . and so overwhelming"*: Merle Miller, *Lyndon*, p. 72.
123. *"Now, look, I want us . . . Negroes and the Mexicans"*: Dugger, *The Politician*, pp. 209–10.
124. *"one dreary room . . . ill-nourished and sordid"*: Ibid., p. 210.
125. *"the government is competing . . . That's how"*: Merle Miller, *Lyndon*, p. 72.
126. *"a consensus about the boy"*: Tommy Corcoran, in Dallek, *Lone Star Rising*, p. 162.
127. *"marvelous stories"*: Elizabeth Rowe Interview, June 6, 1975, LBJOH.
128. *"greatest stories"*: Elizabeth Rowe, quoted in Caro, *The Path to Power*, p. 453.
129. *"If Lyndon Johnson . . . would take fire"*: Ibid., p. 454.
130. *"special interest"*: Elizabeth Wickendham Goldschmidt Interview, Nov. 6, 1974, LBJOH.
131. *"if he . . . first Southern president"*: Elliot Janeway, quoted in Caro, *The Path to Power*, p. 449.

5 亞伯拉罕・林肯——自殺、分裂與道德理想

1. *"Why some people . . . are not"*: Warren Bennis and Robert J. Thomas, "Crucibles of Leadership," *Harvard Business Review*, Sept. 2002, https://hbr.org/2002/09/crucibles-of-leadership.
2. *Some people lose . . . greater resolve and purpose*: Jim Collins, *Good to Great* (New York: HarperCollins, 2001), p. 82.
3. *"Lincoln's roseate hopes . . . no financier"*: Whitney, *Lincoln, The Citizen*, p. 142.
4. *"unladylike"*: Mary Lincoln to Mercy Levering, Dec. [15?], 1940, quoted in Justin G. Turner and Linda Levitt Turner, *Mary Todd Lincoln: Her Life and Letters* (New York: Alfred A. Knopf, 1972), p. 516.
5. *"in the winter of 40 & 41 . . . so well as myself"*: Speed, in *HI*, p. 430.
6. *"his ability . . . support a wife"*: Douglas L. Wilson, *Lincoln before Washington: New Perspectives on the Illinois Years* (Urbana: University of Illinois Press, 1998), p. 105.
7. *"I am so poor . . . in a year's rowing"*: AL to Speed, July 4, 1842, *CW*, 1:289.
8. *"breach of honor"*: Tarbell, *The Life of Abraham Lincoln*, Vol. 1, p. 174.
9. *"kills my soul"*: AL to Joshua Speed, July 4, 1842, *CW*, 1:282.
10. *"resolves when . . . much importance"*: Ibid., 1:289.
11. *"more than any one dead or living"*: Wilson, *Lincoln before Washington*, p. 101.
12. *"I shall be verry [sic] lonesome . . . pained by the loss"*: AL to Joshua Speed, Feb. 25, 1842, *CW*, 1:281.

Knopf, 1969), p. 343.
65. *"very, very . . . wavy hair"*: Caro, *The Path to Power*, p. 299.
66. *"sheer lunacy"*: Merle Miller, *Lyndon*, p. 52.
67. *"I'm ambitious . . . never will"*: Caro, *The Path to Power*, pp. 300–301.
68. *"Texas yip"*: LBJ, quoted in ibid.
69. *"I don't think . . . set eyes on her"*: Latimer Interview, Aug. 17, 1971, LBJOH.
70. *"balancing wheel"*: Jones Interview, June 13, 1969, LBJOH.
71. *NYA . . . "a lost generation"*: "Saving a 'Lost Generation' through the National Youth Administration," Roosevelt Institute, May 19, 1911, http://rooseveltinstitute.org/saving-lost-generation-through-national-youth-administration/.
72. *"He wanted me . . . a mistake had been made"*: Tom Connally, quoted in ibid., p. 340.
73. *"I'm not the assistant type . . . I'm the executive type"*: Dallek, *Lone Star Rising*, p. 120.
74. *"We gathered . . . and go to work"*: W. Sherman Birdwell Jr. Interview, April 1, 1965, LBJOH.
75. *"start the ball rolling"*: Jones Interview, June 13, 1969, LBJOH.
76. *roadside parks*: Willard Deason Interview, April 11, 1969, LBJOH.
77. *"beside himself with happiness"*: Luther Jones, quoted in Caro, *The Path to Power*, p. 348.
78. *"a model for the nation"*: Suggested by Joe B. Frantz, interviewer, in Deason Interview, April 11, 1969, LBJOH.
79. *Eleanor Roosevelt*: Dallek, *Lone Star Rising*, p. 143.
80. *"Everything had to be done . . . be done immediately"*: Ibid., p. 130.
81. *"couldn't wait" . . . midstream from the typewriter*: Mary Henderson, quoted in Caro, *The Path to Power*, p. 351.
82. *"The hours were long and hard"*: Deason Interview, May 7, 1965, LBJOH.
83. *The lights*: Jesse Kellam Interview, April 1965, LBJOH.
84. *"clockwatchers" . . . "never heard of a clock"*: Willard Deason, in NYA Group,"Discussion Days in NYA: William Deason, J. J. Pickle, Ray Roberts, Fenner Roth, Albert Brisbin, C. P. Little," taped in 1968 at William S. White's house, LBJL.
85. *"He would pair . . . was always behind"*: Ray Roberts, in ibid.
86. *"God, he could rip a man up and down"*: Ernest Morgan, quoted in Caro, *The Path to Power*, p. 352.
87. *pitting workers against one another*: Daniel Pink, *Drive*: *The Surprising Truth about What Motivates Us* (New York: Riverhead Books, 2011), p. 174.
88. *"Now, fellows . . . wheel and pitch in"*: Brisbin, "Discussion Days in NYA," LBJL.
89. *"We weren't like boarders . . . member of the family"*: Jones Interview, June 13, 1969, LBJOH.
90. *"paragraph . . . cake for us"*: Birdwell Interview, April 1, 1965, LBJOH.
91. *"to work harder . . . be more effective"*: Brisbin, "Discussion Days in NYA," LBJL.
92. *"the greatest organizer"*: Roberts, in ibid.
93. *"to put first things . . . one at a time"*: Deason, in ibid.
94. *"see around corners"*: White, in ibid.
95. *"we made no bones . . . going somewhere"*: Roberts, in ibid.
96. *"I just couldn't keep . . . bottled up inside"*: DKG/LBJ Conversations.
97. *"She's an old woman . . . she won't run"*: Caro, *The Path to Power*, p. 399.
98. *"Wirtz had a wife . . . as a son"*: Ibid., p. 393.
99. *he would need at least $10,000*: DKG/LBJ Conversations.
100. *"the die was cast . . . got to his car"*: Jones Interview, June 13, 1969, LBJOH.
101. *"My father became . . . the Johnson family"*: DKG/LBJ Conversations.
102. *"total Roosevelt man"*: Jones Interview, June 13, 1969, LBJOH.
103. *"I don't have . . . way to duck"*: Steinberg, *Sam Johnson's Boy*, p. 110.
104. *"he could get . . . anybody else"*: Birdwell Interview, April 1965, LBJOH.
105. *"in every store . . . look them in the eye"*: Ibid.
106. *campaigning*: Sam Fore, in Merle Miller, *Lyndon*, p. 61.
107. *"A five minute speech . . . minutes for handshaking"*: DKG/LBJ Conversations.

24. *"I remember playing . . . in the world"*: Ibid.
25. *"For days after . . . my father and sisters"*: Ibid.
26. *the Johnson "freeze-out"*: DKG, *LJAD,* p. 25.
27. *"perfect escape . . . life imaginable"*: DKG/LBJ Conversations.
28. *"very brilliant . . . faster than they did"*: Caro, *The Path to Power*, p. 71.
29. *"smothered . . . force feedings"*: Larry King, "Bringing up Lyndon," *Texas Monthly*, January 1976, http://www.texasmonthly.com/issue/january-1976.
30. *"Is it true?" . . . history or government*: *Time*, May 21, 1965.
31. *"the self-confidence . . . his intellectual equal"*: Donald, *Lincoln*, p. 32.
32. *"My daddy . . . I never could"*: DKG/LBJ Conversations.
33. *"The way you get ahead . . . Evans, for example"*: Alfred B. Johnson "Boody," quoted in Merle Miller, *Lyndon: An Oral Biography* (New York: G. P. Putnam's Sons, 1980), p. 28.
34. *"there was only . . . for him directly"*: DKG/LBJ Conversations.
35. *"kowtowing . . . brown nosing"*: Mylton Kennedy, quoted in Caro, *The Path to Power*, p. 153.
36. *"ruthless"*: Steinberg, *Sam Johnson's Boy*, p. 41.
37. *"to cut your throat . . . you wanted"*: Helen Hofheinz, in Caro, *The Path to Power,* p. 194.
38. *"didn't just dislike . . . despised him"*: Henry Kyle, in ibid., p. 196.
39. *"Ambition is . . . pressing forward"*: LBJ, *College Star*, June 19, 1929, quoted in William C. Pool, Emmie Craddock, and David E. Conrad, *Lyndon Baines Johnson: The Formative Years* (San Marcos: Southwest Texas State College Press, 1965), pp. 131–32.
40. *"the somebody . . . wanted to be"*: Caro, *The Path to Power*, p. 170.
41. *"My students were poor . . . pain of prejudice"*: LBJ, "Presidential News Conference," March 13, 1965, *PPP*, 1:286.
42. *"He respected . . . do your work"*: *Time*, May 21, 1965, p. 60.
43. *"down-to-earth and friendly"*: They Remember LBJ at Cotulla," *South Carolina News* (Florence, S.C.), Jan. 27, 1964, p. 12.
44. *"he didn't give . . . a blur"*: Dallek, *Lone Star Rising*, p. 79.
45. *"I was determined . . . care of itself"*: DKG/LBJ Conversations.
46. *"I can still see . . . who sat in my class"*: Caro, *The Path to Power*, p. 170.
47. *"Even in that day . . . political lore"*: Hopkins Interview, May 11, 1965, LBJOH.
48. *"gifted with a very . . . greet the public"*: Welly Hopkins, quoted in Caro, *The Path to Power*, p. 203.
49. *"We worked . . . I'd be elected"*: Hopkins Interview, May 11, 1965, LBJOH.
50. *"wonder kid . . . in the area"*: Steinberg, *Sam Johnson's Boy*, p. 53.
51. *"won anything"*: Gene Latimer Interview, Oct. 5, 1979, LBJOH.
52. *"rather vigorous . . . extremely aggressive"*: Luther Jones Interview, June 1, 1969, LBJOH.
53. *"could get people . . . think of doing"*: Latimer Interview, Oct. 5, 1979, LBJOH.
54. *"a human dynamo . . . a steam engine in pants"*: Jones Interview, June 13, 1969, LBJOH.
55. *"He had a variety . . . another one in the eye"*: Latimer Interview, Oct. 5, 1979, LBJOH.
56. *"we were . . . football team"*: Latimer Interview, Oct. 5, 1979, LBJOH.
57. *"All that day . . . was behind me"*: DKG/LBJ Conversations.
58. *"I would not say . . . Power I mean"*: LBJ, quoted in Merle Miller, *Lyndon*, p. 38.
59. *"This skinny boy . . . here twenty years"*: Arthur Perry, in Booth Moody, *The Lyndon Johnson Story* (New York: Avon, 1964), p. 38.
60. *"a hard man . . . way he wanted it"*: Jones Interview, June 13, 1969, LBJOH.
61. *"We've been relaxing . . . your own time?"*: Dallek, *Lone Star Rising*, p. 101.
62. *"a bluff and good" . . . delighted*: Jones Interview, June 13, 1969, LBJOH.
63. *"every problem had a solution"*: Caro, *The Path to Power*, p. 235.
64. *"extraordinarily direct . . . of his capabilities"*: Eric F. Goldman, *The Tragedy of Lyndon Johnson* (New York: Alfred A.

Sloan & Pearce, 1947), Vol. 2, p. 489.

112. *FDR not listed as one of thirty-nine vice presidential candidates*: Gunther, *Roosevelt in Retrospect*, p. 216.
113. *"Return to normalcy"*: Stiles, *The Man behind Roosevelt*, p. 68.
114. *"had everything . . . nothing to lose"*: Frank Freidel, *Franklin D. Roosevelt: The Ordeal* (Boston: Little, Brown, 1954), p. 70.
115. *"We really had trouble . . . what they're hiring"*: Stiles, *The Man behind Roosevelt*, p. 70.
116. *"once he met a man . . . circumstances"*: Linda Lotridge Levin, *The Making of FDR: The Story of Stephen Early, America's First Modern Press Secretary* (New York: Prometheus, 2008), p. 61.
117. *eight hundred speeches*: Gunther, *Roosevelt in Retrospect*, p. 216.
118. *"the driest subjects from seeming heavy"*: Freidel, *Franklin D. Roosevelt: The Ordeal*, p. 77.
119. *"it is becoming almost impossible . . . I yank his coattails!"*: Julie M. Fenster, *FDR's Shadow: Louis Howe, the Force That Shaped Franklin and Eleanor Roosevelt* (New York: St. Martin's Griffin, 2009), p. 121.
120. *"had something . . . good constitution"*: Freidel, *Franklin D. Roosevelt: The Ordeal*, p. 81.
121. *"A darn good sail"*: Levin, *The Making of FDR*, p. 59.
122. *"Curiously enough . . . during the campaign"*: Freidel, *FDR: The Ordeal*, p. 90.
123. *"a fraternity in spirit"*: Fenster, *FDR's Shadow*, p. 122.
124. *"Cuff-Links Club"*: *Ogden [Utah] Standard-Examiner*, May 16, 1934.
125. *"At that very first meeting . . . President of the United States"*: *NYT*, Nov. 27, 1932.

4 林登・詹森——擺盪在不安與狂妄間，不知疲倦的權力中心

1. *daylong "speaking"*: Robert Caro, *The Years of Lyndon Johnson: The Path to Power* (New York: Vintage, 1990), p. 202.
2. *vandoos*: Tarbell, *The Early Life of Abraham Lincoln*, p. 155.
3. *"I saw coming . . . behalf of Pat Neff"*: Welly Hopkins Interview, May 11, 1965, LBJOH.
4. *"I'm a prairie dog lawyer"*: Robert Dallek, *Lone Star Rising: Lyndon Johnson and His Times, 1908–1960* (New York: Oxford University Press, 1991), p. 86.
5. *"so wrapped . . . pleasantly received"*: Hopkins Interview, May 11, 1965, LBJOH.
6. *"the hit of the Henly picnic"*: Dallek, *Lone Star Rising*, p. 87.
7. *LBJ listening to his father and political cronies*: DKG, *LJAD*, p. 35.
8. *"I loved going . . . what was going on"*: The author's conversations with LBJ during time spent at the LBJ ranch between 1968 and 1971 (DKG/LBJ Conversations) and quoted extensively in DKG, *LJAD*.
9. *"If you can't come . . . no business in politics"*: Alfred Steinberg, *Sam Johnson's Boy: A Close-up of the President from Texas* (New York: Macmillan, 1968), p. 26.
10. *"was very friendly . . . doing something nice"*: Dallek, *Lone Star Rising*, p. 46.
11. *"We've got to . . . we're here for"*: Caro, *The Path to Power*, p. 82.
12. *"They walked the same . . . talked to you"*: Ibid., p. 76.
13. *Cecil Maddox's barbershop*: Ibid., p. 71.
14. *"We drove in the Model T . . . could go on forever"*: DKG/LBJ Conversations.
15. *"My mother . . . worst year of her life"*: Ibid.
16. *"a two-story . . . broad walks"*: Rebekah Baines Johnson, *A Family Album* (New York: McGraw-Hill, 1965), p. 29.
17. *"dashing and dynamic"*: Dallek, *Lone Star Rising*, p. 27.
18. *"whirlwind courtship"*: Rebekah Baines Johnson, *A Family Album*, p. 25.
19. *"the problem of adjustment . . . new way of life"*: Ibid., p. 30.
20. *"piled high"*: Dallek, *Lone Star Rising*, p. 28.
21. *"Then I came along . . . she never did"*: DKG/LBJ Conversations.
22. *"never seen such a friendly baby"*: Dallek, *Lone Star Rising*, p. 32.
23. *"I'll never forget . . . strangled to death"*: DKG/LBJ Conversations.

74. *"The automobile . . . occasional injuries"*: *The Franklin D. Roosevelt Collector* (May 1949), p. 4.
75. *designed his own posters and buttons . . . direct contact with people*: Smith, *FDR*, p. 66.
76. *"spoke slowly . . . never go on"*: ER, *This Is My Story*, p. 167.
77. *"that smile of his . . . as a friend"*: Tom Leonard Interview, Jan. 11, 1949, Oral HistoryCollection, FDRL.
78. *"but none of his . . . campaign of 1910"*: *The FDR Collector* (May 1949), p. 3.
79. *"be a real . . . chance to fill it"*: Ward, *A First-Class Temperament*, p. 122.
80. *"I know I'm no orator . . . like to hear"*: Frank Freidel, *Franklin D. Roosevelt: The Apprenticeship* (Boston: Little, Brown, 1952), p. 92.
81. *winning by the largest margin*: *Poughkeepsie Eagle-News*, Nov. 19, 1910.
82. *"I never had . . . the bivouac fire"*: *NYT*, Jan. 22, 1911.
83. *"disagreeable"*: "Notable New Yorkers," Reminiscences of Frances Perkins (1951–1955), Part 1, Session 1, p. 240, OHRO/CUL.
84. *"I can still see . . . an awfully mean cuss"*: Perkins, *The Roosevelt I Knew*, p. 11.
85. *"O'Gorman . . . better than Sheehan"*: Edmund R. Terry, "The Insurgents at Albany," *The Independent* (July–September 1911), p. 115.
86. *"converted defeat . . . taken an upward step"*: Burns and Dunn, *The Three Roosevelts*, p. 121.
87. *"How would I like it . . . would love to hold"*: Carroll Kilpatrick, *Roosevelt and Daniels, a Friendship in Politics* (Chapel Hill: University of North Carolina Press, 1952), p. xii.
88. *"always thrilled to tales of the sea"*: SDR, *My Boy Franklin*, p. 30.
89. *"man-to-man" . . . career would demand*: Ward, *A First-Class Temperament*, p. 173.
90. *collection of . . . naval history*: Graham and Wander, eds., *Franklin D. Roosevelt*, p. 280.
91. *"It is interesting . . . to the full"*: TR to FDR, *LTR*, 7:714.
92. *"an old fuddy duddy"*: Gunther, *Roosevelt in Retrospect*, p. 211.
93. *"was too damn slow for words"*: Blaine Taylor, "Rehearsal of Glory: FDR as Assist. Sec. of the U.S. Navy," *Sea Classics* 33, no. 7 (July 2000).
94. *"You should be . . . should resign"*: James Tertius de Kay, *Roosevelt's Navy: The Education of a Warrior President, 1882–1920* (New York: Pegasus, 2012), p. 55.
95. *FDR duties*: Ibid., p. 53.
96. *"A man with a flashing mind . . . complicated subjects"*: Ernest K. Lindley, *Franklin D. Roosevelt: A Career in Progressive Democracy* (Indianapolis: Bobbs-Merrill, 1931), p. 124.
97. *"dead wood"*: Ibid., p. 117.
98. *"second to none"*: Rex W. Tugwell, *The Democratic Roosevelt* (Baltimore: Penguin, 1957), p. 100.
99. *"economizer"*: Lindley, *Franklin D. Roosevelt*, p. 126.
100. *"It is only a big man . . . handled yourself"*: Freidel, *Franklin D. Roosevelt: The Apprenticeship*, pp. 322–23.
101. *"gnome-like"*: ER, *This Is My Story*, p. 192.
102. *"a singed cat"*: James Tobin, *The Man He Became* (New York: Simon & Schuster, 2013), p. 55.
103. *"luminous eyes"*: Lela Stiles, *The Man behind Roosevelt: The Story of Louis McHenry Howe* (New York: World, 1954), p. 24.
104. *seldom spent more than a couple days apart*: Ward, *A First-Class Temperament*, p. 199.
105. *"deflate Roosevelt's pride, prod his negligence"*: Alfred B. Rollins Jr., *Roosevelt and Howe* (New York: Alfred A. Knopf, 1962), p. 75.
106. *"He was a great trial and error guy"*: Taylor, "Rehearsal of Glory: FDR as Assist. Sec. of the U.S. Navy."
107. *"a suitable bond" . . . World War II*: Kilpatrick, *Roosevelt and Daniels*, p. 31.
108. *"to go to jail for 999 years"*: Gunther, *Roosevelt in Retrospect*, p. 211.
109. *"with a twinkle . . . with the Army"*: Lindley, *Franklin D. Roosevelt*, p. 140.
110. *"We want to get . . . talk things over"*: Stanley Weintraub, *Young Mr. Roosevelt: FDR's Introduction to War, Politics, and Life* (New York: Da Capo, 2013), p. 25.
111. *"My dear chief . . . about to skyrocket"*: Elliott Roosevelt, ed., *F.D.R.: His Personal Letters: 1905–1928* (New York: Duell,

Personal Letters: *Early Years*, p. 35.

35. *"getting on . . . with the fellows"*: FDR to SDR, Oct. 1, 1896, ibid., p. 42.
36. *"an interloper . . . school activity"*: SDR, *My Boy Franklin*, pp. 39–40.
37. *"Over 30 votes . . . given this year"*: FDR to SDR and James Roosevelt, March 24, 1897, Elliott Roosevelt, ed., *F.D.R.*: *His Personal Letters*: *Early Years*, pp. 78–79.
38. *"immensely proud"*: SDR, *My Boy Franklin*, p. 49.
39. *"I have served . . . school-spirit before"*: FDR to SDR and James Roosevelt, May 14, 1897, Elliott Roosevelt, ed., *F.D.R.*: *His Personal Letters*: *Early Years*, p. 97.
40. *"There has been . . . slight for success"*: Elliott Roosevelt, ed., *F.D.R.*: *His Personal Letters: Early Years*, p. 34, note.
41. *"Never, no never! . . . upstanding American"*: SDR, *My Boy Franklin*, p. 4.
42. *"unthinkable"*: Ibid., p. 56.
43. *"She was an indulgent . . . his soul his own"*: Ward, *Before the Trumpet*, p. 245.
44. *"The competition was . . . time exhausting"*: Philip Boffey, "FDR at Harvard," *Harvard Crimson*, Dec. 13, 1957.
45. *"My Dearest . . . quite a strain"*: FDR to SDR, April 30, 1901, Elliott Roosevelt, ed., *F.D.R.*: *His Personal Letters*: *Early Years*, p. 456.
46. *"kept the whole . . . for an hour"*: FDR to SDR and James Roosevelt, June 4, 1897, ibid., p. 110.
47. *"Young man . . . tomorrow morning"*: Boffey, "FDR at Harvard."
48. *"I don't want to go . . . out of ourselves"*: FDR to SDR, April 30, 1901, Elliott Roosevelt, ed., *F.D.R.*: *His Personal Letters*: *Early Years*, pp. 456–57.
49. *"in one day . . . election and legislature"*: Editorial, *Harvard Crimson*, Oct. 8, 1903, ibid., p. 509.
50. *"read Kant . . . best teacher"*: Bernard Asbell, *The F.D.R. Memoirs* (Garden City, N.Y.: Doubleday, 1973), p. 85.
51. *"conceited" and "cocky"*: Frank Oilbert, "FDR Headed Crimson," *Harvard Crimson*, Dec. 11, 1950.
52. *"quick-witted . . . frictionless command"*: Rev. W. Russell Bowie, quoted in ibid.
53. *"I know what pain . . . to love you"*: FDR to SDR, Dec. 4, 1903, Elliott Roosevelt, ed., *F.D.R.*: *His Personal Letters*: *Early Years*, p. 518.
54. *"a new life"*: Eleanor Roosevelt, *This Is My Story* (New York: Harper & Brothers, 1937), p. 65.
55. *"everything . . . comes in contact with"*: Lash, *Eleanor and Franklin*, p. 74.
56. *"The surest way . . . for others"*: Ibid., p. 87.
57. *"I had a great . . . every experience"*: ER, *This Is My Story*, p. 111.
58. *"featherduster"*: Arthur Schlesinger Jr., *The Age of Roosevelt*, Vol. 1: *The Crisis of the Old Order, 1919–1933* (New York: Mariner, 2003), p. 323.
59. *"broad human contact"*: Nathan Miller, *FDR*: *An Intimate History* (New York: Madison Books, 1983), p. 51.
60. *"My God . . . lived like that"*: Eleanor Roosevelt and Helen Ferris, *Your Teens and Mine* (Garden City, N.Y.: Doubleday, 1961), p. 181.
61. *"he would amount to something someday"*: Lash, *Eleanor and Franklin*, p. 107.
62. *"It is impossible . . . absolutely happy"*: Ibid., p. 109.
63. *FDR admiration of TR*: Ward, *A First-Class Temperament*, p. 86.
64. *"We are greatly . . . open before you"*: Lash, *Eleanor and Franklin*, p. 138.
65. *"Well, Franklin . . . name in the family"*: Ibid., pp. 138, 139, 141.
66. *"to take advantage" of it*: TR to Francis Markue Scott, Oct. 30, 1884, *LTR* 1:84.
67. *"fell into discussion . . . entirely reasonable"*: *Harvard Alumni Bulletin*, April 28, 1945, pp. 451–52.
68. *Feeling "snakebitten"*: Jean Edward Smith, *FDR* (New York: Random House, 2007), p. 64.
69. *"It was made . . . of the third"*: John Mack Interview, Feb. 1, 1949, Oral History Collection, FDRL.
70. *"I'll take it . . . no hesitation"*: Ibid.
71. *"I'll win the election"*: SDR, *My Boy Franklin*, p. 70.
72. *"not intend to sit still"*: *Poughkeepsie-Eagle News*, Oct. 7, 1910.
73. *"had a distinct . . . available voter"*: SDR, *My Boy Franklin*, pp. 73–74.

90.

2. *"the right person for the job"*: John Mack Interview, Feb. 1, 1949, Oral History Collection, FDRL.
3. *"Nothing would please . . . to seek out"*: Ibid.
4. *"with class lines . . . hands outside"*: James MacGregor Burns, *Roosevelt: The Lion and the Fox* (Old Saybrook, Conn.: Konecky & Konecky, 1970), p. 9.
5. *"tipped their hats"*: Ward, *Before the Trumpet*, p. 121.
6. *"There's a Mr. Franklin . . . topic of politics"*: Tom Leonard Interview, Jan. 11, 1949, Oral History Collection, FDRL.
7. *"On that joyous . . . ever since"*: FDR, "The Golden Rule in Government—An Extemporaneous Address at Vassar College, Poughkeepsie, N.Y.," Aug. 26, 1933, *PPA*, 2:338.
8. *"I'm dee-lighted . . . all my relatives"*: *Poughkeepsie Eagle-News*, Sept. 12, 1910.
9. *"Temperament . . . great separator"*: Richard E. Neustadt, *Presidential Power and the Modern Presidents* (New York: Free Press, 1980), p. 153.
10. *"A second-class . . . temperament"*: Geoffrey C. Ward, *A First-Class Temperament: The Emergence of Franklin Roosevelt, 1905–1928* (New York: Vintage, 2014), p. xv.
11. *"All that is in me . . . to the Hudson"*: Joseph P. Lash, *Eleanor and Franklin: The Story of Their Relationship* (New York: W. W. Norton, 1971), p. 116.
12. *"a very nice child . . . and happy"*: Ward, *Before the Trumpet*, p. 145.
13. *"Never . . . with itself"*: Sara Delano Roosevelt, *My Boy Franklin* (New York: Ray Long & Richard R. Smith, 1933), pp. 19–20.
14. *"pain-killing can . . . conflicting interests"*: John R. Boettiger, *A Love in Shadow* (New York: W. W. Norton, 1978), p. 29.
15. *"We coasted! . . . out for tomorrow!!"*: FDR to SDR [1888], in Elliott Roosevelt, ed., *F.D.R.: His Personal Letters: Early Years* (New York: Duell, Sloan & Pearce, 1947), p. 6.
16. *"Went fishing . . . dozen of minnows"*: FDR to SDR, May 18, 1888, ibid., p. 8.
17. *"Then . . . back to his routine"*: SDR, *My Boy Franklin*, pp. 5–6.
18. *"We never subjected . . . kind of handling"*: Ibid., p. 33.
19. *"a very nice child"*: Ward, *Before the Trumpet*, p. 145.
20. *stamp collection*: Otis L. Graham Jr. and Meghan Robinson Wander, eds., *Franklin D. Roosevelt: His Life and Times: An Encyclopedic View* (New York: Da Capo, 1990), p. 400.
21. *"the thrill of acquisition"*: Walter Benjamin, *Illuminations: Essays and Reflections* (New York: Schocken, 1969), pp. 60–61.
22. *"in its proper place . . . cares of State"*: Winston S. Churchill, *The Second World War*, Vol. 4, *The Hinge of Fate* (Boston: Houghton Mifflin, 1950), p. 712.
23. *"feeling of calm . . . beset him"*: Grace Tully, *F.D.R. My Boss* (New York: Charles Scribner's Sons, 1949), p. 7.
24. *"he lay sprawled . . . two things at once"*: SDR, *My Boy Franklin*, p. 34.
25. *"There was something . . . playful moods"*: Frances Perkins, *The Roosevelt I Knew* (New York: Penguin, 2011), p. 32.
26. *"generally preferred . . . gist right away"*: Samuel I. Rosenman, *Working with Roosevelt* (New York: Harper & Brothers, 1952), p. 17.
27. *"a gentleman . . . boy's companion"*: Ward, *Before the Trumpet*, p. 173.
28. *"unorthodox" manner*: Ibid., p.174.
29. *"when he became . . . issuing country"*: Robert H. Jackson, *That Man: An Insider's Portrait of Franklin D. Roosevelt* (New York: Oxford University Press, 2003), p. 12.
30. *"almost halfway through"*: Rita Halle Kleeman, *Gracious Lady: The Life of Sara Delano Roosevelt* (New York: D. Appleton-Century, 1935), p. 190.
31. *"The other boys . . . friendships"*: Eleanor Roosevelt, *This I Remember* (New York: Harper & Brothers, 1949), p. 43.
32. *"They knew things he didn't; he felt left out"*: Bess Furman, *Washington By-line: The Personal Story of a Newspaper Woman* (New York: Alfred A. Knopf, 1949), p. 272.
33. *"felt hopelessly out of things"*: John Gunther, *Roosevelt in Retrospect* (New York: Harper & Brothers, 1950), p. 173.
34. *"both mentally and physically"*: FDR to SDR and James Roosevelt, Sept. 18, 1896, Elliott Roosevelt, ed., *F.D.R.: His*

Leaders Who Transformed America (New York: Grove, 2001), p. 25.

60. *"greenhorn"*: Caleb Carman, *HI*, p. 429.
61. *"Who's the dude? . . . tailor could make them"*: Recollections of John Walsh, quoted in *Kansas City Star*, Feb. 12, 1922.
62. *"I went around . . . 'being a stranger' "*: TR, *An Autobiography*, p. 57.
63. *"a paternal interest"*: Ibid., p. 60.
64. *"a personal canvass" . . . Valentine Young's bar*: Riis, *Theodore Roosevelt, the Citizen*, p. 51.
65. *"not high enough"*: TR, *An Autobiography*, p. 60.
66. *"owned by no man"*: Paul Grondahl, *I Rose Like a Rocket*: *The Political Education of Theodore Roosevelt* (Lincoln: University of Nebraska Press, 2004), p. 65.
67. *"untrammeled and unpledged . . . serve no clique"*: Putnam, *Theodore Roosevelt*, p. 248.
68. *"We take much . . . honesty and integrity"*: Thayer, *Theodore Roosevelt*, p. 30.
69. *"Men worth millions . . . glad to get them"*: Riis, *Theodore Roosevelt, the Citizen*, p. 51.
70. *"brownstone vote"*: Ibid.
71. *"My first days . . . wealthiest district in New York"*: TR, *An Autobiography*, p. 63. 35 *"How do you do . . . ninety percent"*: Hermann Hagedorn, Isaac Hunt, and George Spinney, "Memo of Conversation at Dinner at the Harvard Club," Sept. 20, 1923, p. 41, TRC.
72. *"very good men . . . nor very bad"*: TR, "Phases of State Legislation" (Jan. 1885), *WTR*, 13:47.
73. *"the most talked . . . in fitting terms"*: *NYT*, April 8, 1882.
74. *"so corrupt a government"*: Dalton, "The Early Life of Theodore Roosevelt," p. 282.
75. *"black horse cavalry"*: Edmund Morris, *The Rise of Theodore Roosevelt* (New York: Modern Library, 2001), p. 179.
76. *"There is nothing . . . thing, I act"*: Grondahl, *I Rose Like a Rocket*, p. 61.
77. *"a dreadful misfortune . . . holding office"*: TR, *An Autobiography*, p. 56.
78. *"I rose like a rocket"*: TR to TR Jr., Oct. 20, 1903, *LTR*, 3:635.
79. *"if they do shoot . . . down like sticks"*: Riis, *Theodore Roosevelt, the Citizen*, p. 54.
80. *"was swelled"*: Ibid., p. 58.
81. *"There is an increasing . . . on his person"*: Quoted in Putnam, *Theodore Roosevelt*, p. 288.
82. *"a perfect nuisance"*: Hagedorn, Hunt, and Spinney, "Memo of Conversation at Dinner at the Harvard Club," p. 26.
83. *"He was just like . . . of a box"*: Ibid., p. 16.
84. *"rotten"*: TR, "True Americanism," April 1894, *WTR*, 13:16–17.
85. *"to sit on his coat-tails"*: O'Neill, quoted in Putnam, *Theodore Roosevelt*, p. 255.
86. *"everybody else . . . indiscreet"*: Hagedorn, Hunt, and Spinney, "Memo of Conversation at Dinner at the Harvard Club," p. 19.
87. *"would listen . . . no advice"*: Riis, *Theodore Roosevelt, the Citizen*, p. 58.
88. *"was absolutely deserted . . . was not all-important"*: Putnam, *Theodore Roosevelt*, p. 290.
89. *"that cooperation . . . all he could"*: Hagedorn, Hunt, and Spinney, "Memo of Conversation at Dinner at the Harvard Club," p. 19.
90. *He turned to help others . . . gave him a hand*: Riis, *Theodore Roosevelt, the Citizen*, p. 59.
91. *"biased . . . laborers"*: TR, "A Judicial Experience," *The Outlook*, March 13, 1909, p. 563.
92. *"beyond a shadow . . . and hygienic"*: Ibid.
93. *"The real things of life . . . more and more"*: Riis, *Theodore Roosevelt, the Citizen*, p. 60.
94. *"A man who conscientiously . . . point of view"*: TR, "Fellow-Feeling as a Political Factor" (Jan. 1900), *WTR*, 13:368, p. 355.
95. *"had the reins"*: TR to Alice Lee Roosevelt, Jan. 22, 1884, *LTR*, 1:64.

3 富蘭克林・羅斯福——順應環境，一鳴驚人的聆聽者

1. *Springwood*: Geoffrey C. Ward, *Before the Trumpet*: *Young Franklin Roosevelt, 1882– 1905* (New York: Vintage, 2014), p.

Harper & Brothers, 1919), p. 39.

22. *TR at center of play group*: Corinne Roosevelt Robinson, quoted in Lewis, *The Life of Theodore Roosevelt*, p. 35.
23. *"unreconstructed" southerner*: TR, *An Autobiography*, p. 11.
24. *"a purposeful . . . were concerned"*: Carleton Putnam, *Theodore Roosevelt: The Formative Years, 1858–1886* (New York: Charles Scribner's Sons, 1958), p. 99.
25. *"Roosevelt Museum of Natural History"*: TR, *An Autobiography*, p. 14.
26. *Elliott to beg for a separate room*: Hermann Hagedorn, *The Boy's Life of Theodore Roosevelt* (New York: Harper & Brothers, 1941), p. 45.
27. *"And of course . . . in our lives"*: CRR, *My Brother, Theodore Roosevelt* (New York: Charles Scribner's Sons, 1921), p. 80.
28. *"Theodore, you have . . .* I'll make my body": Ibid., p. 50.
29. *"They found that . . . helpless position"*: TR, *An Autobiography*, p. 52.
30. *"The young man . . . natural history in his hands"*: Putnam, *Theodore Roosevelt*, p. 127.
31. *"the house . . . not be diverted"*: Charles Grenfell Washburn, *Theodore Roosevelt: The Logic of His Career* (Boston: Houghton Mifflin, 1916), p. 3.
32. *"The story . . . to be like them"*: Hagedorn, *The Boy's Life of Theodore Roosevelt*, p. 1.
33. *"My father was the best . . . than did my father"*: TR, *An Autobiography*, pp. 7, 9.
34. *"his best and most intimate friend"*: TR to TR Sr., Oct. 22, 1876, *LTR*, 1:18.
35. *"It seems perfectly . . . my own fault"*: Ibid., p. 19.
36. *"studious, ambitious . . . appeal at first"*: Henry Pringle, *Theodore Roosevelt: A Biography* (New York: Harcourt, Brace, 1931), p. 33.
37. *"never conquered asthma completely"*: CRR in Kathleen Mary Dalton, *Theodore Roosevelt: A Strenuous Life* (New York: Vintage, 2004), p. 420.
38. *"just as you'd expect . . . he hopped"*: Putnam, *Theodore Roosevelt*, p. 106.
39. *"broadened every interest . . . his own age"*: Ibid.
40. *"I fear for your future . . . any length of time"*: Kathleen Mary Dalton, "The Early Life of Theodore Roosevelt.," PhD diss., Johns Hopkins University, 1979, p. 282.
41. *"I felt as if I . . . taken away"*: Theodore Roosevelt Private Diary, Feb. 12, 1878, Series 8, Reel 429, TRP.
42. *"If it were not . . . almost perish"*: Putnam, *Theodore Roosevelt*, p. 148.
43. *"Every now . . . companion, friend"*: TR, Private Diary, March 29, 1878, Series 8, Reel 429, TRP.
44. *"The death . . . him to the grave"*: *NYT*, Feb. 13, 1878.
45. *"Oh, how little worthy . . . keep up his name"*: TR, Private Diary, Feb. 22, 1878, Series 8, Reel 429, TRP.
46. *"leading the most . . . a bit of an optimist"*: Ibid., March 29, 1879.
47. *"No one but my wife . . . [my father's] place"*: Dalton, "The Early Life of Theodore Roosevelt," p. 300.
48. *"It was a real case . . . my first love too"*: TR, Private Diary, Jan. 30, 1880, TRP.
49. *"everything subordinate to winning her"*: TR to Henry Davis Minot, Feb. 13, 1880, *LTR*, 1:43.
50. *"nearly crazy . . . my own happiness"*: TR, Private Diary, Jan. 25, 1880, TRP.
51. *"I do not believe . . . than I love her"*: Ibid., March 11, 1880.
52. *"that he had made . . . the microscope"*: TR, *An Autobiography*, p. 24.
53. *"I want you to take . . . unless by his demerit"*: Sewall, *Bill Sewall's Story of Theodore Roosevelt*, p. 2.
54. *"I tried faithfully . . . to work in his own way"*: Riis, *Theodore Roosevelt, the Citizen*, pp. 36–37.
55. *"I'm going to try . . . I don't know exactly how"*: William Roscoe Thayer, *Theodore Roosevelt: An Intimate Biography* (Boston: Houghton Mifflin, 1919), p. 21.
56. *"what law is, not what it ought to be"*: Robert Charles, "Legal Education in the Late Nineteenth Century, through the Eyes of Theodore Roosevelt," *American Journal of Legal History* (July 1993), p. 247.
57. *"talk glibly"*: TR, *An Autobiography*, p. 23.
58. *"When I went into politics . . . with other people"*: Ibid., p. 61.
59. *"lack of interest . . . young men especially"*: James MacGregor Burns and Susan Dunn, *The Three Roosevelts: Patrician*

97. *"we highly disapprove . . . property in slaves"*: Resolutions by the General Assembly of the State of Illinois, quoted in note 2 of "Protest in Illinois Legislature on Slavery," March 3, 1837, *CW*, 1:75.
98. *"the institution of slavery . . . and bad policy"*: "Protest in Illinois Legislature on Slavery," March 3, 1837, *CW*, 1:75.
99. *"if slavery is not wrong, nothing is wrong"*: AL to Albert Hodges, April 4, 1864, *CW*, 7:281.
100. *"pruned of any offensive allusions"*: Herndon and Weik, *Herndon's Life of Lincoln*, p. 145.
101. *"a bold thing . . . political pariah"*: William O. Stoddard, *Abraham Lincoln: The True Story of a Great Life* (New York: Fords, Howard, & Hulbert, 1884), p. 116.
102. *"DeWitt Clinton of Illinois"*: Burlingame, *The Inner World of Abraham Lincoln*, p. 239.
103. *promise of the American dream*: This point is developed by Gabor S. Boritt, *Economics of the American Dream* (Urbana: University of Illinois Press, 1994).
104. *"in the middle of a river . . . it would go down"*: AL, "Remarks in the Illinois Legislature Concerning the Illinois and Michigan Canal," Jan. 22, 1840, *CW*, 1:196.
105. *"If you make a bad bargain, hug it the tighter"*: AL to Joshua F. Speed, Feb. 25, 1842, *CW*, 1:280.
106. *"peculiar ambition"*: AL, "Communication to the People of Sangamon County," March 9, 1932, *CW*, 1: 8.
107. *"something of ill-omen . . . the bible shall be read"*: AL, "Address before the Young Men's Lyceum of Springfield, Illinois," Jan. 27, 1838, *CW*, 1:109–14.
108. *"proud fabric of freedom"*: Ibid., p. 108.

2 西奧多・羅斯福——憑藉極端意志，追求卓越的富家子弟

1. *"run on his own hook"*: John T. Stuart, *HI*, p. 77.
2. *"Having been nominated . . . Election Day"*: TR,"To the Voters of the 21st Assembly District,"Nov. 1, 1881, in *LTR*, 1:55.
3. *"picked me . . . for myself"*: TR, *An Autobiography* (New York: Charles Scribner's Sons, 1925), pp. 59–60.
4. *"one of the most . . . honored name"*: *New York Daily Tribune*, Nov. 6, 1881.
5. *"no wealthy or popular relations"*: AL, "Communication to the People of Sangamon County," March 9, 1832, *CW*, 1:8.
6. *"the element of chance . . . to take advantage"*: TR, "The Conditions of Success," May 26, 1910, *WTR*, 13:575.
7. *"I put myself . . . and they happened"*: James M. Strock, *Theodore Roosevelt on Leadership* (Roseville, Calif.: Prima, 2001), p. 43.
8. *"no simple thing . . . any other club"*: TR, *An Autobiography*, pp. 55–56.
9. *"men of cultivated . . . rough and tumble"*: Ibid., p. 56.
10. *"who has in him . . . success himself"*: TR, *An Autobiography*, pp. 51–52.
11. *"the gospel of will"*: Jacob Riis, *Theodore Roosevelt, the Citizen* (New York: Outlook Co., 1904), p. 15.
12. *"I like to believe that . . . to Americans"*: Eugene Thwing, *The Life and Meaning of Theodore Roosevelt* (New York: Current Literature, 1919), p. 1.
13. *"Nobody seemed to think I would live"*: *The World* (New York), Nov. 16, 1902.
14. *"My father . . . lungs, strength—life"*: Lincoln Steffens, *The Autobiography of Lincoln Steffens*, 2 vols. (New York: Harcourt, Brace & World, 1931), Vol. 1, p. 350.
15. *"From the very fact . . . power of concentration"*: William Draper Lewis, *The Life of Theodore Roosevelt* (Chicago: John C. Winston, 1919), p. 36.
16. *"Do I know them? . . . and weaknesses"*: Riis, *Theodore Roosevelt, the Citizen*, p. 19.
17. *"need more than . . . prose or of poetry"*: TR, *An Autobiography*, p. 334.
18. *"the greatest of companions"*: Edward Wagenknecht, *The Seven Worlds of Theodore Roosevelt* (Guilford, Conn.: Lyons Press, 2009), p. 50.
19. *prodigious memory*: H. W. Brands, *T.R.: The Last Romantic* (New York: Basic Books, 1997), p. 62.
20. *"a piece of steel . . . to rub it out"*: Speed, *HI*, p. 499.
21. *"wax to receive . . . everything he read"*: William Wingate Sewall, *Bill Sewall's Story of Theodore Roosevelt* (New York:

54. *"Gawky and rough-looking"*: Carl Sandburg, *Abraham Lincoln: The Prairie Years,* Vol. 1 (New York: Charles Scribner's Sons, 1943), p. 161.
55. *"the most ludicrous . . . a pair of socks"*: Clipping from *Menard Axis* (Illinois), Feb. 15, 1862, *HI,* p. 24.
56. *"open—candid . . . loved him"*: Henry McHenry, *HI,* p. 14.
57. *"spontaneous, unobtrusive"*: Tarbell, *The Life of Abraham Lincoln,* Vol. 1, p. 108.
58. *"filled a unique place . . . intellectual and social center"*: Ida M. Tarbell, Assisted by J. McCan Davis, *The Early Life of Abraham Lincoln* (New York: S. S. McClure, 1896), p. 119.
59. *general store as meeting place*: Ibid.
60. *farmers traveling*: Sandburg, *The Prairie Years,* Vol. 1, p. 134.
61. *"a Center of attraction"*: Mentor Graham, *HI,* p. 9.
62. *"among the best clerks . . . great tenderness"*: William G. Greene, *HI,* p. 18.
63. *"unabashed eagerness to learn"*: Donald, *Lincoln,* p. 41.
64. *"a fire of shavings sufficiently bright"*: Tarbell, *The Early Life of Abraham Lincoln,* p. 125.
65. *"When he was ignorant . . . to acknowledge it"*: Speed, *HI,* p. 499.
66. *Kirkham's* English Grammar: Herndon and Weik, *Herndon's Lincoln,* p. 65.
67. *"understood by all classes"*: Joseph Gillespie, *HI,* p. 508.
68. *"If elected . . . my support"*: AL, "Communication to the People of Sangamon County," March 9, 1832, *CW,* 1:7.
69. *"I can only say . . . free institutions"*: Ibid., 1:8.
70. *"the humble walks of life"*: Burlingame, *The Inner World of Abraham Lincoln,* p. 238.
71. *"ready to renounce them"*: AL, "Communication to the People of Sangamon County," March 9, 1832, *CW,* 1:8.
72. *"too familiar with . . . never to try it again"*: J. Rowan Herndon, *HI,* p. 7.
73. *"success in life . . . much satisfaction"*: AL, "Autobiography Written for John L. Scripps," *CW,* 4:64.
74. *"vandoos . . . get the news"*: Tarbell, *The Early Life of Abraham Lincoln,* p. 155.
75. *"did not follow . . . other Speakers"*: Robert L. Wilson, *HI,* p. 204.
76. *"drawn from all classes of Society"*: William L. Miller, *Lincoln's Virtues: An Ethical Biography* (New York: Vintage, 2003), p. 8.
77. *"either the argument . . . or the author"*: Wilson, *HI,* pp. 204–5.
78. *"did not dampen . . . his ambition"*: Herndon and Weik, *Herndon's Life of Lincoln,* p. 76.
79. *"body and soul together"*: AL, "Autobiography Written for John L. Scripps," *CW,* 4:65.
80. *"men and boys . . . and jokes"*: Tarbell, *The Life of Abraham Lincoln,* Vol. 1, p. 132.
81. *"with perfect ease"*: J. Rowan Herndon, *HI,* p. 8.
82. *"Can't the party . . . put together"*: Ibid.
83. *"suitable clothing . . . maintain his new dignity"*: Herndon and Weik, *Herndon's Life of Lincoln,* p. 104.
84. *"anything but . . . in the background"*: Ibid., pp. 110–11.
85. *(including two future . . . State Supreme Court justices)*: Tarbell, *The Life of Abraham Lincoln,* Vol. 1, p. 132.
86. *"studied with nobody"*: AL, "Autobiography Written for John L. Scripps," *CW,* 4:65.
87. *After finishing each book . . . another loaner*: Herndon and Weik, *Herndon's Life of Lincoln,* p. 91.
88. *"Get the books . . . any other one thing"*: AL to Isham Reavis, Nov. 5, 1855, *CW,* 2:327.
89. *"They say I tell . . . than any other way"*: Donald Phillips, *Lincoln on Leadership* (New York: Warner Books, 1992), p. 155.
90. *"crowning gift . . . diagnosis"*: Helen Nicolay, *Personal Traits of Abraham Lincoln,* p. 77.
91. *"From your talk . . . that way themselves"*: Ibid., p. 78.
92. *"his thorough knowledge . . . have ever known"*: Herndon and Weik, *Herndon's Life of Lincoln,* p. 118.
93. *"We followed . . . ordinary argument"*: Henry C. Whitney, *Lincoln, the Citizen* (New York: The Baker & Taylor Co., 1908), p. 140.
94. *"roused the lion within him"*: Herndon and Weik, *Herndon's Life of Lincoln,* p. 115.
95. *"The gentleman . . . offended God"*: AL, quoted in ibid., pp. 115–16.
96. *"indulged in some fun . . . with the deepest chagrin"*: Ibid., p. 130.

17. *"marvelously retentive"*: Allen C. Guelzo, "Lincoln and Leadership: An Afterword," in Randall M. Miller, ed., *Lincoln and Leadership: Military, Political, and Religious Decision Making* (New York: Fordham University Press, 2012), p. 100.
18. *"a wonder . . . rub it out"*: Joshua Speed, *HI*, p. 499.
19. *"When he came . . . rewrite it"*: Sarah Bush Lincoln, *HI*, p. 107.
20. *"When a mere child . . . bounded it west"*: Ida M. Tarbell, *The Life of Abraham Lincoln*, 4 vols. (New York: Lincoln Historical Society, 1903), Vol. 1, pp. 43–44.
21. *"The ambition . . . whilst we played"*: Grigsby, *HI*, p. 114.
22. *"letters, words . . . could be drawn"*: Warren, *Lincoln's Youth*, p. 24.
23. *"the best penman . . . neighborhood"*: Joseph C. Richardson, *HI*, pp. 473–74.
24. *"their guide and leader"*: Grigsby, *HI*, p. 114.
25. *"great pains" . . . not the moon*: Anna Caroline Gentry, *HI*, p. 132.
26. *"When he appeared . . . what he said"*: Grigsby, *HI*, pp. 114–15.
27. *"no small part . . . up and down"*: AL, quoted in Francis B. Carpenter, *Six Months at the White House with Abraham Lincoln* (Lincoln: University of Nebraska Press, 1995), pp. 312–13.
28. *"the Style & tone" . . . Baptist preachers*: Chapman, *HI*, p. 102.
29. *additional material for his storytelling . . . the nearest courthouse*: Chapman, *HI*, p. 102; Tarbell, *The Life of Abraham Lincoln*, Vol. 1, p. 36.
30. *"winning smile"*: Horace White, *Abraham Lincoln in 1854* (Springfield: Illinois State Historical Society, 1908), p. 19.
31. *"there was not a corn blade . . . on a stalk"*: Oliver C. Terry, *HI*, p. 662.
32. *"Josiah blowing his bugle"*: AL, "Chronicles of Reuben," in Carl Sandberg, *Abraham Lincoln: The Prairie Years*, vol. 1 (New York: Charles Scribner's Sons, 1943) p. 55.
33. *"it was wrong . . . cruelty to animals"*: Grigsby, *HI*, p. 112.
34. *"pulled a trigger on any larger game"*: Tarbell, *The Life of Abraham Lincoln*, Vol. 1, p. 25.
35. *"It was a man" . . . to warm him up*: David Turnham, *HI*, p. 122.
36. *pig caught*: Helen Nicolay, *Personal Traits of Abraham Lincoln* (New York: Century, 1912), p. 81.
37. *"ready to out-run . . . out-lift anybody"*: Leonard Swett, in Allen Thorndike Rice, ed., *Reminiscences of Abraham Lincoln by Distinguished Men of His Time* (New York: North American, 1886), p. 71.
38. *"could carry . . . & sweat at"*: Joseph C. Richardson, *HI*, p. 120.
39. *"sufficient to make . . . doubly wasted"*: John B. Helm, *HI*, p. 48.
40. *"he could lay his hands on"*: Dennis Hanks, *HI*, p. 41.
41. *"When I read aloud . . . remember it better"*: Robert L. Wilson, *HI*, p. 207.
42. *father's treatment of AL*: Dennis Hanks, *HI*, p. 41.
43. *"I tried to stop . . . be got out"*: Douglas L. Wilson, *Honor's Voice: The Transformation of Abraham Lincoln* (New York: Vintage, 1999), p. 57.
44. *"His melancholy dript . . . as he walked"*: William H. Herndon, "Analysis of the Character," *Abraham Lincoln Quarterly* (1941), p. 339.
45. *"No element . . . melancholy"*: Henry C. Whitney, *Life on the Circuit with Lincoln* (Boston: Estes and Lauriat, 1892), p. 146.
46. *"necessary to his very existence"*: Robert Rutledge, *HI*, p. 409.
47. *"to whistle off sadness"*: David Davis, *HI*, pp. 348, 350.
48. *"that he was going to be something"*: Burlingame, *The Inner World of Abraham Lincoln*, p. 237.
49. *"a vision of an alternative future"*: John Kotter, "What Leaders Really Do," *Harvard Business Review* (May–June 1990), p. 47.
50. *"intend to delve . . . will come"*: Burlingame, *The Inner World of Abraham Lincoln*, p. 237.
51. *"Seeing no prospect . . . the broad world"*: AL to Joshua Speed, Aug. 24, 1855, *HI*, p. 52.
52. *"supplied a large . . . flour and lumber"*: Rutledge, *HI*, p. 382.
53. *Description of New Salem*: Tarbell, *The Life of Abraham Lincoln*, Vol. 1, pp. 59–60.

附注

前言　韌性領導力

1. *"I have often thought . . . 'real me!' "*: William Zinsser, ed., *Extraordinary Lives: The Art and Craft of American Biography* (Winter Park, Fla.: American Heritage Press, 1986), pp. 181–82.
2. *"If there is not the war . . . have known his name now"*: TR, "The Conditions of Success," May 26, 1910, WTR, 13:575.
3. *"It is not in the still calm . . . out great virtues"*: Abigail Adams to John Quincy Adams, Jan. 19, 1780, *The Adams Papers, Adams Family Correspondence*, Vol. 3, April 1778– September 1780, ed. L. H. Butterfield and Marc Friedlaender (Cambridge, Mass.: Harvard University Press, 1973), pp. 268–69.
4. *"Rarely was man so fitted to the event"*: Abraham Lincoln eulogy by Ralph Waldo Emerson, April 15, 1865, http://www.rwe.org/abraham-lincoln-15-april-1865-eulogy-by-ralph-waldo-emerson/.
5. *"greater than that which rested upon Washington"*: AL, "Farewell Address at Springfield, Illinois," [A. Version], Feb. 11, 1861, *CW*, 4:190.
6. *"I have only . . . army have done it all"*: Michael Burlingame, *Abraham Lincoln, A Life* (Baltimore: Johns Hopkins University Press, 2008), pp. 750–51.
7. *"With public sentiment . . . nothing can succeed"*: AL, "Fragment: Notes for Speeches [Aug. 21, 1858], *CW* 2:553.

1 亞伯拉罕・林肯——從雜貨店到州議會，苦學的自薦之人

1. *"Every man is . . . many of you"*: AL, "Communication to the People of Sangamon County," March 9, 1832, *CW*, 1:8.
2. *"I was born . . . much chagrined"*: Ibid., p. 9.
3. *"strong conviction . . . even possible"*: Joshua Wolf Shenk, *Lincoln's Melancholy: How Depression Challenged a President and Fueled His Greatness* (New York: Mariner, 2006), p. 17.
4. *"condensed into . . . of the poor"*: John L. Scripps, in *HI*, p. 57.
5. *"more in the way . . . his own name"*: AL, "Autobiography Written for John L. Scripps" [c. June 1860], *CW*, 4:61.
6. *"she was superior . . . in Every way"*: Nathaniel Grigsby, *HI*, p. 113.
7. *"keen—shrewd—smart"*: Dennis F. Hanks, ibid., p. 37.
8. *"All that I am . . . my mother"*: Michael Burlingame, *The Inner World of Abraham Lincoln* (Chicago: University of Illinois Press, 1994), p. 42.
9. *milk sickness*: *HI*, p. 40; Philip D. Jordan, "The Death of Nancy Hanks Lincoln," *Indiana Magazine of History* (June 1944), pp. 103–10.
10. *"a wild region"*: AL, "Autobiography written for Jesse W. Fell," Dec. 20, 1859, *CW*, 3:511.
11. *"the panther's . . . on the swine"*: "The Bear Hunt," [Sept. 6, 1846?] *CW*, 1:386.
12. *"wild—ragged & dirty"*: Quoted by Dennis Hanks, *HI*, p. 41.
13. *"snug and comfortable" . . . clothing for the children*: A. H. Chapman, *HI*, p. 99.
14. *"He was the learned . . . unlearned folks"*: Anna Caroline Gentry, *HI*, p. 132.
15. *"He carried away . . . equal"*: David Herbert Donald, *Lincoln* (New York: Simon & Schuster, 1995), p. 32.
16. *"the best"*: Louis Warren, *Lincoln's Youth: Indiana Years, Seven to Twenty-One, 1816–1830* (Indianapolis: Indiana Historical Society, 1959), p. 80.

Ward, Geoffrey C., and Ken Burns. *The Vietnam War: An Intimate History*. New York: Alfred A. Knopf, 2017.
Warren, Louis. *Lincoln's Youth: Indiana Years, Seven to Twenty-one, 1816–1830.* Indianapolis: Indiana Historical Society, 1959.
Washburn, Charles Grenfell. *Theodore Roosevelt: The Logic of His Career*. Boston: Houghton Mifflin, 1916.
Weik, Jesse W. *The Real Lincoln: A Portrait.* Boston: Houghton Mifflin, 1922.
Weintraub, Stanley. *Young Mr. Roosevelt: FDR's Introduction to War, Politics, and Life.* New York: Da Capo, 2013.
Welles, Gideon; Howard K. Beale, ed. *Diary of Gideon Welles: Secretary of the Navy under Lincoln and Johnson*, Vol. 1: *1861–March 30, 1964.* New York: W. W. Norton, 1960.
White, Horace. *Abraham Lincoln in 1854: An Address delivered before the Illinois State Historical Society, at its 9th Annual Meeting at Springfield, Illinois, Jan. 30, 1908.* Springfield: Illinois State Historical Society, 1908.
Whitney, Henry C. *Life on the Circuit with Lincoln*. Boston: Estes and Lauriat, 1892.
_____. *Lincoln, The Citizen*. New York: Baker & Taylor, 1908.
Wiley, Bell. *The Life of Billy Yank*. Baton Rouge: Louisiana State University Press, 1979.
Wilson, Douglas L. *Honor's Voice: The Transformation of Abraham Lincoln*. New York: Vintage, 1999.
_____. *Lincoln before Washington: New Perspectives on the Illinois Years.* Urbana: University of Illinois Press, 1998.
Wilson, Douglas L., and Rodney O. Davis, eds. *Herndon's Informants: Letters, Interviews, and Statements about Abraham Lincoln.* Chicago: University of Illinois Press, 1998.
Winik, Jay. *April 1865: The Month That Saved America.* New York: Harper Perennial, 2002.
Wister, Owen. *Roosevelt: The Story of a Friendship, 1880–1919.* New York: Macmillan, 1930.
Wood, Frederick S. *Roosevelt as We Knew Him*. Philadelphia: John C. Winston Co., 1927.
Woods, Randall B. *LBJ: Architect of American Ambition*. Cambridge, Mass.: Harvard University Press, 2006.
Wordsworth, William. *The Complete Poetical Works of William Wordsworth, Together with a Description of the Country of the Lakes in the North of England, Now First Published with His Works*, Henry Reed, ed. Philadelphia: James Kay, Jun. and Brothers, 1837.
Zinsser, William, ed. *Extraordinary Lives: The Art and Craft of American Biography*. Winter Park, Fla.: American Heritage Press, 1986.

Stoddard, William O. *Abraham Lincoln: The True Story of a Great Life*. New York: Fords, Howard, & Hulbert, 1884.

———. *Inside the White House in War Times*. Lincoln, Neb.: Bison, 2000.

Stone, I. F. *The War Years, 1939–1945*. Boston: Little, Brown, 1990.

Straus, Oscar S. *Under Four Administrations: From Cleveland to Taft*. Boston: Houghton Mifflin, 1922.

Strock, James M. *Theodore Roosevelt on Leadership*. Roseville, Calif.: Prima Publishing, 2001.

Strozier, Charles B. *Lincoln's Quest for Union: Public and Private Meanings*. Chicago: University of Illinois Press, 1987.

Sullivan, Mark. *Our Times: The United States, 1900–1925*, Vol. 2: *America Finding Herself*. New York: Charles Scribner's Sons, 1927.

———. *Our Times: The United States, 1900–1925*, Vol. 4: *The War Begins, 1909–1914*. New York: Charles Scribner's Sons, 1927.

Tarbell, Ida M. *The Life of Abraham Lincoln*. 4 vols. New York: Lincoln Historical Society, 1903.

———. *A Reporter for Lincoln: Story of Henry E. Wing, Soldier and Newspaperman*. New York: Macmillan, 1927.

Tarbell, Ida M. Assisted by McCan Davis. *The Early Life of Abraham Lincoln*. New York: S. S. McClure, 1896.

Thayer, William Roscoe. *Theodore Roosevelt: An Intimate Biography*. Boston: Houghton Mifflin, 1919.

Thomas, Evan. *The War Lovers: Roosevelt, Lodge, Hearst, and the Rush to Empire, 1898*. Boston: Little, Brown, 2014.

Thwing, Eugene. *The Life and Meaning of Theodore Roosevelt*. New York: Current Literature, 1919.

Tobin, James. *The Man He Became: How FDR Defied Polio to Win the Presidency*. New York: Simon & Schuster, 2013.

Tugwell, Rex W. *The Democratic Roosevelt*. Baltimore: Penguin, 1957.

Tully, Grace. *F.D.R. My Boss*. New York: Charles Scribner's Sons, 1949.

Turgenev, Ivan. *Sketches from a Hunter's Album*, translated with an introduction and notes by Richard Freeborn. New York: Penguin, 1990.

Turner, Justin G., and Linda Levitt Turner. *Mary Todd Lincoln: Her Life and Letters*. New York: Alfred A. Knopf, 1972.

Usher, John P. *President Lincoln's Cabinet*. New York: Nelson H. Loomis, 1925.

Valenti, Jack. *A Very Human President*. New York: Pocket Books, 1977.

Wagenknecht, Edward. *The Seven Worlds of Theodore Roosevelt*. Guilford, Conn.: Lyons Press, 2009.

Walker, Turnley. *Roosevelt and the Warm Springs Story*. New York: A. Wyn, 1953.

Ward, Geoffrey C. *Before the Trumpet: Young Franklin Roosevelt, 1882–1905*. New York: Vintage, 2014.

———. *Closest Companion: The Unknown Story of the Intimate Friendship between Franklin Roosevelt and Margaret Suckley*. New York: Simon & Schuster, 1995.

———. *A First-Class Temperament: The Emergence of Franklin Roosevelt, 1905–1928*. New York: Vintage, 2014.

Roosevelt, Theodore; Elting E. Morison, John M. Blum, and John J. Buckley, eds. *The Letters of Theodore Roosevelt.* 8 Vols. Cambridge, Mass.: Harvard University Press, 1951–1954.

Rosenman, Samuel I. *Working with Roosevelt.* New York: Harper & Brothers, 1952.

Ross, Laura, ed. *A Passion to Lead: Theodore Roosevelt in His Own Words.* New York: Sterling Signature, 2012.

Rothman, Hal. *LBJ's Texas White House: "Our Heart's Home."* College Station: Texas A&M University Press, 2001.

Russell, Jan Jarboe. *Lady Bird: A Biography of Mrs. Johnson.* Waterville, Maine: Thorndike Press, 2000.

Sandburg Carl. *Abraham Lincoln: The Prairie Years.* Vol. 1. New York: Charles Scribner's Sons, 1943.

_____. *Abraham Lincoln: The Prairie Years.* Vol. 2. New York: Charles Scribner's Sons, 1943.

_____. *Abraham Lincoln: The War Years.* Vol. 3. New York: Charles Scribner's Sons, 1943.

_____. *Abraham Lincoln: The War Years.* Vol. 6. New York: Charles Scribner's Sons, 1943.

_____. *Mary Lincoln: Wife and Mother.* Bedford, Mass.: Applewood Books, 1995.

Sargent, James E. *Roosevelt and the Hundred Days: Struggle for the Early New Deal.* New York: Garland, 1981.

Schlesinger Jr., Arthur M. *The Age of Roosevelt*, Vol. 1: *The Crisis of the Old Order, 1919–1933.* New York: Mariner, 2003.

_____. *The Age of Roosevelt*, Vol. 2: *The Coming of the New Deal, 1933–1935.* New York: Mariner, 2003.

_____. *The Age of Roosevelt*, Vol. 3: *The Politics of Upheaval, 1935–1936.* New York: Mariner, 2003.

Sears, Stephen W., ed. *The Civil War Papers of George C. McClellan: Selected Correspondence, 1860–1865.* New York: Ticknor & Fields, 1989.

Segal, Charles M., ed. *Conversations with Lincoln.* New York: G. P. Putnam's Sons, 1961.

Sewall, William Wingate. *Bill Sewall's Story of Theodore Roosevelt.* New York: Harper & Brothers, 1919.

Seward, Frederick William. *Reminiscences of a War-Time Statesman and Diplomat: 1830– 1915.* New York: G. P. Putnam's Sons [Knickerbocker Press], 1916.

_____. *Seward at Washington as Senator and Secretary of State: A Memoir of His Life, with Selections from His Letters, 1861–1872.* New York: Derby and Miller, 1891.

Shenk, Joshua Wolf. *Lincoln's Melancholy: How Depression Challenged a President and Fueled His Greatness.* New York: Mariner, 2006.

Sherwood, Robert E. *Roosevelt and Hopkins: An Intimate History.* New York: Harper & Brothers, 1948.

Shoumatoff, Elizabeth. *FDR's Unfinished Portrait.* Pittsburgh: University of Pittsburgh Press, 1990.

Smith, Jean Edward. *FDR.* New York: Random House, 2007.

Staudenraus, P. J., ed. *Mr. Lincoln's Washington: Selections from the Writings of Noah Brooks Civil War Correspondent.* South Brunswick, N.J.: Thomas Yoseloff, 1967.

Steffens, Lincoln. *The Autobiography of Lincoln Steffens.* 2 vols. New York: Harcourt, Brace & World, 1931.

Steinberg, Alfred. *Sam Johnson's Boy: A Close-up of the President from Texas.* New York: Macmillan, 1968.

Stiles. Lela. *The Man behind Roosevelt: The Story of Louis McHenry Howe.* New York: World, 1954.

______., ed. *F.D.R.: His Personal Letters, 1905–1928*. New York: Duell, Sloan & Pearce,1948.

______., ed. *F.D.R.: His Personal Letters, 1928–1945*. 2 vols. New York: Duell, Sloan & Pearce, 1950.

Roosevelt, Elliott, and James Brough. *A Rendezvous with Destiny: The Roosevelts in the White House*. New York: G. P. Putnam's Sons, 1975.

Roosevelt, Franklin D. *On Our Way*. New York: John Day, 1934.

______. *The Public Papers and Addresses of Franklin D. Roosevelt*. Vol. 1: *The Genesis of the New Deal, 1928–1932*. New York: Random House, 1938.

______. *The Public Papers and Addresses of Franklin D. Roosevelt*. Vol. 2: *The Year of Crisis, 1933*. New York: Random House, 1938.

______. *The Public Papers and Addresses of Franklin D. Roosevelt*. Vol. 3: *The Advance of Recovery and Reform, 1934*. New York: Random House, 1938.

______. *The Public Papers and Addresses of Franklin D. Roosevelt*. Vol. 5: *The People Approve, 1936*. New York: Random House, 1938.

______. *The Public Papers and Addresses of Franklin D. Roosevelt, 1944–45: Victory and the Threshold of Peace*. Compiled with special material and explanatory notes by Samuel I. Rosenman. Book 1. New York: Harper & Brothers, 1950.

Roosevelt, James, and Sidney Schalett. *Affectionately FDR: A Son's Story of a Lonely Man*. New York: Harcourt Brace, 1959.

Roosevelt, Sara Delano. As told to Isabel Leighton and Gabrielle Forbush. *My Boy Franklin*. New York: Ray Long & Richard R. Smith, 1933.

Roosevelt, Theodore. *Addresses and Presidential Messages of Theodore Roosevelt, 1902–1904*. New York: G. P. Putnam's Sons [The Knickerbocker Press], 1904.

______. *An Autobiography*. New York: Charles Scribner's Sons, 1925.

______. *Letters from Theodore Roosevelt to Anna Roosevelt Cowles, 1870–1918*. New York: Charles Scribner's Sons, 1924.

______. *The New Nationalism*. New York: Outlook, 1909.

______. *The Rough Riders*. New York: P. F. Collier & Sons, 1899.

Roosevelt, Theodore, Hermann Hagedorn, and G. B. Grinnell. *Hunting Trips of a Ranchman: Ranch Life and the Hunting Trail*. New York: Charles Scribner's Sons, 1927.

Roosevelt, Theodore; Lewis L. Gould, ed. *Bull Moose on the Stump: The 1912 Campaign Speeches of Theodore Roosevelt*. Lawrence: University Press of Kansas, 2008.

Roosevelt, Theodore; Hermann Hagedorn, ed. *The Works of Theodore Roosevelt*. 24 vols. New York: Charles Scribner's Sons, 1923–1926.

Roosevelt, Theodore; Alfred Henry Lewis, ed. *A Compilation of the Messages and Speeches of Theodore Roosevelt, 1901–1905*. New York and Washington, D.C.: Bureau of National Literature and Art, 1906.

Pringle, Henry. *Theodore Roosevelt: A Biography*. New York: Harcourt, Brace, 1931.
The Public Papers of the Presidents of the United States: Lyndon B. Johnson, 1963–64, Book I. Washington, D.C.: Office of the Federal Register, National Archives and Records Service, General Services Administration, 1965.
The Public Papers of the Presidents of the United States: Lyndon B. Johnson, 1963–64, Book II. Washington, D.C.: Office of the Federal Register, National Archives and Records Service, General Services Administration, 1965.
The Public Papers of the Presidents of the United States: Lyndon B. Johnson, 1965, Book I. Washington, D.C.: Office of the Federal Register, National Archives and Records Service, General Services Administration, 1966.
The Public Papers of the Presidents of the United States: Lyndon B. Johnson, 1965, Book II. Washington, D.C.: Office of the Federal Register, National Archives and Records Service, General Services Administration, 1966.
Purdum, Todd S. *An Idea Whose Time Has Come: Two Presidents, Two Parties, and the Battle for the Civil Rights Act of 1964.* New York: Picador, 2015.
Putnam, Carleton. *Theodore Roosevelt: The Formative Years, 1858–1886.* New York: Charles Scribner's Sons, 1958.
Rappleye, Charles. *Herbert Hoover in the White House: The Ordeal of the Presidency*. New York: Simon & Schuster, 2016.
Rawley, James A. *Turning Points of the Civil War*. Lincoln: University of Nebraska Press, 1989.
Reedy, George. *Lyndon B. Johnson: A Memoir*. New York: Andrews and McMeel, 1982.
Remini, Robert Vincent. *Henry Clay: Statesman of the Union.* New York: W. W. Norton, 1991.
Rice, Allen Thorndike, ed. *Reminiscences of Abraham Lincoln by Distinguished Men of His Time*. New York: North American, 1886.
Riis, Jacob. A. *How the Other Half Lives: Studies among the Tenements of New York.* New York: Charles Scribner's Sons, 1914.
_____. *The Making of an American.* New York: Macmillan, 1904.
_____. *Theodore Roosevelt, the Citizen.* New York: Outlook, 1904.
Rixey, Lilian. *Bamie: Theodore Roosevelt's Remarkable Sister*. New York: D. McKay, 1963.
Robinson, Corinne Roosevelt. *My Brother, Theodore Roosevelt*. New York: Charles Scribner's Sons, 1921.
Rollins Jr., Alfred B. *Roosevelt and Howe*. New York: Alfred A. Knopf, 1962.
Roosevelt, Eleanor. *This I Remember*. New York: Harper & Brothers, 1949.
_____. *This Is My Story*. New York: Harper & Brothers, 1937.
Roosevelt, Eleanor, and Helen Ferris. *Your Teens and Mine*. Garden City, N.Y.: Doubleday, 1961.
Roosevelt, Elliott, ed. *F.D.R.: His Personal Letters: Early Years.* New York: Duell, Sloan & Pearce, 1947.

Miller, William L. *Lincoln's Virtues: An Ethical Biography*. New York: Vintage, 2003.

Moley, Raymond. *After Seven Years*. New York: Harper & Brothers, 1939.

_____. *The First New Deal*. New York: Harcourt, Brace & World, 1966.

Moody, Booth. *The Lyndon Johnson Story*. New York: Avon, 1964.

Morel, Lucas E. *Lincoln and Liberty: Wisdom for the Ages*. Lexington: University Press of Kentucky, 2014.

Morris, Edmund. *The Rise of Theodore Roosevelt*. New York: Modern Library, 2001.

_____. *Theodore Rex*. New York: Modern Library, 2001.

Naylor, Natalie A., Douglas Brinkley, and John Allen Gable, eds. *Theodore Roosevelt: Many-Sided American*. Interlaken, N.Y.: Heart of the Lakes, 1992.

Neustadt, Richard E. *Presidential Power and the Modern Presidents*. New York: Free Press, 1980.

Nevins, Allan, and Milton Halsey Thomas, eds. *The Diary of George Templeton Strong*, Vol. 3: *The Civil War, 1860–1865*. New York: Macmillan, 1952.

Nicolay, Helen. *Personal Traits of Abraham Lincoln*. New York: Century, 1912.

Nicolay, John G. *A Short Life of Abraham Lincoln*. New York: Century, 1909.

Nicolay, John G., and John Hay. *Abraham Lincoln: A History*. Vol. 1. New York: Century, 1890.

Niven, John, ed. *The Salmon P. Chase Papers*, Vol. 1: *Journals, 1829–1872*. Kent, Ohio: Kent State University Press, 1983.

Oldroyd, Osborn H., comp. *The Lincoln Memorial: Album-Immortelles*. New York: G. W. Carleton, 1882.

O'Toole, Patricia. *When Trumpets Call: Theodore Roosevelt after the White House*. New York: Simon & Schuster, 2005.

Parsons, Frances Theodora. *Perchance Some Day*. Privately printed, 1952.

Pease, Theodore Calvin, and James G. Randall, eds. *Diary of Orville Hickman Browning*, Vol. 1: *1850–1864*. Springfield: Illinois State Historical Library, 1925.

Perkins, Frances. *The Roosevelt I Knew*. New York: Penguin, 2011.

Phillips, Donald. *Lincoln on Leadership*. New York: Warner Books, 1992.

Phipps, Joe. *Summer Stock: Behind the Scenes with LBJ in '48*. Fort Worth: Texas Christian University Press, 1992.

Pink, Daniel. *Drive: The Surprising Truth about What Motivates Us*. New York: Riverhead Books, 2011.

Pinsker, Matthew. *Lincoln's Sanctuary: Abraham Lincoln and the Soldiers' Home*. New York: Oxford University Press, 2003.

Pool, William C., Emmie Craddock, and David E. Conrad. *Lyndon Baines Johnson: The Formative Years*. San Marcos: Southwest Texas State College Press, 1965.

Potiker, Jan. *Sara and Eleanor: The Story of Sara Delano Roosevelt and Her Daughter-in-Law, Eleanor Roosevelt*. New York: St. Martin's Griffin, 2005.

Potter, David. *The Impending Crisis: America before the Civil War, 1848–1861*. New York: Harper & Row, 1976.

_____. *In the Shadow of FDR: From Harry Truman to Barack Obama.* Ithaca: Cornell University Press, 2009.
_____. *The White House Looks South: Franklin D. Roosevelt, Harry S. Truman, Lyndon B. Johnson.* Baton Rouge: Louisiana State University Press, 2005.
Levin, Linda Lotridge. *The Making of FDR: The Story of Stephen T. Early, America's First Modern Press Secretary.* New York: Prometheus, 2007.
Lewis, William Draper. *The Life of Theodore Roosevelt.* Chicago: John C. Winston, 1919.
Lindley, Ernest K. *Franklin D. Roosevelt: A Career in Progressive Democracy.* Indianapolis: Bobbs-Merrill, 1931.
_____. *The Roosevelt Revolution: First Phase.* London: Victor Gollancz, 1934.
Lodge, Henry Cabot. *Selections from the Correspondence of Theodore Roosevelt and Henry Cabot Lodge: 1884–1918.* Vol. 1. New York: Charles Scribner's Sons, 1925.
Loevy, Robert D., ed. *The Civil Rights Act of 1964: The Passage of the Law That Ended Racial Segregation.* Albany: State University of New York Press, 1997.
Lorant, Stefan. *The Life and Times of Theodore Roosevelt.* Garden City, N.Y.: Doubleday, 1959.
Louchheim, Katie, ed. *The Making of the New Deal: The Insiders Speak.* Cambridge, Mass.: Harvard University Press, 1983.
Lowitt, Richard, and Maurine Beasley, eds. *One Third of a Nation: Lorena Hickok Reports on the Great Depression.* Urbana: University of Illinois Press, 2000.
Lubow, Arthur. *The Reporter Who Would Be King: A Biography of Richard Harding Davis.* New York: Scribner, 1992.
Lucks, Daniel S. *Selma to Saigon: The Civil Rights Movement and the Vietnam War.* Lexington: University Press of Kentucky, 2014.
Marshall, Edward. *The Story of the Rough Riders, 1st U.S. Volunteer Cavalry: The Regiment in Camp and on the Battle Field.* New York: G. W. Dillingham, 1899.
Martin, George Whitney. *Madame Secretary, Frances Perkins.* New York: Houghton Mifflin Harcourt, 1983.
Matthews, Donald R. *U.S. Senators and Their World.* New York: W. W. Norton, 1973.
McFeeley, William S. *Frederick Douglass.* New York: W. W. Norton, 1995.
McPherson, James M. *Abraham Lincoln and the Second American Revolution.* New York: Oxford University Press, 1991.
_____. *Battle Cry of Freedom: The Civil War Era.* New York: Oxford University Press, 1988.
Millard, Candice. *The River of Doubt: Theodore Roosevelt's Darkest Journey.* New York: Broadway Books, 2005.
Miller, Merle. *Lyndon: An Oral Biography.* New York: G. P. Putnam's Sons, 1980.
Miller, Nathan. *FDR: An Intimate History.* New York: Madison Books, 1983.
_____. *The Roosevelt Chronicles.* New York: Doubleday, 1979.
Miller, Randall M., ed. *Lincoln and Leadership: Military, Political, and Religious Decision Making.* New York: Fordham University Press, 2012.

1996.

Jessup, Philip C. *Elihu Root.* 2 vols. New York: Dodd, Mead, 1938.

Johnson, Lyndon Baines. *The Vantage Point: Perspectives of the Presidency, 1963–1969.* New York: Holt, Rinehart & Winston, 1971.

Johnson, Lyndon Baines; Max Holland, ed. *The Presidential Recordings: Lyndon B. Johnson*, Vol. 1: *Nov. 22–30, 1963.* New York: W. W. Norton, 2005.

Johnson, Lyndon Baines; Robert David Johnson and David Shreve, eds. *The Presidential Recordings: Lyndon B. Johnson*, Vol. 2: *December 1963.* New York: W. W. Norton, 2005.

Johnson, Lyndon Baines; Kent B. Germany and Robert David Johnson, eds. *The Presidential Recordings: Lyndon B. Johnson*, Vol. 3: *January 1964.* New York: W. W. Norton, 2005.

Johnson, Lyndon Baines; Robert David Johnson and Kent B. Germany, eds. *The Presidential Recordings: Lyndon B. Johnson*, Vol. 4: *February 1–March 8, 1964.* New York: W. W. Norton, 2005.

Johnson, Lyndon Baines; Guian A. McKee, ed. *The Presidential Recordings: Lyndon B. Johnson*, Vol. 6: *April 14–May 31, 1964.* New York: W. W. Norton, 2007.

Johnson, Rebekah Baines. *A Family Album.* New York: McGraw-Hill, 1965.

Kearney, James R. *Anna Eleanor Roosevelt: The Evolution of a Reformer.* Boston: Houghton Mifflin, 1968.

Kiewe, Amos. *FDR's First Fireside Chat: Public Confidence and the Banking Crisis.* College Station: Texas A&M University Press, 2007.

Kilpatrick, Carroll. *Roosevelt and Daniels, a Friendship in Politics.* Chapel Hill: University of North Carolina Press, 1952.

Kleeman, Rita Halle. *Gracious Lady: The Life of Sara Delano Roosevelt.* New York: D. Appleton-Century, 1935.

Knokey, Jon A. *Theodore Roosevelt and the Making of American Leadership.* New York: Skyhorse, 2015.

Kohlsaat, Herman H. *From McKinley to Harding: Personal Recollections of Our Presidents.* New York: Charles Scribner's Sons, 1923.

Kohn, Edward P. *Heir to the Empire City: New York and the Making of Theodore Roosevelt.* New York: Basic Books, 2014.

Kotz, Nick. *Judgment Days: Lyndon Baines Johnson, Martin Luther King Jr., and the Laws That Changed America.* New York: Houghton Mifflin, 2005.

Lang, Louis J., ed. *The Autobiography of Thomas Collier Platt.* New York: B. W. Dodge, 1910.

Lash, Joseph P. *Eleanor and Franklin: The Story of Their Relationship.* New York: W. W. Norton, 1971.

Lee, Elizabeth Blair; Virginia Jeans Laas, ed. *Wartime Washington: The Civil War Letters of Elizabeth Blair Lee.* Urbana: University of Illinois Press, 1999.

Lehrman Lewis E. *Lincoln at Peoria: The Turning Point.* Mechanicsburg, Penn.: Stackpole Books, 2008.

Leuchtenburg, William E. *Franklin D. Roosevelt and the New Deal, 1932–1940.* New York: Harper Perennial, 2009.

Press, 2002.
Greenstein, Fred I. *The Presidential Difference: Leadership Styles from FDR to Clinton*. New York: Free Press, 2000.
Grondahl, Paul. *I Rose Like a Rocket: The Political Education of Theodore Roosevelt.* Lincoln: University of Nebraska Press, 2004.
Gunther, John. *Roosevelt in Retrospect*. New York: Harper & Brothers, 1950.
Hagedorn, Hermann. *The Boy's Life of Theodore Roosevelt*. New York: Harper & Brothers, 1941.
_____. *Roosevelt in the Badlands*. New York: Houghton Mifflin, 1921.
Halberstam, David. *The Best and the Brightest.* New York: Ballantine, 1993.
Halstead, Murat; William B. Hesseltine, ed. *Three against Lincoln: Murat Halstead Reports the Caucuses of 1860.* Baton Rouge: Louisiana State University Press, 1960.
Hamby, Alonzo. *Man of Destiny: FDR and the Making of the American Century.* New York: Basic Books, 2015.
Harbaugh, William Henry. *Power and Responsibility: The Life and Times of Theodore Roosevelt.* New York: Farrar, Straus & Cudahy, 1961.
Hassett, William D. *Off the Record with F.D.R.* New Brunswick, N.J.: Rutgers University Press, 1958.
Helm, Katherine. *The True Story of Mary, Wife of Lincoln: Containing the Recollections of Mary Lincoln's Sister Emilie (Mrs. Ben Hardin Helm), Extracts from Her War-time Diary, Numerous Letters and Other Documents Now First Published by Her Niece, Katherine Helm.* New York: Harper & Brothers, 1928.
Hendrick, Burton J. *Lincoln's War Cabinet*. Boston: Little, Brown, 1946.
Herndon, William H., and Jesse W. Weik; Douglas L. Wilson and Rodney D. Davis, eds. *Herndon's Lincoln.* Urbana: University of Illinois Press, 2006.
Herndon, William H., and Jesse W. Weik. *Herndon's Life of Lincoln: The History and Personal Recollections of Abraham Lincoln*. New York: Cleveland, Ohio: World Publishing, 1949. https://archive.org/details/herndonslifeoflinco00hern./
Hollister, O. J. *Life of Schuyler Colfax*. New York: Funk & Wagnalls, 1886.
Holzer, Harold, and Sara Vaughn Gabbard, eds. *Lincoln and Freedom: Slavery, Emancipation, and the Thirteenth Amendment*. Carbondale: Southern Illinois University Press, 2007.
Hull, Henrietta McCormick. *A Senator's Wife Remembers: From the Great Depression to the Great Society.* Montgomery, Ala.: New South Books, 2010.
Ickes, Harold. *The Autobiography of a Curmudgeon*. New York: Quadrangle, 1969.
_____. *The Secret Diary of Harold L. Ickes: The First Thousand Days, 1933–36.* Vol. 1. New York: Simon & Schuster, 1953.
Jackson, Robert H. *That Man: An Insider's Portrait of Franklin D. Roosevelt*. New York: Oxford University Press, 2003.
Jeffers, H. Paul. *Colonel Roosevelt: Theodore Roosevelt Goes to War, 1897–1898*. New York: John Wiley & Sons,

Emerson, Ralph, and Adaline Emerson. *Mr. & Mrs. Ralph Emerson's Personal Recollections of Abraham Lincoln.* Rockford, Ill.: Wilson Brothers, 1909.

Evans, Rowland, and Robert Novak. *Lyndon B. Johnson: The Exercise of Power.* New York: Signet, 1966.

Farley, James A. *Behind the Ballots: The Personal History of a Politician.* New York: Harcourt, Brace, 1938.

_____. *Jim Farley's Story: The Roosevelt Years.* New York: McGraw-Hill, 1948.

Faust, Drew Gilpin. *Republic of Suffering.* New York: Vintage, 2009.

Fenster, Julie M. *FDR's Shadow: Louis Howe, the Force That Shaped Franklin and Eleanor Roosevelt.* New York: St. Martin's Griffin, 2009.

Flower, Frank Abial. *Edwin McMasters Stanton: The Autocrat of Rebellion, Emancipation, and Reconstruction.* Akron, Ohio: Saalfield, 1905.

Freidel, Frank. *Franklin D. Roosevelt: The Apprenticeship.* Boston: Little, Brown, 1952.

_____. *Franklin D. Roosevelt: Launching the New Deal.* Boston: Little, Brown, 1952.

_____. *Franklin D. Roosevelt: The Ordeal.* Boston: Little, Brown, 1954.

_____. *Franklin D. Roosevelt: A Rendezvous with Destiny.* Boston: Little, Brown, 1990.

Furman, Bess. *Washington By-line; The Personal Story of a Newspaper Woman.* New York: Alfred A. Knopf, 1949.

Gallagher, Hugh Gregory. *FDR's Splendid Deception.* New York: Dodd, Mead, 1985.

Gillette, Michael. *Lady Bird: An Oral History.* New York: Oxford University Press, 2012.

Goldberg, Richard Thayer. *The Making of Franklin D. Roosevelt: Triumph over Disability.* Cambridge, Mass.: Abt Books, 1981.

Goldman, Eric. *Rendezvous with Destiny: A History of Modern American Reform.* Chicago: Ivan R. Dee, 2002.

_____. *The Tragedy of Lyndon Johnson.* New York: Alfred A. Knopf, 1969.

Goodwin, Doris Kearns. *The Bully Pulpit: Theodore Roosevelt, William Howard Taft, and the Golden Age of Journalism.* New York: Simon & Schuster, 2013.

_____. *Lyndon Johnson and the American Dream.* New York: Harper & Row, 1976.

_____. *No Ordinary Time: Franklin and Eleanor Roosevelt: The Home Front in World War II.* New York: Simon & Schuster, 1994.

_____. *Team of Rivals: The Political Genius of Abraham Lincoln.* New York: Simon & Schuster, 2005.

Goodwin, Richard. *Remembering America: A Voice from the Sixties.* New York: Little Brown, 1988.

Gould, Lewis L. *The Presidency of Theodore Roosevelt.* New York: Oxford University Press, 2012.

_____., ed. *Bull Moose on the Stump: The 1912 Campaign Speeches of Theodore Roosevelt.* Lawrence: University Press of Kansas, 2008.

_____. *The Presidency of Theodore Roosevelt.* New York: Oxford University Press, 2012.

Graham, Jr., Otis L., and Meghan Robinson Wander, eds. *Franklin D. Roosevelt: His Life and Times: An Encyclopedic View.* New York: Da Capo, 1990.

The "Great Strike": Perspectives on the 1902 Anthracite Coal Strike. Easton, Penn.: Canal History & Technology

1957.
Cornish, Dudley Taylor. *The Sable Arm: Black Troops in the Union Army, 1861–1865*. Lawrence: University Press of Kansas, 1956.
Cornwell Jr., Elmer E. *Presidential Leadership of Public Opinion*. Bloomington: Indiana University Press, 1965.
Cowger, Thomas W., and Sherwin J. Markman, eds. *Lyndon Johnson Remembered: An Intimate Portrait of a Presidency*. Lanham, Md.: Rowman & Littlefield, 2003.
Crook, Col. William H.; Margarita Spaulding Gerry, ed. *Through Five Administrations: Reminiscences of Colonel William H. Crook*. New York: Harper & Brothers, 1910.
Dallek, Robert. *Flawed Giant: Lyndon Johnson and His Times, 1961–1973*. New York: Oxford University Press, 1998.
_____. *Lone Star Rising: Lyndon Johnson and His Times, 1908–1960*. New York: Oxford University Press, 1991.
Dalton, Kathleen Mary. "The Early Life of Theodore Roosevelt." PhD diss., Johns Hopkins University, 1979.
_____. *Theodore Roosevelt: A Strenuous Life*. New York: Vintage, 2004.
Davis, Kenneth S. *FDR: The Beckoning of Destiny, 1882–1928*. New York: G. P. Putnam's Sons, 1972.
Davis, Oscar. *Released for Publication: Some Inside Political History of Theodore Roosevelt and His Times, 1889–1919*. Boston: Houghton Mifflin, 1925.
Davis, Richard Harding. *The Cuban and Puerto Rican Campaigns*. New York: Charles Scribner's Sons, 1898.
Davis, William C. *Lincoln's Men: How President Lincoln Became Father to an Army and a Nation*. New York: Touchstone, 2000.
de Kay, James Tertius. *Roosevelt's Navy: The Education of a Warrior President, 1882–1920*. New York: Pegasus, 2012.
DeRose, Chris. *Congressman Lincoln: The Making of America's Greatest President*. New York: Threshold, 2013.
Donald, David Herbert, ed. *Inside Lincoln's Cabinet: The Civil War Diaries of Salmon P. Chase*. New York: Longmans, Green, 1954.
_____. *Lincoln*. New York: Simon & Schuster, 1995.
Douglass, Frederick. *The Life and Times of Frederick Douglass*. Mineola, N.Y.: Dover, 2003.
Dugger, Ronnie. *The Politician: The Life and Times of Lyndon Johnson*. New York: W. W. Norton, 1982.
Eaton, John. *Grant, Lincoln, and the Freedman: Reminiscences of the Civil War*. New York: Longmans, Green, 1907.
Edwards, George C. *The Strategic President: Persuasion and Opportunity in Presidential Leadership*. Princeton: Princeton University Press, 2009.
Ellis, Sylvia. *Freedom's Pragmatist: Lyndon Johnson and Civil Rights*. Tallahassee: University Press of Florida, 2013.
Emerson, Ralph Waldo. *The Journals and Miscellaneous Notebooks of Ralph Waldo Emerson*, Vol. 11, *1848–1851*, Cambridge, Mass.: Belknap Press of Harvard University Press, 1975.

Brinkley, Douglas. *The Wilderness Warrior: Theodore Roosevelt and the Crusade for America.* New York: HarperCollins, 2009.

Brooks, Noah. *Washington in Lincoln's Time.* New York: Century, 1895.

Browne, Francis Fisher. *The Every-Day Life of Abraham Lincoln: A Narrative and Descriptive Biography.* Chicago: Browne & Howell, 1914.

Burlingame, Michael. *Abraham Lincoln, a Life.* 2 vols. Baltimore: Johns Hopkins University Press, 2008.

_____. *The Inner World of Abraham Lincoln.* Chicago: University of Illinois Press, 1994.

_____., ed. *An Oral History of Abraham Lincoln: John Nicolay's Interviews and Essays.* Carbondale: Southern Illinois University Press, 1996.

_____., ed. *With Lincoln in the White House: Letters, Memoranda, and Other Writings of John G. Nicolay, 1860–1865.* Carbondale: Southern Illinois University Press, 2000.

Burlingame, Michael, and John R. Turner Ettlinger, eds. *Inside Lincoln's White House: The Complete Civil War Diary of John Hay.* Carbondale: Southern Illinois University Press, 1997.

Burns, James MacGregor. *Roosevelt: The Lion and the Fox.* Old Saybrook, Conn.: Konecky & Konecky, 1970.

Burns, James MacGregor, and Susan Dunn. *The Three Roosevelts: Patrician Leaders Who Transformed America.* New York: Grove, 2001.

Butt, Archie, and Lawrence F. Abbott, ed. *The Letters of Archie Butt, Personal Aide to President Roosevelt.* New York: Doubleday, Page, 1924.

Califano Jr., Joseph A. *The Triumph & Tragedy of Lyndon Johnson: The White House Years.* New York: Touchstone, 2015.

Carmichael, Donald Scott, ed. *FDR, Columnist.* Chicago: Pellegrini & Cudahy, 1947.

Caro, Robert. *The Years of Lyndon Johnson: Master of the Senate.* New York: Vintage, 2003.

_____. *The Years of Lyndon Johnson: Means of Ascent.* New York: Vintage, 1991.

_____. *The Years of Lyndon Johnson: The Passage of Power.* New York: Vintage, 2013.

_____. *The Years of Lyndon Johnson: The Path to Power.* New York: Vintage, 1990.

Carpenter, Francis B. *Six Months at the White House with Abraham Lincoln.* Lincoln: University of Nebraska Press, 1995.

Chanler, Winthrop, and Margaret Chanler. *Winthrop Chanler's Letters.* Privately printed, 1951.

Churchill, Winston S. *The Second World War*, Vol. 4: *The Hinge of Fate.* Boston: Houghton Mifflin, 1950.

Cohen, Adam. *Nothing to Fear: FDR's Inner Circle and the Hundred Days That Created Modern America.* New York: Penguin, 2009.

Colfax, Schuyler. *The Life and Principles of Abraham Lincoln.* Philadelphia: Jas. R. Rodgers, 1865.

Cordery, Stacy A. *Alice: Alice Roosevelt Longworth, from White House Princess to Washington Power Broker.* New York: Viking, 2007.

Cornell, Robert J. *The Anthracite Coal Strike of 1902.* Washington, D.C.: Catholic University of America,

參考書目

Alter, Jonathan. *The Defining Moment: FDR's Hundred Days and the Triumph of Hope*. New York: Simon & Schuster, 2006.

Angle, Paul M., ed. *Abraham Lincoln by Some Men Who Knew Him*. Chicago: Americana House, 1950.

Arenberg, Richard A., and Robert B. Dove. *Defending the Filibuster: The Soul of the Senate*. Bloomington: Indiana University Press, 2012.

Armstrong, Louise Van Voorhis. *We Too Are the People*. Boston: Little, Brown, 1938.

Asbell, Bernard. *The F.D.R. Memoirs*. Garden City, N.Y.: Doubleday, 1973.

_____. *When F.D.R. Died*. New York: Holt, Rinehart & Winston, 1961.

Badger, Anthony J. *FDR: The First Hundred Days*. New York: Hill & Wang, 2008.

Baringer, William Eldon. *Lincoln's Rise to Power*. Boston: Little, Brown, 1937.

Barnes, Thurlow Weed, ed. *Memoir of Thurlow Weed*. Boston: Houghton Mifflin, 1884.

Barry, David S. *Forty Years in Washington*. Boston: Little Brown, 1964.

Basler, Roy P., ed. *The Collected Works of Abraham Lincoln*. 8 vols. New Brunswick, N.J.: Rutgers University Press, 1953.

Bates, Ernest Sutherland. *The Story of the Congress: 1789–1935*. New York: Harper & Brothers, 1936.

Beasley, Maurine H. *Eleanor Roosevelt: Transformative First Lady*. Lawrence: University Press of Kansas, 2010.

Benjamin, Walter. *Illuminations: Essays and Reflections*. New York: Schocken, 1969.

Beschloss, Michael, ed. *Reaching for Glory: Lyndon Johnson's Secret White House Tapes, 1964–65*. New York: Touchstone, 2001.

Beveridge, Albert J. *Abraham Lincoln, 1809–1858*. 2 vols. Boston: Houghton Mifflin, 1928.

Bishop, Joseph Bucklin. *Theodore Roosevelt and His Time, Shown in His Letters*. 2 vols. New York: Charles Scribner's Sons, 1920.

Boettiger, John R. *A Love in Shadow*. New York: W. W. Norton, 1978.

Bolden, Tonya. *FDR's Alphabet Soup: New Deal America, 1932–1939*. New York: Alfred A. Knopf, 2010.

Boritt, Gabor S. *Economics of the American Dream*. Urbana: University of Illinois Press, 1994.

_____., ed. *The Lincoln Enigma: The Changing Faces of an American Icon*. New York: Oxford University Press, 2001.

Boutwell, George S. *Speeches and Papers Relating to the Rebellion and the Overthrow of Slavery*. Boston: Little, Brown, 1867.

Brands, H. W. *Selected Letters of Theodore Roosevelt*. New York: Cooper Square Press, 2001.

_____. *T.R.: The Last Romantic*. New York: Basic Books, 1997.

Boston: Harvard Business Review Press, 2005.

31. Mayo, Anthony, Nitin Nohria, and Laura G. Singleton. *Paths to Power: How Insiders and Outsiders Shaped American Business Leadership*. Boston: Harvard Business School Press, 2006.
32. Moss, David. *Democracy: A Case Study.* Cambridge, Mass.: The Belknap Press of Harvard University Press, 2017.
33. Nanus, Burt. *Visionary Leadership*. San Francisco: Jossey-Bass, 1992.
34. Nohria, Nitin, and Rakesh Khurana, eds. *Handbook of Leadership Theory and Practice*. Boston: Harvard Business Press, 2010.
35. O'Loughlin, James. *The Real Warren Buffet: Managing Capital, Leading People*. Yarmouth, Me.: Nicholas Brealey Publishing, 2004.
36. Peters, Thomas J., and Robert H. Waterman. *In Search of Excellence: Lessons from America's Best-Run Companies.* New York: HarperCollins, 2004.
37. Silver, A. David. *The Turnaround Survival Guide: Strategies for the Company in Crisis.* Dearborn, Mich.: Dearborn Trading Pub., 1992.
38. Weinzweig, Ari. *A Lapsed Anarchist's Approach to Being a Better Leader (Zingerman's Guide to Good Leading).* Ann Arbor, Mich.: Zingerman's Press, 2012.
39. Welch, Jack. With Suzy Welch. *Winning*. New York: HarperCollins, 2005.

House, 2014.

11. Ferguson, Alex. With Michael Ortiz. *Leading: Learning from Life and My Years at Manchester United.* New York: Hachette, 2015.
12. Fink, Steven. *Crisis Management: Planning for the Inevitable.* Lincoln, Neb.: iUniverse, 2002.
13. Fullan, Michael. *Turnaround Leadership.* San Francisco: Jossey-Bass, 2016.
14. Gardner, Howard. With Emma Laskin. *Leading Minds: An Anatomy of Leadership.* New York: Basic Books, 1995.
15. Gardner, John W. *On Leadership.* New York: Simon & Schuster, 1990.
16. Gates, Robert M. *A Passion for Leadership: Lessons on Change and Reform from Fifty Years of Public Service.* New York: Vintage, 2017.
17. George, Bill. With Peter Sims. *True North: Discover Your Authentic Leadership.* San Francisco: Jossey-Bass, 2007.
18. Gladwell, Malcolm. *David and Goliath: Underdogs, Misfits, and the Art of Battling Giants.* New York: Little, Brown, 2013.
19. Goleman, Daniel. *Emotional Intelligence: Why It Can Matter More than IQ.* New York: Bantam, 1995.
    _____. *Social Intelligence: The New Science of Human Relationships.* New York: Bantam Dell, 2006.
20. Goleman, Daniel, Richard Boyatzis, and Annie McKee. *Primal Leadership: Unleashing the Power of Emotional Intelligence.* Boston: Harvard Business Review Press, 2013.
21. Gottschall, Jonathan. *The Storytelling Animal: How Stories Make Us Human.* New York: Mariner, 2013.
22. *Harvard Business Essentials: Business Communication.* Boston: Harvard Business Review Press, 2003.
23. *Harvard Business Essentials: Crisis Management: Master the Skills to Prevent Disasters.* Boston: Harvard Business Press, 2014.
24. Heifetz, Ronald A. *Leadership Without Easy Answers.* Cambridge: Harvard University Press, 1998.
25. Heifetz, Ronald, Alexander Grashow, and Marty Linsky. *The Practice of Adaptive Leadership: Tools and Tactics for Changing Your Organization and the World.* Boston: Harvard Business Press, 2009.
26. Heifetz, Ronald, and Marty Linsky. *Leadership on the Line: Staying Alive Through the Dangers of Change.* Boston: Harvard Business Review Press, 2002.
27. Kanter, Rosabeth Moss. *The Change Masters: Innovation & Entrepreneurship in the American Corporation.* New York: Simon & Schuster, 1993.
    _____. *Confidence: How Winning Streaks and Losing Streaks Begin and End.* New York: Green River Press, 2004.
    _____. *On the Frontiers of Management.* Boston: Harvard Business Review Press, 2005.
28. Kotter, John P. *Leading Change.* Boston: Harvard Business Review Press, 2012.
29. Maxwell, John C. *The 5 Levels of Leadership.* New York: Center Street, 2011.
30. Mayo, Anthony, and Nitin Nohria. *In Their Time: The Greatest Business Leaders of the Twentieth Century.*

領導力　推薦商業書單

Harvard Business Review's 10 Must Reads series

1. *On Collaboration*. Boston: Harvard Business Review Press, 2013.
2. *On Communication*. Boston: Harvard Business Review Press, 2013.
3. *On Emotional Intelligence*. Boston: Harvard Business Review Press, 2015.
4. *On Leadership*. Boston: Harvard Business Review Press, 2011.
5. *On Managing People*. Boston: Harvard Business Review Press, 2011.
6. *On Managing Yourself*. Boston: Harvard Business Review Press, 2011.
7. *On Teams*. Boston: Harvard Business Review Press, 2013.

Other Business Books on Leadership Skills

1. Bennis, Warren. *On Becoming a Leader*. New York: Basic Books, 2009.
2. Bennis, Warren, and Burt Nanus. *Leaders: Strategies for Taking Charge*. New York: Harper Business Essentials, 2003.
3. Bennis, Warren, and Robert J. Thomas. *Geeks and Geezers*. Boston: Harvard Business School Press, 2002.
   ____. *Leading for a Lifetime: How Defining Moments Shape Leaders of Today and Tomorrow*. Boston: Harvard Business School Press, 2007.
4. Burns, James McGregor. *Leadership*. New York: Harper & Row, 1978.
   ____. *The Power to Lead: The Crisis of the American Presidency*. New York: Simon & Schuster, 1994.
   ____. *Transforming Leadership*. New York: Grove Press, 2003.
5. Champy, James, and Nitin Nohria. *The Arc of Ambition: Defining the Leadership Journey*. Cambridge, Mass.: Perseus, 2000.
6. Collins, Jim. *Good to Great*. New York: HarperCollins, 2001.
7. Covey, Stephen R. *The 7 Habits of Highly Effective People: Restoring the Character Ethic*. New York: Free Press, 2004.
8. Crandall, Major Doug. *Leadership Lessons from West Point*. San Francisco: Jossey-Bass, 2007.
9. Drucker, Peter F. *The Essential Drucker: The Best of Sixty Years of Peter Drucker's Essential Writing on Management*. New York: HarperCollins, 2001.
10. Duhigg, Charles. *The Power of Habit: Why We Do What We Do in Life and Business*. New York: Random